国家社科基金西部项目（18XYY007）中期成果

粤东闽语语音研究

徐馥琼 著

中国社会科学出版社

图书在版编目（CIP）数据

粤东闽语语音研究/徐馥琼著.—北京：中国社会科学出版社，2022.4
ISBN 978-7-5203-9835-0

Ⅰ.①粤…　Ⅱ.①徐…　Ⅲ.①闽语—语音—方言研究—广东　Ⅳ.①H177

中国版本图书馆 CIP 数据核字（2022）第 037805 号

出 版 人	赵剑英
责任编辑	许　琳
责任校对	李　硕
责任印制	郝美娜

出　　版	中国社会科学出版社
社　　址	北京鼓楼西大街甲 158 号
邮　　编	100720
网　　址	http://www.csspw.cn
发 行 部	010-84083685
门 市 部	010-84029450
经　　销	新华书店及其他书店
印刷装订	北京君升印刷有限公司
版　　次	2022 年 4 月第 1 版
印　　次	2022 年 4 月第 1 次印刷
开　　本	710×1000　1/16
印　　张	25.25
字　　数	401 千字
定　　价	148.00 元

凡购买中国社会科学出版社图书，如有质量问题请与本社营销中心联系调换
电话：010-84083683
版权所有　侵权必究

目 录

上 篇

绪 论 ……………………………………………………………… (3)
　第一节　粤东闽语概况 ………………………………………… (3)
　第二节　研究背景和研究目的 ………………………………… (8)
　第三节　研究材料和方法 ……………………………………… (11)

第一章　音系及音系归纳的相关问题 ………………………… (17)
　第一节　音系 …………………………………………………… (17)
　第二节　音系归纳的相关问题及音系比较 …………………… (74)

第二章　中古音系与粤东闽语音系的比较 …………………… (82)
　第一节　声母的比较 …………………………………………… (82)
　第二节　韵母的比较 …………………………………………… (89)
　第三节　声调的比较 …………………………………………… (114)

第三章　粤东闽语的声母 ……………………………………… (117)
　第一节　古次浊声母在今粤东闽语的表现 …………………… (117)
　第二节　知、精、庄、章组声母的今读 ……………………… (119)
　第三节　喉音声母的今读 ……………………………………… (132)

第四章　粤东闽语的韵母 ……………………………………（134）
第一节　阴声韵的演变 …………………………………（134）
　　一　果摄一等、假摄二等和止摄支韵的今读分析 ………（134）
　　二　歌豪不分和歌遇不分的性质 …………………………（137）
　　三　蟹、止两摄和尤韵今读几个音类的分合情况 ………（138）
第二节　阳声韵的演变 …………………………………（139）
　　一　咸、深摄 ………………………………………………（139）
　　二　山、臻摄 ………………………………………………（142）
　　三　宕、江、曾、梗、通摄 ………………………………（150）
第三节　入声韵的演变 …………………………………（158）
　　一　蟹摄 ……………………………………………………（163）
　　二　效摄 ……………………………………………………（164）
　　三　咸摄 ……………………………………………………（165）
　　四　山摄 ……………………………………………………（166）
第五节　纯四等韵的读音 ………………………………（169）
　　一　齐韵 ……………………………………………………（170）
　　二　萧韵 ……………………………………………………（171）
　　三　添韵 ……………………………………………………（172）
　　四　先韵 ……………………………………………………（173）
　　五　青韵 ……………………………………………………（175）

第五章　粤东闽语的声调 ……………………………………（177）
第一节　粤东闽语声调的总体面貌和特点 ……………（177）
　　一　声调相关的概念 ………………………………………（177）
　　二　粤东闽语的单字调系统 ………………………………（178）
　　三　粤东闽语的连读变调系统 ……………………………（180）
第二节　粤东闽语声调系统的类型及其特点 …………（186）
　　一　八调型 …………………………………………………（187）
　　二　不稳定型 ………………………………………………（193）
　　三　七调型 …………………………………………………（196）

四　总结 …… (199)

第六章　粤东闽语的文白异读 …… (201)
第一节　文白异读概述 …… (201)
一　汉语方言的文白异读 …… (201)
二　文白异读的确认 …… (202)
第二节　粤东闽语的文白异读 …… (211)
一　声母的文白系统 …… (212)
二　韵母的文白系统 …… (220)
三　声调的文白异读 …… (227)
第三节　粤东闽语文白异读分析 …… (229)

下　篇

引　言 …… (243)
一　语言研究的理论和方法 …… (243)
二　历史层次分析 …… (244)
三　扩散理论 …… (249)

第一章　粤东闽语遇摄字的历史层次分析 …… (253)
一　鱼韵字读音的历史层次分析 …… (255)
二　虞韵字读音的历史层次分析 …… (263)
三　模韵字读音的历史层次分析 …… (276)
四　总结 …… (279)

第二章　粤东闽语止摄字的历史层次分析 …… (281)
一　粤东闽语止摄开口字读音的历史层次分析 …… (282)
二　粤东闽语止摄合口字读音的历史层次分析 …… (295)
三　结语 …… (297)

第三章　粤东闽语非鼻音声母阴声韵字今读鼻化韵分析 ……………（298）
  一　鼻化韵与发音机制扩散 ……………………………………（299）
  二　鼻化韵与词汇扩散 …………………………………………（307）

第四章　声母的鼻化音变和去鼻化音变 ………………………（311）
  一　古次浊声母"明（微）泥（娘）疑来日"母
　　今读 m/n/ŋ 和 b/l/g 分析 …………………………………（312）
  二　几种音变规则在粤东闽语发生作用的先后顺序 …………（320）

第五章　达濠方言古全浊上、浊去字的声调演变模式 ………（323）
  一　达濠方言浊上、浊去字的声调演变模式 …………………（324）
  二　语音演变探讨 ………………………………………………（330）

第六章　陆丰甲子方言重唇合口字的轻唇化 …………………（332）
  一　现代方言中唇齿塞擦音声母的类型 ………………………（332）
  二　粤东闽语甲子方言的唇齿音声母 …………………………（333）
  三　重唇合口的轻唇化经由唇齿塞擦音阶段的讨论 …………（341）

第七章　粤东闽语古全浊声母今读塞音、塞擦音分析 ………（343）
  一　粤东闽语古全浊声母今读塞音、塞擦音的情况 …………（344）
  二　粤东闽语古全浊声母今读塞音、塞擦音分析 ……………（349）

第八章　粤东闽语内部分片 ………………………………………（355）
  一　粤东闽语分片的相关问题 …………………………………（355）
  二　粤东闽语的分片 ……………………………………………（361）

结　语 …………………………………………………………………（373）
参考文献 ………………………………………………………………（375）
后　记 …………………………………………………………………（391）

图表目录

表 S-1-3-1	发音人情况一览表	(12)
表 S-2-1-1	汕头市区音系声调表	(17)
表 S-2-1-2	汕头市区音系声母表	(17)
表 S-2-1-3	汕头市区音系韵母表	(18)
表 S-2-1-4	澄海澄城音系声调表	(19)
表 S-2-1-5	澄海澄城音系声母表	(20)
表 S-2-1-6	澄海澄城音系韵母表	(20)
表 S-2-1-7	南澳后宅音系声调表	(22)
表 S-2-1-8	南澳后宅音系声母表	(22)
表 S-2-1-9	南澳后宅音系韵母表	(23)
表 S-2-1-10	南澳云澳音系声调表	(24)
表 S-2-1-11	南澳云澳音系声母表	(24)
表 S-2-1-12	南澳云澳音系韵母表	(25)
表 S-2-1-13	汕头达濠音系声调表	(27)
表 S-2-1-14	汕头达濠音系声母表	(27)
表 S-2-1-15	汕头达濠音系韵母表	(27)
表 S-2-1-16(1)	潮阳棉城音系声调表（老派）	(29)
表 S-2-1-16(2)	潮阳棉城音系声调表（新派）	(29)
表 S-2-1-17	潮阳棉城音系声母表	(30)
表 S-2-1-18	潮阳棉城音系韵母表	(30)
表 S-2-1-19	潮阳海门音系声调表	(32)
表 S-2-1-20	潮阳海门音系声母表	(32)

表 S-2-1-21	潮阳海门音系韵母表	(32)
表 S-2-1-22	潮州湘桥音系声调表	(34)
表 S-2-1-23	潮州湘桥音系声母表	(34)
表 S-2-1-24	潮州湘桥音系韵母表	(35)
表 S-2-1-25	潮州凤凰音系声调表	(36)
表 S-2-1-26	潮州凤凰音系声母表	(37)
表 S-2-1-27	潮州凤凰音系韵母表	(37)
表 S-2-1-28	潮州文祠音系声调表	(39)
表 S-2-1-29	潮州文祠音系声母表	(39)
表 S-2-1-30	潮州文祠音系韵母表	(40)
表 S-2-1-31	饶平三饶音系声调表	(41)
表 S-2-1-32	饶平三饶音系声母表	(42)
表 S-2-1-33	饶平三饶音系韵母表	(42)
表 S-2-1-34	饶平海山音系声调表	(44)
表 S-2-1-35	饶平海山音系声母表	(44)
表 S-2-1-36	饶平海山音系韵母表	(45)
表 S-2-1-37	饶平黄冈音系声调表	(46)
表 S-2-1-38	饶平黄冈音系声母表	(46)
表 S-2-1-39	饶平黄冈音系韵母表	(46)
表 S-2-1-40	揭阳榕城音系声调表	(48)
表 S-2-1-41	揭阳榕城音系声母表	(48)
表 S-2-1-42	揭阳榕城音系韵母表	(49)
表 S-2-1-43	惠来惠城音系声调表	(50)
表 S-2-1-44	惠来惠城音系声母表	(50)
表 S-2-1-45	惠来惠城音系韵母表	(51)
表 S-2-1-46	普宁流沙音系声调表	(52)
表 S-2-1-47	普宁流沙音系声母表	(53)
表 S-2-1-48	普宁流沙音系韵母表	(53)
表 S-2-1-49	陆丰东海音系声调表	(55)
表 S-2-1-50	陆丰东海音系声母表	(55)

表 S-2-1-51	陆丰东海音系韵母表	(56)
表 S-2-1-52	陆丰南塘音系声调表	(57)
表 S-2-1-53	陆丰南塘音系声母表	(58)
表 S-2-1-54	陆丰南塘音系韵母表	(58)
表 S-2-1-55（1）	陆丰甲子音系声调表（老派）	(60)
表 S-2-1-55（2）	陆丰甲子音系声调表（新派）	(60)
表 S-2-1-56（1）	陆丰甲子音系声母表（老派）	(61)
表 S-2-1-56（2）	陆丰甲子音系声母表（新派）	(61)
表 S-2-1-57（1）	陆丰甲子音系韵母表（老派）	(61)
表 S-2-1-57（2）	陆丰甲子音系韵母表（新派）	(63)
表 S-2-1-58	海丰海城音系声调表	(64)
表 S-2-1-59	海丰海城音系声母表	(65)
表 S-2-1-60	海丰海城音系韵母表	(65)
表 S-2-1-61	海丰联安音系声调表	(67)
表 S-2-1-62	海丰联安音系声母表	(67)
表 S-2-1-63	海丰联安音系韵母表	(67)
表 S-2-1-64	海丰平东音系声调表	(69)
表 S-2-1-65	海丰平东音系声母表	(69)
表 S-2-1-66	海丰平东音系韵母表	(70)
表 S-2-1-67	汕尾捷胜音系声调表	(72)
表 S-2-1-68	汕尾捷胜音系声母表	(72)
表 S-2-1-69	汕尾捷胜音系韵母表	(72)
表 S-2-2-1	韵母 -oi/õi/oiʔ 和 -ei/ãi/eʔ 辖字表	(76)
表 S-3-1-1	中古声类与粤东闽语今读主要声母对应表（1）	(82)
表 S-3-1-1	中古声类与粤东闽语今读主要声母对应表（2）	(84)
表 S-3-1-1	中古声类与粤东闽语今读主要声母对应表（3）	(85)
表 S-3-1-1	中古声类与粤东闽语今读主要声母	

	对应表（4）…………………………………	(86)
表 S-3-1-1	中古声类与粤东闽语今读主要声母	
	对应表（5）…………………………………	(87)
表 S-3-2-1	中古韵类与粤东闽语今读主要韵母对应表（1）……	(89)
表 S-3-2-1	中古韵类与粤东闽语今读主要韵母对应表（2）……	(91)
表 S-3-2-1	中古韵类与粤东闽语今读主要韵母对应表（3）……	(92)
表 S-3-2-1	中古韵类与粤东闽语今读主要韵母对应表（4）……	(94)
表 S-3-2-1	中古韵类与粤东闽语今读主要韵母对应表（5）……	(95)
表 S-3-2-1	中古韵类与粤东闽语今读主要韵母对应表（6）……	(97)
表 S-3-2-1	中古韵类与粤东闽语今读主要韵母对应表（6）…	(100)
表 S-3-2-1	中古韵类与粤东闽语今读主要韵母对应表（7）…	(103)
表 S-3-2-1	中古韵类与粤东闽语今读主要韵母对应表（8）…	(105)
表 S-3-2-1	中古韵类与粤东闽语今读主要韵母对应表（9）…	(109)
表 S-3-2-1	中古韵类与粤东闽语今读主要韵母对应表（10）……	(111)
表 S-3-3-1	中古调类与粤东闽语今读主要声调对应表………	(114)
表 S-3-2-1	知组字文/白读音举例…………………………………	(121)
表 S-3-2-2	章组字文/白读音举例…………………………………	(131)
表 S-4-1-1	粤东闽语果摄一等字的读音…………………………	(134)
表 S-4-1-2	粤东闽语假摄二等字的读音…………………………	(135)
表 S-4-1-3	粤东闽语止摄支韵字的读音…………………………	(135)
表 S-4-1-4	粤东闽语豪韵字的读音………………………………	(137)
表 S-4-1-5	粤东闽语遇摄字的读音………………………………	(137)
表 S-4-1-6	粤东闽语蟹、止两摄和尤韵今读几个读音类……	(138)
表 S-4-2-1	粤东闽语咸、深摄字的读音…………………………	(140)
表 S-4-2-2	粤东闽语山摄开口字的读音…………………………	(143)
表 S-4-2-3	粤东闽语山摄合口字的读音…………………………	(145)
表 S-4-2-4	粤东闽语臻摄字的读音………………………………	(148)
表 S-4-2-5	粤东闽语宕摄字的读音………………………………	(151)
表 S-4-2-6	粤东闽语江、通摄字的读音…………………………	(154)
表 S-4-2-7	粤东闽语曾、梗摄字的读音…………………………	(156)

表 S-4-3-1	粤东闽语入声韵字的读音	(159)
表 S-4-4-1	粤东闽语蟹摄一、二等韵的读音	(163)
表 S-4-4-2	粤东闽语效摄一、二等韵的读音	(164)
表 S-4-4-3	粤东闽语咸摄一、二等韵的读音	(165)
表 S-4-4-4	粤东闽语山摄一、二等韵的读音	(166)
表 S-4-5-1	粤东闽语齐韵字的读音	(170)
表 S-4-5-2	粤东闽语齐韵字的读音层次	(170)
表 S-4-5-3	粤东闽语萧韵字的读音	(171)
表 S-4-5-4	粤东闽语萧韵和宵韵读音的混同情况	(172)
表 S-4-5-5	粤东闽语添韵字的读音	(172)
表 S-4-5-6	粤东闽语先韵字的读音	(173)
表 S-4-5-7	粤东闽语青/锡韵字的读音	(175)
表 S-5-1-1	粤东闽语各前变调之间调型调值趋同举例	(184)
表 S-5-2-1	三种声调类型代表点的声调系统	(187)
表 S-5-2-2	黄冈类方言的声调系统	(187)
表 S-5-2-3	汕头类方言的声调系统	(188)
表 S-5-2-4	揭阳类方言的声调系统	(191)
表 S-5-2-5	不稳定型方言的声调系统	(193)
表 S-5-2-6	七调型方言的声调系统	(196)
表 S-5-2-7	汕头、后宅和云澳声调的比较	(198)
表 S-6-1-1	粤东闽语训读字举例	(204)
表 S-6-1-2	粤东闽语各点的"脸"字读音	(207)
表 S-6-1-3	粤东闽语各点的"哪"字读音	(208)
表 S-6-1-4	粤东闽语的错读、误读或读半边字举例	(209)
表 S-6-1-5	粤东闽语的同形异音字举例	(211)
表 S-6-2-1	粤东闽语声母的文白异读（一）	(212)
表 S-6-2-1	粤东闽语声母的文白异读（二）	(213)
表 S-6-2-1	粤东闽语声母的文白异读（三）	(214)
表 S-6-2-1	粤东闽语声母的文白异读（四）	(215)
表 S-6-2-1	粤东闽语声母的文白异读（五）	(216)

表 S-6-2-1	粤东闽语声母的文白异读（六）	(216)
表 S-6-2-1	粤东闽语声母的文白异读（七）	(217)
表 S-6-2-1	粤东闽语声母的文白异读（八）	(217)
表 S-6-2-1	粤东闽语声母的文白异读（九）	(217)
表 S-6-2-1	粤东闽语声母的文白异读（十）	(218)
表 S-6-2-1	粤东闽语声母的文白异读（十一）	(218)
表 S-6-2-1	粤东闽语声母的文白异读（十二）	(219)
表 S-6-2-1	粤东闽语声母的文白异读（十三）	(219)
表 S-6-2-2	粤东闽语韵母的文白异读（一）	(220)
表 S-6-2-2	粤东闽语韵母的文白异读（二）	(221)
表 S-6-2-2	粤东闽语韵母的文白异读（三）	(222)
表 S-6-2-2	粤东闽语韵母的文白异读（四）	(222)
表 S-6-2-2	粤东闽语韵母的文白异读（五）	(223)
表 S-6-2-2	粤东闽语韵母的文白异读（六）	(224)
表 S-6-2-2	粤东闽语韵母的文白异读（七）	(225)
表 S-6-2-2	粤东闽语韵母的文白异读（八）	(225)
表 S-6-2-2	粤东闽语韵母的文白异读（九）	(226)
表 S-6-2-3	粤东闽语声调的文白异读（一）	(227)
表 S-6-2-3	粤东闽语声调的文白异读（二）	(228)
表 S-6-2-3	粤东闽语声调的文白异读（三）	(228)
表 S-6-3-1	粤东闽语声母的文白系统	(235)
表 S-6-3-2	粤东闽语韵母的文白系统	(236)
表 S-6-3-3	粤东闽语声调的文白系统	(240)
表 X-1-0-1	粤东闽语鱼韵字读音	(254)
表 X-1-0-2	粤东闽语虞韵字读音	(254)
表 X-1-0-3	粤东闽语模韵字读音	(255)
表 X-1-1-1	类型一方言点 F1、2、3 读音例字表	(258)
表 X-1-1-2	类型三方言点 F1、2、3 读音例字表	(259)
表 X-1-1-3	粤东闽语鱼韵字的读音层次	(263)
表 X-1-2-1	粤东闽语各点虞韵例字的读音对照	(263)

表Ⅹ-1-2-2	粤东闽语虞韵字读-u韵母的情况	（265）
表Ⅹ-1-2-3	粤东闽语虞韵字读-o韵母的情况	（267）
表Ⅹ-1-2-4	粤东闽语虞韵字读-i韵母的情况	（268）
表Ⅹ-1-2-5	粤东闽语虞韵字的读音层次	（275）
表Ⅹ-1-3-1	粤东闽语模韵字-ou文读音对照表	（277）
表Ⅹ-1-3-2	粤东闽语模韵字的-o/u读音例字表	（278）
表Ⅹ-1-3-3	粤东闽语模韵字读音的历史层次	（279）
表Ⅹ-1-4-1	粤东闽语遇摄字读音的历史层次	（279）
表Ⅹ-2-0-1	粤东闽语止摄开口字读音	（282）
表Ⅹ-2-0-2	粤东闽语止摄合口字读音	（282）
表Ⅹ-2-1-1	粤东闽语止摄开口-ia读音例字表	（283）
表Ⅹ-2-1-2	粤东闽语止摄开口-ua读音例字表	（283）
表Ⅹ-2-1-3	粤东闽语果、蟹摄字-ua读音例字表	（284）
表Ⅹ-2-1-4	闽方言止摄字-ia/ua读音层比较表	（285）
表Ⅹ-2-1-5	粤东闽语止摄开口-ui读音例字表	（288）
表Ⅹ-2-1-6	粤东闽语止摄开口-ai读音例字表	（289）
表Ⅹ-2-1-7	类型一方言读-u而类型二方言读-i的例字表	（290）
表Ⅹ-2-1-8	类型一方言读-i而类型二方言读-ɯ的例字表	（291）
表Ⅹ-2-1-9	类型一方言读-u而类型二方言读-ɯ的例字表	（291）
表Ⅹ-2-1-10	止摄开口字-i_文、-ɯ（u）读音的分布	（292）
表Ⅹ-2-2-1	粤东闽语止摄合口-ue读音例字表	（295）
表Ⅹ-2-3-1	粤东闽语止摄字读音的历史层次	（297）
表Ⅹ-3-1-1	粤东闽语代表方言点第四类鼻化韵母例字表（1）	（300）
表Ⅹ-3-1-1	粤东闽语代表方言点第四类鼻化韵母例字表（2）	（301）
表Ⅹ-3-1-2	潮州湘桥第四类鼻化韵母例字读音表	（303）

表X-3-1-3	一百年前的潮州方言第四类鼻化韵母例字读音表	(305)
表X-3-2-1	粤东闽语几个代表方言点第四类鼻化韵例字读音表	(309)
表X-4-1-1	饶平三饶明微母字读m/b声母的情况	(313)
表X-5-1-1	达濠与海门、棉城、潮阳（张盛裕，1981）声调比较表	(329)
表X-7-1-1	粤东闽语古全浊声母清化之后分读送气/不送气情况表	(348)
表X-7-2-1	中古全浊声母清化之后读塞音、塞擦音时送气与否跟平仄对比表	(349)
表X-7-2-2	厦门中古全浊声母清化之后读塞音、塞擦音时送气与否跟平仄对比表	(350)
表X-7-2-3	中古全浊声母字在今厦门和粤东的读音对照	(351)
表X-7-2-4	中古全浊声母字在今泉州和粤东的读音对照	(352)
表X-8-1-1	从历史性语音标准看粤东闽语内部的异同	(357)
表X-8-2-1	粤东闽语内部声调的比较	(362)
表X-8-2-2	粤东闽语内部声母的比较	(362)
表X-8-2-3	粤东闽语内部韵母的比较（一）	(363)
表X-8-2-3	粤东闽语内部韵母的比较（二）	(364)
表X-8-2-3	粤东闽语内部韵母的比较（三）	(365)
表X-8-2-4	粤东闽语各点通合三读-ioŋ例字比较	(367)
表X-8-2-5	粤东闽语内部各片的异同比较	(370)

上　篇

绪　　论

第一节　粤东闽语概况

一　粤东闽语

闽南方言是闽语的一支，以厦门话为代表。闽南方言分布的区域远远超出福建省南部，延伸到广东、广西、台湾、海南以及海外各地，"闽南话分布在福建省南部厦门、漳州、泉州三市和龙溪、晋江、龙岩（一部分）等地区，单就福建一省来说，人口约有两千万左右。此外，台湾、广东东部潮州地区、雷州半岛部分地区，海南岛，浙江南部的温州、平阳、玉环和舟山群岛，以及江西的铅山、上饶、玉山，广西东南部和四川境内的个别地点，也都属于闽南话的活动范围。"（袁家骅 1983）

粤东闽语是闽南方言的一个分支，这已经是学界的定论。对于"粤东闽语"这个概念，不同时期、不同学者有不同的叫法。赵元任 30 年代第一次为汉语方言分区的时候称"潮汕方言"，但 40 年代修订之后改称为"汕头方言"。李方桂只提到"说南群语言的居民（厦门人、汕头人、海南人等等）"，没有明确给出名称。王力称为"潮汕系"。李新魁（1985）在《广东闽方言形成的历史过程》中称为"潮州话"，概括其分布地域为"潮汕地区"。张振兴（1985）在《闽语的分区》中划为"闽南区－潮汕片"。

"潮汕"并不是行政区划，但是习惯上把它作为一个地区称呼，这跟区内所通行的主流方言（粤东闽语）有关。潮汕地处粤东，因为区内通行闽南方言，区别于广东省府及周边地区的粤语，也不同于遍布周围的客家话，因此成为特征显著的一个区域——以方言作为标示的区域。中山大学人类学系曾经在广府、潮汕和客家三大民系中作过一个调查，目的是看到底广东人是根据什么认定自己是广东人的。结果，有一半以上的被访对象是根据方言，其次是血缘关系，第三才是地缘关系，也即是说，人们是根据乡音从茫茫人海中找到自己的同乡（潮汕话称为"家己人"——自己人）。可见方言在使用者心里的位置是相当高的，方言是一个族群的身份认同，具有凝聚力，孕育着丰富的地方人文内涵；方言并不仅仅作为信息传递的工具，更是重要的感情交流手段。"潮汕"分别取"潮州"、"汕头"的第一个字，行政区划上指的是汕头、潮州、揭阳，也就是通常所说的"潮汕地区"，同时又以此来命名它通行的主要方言，称为"潮汕方言"。

海陆丰地区的居民通常称自己所讲的方言为"福佬话"，直接源自福建。从语言认同来说，他们认为自己所讲的并非"潮汕话"，很多研究也并不把海陆丰地区所说的闽方言纳入"潮汕方言"的范畴之内。有鉴于此，现在的研究者多采用一个大家都能理解并接受的名称"粤东闽语"，林伦伦、陈小枫在《广东闽方言语音研究》一书中说"粤东闽语俗称潮汕方言、潮州话。解放前以潮州府城话为标准。解放后，汕头市话逐步取代了潮州府城话而成为潮州方言的标准话。"这个名称能较好地反映方言通行的地域范围，同时也让方言使用者在心理上都能接受，是一个比较合适的名称，现在不少文章采用"粤东闽语"的称法。

本书也采用"粤东闽语"的称法，行文中如果出现"潮汕方言"，则特指粤东东边潮州、汕头、揭阳三市的方言（传统分区的"潮普片"除外），以区别于粤东西边的汕尾市方言。

二　粤东闽语的形成

李新魁（1985）在讲述广东闽方言的形成时，对粤东闽语（原文用"潮州话"，下文同）的形成和性质作了详细地论述，并以考古发现作为有力的证据，他说"潮州话来自福建的闽语，闽语又来自吴语，它本身的发展线路虽有曲折，但历史却很长久，因而它保存了许多汉代或汉代以前的语言特点。""潮州地区原来居住的越人除了接受来自江浙和福建等地的吴、越、闽人的影响之外，在汉初就与中原汉人有所接触，人口也时有迁移"。可以看出，在闽语和吴语的关系这个问题上，他的观点跟丁邦新等类似，认为闽语来自古吴语，而粤东闽语来自福建闽语，所以也在较早的年代就接受了来自吴语的文化和语言的影响，从汉代到三国时期，吴地的政治、经济和文化等方面就不断影响着粤东地区。同时，粤东地区在汉初就与中原人有接触，之后经历两晋时期、唐宋时代，从"五胡乱华"、"安史之乱"到唐末农民起义以及之后五代十国的纷争，动荡的局势促使很多北方居民南迁，有些到达了南蛮之地的粤东地区，因此，粤东地区一直不断地接受来自中原地区的影响。

唐宋是中原文化和语言频繁冲击粤东地区的时期，对粤东闽语的发展具有重要影响。此时来潮的多有文人学士，韩愈是其中的代表，开了粤东地区的文明风气；其后又有李德裕、杨万里、周敦颐、朱熹等人，都对粤东地区产生不可忽视的影响力。与此同时，粤东地区的学人也开始接受北方的文化和语言，并在家乡倡导和传授。李新魁（1985）认为，唐宋时期是粤东闽语从闽语中分化出来的重要时期，那时候的粤东闽语就其语言结构本身来说，已经跟现代没有大的差别；但是，由于这个时期北方文化和语言在粤东地区的倡导、传播，使得粤东闽语又形成了新的"读书音"，这是粤东闽语从闽语中独立出来的重要因素。

南宋灭亡之期，粤东地区又再一次受到重大冲击，濒临覆灭的宋朝王室、将兵大量南逃，他们在宋王朝灭亡之后在粤东地区滞留下来，其中很大部分来自福建的闽语区。闽人入潮的迁徙浪潮开始于晋唐时代，延续至明清，因此，粤东闽语在自己的独立空间、经过几百年时间相对独立的发展，综合天时（几百年发展时间）、地利（粤东相对独立的地理位置）、人和（持续的移民浪潮）各方面因素，终于逐渐形成一些有别于闽地厦、漳、泉话的特点。现在的粤东闽语内部也存在或大或小的差异，如果将粤东地区按经线一分为二，西边的语音跟东边的语音有明显的差异，特别是现在的汕尾市，他们自称所说的话为"学佬话"，也就是"福佬话"，不少语音特点比较接近福建本土闽南方言，这大概是宋明以来的移民主要集中在汕尾的缘故。粤东闽语内部存在的种种差异，往往可以为我们的研究提供线索和依据。

李新魁（1985）认为"它（粤东闽语）一方面保存了大量汉代的语言特点，另一方面又有唐宋时期中原汉语的许多痕迹，这就形成了一支比较独特的方言。这支方言，从其'远祖'来说，是古代华夏语经由吴越语通过福建地区而传入潮州；从其'近亲'来说，则是福建闽南话在近代的进一步分化，来源较为复杂多样"。

三 粤东地区的概况

粤东地区是本书研究对象所通行的地域，包括潮州市、汕头市、揭阳市和汕尾市四市。早期研究通常用"潮汕地区"来指称其研究对象"潮汕方言（或潮汕话）"所通行的地域范围，它们在名称上相互对应。上文已经阐明本书研究对象的划定及其名称的确定，因此，其所涉及的地域也相应地称为"粤东地区"，惠州市、梅州市也有少数讲粤东闽语的方言点，但是本书调查尚未铺及，故不作讨论。

下面是粤东地区各行政单位的简单情况。

潮州市位于广东东部，北靠梅州，东邻漳州，西接揭阳、汕头，全市总面积3679平方公里，2019年户籍人口为275.85万人。下辖3区1县：湘桥区、潮安区、枫溪区、饶平县。市人民政府驻湘桥区。

湘桥区全区行政区域面积325.35平方公里。2019年末户籍人口51.65万人，常住人口58.68万人。下辖9个街道（湘桥、西湖、金山、太平、南春、西新、桥东、城西、凤新）和4个镇（铁铺、磷溪、官塘、意溪），区政府驻凤新街道。

潮安区全区总面积1063.99平方公里，全区常住人口106万人（截至2019年末）。下辖15个镇（庵埠、文祠、凤塘、江东、东凤、龙湖、彩塘、金石、浮洋、沙溪、凤凰、古巷、登塘、赤凤、归湖），区政府驻庵埠镇。

枫溪区辖区面积为25平方公里，2019年常住人口14.92万人，户籍人口11.66万人。下辖长德、路东和路西3个街道办事处，区政府驻长德街道。

饶平县全县总面积2227.06平方公里，户籍人口106.53万人，常住人口87.95万人（截至2019年末）。下辖21个镇（黄冈、大埕、所城、柘林、海山、汫洲、钱东、樟溪、浮山、汤溪、三饶、建饶、新圩、新丰、饶洋、上饶、联饶、高堂、浮滨、新塘、东山），县人民政府驻黄冈镇。其中，九村、新丰、饶洋、上饶、上善、建饶等镇属于客话区或闽客双方言区。

汕头市位于广东东南部,北接潮州,西邻揭阳,全市总面积2198.7平方公里,2019年年末全市常住人口566.48万人,户籍人口571.7万人。下辖金平、龙湖、澄海、濠江、潮阳、潮南6个区和南澳县。

金平区面积140.05平方公里,户籍人口约74.01万人(截至2018年年末),区人民政府驻金砂中路;濠江区面积169.59平方公里,人口约30.31万,区人民政府驻府前路;龙湖区面积124.69平方公里,人口约46.21万,区人民政府驻龙湖北路;潮阳区面积666.73平方公里,人口184.43万,区人民政府驻中华路;潮南区面积599.87平方公里,人口约148.07万,区人民政府驻峡山街道峡溪路;澄海区面积384.11平方公里,人口约78.77万,区人民政府驻文冠路。

南澳县面积114.74平方公里,2018年末户籍总人口7.62万人,常住人口6.26万人。全县设后宅、云澳、深澳三个镇,县人民政府驻后宅镇。

揭阳市位于广东省东南部,西邻汕尾,东接潮州、汕头,北靠梅州,全市面积5240平方公里,截至2019年有常住人口705万人。下辖2区2县:榕城区、揭东区、揭西县、惠来县,代管普宁市。

榕城区总面积113平方公里。下辖10个街道(仙桥、东升、东兴、东阳、梅云、榕华、新兴、中山、西马、榕东),4个镇(渔湖、炮台、地都、登岗),区政府驻新兴街道。

揭东区(2012年设区)总面积为473平方公里,区人民政府驻地曲溪街道办事处。下辖6个镇(玉湖、新亨、锡场、埔田、云路、玉窖)和1个街道(曲溪街道)。

揭西县县域面积1365平方公里,户籍总人口99.32万人(截至2017年)。下辖1个街道(河婆街道),15个镇(东园、五经富、灰寨、南山、金和、坪上、塔头、凤江、钱坑、龙潭、上砂、棉湖、五云、大溪、京溪园)和1个乡(良田乡),县人民政府驻河婆街道。其中,河婆、龙潭、南山、灰寨、五经富、京溪园等乡镇属于客话区或闽客双方言区。

惠来县全县陆地面积1253平方公里,全县人口144.69万人(截至2018年)。下辖13个镇(东陇、岐石、惠城、隆江、鳌江、仙庵、前詹、神泉、周田、东港、葵潭、华湖、靖海)和1个农场(葵潭农场)。县政府驻地惠城镇。

普宁市区域面积 1620 平方公里，全市户籍人口 245.47 万人（截至 2018 年）。下辖 7 个街道（流沙东、流沙南、流沙西、流沙北、池尾、大南山、燎原），18 个镇（赤岗、大坝、洪阳、南溪、广太、麒麟、南径、占陇、军埠、下架山、高埔、云落、大坪、船埔、梅林、里湖、梅塘、普侨镇），1 个乡（后溪），县政府驻流沙北街道。

汕尾市位于广东省东南部，东连揭阳市，西接惠州市，北靠河源市、梅州市，全市总面积为 5271 平方公里，2017 年户籍总人口 362.82 万人。下辖 1 个市辖区（城区），2 县（海丰、陆河），代管 1 个县级市（陆丰市）。陆河县是客家话区，不在本书讨论范围。

陆丰市北和陆河县、普宁市交界，东与惠来县接壤，西与海丰县和汕尾市城区为邻；全市面积为 1687.7 平方公里，户籍总人口 189.78 万人（截至 2018 年）。现辖 3 个街道（东海、城东、河西），17 个镇（甲子、大安、八万、陂洋、博美、南塘、甲东、湖东、碣石、金厢、潭西、桥冲、甲西、上英、西南、内湖、河东）。市委、市政府驻东海街道。其中，八万、西南、陂洋等镇属于客话区或者闽客双方言区。

海丰县，"海丰"取义于"南海物丰"，位于汕尾市西部。全县总面积 1782 平方公里，总人口 85 万人（截至 2018 年）。下辖 4 个街道（鹅埠、小漠、鲘门、赤石），16 个镇（海城、城东、附城、公平、梅陇、可塘、赤坑、陶河、大湖、联安、平东、黄羌、鲘门镇、小漠镇、赤石镇、鹅埠镇），县政府驻海城镇。其中，黄羌、平东属于客话区或者闽客双方言区。

注：以上数据来自于广东省行政区划网，各市区县人民政府网站以及《广东统计年鉴（2018）》。

第二节　研究背景和研究目的

粤东闽语的研究可以追溯到清末，一些有识之士参照福建漳州的《增注雅俗通十五音》为粤东闽语编写字书，通常称为《十五音》或《潮声十五音》，较早编成的有清末隆都（原属饶平，现属澄海）人张世珍编纂的《潮声十五音》，"这种字书根据潮州话编纂，在当地流行很广，对普及文化起了一定的作用，所以莫为大众所欢迎"（李新魁，1985），不过，由于最初的《十五音》字书照搬福建的《十五音》，存在不少缺点，所以，后来有人就将《十五音》改为《十七音》或《十八音》，例如澄海人姚弗如的《潮声十七音》。不管是"十五音"还是"十八音"，此类韵书采用的都是传统韵书的编写方式，直到1960年的《潮州话拼音方案》，才开始采用罗马字拼音方案来编写，之后又有李新魁《新编潮汕方言十八音》（1979）、林伦伦《新编潮州音字典》（1995）等面世，都采用跟《潮州话拼音方案》相同的编写方式。

清末民初传教士所编写的粤东闽语文献，也是粤东闽语研究的一个重要方面。这些文献能为我们今天研究粤东闽语提供线索和依据，是重要的研究材料。很多学者已经注意到这方面的材料，并作了深入、细致的研究，包括李竹青、李如龙（1994）《潮州方言语音的演变》、张屏生（1994）《〈潮正两音字集〉音系初探》、林伦伦（2005）《从〈汕头话口语语法基础教程〉看120年前的潮州方言音系》、施其生（2009）《〈汕头话读本〉所见潮州方言中性问句》等。庄初升、陈晓丹的《19世纪以来潮汕方言的罗马字拼音方案》（2009）搜集、梳理了19世纪以来所出现的有关粤东闽语的韵书、传教士文献，并对各书的编写体例、优缺利弊作了评述，对我们了解粤东闽语相关的研究历史非常有用。徐宇航《潮州方言一百多年来的音韵演变》（2018）全面、深入地整理并研究了19世纪外国传教士所编写的潮汕方言（以潮州和汕头方言为主）语料。

现代粤东闽语研究的兴起是在20世纪五十年代之后，从语音开始，历经几代学者由浅入深的研究，硕果展现。语音研究成果包括声母、韵母、声调和连读变调各个方面，有共时的单点描写、成片的特征概括，有跟中古或其它闽南方言的比较、或者潮汕内部不同点的比较研究，也有根据文献资料记载进行的历时变化研究，还有方言考本字。

早期的文章（或专著）在名称限定上多少有些不够严谨，从题目上往往无法判断文章究竟是单点描写还是片上的整体研究。有的虽然冠以"潮汕"之名，但内容却是单点的描写和概括；也有以单点名称做面上比较研究的，例如李永明《潮州方言语音的内部差异》一文的"潮州方言"所指的是整个潮汕地区的方言，作者在文中作了说明"所说的潮州方言是广义的，即潮汕地区方言"。由于习惯上通常用"潮州话"来代表"潮汕闽方言",所以文章所说的"潮州方言/潮州话"究竟指的是"潮汕地区的方言"还是"潮州市的方言"、或者是用"潮州"代表潮州市以外的粤东闽语方言点,在内容上就可能有不同的反映。不过,随着对粤东闽语的研究不断发展、成熟,研究者在名称限定上已经越来越严谨和统一了。

粤东闽语早期的研究有詹伯慧(1966)《潮州方言》和李永明(1959)《潮州方言》,所描写的都是代表方言点潮州府城的语音系统;黄家教(1958)《潮州方音概说》所记录的是汕头市话的语音系统和特点。在单点方言研究中具有代表性和影响力的是张盛裕(1979、1980、1981、1995)对潮阳方言的研究,全面且具体,后来各家作方言比较研究时常以此为参照。此外,做出较大贡献的还有林伦伦(1992、1993、1994、1995、1996、2001、2004、2006、2007、2015),其成果包括单篇论文和专著,作者调查的方言点较多、研究兴趣和范围广泛,在粤东闽语语音的调查和研究方面做了功不可没的工作。施其生(1997)的《汕头话音档》,描写汕头方言的语音词汇和语法现象,短小却精当。罗志海(1995)的《海丰方言》,主要描写了海丰县城海城的语音词汇和语法特点。

部分研究属于片区的特点概括,如李永明(1986)《潮州方言语音的内部差异》,介绍了潮安、揭阳、揭西、汕头、澄海、饶平、潮阳、惠来、普宁9个方言点的语音差异。林伦伦、陈小枫(1996)的《广东闽方言语音研究》,描写、比较了粤东和粤西两个代表方言点(汕头和海康),并在粤东和粤西内部进行比较,这是为数不多的比较研究。吴芳(2009)的博士论文选取粤东闽语100多个方言点,考察-n、-ŋ两类阳声韵尾在当代粤东闽语的分合类型及其分布,并得出粤东闽语-n尾消变为-ŋ尾的语音规律和语音机制,文章调查面广、材料针对性强,对粤东闽语特定的语言现象作了相当有益的探讨。

李新魁、林伦伦(1987)《潮汕话本字考》和李新魁、林伦伦(1992)《潮汕方言考释》作了方言研究中具有重要意义的考本字工作。有的研究追源溯流,从历史音韵学和古音知识来研究粤东闽语,主要有李新魁(1985)《潮州"十五音"源流考略》、林伦伦(2005b)《潮汕方言口语词保留古音摭拾》等。

部分研究已经涉及到历史层次方面的探讨,集中表现在对文白异读的研究上。因为广泛存在于粤东闽语的文白异读现象,其本质就是来自不同系统的音类的叠置，文白异读的"异"中隐含着语言发展的时间层次（徐通锵1991b）。例如林伦伦（1991）的《汕头话文白异读研究》，林伦伦（2001）《古浊声母上声、去声字汕头话今读考察》对声调现象作了很有益的探讨。另外，结合早期文献资料进行的研究也为历史层次分析提供了很多参考，在这方面做过探讨的有李新魁的《二百年前的潮州音》，文章结合历史音韵展现了两百年前潮州的语音面貌，李如龙、李竹青的《潮州方言语音的一个演变》、李如龙《潮州方音二百年间的演变》、张屏生（1994）《潮正两音字集音系初探》、丁邦新《潮州方言中的声韵调演变的问题》、林伦伦（2005a）《从汕头话口语语法基础教程看120年前的潮州话音系》等，都是这方面研究的代表。林伦伦（2017）《潮汕方言历时研究》阐述了潮汕方言的历时演变，通过现存的地方文献资料探讨潮汕方言历时演变的情况，内容丰富。徐宇航（2018）《潮州方言一百多年来的音韵演变》全面梳理并研究了19世纪有关潮汕方言的罗马字记音材料，从中归纳并呈现出19世纪潮汕方言的语音面貌，并借此探讨一百多年来潮汕方言语音的演变。

第三节 研究材料和方法

一 研究材料

本书的材料包括汕头市区、达濠、海门、潮阳、澄海澄城和南澳云澳，潮州市区湘桥、凤凰、文祠和饶平的三饶、黄冈、海山，揭阳市区榕城、普宁流沙（新安）、惠来惠城，汕尾捷胜，海丰海城、联安、平东，陆丰东海、南塘和甲子。调查时间集中在2003—2006年，个别点调查时间为2009年。[①]

[①] 上述研究材料部分来自施其生教授的粤东闽语语料库，本书的音系归纳也参考了该语料库。该语料库得到了"985"学科建设专项基金科研项目、张双庆教授、李如龙教授主持的"中国六省区及东南亚闽方言调查"项目、潘悟云教授的资助，是从2003年到2009年多次调查的成果。本人参与了田野调查、资料录入、资料校对的工作。参加此项工作并付出大量劳动的还有同门金健、郑婧敏、谢琳琳、陈丽莹、黄婷婷、刘翠香、林华勇、曹凤霞、陈淑环、辛永芬、赵敏。在此一并致谢！

调查以《方言调查字表》为依据。发音合作人情况如下：

表 S-1-3-1　　　　　发音人情况一览表

方言点	发音人	出生年	原籍	职业	教育程度	备注
汕头市区	王某翔	1980	汕头市区	学生	本科	从小在汕头长大，在珠海生活两年，广州两年，会说粤语
汕头达濠	李某君	1972	汕头达濠	教师	大专（自考）	能说粤语
潮阳海门	林某立	1932	潮阳金浦	教师	高中	在棉城住过
潮阳棉城	姚某卿	1954	潮阳棉城	教师	中师	
潮阳棉城	谢某华	1959	潮阳棉城	公安干部	大专	
澄海澄城	陈某兰	1953	澄城	教师	大专	
澄海澄城	柯某莲	1954	澄城	退休教师	中师	
南澳深澳	刘某平	1973	深澳	干部	大专	
潮州湘桥	谢某芳	1949	潮州	工厂干部	初中肄业	
潮州湘桥	陈某民	1931	潮州	中学教师	中专	
潮安凤凰	李某益	1947	凤凰镇	教师	高中	
潮安凤凰	李某天	1943	凤凰镇	退休教师	大专	
文祠畲族	雷某铭	1947	文祠	校长	中师	幼年语言环境畲语、潮语。初中到潮州学习
揭阳榕城	施某玲	1950	揭阳榕城	公务员	高中	
揭阳榕城	谢某群	1949	揭阳榕城	公务员	大专	
揭阳榕城	余某文	1933	揭阳榕城	书法家	初中毕业	
惠来惠城	庄某坚	1953	广东惠来	教师	大专	到普宁师范读书
普宁流沙	陈某波	1949	流沙东街道新安村	村治安员	高中	
普宁流沙	李某光	1943	流沙	退休高中语文教师	大专	
饶平黄冈	施某群	1940	黄冈镇	教师	大专	北京（半年）
饶平黄冈	陈某林	1939	黄冈镇	退休老师	中专	

续表

方言点	发音人	出生年	原籍	职业	教育程度	备注
饶平海山	刘某叶	1953	海山镇黄隆	主妇	小学	
饶平三饶	林某棠	1948	三饶镇	中学教师	中师	
饶平三饶	黄某虎	1938	溪西西坡	农民	小学	溪西西坡
汕尾捷胜	张某钳	1947	捷胜镇	教师	中师	
海丰海城	许某航	1974	海城话	公务员	本科	
海丰联安	陈某彬	1946	联安	教师	中师	
海丰平东	林某国	1981	平东镇新寮村	教师	大专	曾在海丰上学
陆丰东海	庄某民	1982	东海	教师	大专	
陆丰东海	邱某忠	1948	东海	退休教师	大专	
陆丰甲子	江某文	1946	甲子	退休教师	中师	
陆丰甲子	陈某水	1989	甲子镇东方村	学生	本科	
陆丰南塘（谭头）	郑某裕	1948	南塘镇谭头村	教师	中师	

本书在博士论文的基础上形成，在写作博士论文过程中，语料的整理借助了上海师范大学潘悟云教授主持开发的方言数据处理系统 TFD (Tool For Dialectology)，期间潘悟云老师还亲自帮助作者规范语料库。非常感谢潘悟云老师的帮助。

二 研究方法

语言很复杂，语言的变化更是繁复多样，其中蕴涵多种演变机制和演变模式，需要从不同的角度、通过不同的方式进行分析和诠释。任何从单一角度出发、局限于某一方面的解释，都无法包办语言及其演变的各个方面。因此，对语言及音变的研究，必然趋向综合性。

每一种语言理论都不大可能是"包治百病"的万能药，都可能存在片面性和不足的地方。然而，每一种有生命力的研究理论及其研究方法，都会有它的优点和适用性，不同的理论和方法适用于不同的对象和范围，在解决不同的问题上有各自的适用性。例如：历史层次分析法适用于梳理在语音历史演变过程中形成的、语言系统内部叠置的不同层次读音；

词汇扩散理论则适用于探求共时的语音演变，对语言的变化过程具有很强的解释力。

在分析粤东闽语语音现象的过程中，我们尝试着结合不同的理论和方法，一方面为了能够更好地分析粤东闽语语音的复杂结构及其演变；另一方面，期许在应用理论分析方言语音事实的过程中，能够不断检验甚至补充理论本身。以下是在分析过程中的一些收获：

1. 关于"扩散"理论。包括"波浪说"、方言地理学和词汇扩散理论，这几个出现时间不同、初衷各异的理论，不约而同地强调了"扩散"这一语言演变的传播方式。"扩散理论"研究离散式的语音变化，着眼于语言（或音变）的渐进式扩散，揭示语音变化过程中的参差性，这无论对于已经完成的历史音变，还是现时正在发生的音变现象，都是重要的理论和方法的指导。针对语言演变而言，"扩散"（diffusion）是音变得以传播开来的重要途径；"扩散"既然是一种传播的方式，就需要借助一定的"介质"来完成传播过程。从不同的观察角度来看，其介质至少包括语言的使用者——人，和语言的载体——词。在探讨粤东闽语语音的过程中我们认识到：语音变化本身音韵单位在词汇中的扩散，以及语音变化在方言者中间的扩散，是参与"扩散"的两个重要的、不可或缺的组成部分。此外，如果着眼于"扩散"这一传播方式，将"扩散"引申到其它参与音变或音变传播的介质，也是对"扩散理论"的有益补充。

本书下篇"粤东闽语非鼻音声母阴声韵字今读鼻化韵分析"和"达濠方言古全浊上、浊去字的声调演变模式"是运用扩散理论及其方法进行研究的结果。

2. 与词汇扩散理论相关的问题。在具体分析方言语音的音变和音变结果时，要分清楚"词汇扩散式音变方式"和"词汇扩散式音变造成的异读音类"之间的不对称关系，它们分别指向不同性质的音变结果。如果不细加区分，很容易把它们混为一谈、导致自相矛盾。

a. 词汇扩散式音变方式

这是就音变的方式而言的，"词汇扩散式音变"是语音变化的方式之一，很多语音演变是通过词汇扩散的方式进行并完成的，历史上如此，现今的语音演变也不例外。从粤东闽语的语音现状可以看到很多词汇扩散的例子，例如：鱼虞两韵在粤东闽语早期的读音层次里是有别的，但在新的读音层次里则不分，新的读音是受到外来影响而产生的文读音。粤东闽语受影响产生文读音是结果，而借入文读音的过程则是通过词汇扩散方式实现的。又如：古次浊声母明（微）、疑读为浊音声母 b-、g-，这是通过词汇扩散方式实现的，现在这项音变已经结束，但我们仍能看到词汇扩散的残留痕迹。再如：n-、l-声母的混淆，古阴声韵在非鼻音声母后边读鼻化的现象等等，都是通过词汇扩散方式实现的。

b. 词汇扩散式音变造成的异读音类

并不是所有通过词汇扩散方式实现的音变结果，都属于我们这里所讨论的"词汇扩散式音变造成的异读音类"。例如：粤东闽语古鱼、虞两韵受外来影响产生文读音，其音变的过程是通过词汇扩散方式实现的，但音变的结果却并非产生我们这里严格定义的"词汇扩散式音变造成的异读音类"。而 n、l 声母的混淆、古阴声韵在非鼻音声母后边读鼻化的现象等音变，才属于"词汇扩散式音变造成的异读音类"的讨论范围。词汇扩散式音变会造成语言（或方言）的某些具体音类产生无条件分化现象，从结果上看，其跟由语言（或方言）间的接触造成的层次叠置是一样的，但其性质却并不相同，区分的主要标准是看其是同源的，还是异源的。

词汇扩散式音变造成的异读音类之间是新旧形式的不同，没有严格意义上的层次差异，跟由接触引起的异读音类有本质的区别。总的来说，"词汇扩散式音变造成的异读音类"属于方言（语言）自身演变的结果。

3. 实验语音学方法辅助口耳判断。在语音分析过程中，我们也借助实验语音学的方法帮助对一些具体音值的判断，以弥补传统耳听方法不够直观的不足。例如：在调查过程中，笔者对陆丰甲子、南塘等点的阴去调调值感到疑惑，因为粤东东部闽语的阴去调多数为曲折调，而这几个方言点阴去调的曲折感却不太明显、若隐若现；笔者借助了 praat 等软件做出声调曲线图，证明了这些点的阴去调的确缺少曲折特征，或为低降调、或为低平调。借助实验语音学方法能够对传统口耳记音方法进行查漏补缺，具有积极的效果。

三 标音说明

（一）音标说明

本书使用的是国际语音协会（International Phonetic Association）修订至 1996 年的国际音标表（Theinternational Phonetic Alphabet, revised to June 1990, corrected 1996）

为了行文方便，本书在使用国际音标时，一般不加方括号［］；行文中声母后带一横杆"-"，例如：声母 ts-，韵母前带一横杆"-"，例如：-ɯ 韵母，出现在表格里一律不加；声母送气一律用"h"表示，上标；例字标音的时候，一般情况下都不标零声母；例字读音的声调用阿拉伯数字表示具体调值时，放在音标的最右边，上标；用发圈法表示调类。

粤东闽语鼻化韵母为全鼻化，即韵母所有元音都带鼻化色彩，但为了简洁，本书统一只在韵母主要元音上标鼻化。

引用的材料一律按照原文的标写格式，不做改动。

（二）字体和材料用字说明

文章行文用简体字，但中古音的声纽、韵摄用字使用繁体字，涉及的调查材料用字（《方言调查字表》所收字）也用繁体。

调查材料用字全部依据《方言调查字表》（北京：商务印书馆，1981 年 12 月新 1 版），材料整理的时候也按照《方言调查字表》：1）区分繁简体，凡繁简体在《广韵》或《集韵》中属于两个不同的字的，收入本书调查材料时也按两个不同的字计算，例如："后"和"後"；2）形体相同，但在《广韵》或《集韵》中分属不同音韵地位的，也按不同的字计算，例如："便"，表示"方便"的"便"和表示"便宜"的"便"各属不同的音韵地位，本书调查材料分列两个不同的字；3）文章有些地方涉及字数统计，统计时如果一字有文白多个读音，一般一个读音按一个字计算。

第一章

音系及音系归纳的相关问题

第一节 音系

本节将归纳、描写各方言点的音系，粤东闽语的声母和声调系统比较简单，但韵母系统复杂，方言中存在很多有音无字的情况，我们在音系调查系统的基础上，参考字音和词汇材料，尽量更加全面地反映各个方言点的音系。

一 汕头（原市区）音系
（一）声调

表 S-2-1-1　　　　　　　汕头市区音系声调表

调类	阴平	阳平	阴上	阳上	阴去	阳去	阴入	阳入
例字	诗纷	时云	死粉	是混	四奋	示份	薛忽	蚀佛
单字调	33	44	51	25	212/31	31	21	43
前变调	33	31	23	31	44	31	53	32

声调说明：
部分年轻人的阴去调开始跟阳去混，即曲折调212变成低降调31。

（二）声母

表 S-2-1-2　　　　　　　汕头市区音系声母表

p 布	p^h 怕	b 马	m 门	
t 灯	t^h 太		n 年	l 兰

续表

ts 精	tsʰ 秋	dz 而		s 心	
k 见	kʰ 溪	g 吴	ŋ 言	h 化	ø 案

（三）韵母

表 S-2-1-3　　　　汕头市区音系韵母表

a 炒		o 刀		e 爬	i 诗	u 龟	ɯ 鱼
ai 才	au 刘	oi 买	ou 雨		iu 梳	ui 雷	
ia 骑	ua 我	io 票		ue 话			
iau 妖	uai 怪						
ã 胆		õ □¹		ẽ 病	ĩ 辫		
ãi 彩	ãu 好	õi 闲	õu 虎		ĩu 休	ũi 县	
iã 兄	uã 官	iõ 羊		uẽ 横			
iãu 嬲	uãi 檨						
am 暗		om 参□²			im 熊		
iam 盐							
aŋ 诞		oŋ 童		eŋ 英	iŋ 民	uŋ 春	ɯŋ 近
iaŋ 仙	uaŋ 汪	ioŋ 勇					
m̩ 唔		ŋ̍ 黄					
ap 十		op □³			ip 湿		
iap 粒							
ãp □⁴							
ak 贼		ok 服		ek 叔	ik 七	uk 出	ɯk 乞
iak 洁	uak 法	iok 育					
aʔ 鸭		oʔ 雪		eʔ 客	iʔ 铁	uʔ 嘬	ɯʔ □⁵
	auʔ 乐	oiʔ 八			iuʔ □⁶		
iaʔ 益	uaʔ 活	ioʔ 药		ueʔ 血			
iauʔ 雀							
ãʔ □⁷				ẽʔ □⁸	ĩʔ □⁹		
ãiʔ □¹⁰	ãuʔ □¹¹	õiʔ □¹²					
iãʔ □¹³							

续表

| iãuʔ□¹⁴ | uãiʔ□¹⁵ | | ĩuʔ□¹⁶ | |
| m̩ʔ□¹⁷ | | ŋ̍ʔ□¹⁸ | | |

例字说明：

1. □ [õ˧]，面~~：形容脸发胖臃肿的样子。
2. □ [hom˧]，砸。
3. □ [hop˨]，~风：闲聊。
4. □ [ãp˨]，投契
5. □ [tʰɯʔ˨]，用力蹭。
6. □ [piuʔ˨]，冒。
7. □ [ãʔ˨]，用微曲的手掌打。
8. □ [hẽʔ˨]，因向往某事而兴奋。
9. □ [kʰĩʔ˨]，粘。
10. □ [hãiʔ˨]，□ [hĩʔ˨] ~：比喻有毛病。
11. □ [hãuʔ˨]，张大口咬。
12. □ [hõiʔ˨]，面~~：脸憔悴消瘦的样子。
13. □ [hiãʔ˨]，掀开。
14. □ [hiãuʔ˨]，前后来回摇动。
15. □ [huãiʔ˨]，来回转动。
16. □ [ĩuʔ˨]，极小。
17. □ [hm̩ʔ˨]，用棍棒猛力打。
18. □ [ŋ̍ʔ˨]，睡。

二　澄海澄城音系

（一）声调

表 S-2-1-4　　　　　澄海澄城音系声调表

调类	阴平	阳平	阴上	阳上	阴去	阳去	阴入	阳入
例字	诗	时	死	是	四	示	薛	蚀

续表

调类	阴平	阳平	阴上	阳上	阴去	阳去	阴入	阳入
单字调	443	554	51	35	213	31	3̲2̲	5
前变调 A	34	213	34	21	32	213	3̲2̲	3̲2̲
前变调 B			35		42		5	

声调说明

①阴上调在阴平、阴去、阴入、阳上和阳去前调值为34；在阳平、阴上和阳入前调值为35。

②阴去调在阴平、阴去、阴入、阳上和阳去前调值为32；在阳平、阴上和阳入前调值为42。

③阴入调在阴平、阴去、阴入、阳上和阳去前调值为3̲2̲；在阳平、阴上和阳入前调值为5。

（二）声母

表 S-2-1-5　　　　　澄海澄城音系声母表

p 布	pʰ 怕	b 马	m 门		
t 灯	tʰ 太		n 年		l 兰
ts 精	tsʰ 秋	dz 而		s 心	
k 见	kʰ 溪	g 吴	ŋ 言	h 化	∅ 案

（三）韵母

表 S-2-1-6　　　　　澄海澄城音系韵母表

a 炒		o 刀		e 爬		i 诗	u 龟	ɯ 鱼
ai 才		au 刘	oi 买	ou 雨			iu 梳	ui 雷
ia 骑		ua 我			ie 票	ue 话		
iɜu① 妖		uai 怪						
ã 胆		õ □¹		ẽ 病		ĩ 辫		

---

① -iɜu 相当于汕头的 -iau，为了音系整洁，放在这里，不另起一行；-iɜ̃u 与此同。

续表

ai 爱	au 好	oi 闲	ou 虎			iu 幼	ui 县	
iã 兄	uã 官			iẽ 羊	uẽ 横			
iɜu□²	uai 横							
	aŋ 暗诞		oŋ□³童		eŋ 英	iŋ 熊民	uŋ 春	ɯŋ 近
iaŋ 盐仙	uaŋ 汪	ioŋ 勇						
	m̩ 唔		ŋ̍ 黄					
ak 十贼	ok□⁴服			ek 叔		ik 七	uk 出	ɯk 乞
iak 粒洁	uak 法	iok 育						
aʔ 鸭		oʔ 雪		eʔ 客		iʔ 铁	uʔ 噏	ɯʔ
	auʔ 乐	oiʔ 八□⁵						
iaʔ 益	uaʔ 活			ieʔ 药	ueʔ 血			
				ieuʔ 跃⁶				
ãʔ				ẽʔ□⁷		ĩʔ		
ãiʔ□⁸	ãuʔ□⁹	õiʔ						
iãʔ								
	uãiʔ□¹⁰			iẽuʔ□¹¹		ĩuʔ□¹²		
ŋ̍ʔ□¹³								

声调说明：

①a 的舌位偏高、偏央，音值接近 ɐ；e 的舌位偏低、偏央；u 出现在韵尾位置时，舌位偏低，接近 ʊ。

②o 的舌位偏央，音值接近 ɵ；组合成复合元音时，在 - ioŋ 韵母中表现得比较明显。

③i 的舌位偏央，音值接近 ɨ；组合成复合元音时，在 - oiʔ 韵母中表现得比较明显。

例字说明：

1. □ [õ˧]，~~：形容东西大。
2. □ [˨hiɜu]，掀。
3. □ [hoŋ˧]，砸。
4. □ [hok˨]，~风：闲聊。
5. □ [hoiʔ˨]，面~~：脸憔悴消瘦的样子。

6. □［ieuʔ˨］，~□［liŋ˧˥］斗：翻跟斗。

7. □［hẽʔ˨］，因向往某事而兴奋。

8. □［hãiʔ˨］，□［hĩʔ˨］~：比喻有毛病。

9. □［hãuʔ˨］，张大口咬。

10. □［huãiʔ˨］，来回转动。

11. □［hiẽuʔ˨］，前后来回摇动。

12. □［ĩuʔ˨］，极小。

13. □［hŋʔ˨］，用棍棒猛力打；□［ŋ̍ʔ˨］，睡。

三　南澳后宅音系①
（一）声调

表 S-2-1-7　　　　　　南澳后宅音系声调表

调类	阴平	阳平	阴上	阳上	阴去	阳去	阴入	阳入
例字	诗纷	时云	死粉	是混	四奋	示份	薛忽	蚀佛
单字调	44	55	52	24	212	33	2	54
前变调	33	32	24	33	44	32	54	2

（二）声母

表 S-2-1-8　　　　　　南澳后宅音系声母表

p 布	pʰ 怕	b 马	m 门		
t 灯	tʰ 太		n 年		l 兰
ts 精	tsʰ 秋	dz 而		s 心	
k 见	kʰ 溪	g 吴	ŋ 言	h 化	∅ 案

---

① 我们 2003 年调查了后宅话的声韵调系统，但没有作字表、词表、语法的全面调查，这里作比较用，也列出其声韵调系统。

(三) 韵母

表 S-2-1-9　　　　　　　　南澳后宅音系韵母表

a 炒		o 刀		e 爬	i 诗	u 龟	
ai 才	au 刘	oi 买	ou 雨		iu 梳	ui 雷	
ia 骑	ua 我	io 票		ue 话			
iau 妖	uai 怪						
ã 胆				ẽ 病	ĩ 辫		
ãi 爱	ãu 好	õi 闲	õu 虎		ĩu 休	ũi 县	
iã 兄	uã 官	iõ 羊		uẽ 横			
	uãi 樣						
am 暗		om 参荟			im 熊		
iam 盐							
aŋ 诞		oŋ 童		eŋ 英	iŋ 民	uŋ 春	ɯŋ 汤
iaŋ 仙	uaŋ 汪	ioŋ 勇					
m̩ 唔		ŋ̍ 黄					
ap 十		op □¹			ip 湿		
iap 粒							
ak 贼		ok 服		ek 叔	ik 七	uk 出	ɯk 乞
iak 洁	uak 法	iok 育					
aʔ 鸭		oʔ 雪		eʔ 客	iʔ 铁	uʔ 噱	
	auʔ 乐	oiʔ 八			iuʔ □²		
iaʔ 益	uaʔ 活	ioʔ 药		ueʔ 血			
iauʔ 跃³							
				ẽʔ □⁴	ĩʔ □⁵		
	ãuʔ □⁶						
	uãiʔ □⁷						
m̩ʔ □⁸		ŋ̍ʔ □⁹					

例字说明：

1. □ [kop˨]，指波浪一浪接着一浪涌上来。

2. □ [piuʔ˨], 冒。

3. 跃 [iauʔ˨]，~□ [liŋ˨] 斗：翻跟斗。

4. □ [hẽʔ˨]，炫耀的样子。

5. □ [kʰĩʔ˨]，粘。

6. □ [ŋãuʔ˨]，张大口咬。

7. □ [huãiʔ˨]，来回转动。

8. □ [hm̍ʔ˨]，用棍棒猛力打。

9. □ [ŋ̍ʔ˨]，睡。

四　南澳云澳音系

（一）声调

表 S–2–1–10　　　　　　　　南澳云澳音系声调表

调类	阴平	阳平	上声	阴去	阳去	阴入	阳入
例字	诗	时	死	四	是示	薛	蚀
单字调	44	35	53	212	33	3	334
前变调 A	33	21	35	44	21	334	3
前变调 B				53			

声调说明：

阴去调在阴平、阴上前调值为44；在阴入、阳平、阳上、阳去和阳入前调值为53。

（二）声母

表 S–2–1–11　　　　　　　　南澳云澳音系声母表

p 布	pʰ 怕	b 马	m 门		
t 灯	tʰ 太		n 年		l 兰
ts 精	tsʰ 秋	dz 而		s 心	
k 见	kʰ 溪	g 吴	ŋ 言	h 化	ø 案

（三）韵母

表 S-2-1-12　　　　　　　　南澳云澳音系韵母表

a 炒	o 刀	e 爬	i 诗	u 龟	
ai 才	au 刘	oi 买	ou 雨		iu 梳	ui 雷	
ia 骑	ua 我	io 票		ue 话		
iau 妖	uai 怪				
ã 胆	õ 讹□[1]	ẽ 病	ĩ 癣		
ãi 爱	ãu 好	õi 办	õu 虎		ĩu 幼	ũi 县	
iã 兄	uã 官	iõ 羊		uẽ 横		
iãu 嬲	uãi 拐				
am 暗	om 森□[2]		im 熊		
iam 盐	uam 犯				
				un 船	
	uan 转				
aŋ 诞	oŋ 童	eŋ 英	iŋ 民	uŋ 春	ɯŋ 汤
iaŋ 仙	uaŋ 汪	ioŋ 勇			
m̩ 唔	ŋ̍ 黄				
ap 十	op □[3]		ip 湿		
iap 粒					
ãp □[4]					
				ut 核戍	
ak 贼	ok 服	ek 叔	ik 七	uk 出	
iak 洁	uak 法	iok 育			
aʔ 鸭	oʔ 雪	eʔ 客	iʔ 铁	uʔ 喝	ɯʔ □[5]
	auʔ 乐	oiʔ 八		iuʔ □[6]	
iaʔ 益	uaʔ 活	ioʔ 药		ueʔ 血	
iauʔ 跃[7]					
ãʔ □[8]		ẽʔ 吓□[9]	ĩʔ □[10]		
ãiʔ 捺□[11]	ãuʔ □[12]	õiʔ □[13]			
iãʔ □[14]					
iãuʔ □[15]	uãiʔ □[16]		ĩuʔ □[17]		
m̩ʔ □[18]	ŋ̍ʔ □[19]				

韵母说明：根据林伦伦、林春雨①（2006、2007）的记录，云澳方言有 in/it 和 un/ut 两类前鼻音韵尾和相应的 -t 韵尾。

我们 2003 年调查、2009 年核对、录音，发音人都只出现少数前鼻音尾韵和 -t 尾韵字，而且更倾向于发成后鼻音韵尾 -ŋ 和相应的 -k 韵尾，-n/t 和 -ŋ/k 两套韵尾基本上已经没有音位对立。

例字说明：

1. □［õ˧］，面~~：形容脸发胖臃肿的样子。

2. □［hom˧］，砸。

3. □［hop˨］，~风：闲聊。

4. □［ãp˨］，投契。

5. □［tʰɯʔ˨］，用力蹭。

6. □［piuʔ˨］，冒。

7. 跃［iauʔ˨］，~□［liŋ˧］斗：翻跟斗。

8. □［ãʔ˨］，用微曲的手掌打。

9. □［hẽʔ˨］，因向往某事而兴奋。

10. □［kʰĩʔ˨］，粘。

11. □［hãiʔ˨］，□［hĩʔ˨］~：比喻有毛病。

12. □［hãuʔ˨］，张大口咬。

13. □［hõiʔ˨］，面~~：脸憔悴消瘦的样子。

14. □［hiãʔ˨］，掀开。

15. □［hiãuʔ˨］，前后来回摇动。

16. □［huãiʔ˨］，来回转动。

17. □［ĩuʔ˨］，极小。

18. □［hm̍ʔ˨］，用棍棒猛力打。

19. □［ŋ̍ʔ˨］，睡。

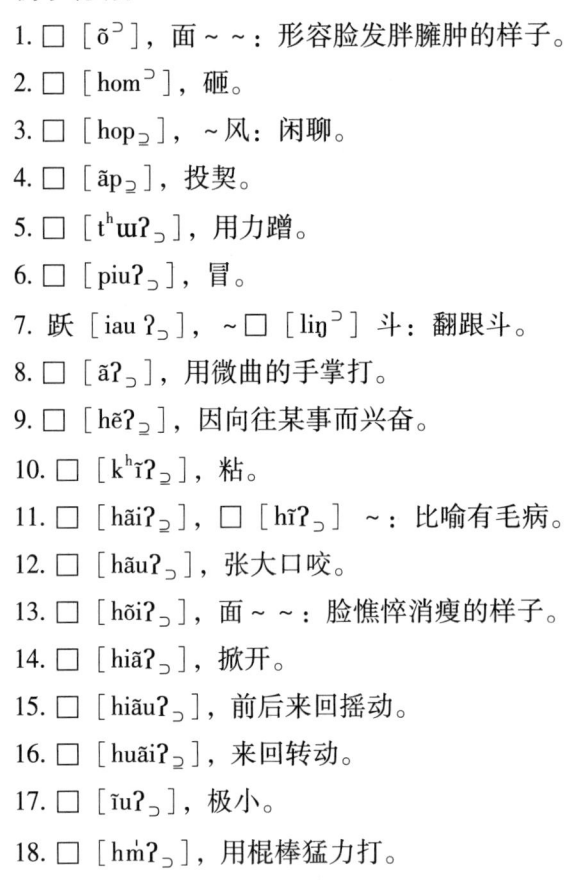

① 林伦伦、林春雨：《广东南澳岛方言语音词汇研究》，中华书局 2007 年版，第 70 页。

五 汕头达濠音系

(一) 声调

表 S-2-1-13　　　　　　汕头达濠音系声调表

调类	阴平	阳平	上声	阴去	阳去	阴入	阳入
例字	诗纷	时云	死粉	四奋是混	示份	薛忽	蚀佛
单字调	21	33	24	52	31	3	45
前变调	21	33	52	33/21	21	45	3

(二) 声母

表 S-2-1-14　　　　　　汕头达濠音系声母表

p 步爬	pʰ 怕瓶	b 米无	m 晚盲	ɸ 化	
pf 富盘	pfʰ 皮破	bv 梅闻	ɱ 每吻		
t 灯道	tʰ 太途		n 怒蓝		l 吕能
ts 精绝	tsʰ 秋从	dz 秋从		s 心失	
k 见近	kʰ 溪群	g 碍吴	ŋ 严硬	h 晓额	∅ 约屋

声母说明:
ɸ-声母只出现在 u 元音前面,但截至调查时间,还不是所有的 u 元音前的 h- 都变成了 ɸ-。

(三) 韵母

表 S-2-1-15　　　　　　汕头达濠音系韵母表

a 巴		o 多		e 爬	i 世	u 堵
ai 太	au 道	oi 买	ou 布		iu 彪	ui 归
ia 爹	ua 我	io 茄		ue 话		

续表

iau 妖	uai 怪							
ã 胆		õ 参□[1]		ẽ 楹	ĩ 椅			
ãi 爱	ãu 好爱好	õi 闲	õu 否		ĩu 幼	ũi 畏		
iã 赢	uã 换	iõ 羊		uẽ 关				
iãu□[2]	uãi 县							
am 暗		om□[3]		im 音				
iam 盐	uam 犯							
aŋ 红		oŋ 童		eŋ 英	iŋ 因	uŋ 温	ɯŋ 汤	
iaŋ 殃	uaŋ 弯	ioŋ 勇						
m̩ 姆		ŋ̍ 黄						
ap 盒		op□[4]		ip 湿				
iap 粒	uap 法							
ak 恶		ok 屋		ek 浴	ik 乞	uk 脱		
iak 跃	uak 劣	iok 育		uek 获				
aʔ 鸭		oʔ 学		eʔ 厄	iʔ 鳖	uʔ 嗡吭吸	ɯʔ□[5]	
	auʔ 卷	oiʔ 八			iuʔ□[6]			
iaʔ 益	uaʔ 活	ioʔ 药		ueʔ 划				
iauʔ 雀								
				ẽʔ□[7]	ĩʔ□[8]			
ãiʔ□[9]	ãuʔ 乐音乐	õiʔ□[10]			ĩuʔ□[11]			
iãʔ□[12]								
iãuʔ□[13]	uãiʔ□[14]							
m̩ʔ□[15]		ŋ̍ʔ□[16]						

例字说明：

1. □ [õ˧]，面~~：形容脸发胖臃肿的样子。

2. □ [hiãu˧]，揭，掀开。

3. □ [hom˧]，砸。

4. □ [op˨]，（嘴）一张一合。

5. □ [tʰɯʔ˨]，脚用力蹬。

6. □ [piuʔ˨]，冒。

7. □ [hẽʔ˨], 受到惊吓。
8. □ [hĩʔ˨], ~□ [hãiʔ˨]: 比喻有毛病。
9. □ [hãiʔ˨], □ [hĩʔ˨] ~: 比喻有毛病。
10. □ [hõiʔ˨], 面~~: 脸憔悴消瘦的样子。
11. □ [ĩuʔ˨], 极小。
12. □ [hiãʔ˨], 掀开。
13. □ [hiãuʔ˨], 向后翻倒。
14. □ [huãiʔ˨], 来回转动。
15. □ [hm̍ʔ˨], 用棍棒打。
16. □ [hŋ̍ʔ˨], 擤。

六 潮阳棉北（原潮阳棉城）音系
（一）声调

表 S-2-1-16（1） 潮阳棉城音系声调表（老派）

调类	阴平	阳平	阴上	阳上	阴去	阳去	阴入	阳入
例字	诗纷	时云	死粉	是混	四奋	示份	薛忽	蚀佛
单字调	21	33	45	52	41	32	2	5
前变调	21	32	52	32	32	21	5	3

表 S-2-1-16（2） 潮阳棉城音系声调表（新派）

调类	阴平	阳平	阴上	阳上	去声	阴入	阳入
例字	诗纷	时云	死粉	四奋 是混	示份	薛忽	蚀佛
单字调	21	33	45	52	32	2	5
前变调	21	32	52	32	21	5	3

声调说明：

调查时潮阳棉城的声调系统正在发生音类合并的变化，老派有 8 个声调，新派的阳上和阴去调合并，剩下 7 个声调。

（二）声母

表 S-2-1-17　　　　潮阳棉城音系声母表

p 步爬	pʰ 怕瓶	b 米无	m 晚盲	ɸ 化	
pf 富盘	pfʰ 皮破	bv 梅闻	ɱ 每吻		
t 灯道	tʰ 太途		n 怒蓝		l 吕能
ts 精绝	tsʰ 秋从	dz 秋从		s 心失	
k 见近	kʰ 溪群	g 碍吴	ŋ 严硬	h 晓额	ø 约屋

声母说明：

ɸ-声母只出现在-u-元音前面，但调查时还不是所有-u-元音前的h-都变成了ɸ-，它正在以词汇扩散的方式跟h-声母抢占地盘，有些例字以又读的形式存在两种读音，例如：赴hu｜ɸu又音。

（三）韵母

表 S-2-1-18　　　　潮阳棉城音系韵母表

a 巴		o 多		e 爬	i 世	u 堵	
ai 太	au 道	oi 买	ou 布		iu 彪	ui 归	
ia 爷	ua 我	io 茄		ue 话			
iau 妖	uai 怪						
ã 胆		õ □¹		ẽ 楹	ĩ 椅		
ãi 爱	ãu 好爱好	õi 闲	õu 否		ĩu 幼	ũi 畏	
iã 赢	uã 换	iõ 羊		uẽ 关			
iãu □²	uãi 县						
am 暗		om 参□³			im 音		
iam 盐	uam 犯						
aŋ 红		oŋ 童		eŋ 英	iŋ 因	uŋ 温	ɯŋ 汤
iaŋ 殃	uaŋ 弯	ioŋ 勇					
m̩ 姆		ŋ̍ 黄					
ap 盒		op □⁴			ip 湿		
iap 粒	uap 法						
ak 恶		ok 屋		ek 浴	ik 蜜	uk 脱	

续表

iak 跃	uak 劣	iok 育				
aʔ 鸭		oʔ 学		eʔ 厄	iʔ 鳖	uʔ 嗢_{吮吸}
	auʔ 卷				iuʔ□⁵	
iaʔ 益	uaʔ 活	ioʔ 药		ueʔ 划		
iauʔ 雀						
				ẽʔ□⁶	ĩʔ□⁷	
ãiʔ□⁸	ãuʔ 乐_{音乐}	õiʔ□⁹			ĩuʔ□¹⁰	
iãʔ□¹¹						
iãuʔ□¹²	uãiʔ□¹³					
m̩ʔ□¹⁴		ŋ̍ʔ□¹⁵				

例字说明：

1. □［ð⁼］，面~~：形容脸发胖臃肿的样子。

2. □［⁼iãu］，揭，如：~锅盖。

3. □［hom⁼］，砸。

4. □［op₌］，（嘴）一张一合。

5. □［piuʔ₌］，冒。

6. □［hẽʔ₌］，受到惊吓。

7. □［hĩʔ₌］，~□［hãiʔ₌］：比喻有毛病。

8. □［hãiʔ₌］，□［hĩʔ₌］~：比喻有毛病。

9. □［hõiʔ₌］，面~~：脸憔悴消瘦的样子。

10. □［ĩuʔ₌］，极小。

11. □［hiãʔ₌］，掀开。

12. □［hiãuʔ₌］，向后翻倒。

13. □［huãiʔ₌］，来回转动。

14. □［hm̩ʔ₌］，用棍棒打。

15. □［hŋ̍ʔ₌］，擤。

七 潮阳海门音系

（一）声调

表 S-2-1-19　　　　　　潮阳海门音系声调表

调类	阴平	阳平	上声	阴去	阳去	阴入	阳入
例字	诗是	时	死	四	示	薛	蚀
单字调	31	44	451	51	441	4̲3̲	4̲5̲
前变调	33	44	41	44	33	5̲4̲	4̲3̲

（二）声母

表 S-2-1-20　　　　　　潮阳海门音系声母表

p 步爬	pʰ 怕瓶	b 米无	m 晚盲	ɸ 化	
pf 富盘	pfʰ 皮破	bv 梅闻	ɱ 每吻		
t 灯道	tʰ 太途		n 怒蓝		l 吕能
ts 精绝	tsʰ 秋从	dz 秋从		s 心失	
k 见近	kʰ 溪群	g 碍吴	ŋ 严硬	h 晓额	∅ 约屋

（三）韵母

表 S-2-1-21　　　　　　潮阳海门音系韵母表

a 炒		o 刀		e 爬	i 诗	u 龟
ai 才	au 刘	oi 买	ou 雨		iu 梳	ui 雷
ia 骑	ua 我	io 票		ue 话		
iau 妖嬲	uai 怪					
ã 胆□¹				ẽ 病	ĩ 辫	
ãi 彩	ãu 好		õu 虎		ĩu 休	ũi 畏
iã 兄	uã 官	iõ 羊		uẽ 横		
	uãi 檨县					
am 暗		om □²			im 熊	

续表

iam 盐	uam 犯					
aŋ 诞		oŋ 童	eŋ 英	iŋ 民	uŋ 春	ɯŋ 汤
iaŋ 仙	uaŋ 汪	ioŋ 勇		ueŋ 桓		
m̩ 唔		ŋ̍ 黄				
ap 十		op □³		ip 湿		
iap 粒	uap 法					
ak 贼		ok 服	ek 叔	ik 七	uk 出	
iak 洁	uak 塑	iok 育		uek 或		
aʔ 鸭		oʔ 雪	eʔ 客	iʔ 铁	uʔ 喔□⁴	
	auʔ 乐卷	oiʔ 八		iuʔ□⁵		
iaʔ 益	uaʔ 活	ioʔ 药	ueʔ 血			
iauʔ 跃						
			ẽʔ□⁶	ĩʔ□⁷		
ãiʔ□⁸	ãuʔ□⁹	õiʔ□¹⁰				
iãʔ□¹¹						
iãuʔ□¹²	uãiʔ□¹³					
m̩ʔ□¹⁴		ŋ̍ʔ□¹⁵				

例字说明：

1. □ [ãʔ˨]，用微曲的手掌打。

2. □ [hom˧]，砸。

3. □ [hop˨]，~风，闲聊。

4. □ [tʰɯʔ˨]，用力蹭。

5. □ [piuʔ˨]，冒。

6. □ [hẽʔ˨]，心慌的感觉。

7. □ [kʰĩʔ˨]，粘。

8. □ [hãiʔ˨]，□ [hĩʔ˨] ~：比喻有毛病。

9. □ [ãuʔ˨]，~折~□ [nãuʔ˨]：邋遢、乱来。

10. □ [hõiʔ˨]，面~~：脸憔悴消瘦的样子。

11. □ [hiãʔ˨]，掀开。

12. □ [iãuʔ˨]，前后来回摇动。

13. □［huãiʔ˨］，来回转动。

14. □［hm̍ʔ˨］，用棍棒猛力打。

15. □［ŋ̍ʔ˨］，睡。

八 潮州湘桥（市区）音系

（一）声调

表 S‐2‐1‐22　　　　　潮州湘桥音系声调表

调类		阴平	阳平	阴上	阳上	阴去	阳去	阴入	阳入
例字		诗	时	死	是	四	示	薛	蚀
单字调		33	55	51	25	213	21	32	53
前变调	A	23	213/21	24	31	42	21	32	32
	B			35		52		53	

声调说明：

①阴上调在阴平、阴去、阴入、阳上和阳去前调值为 24；在阳平、阴上和阳入前调值为 35。

②阴去调在阴平、阴去、阴入、阳上和阳去前调值为 42；在阳平、阴上和阳入前调值为 52。

③阴入调在阴平、阴去、阴入、阳上和阳去前调值为 32；在阳平、阴上和阳入前调值为 53。

④阳平在前字位置变调为曲折 213，但在阴去调 213 前则读为 21，这是受到后字相同调型调值异化的结果，跟普通上上相连时第一个上声字变为 21 同理。

（二）声母

表 S‐2‐1‐23　　　　　潮州湘桥音系声母表

p 布	pʰ 怕	b 马	m 门		
t 灯	tʰ 太		n 年		l 兰
ts 精	tsʰ 秋	dz 而		s 心	
k 见	kʰ 溪	g 吴	ŋ 言	h 化	∅ 案

(三) 韵母

表 S-2-1-24　　　　　　潮州湘桥音系韵母表

a 炒		o 刀		e 爬		i 诗	u 龟	ɯ 鱼
ai 才	au 刘	oi 买	ou 雨			iu 梳	ui 雷	
ia 骑	ua 我	io 赵摇		ie 票	ue 话			
iɜu 妖	uai 怪							
ā 胆		õ □[1]		ẽ 病		ĩ 鲜		
āi 彩	āu 好	õi 闲	õu 虎			ĩu 休	ũi 县	
iā 兄	uā 官	iõ 阳潮~ 相~王行		iẽ 羊	uẽ 横			
	uāi 横							
am 暗		om 参□[2]				im 熊		
iɜm 盐								
aŋ 诞		oŋ 童		eŋ 英		iŋ 民	uŋ 春	ɯŋ 近
iaŋ 厂	uaŋ 汪	ioŋ 勇		ieŋ 仙	ueŋ 弯			
m̩ 唔		ŋ̍ 黄						
ap 十		op □[3]				ip 湿		
iɜp 粒								
ak 贼		ok 服		ek 叔		ik 七	uk 出	ɯk 乞
iak 跃	uak 塑	iok 育		iek 洁	uek 法			
aʔ 鸭		oʔ 雪		eʔ 客		iʔ 铁	uʔ 嘬	ɯʔ □[4]
	auʔ 乐	oiʔ 八				iuʔ □[5]		
iaʔ 益	uaʔ 活	ioʔ 质石		ieʔ 药	ueʔ 血			
iɜuʔ 跃[6]								
				ẽʔ □[7]				
	āuʔ □[8]							
iāʔ □[9]								
iāuʔ □[10]	uāiʔ □[11]					ĩuʔ □[12]		
		ŋ̍ʔ □[13]						

韵母说明：

① -iɜu 相当于汕头的 -iau，为了音系整洁，把它跟 -uai 同列一行；

-iɜm/iɜp 同 -iɜu。

②由阳声韵发展而来的鼻化韵，出现在非鼻音声母后时，有些字只剩下主要元音鼻化（复元音韵母通常是后一个元音鼻化），听起来鼻化若隐若现，如"镜、健白、裥、拣、趕"，材料显示，k/kʰ-声母后更容易丢失鼻化。

例字说明：

1. □ [õ˧]，面~~：形容脸发胖臃肿的样子。
2. □ [lom˨]，漂洗。
3. □ [hop˨]，鱼张合喙。
4. □ [kʰɯʔ˨]，黏在一起。
5. □ [tsiuʔ˨]，~目：小眼睛。
6. 跃 [iɜuʔ˨]，~□ [liŋ˧] 斗：翻跟斗。
7. □ [hẽʔ˨]，因向往某事而兴奋。
8. □ [hãuʔ˨]，张大口咬。
9. □ [hiãʔ˨]，掀开。
10. □ [hiãuʔ˨]，前后来回摇动。
11. □ [huãiʔ˨]，来回转动。
12. □ [ĩuʔ˨]，极小。
13. □ [ŋ̍ʔ˨]，睡。

九 潮州凤凰音系
（一）声调

表 S-2-1-25　　　　　　潮州凤凰音系声调表

调类	阴平	阳平	阴上	阳上	阴去	阳去	阴入	阳入
例字	诗	时	死	是	四	示	薛	蚀
单字调	334	55	51	25	212/21	22	21	43
前变调	33	21	212	21	442	21	43	21

声调说明：

①凤凰的阴平调，第一次调查的发音人为33，第二次调查的发音人调尾升高，记为334。

②凤凰的阴去调本来是个曲折调，第一次调查记为212，但第二次调查的发音人，有的阴去字读212，如"瀉、卸"，有的则读成低降调21，如"謝、舍"，说明其阴去调的调型正在发生改变，由曲折调变为低降调。

（二）韵母

表 S-2-1-26　　　　　潮州凤凰音系声母表

p 布	pʰ 怕	b 马	m 门		
t 灯	tʰ 太		n 年		l 兰
ts 精	tsʰ 秋	dz 而		s 心	
k 见	kʰ 溪	g 吴	ŋ 言	h 化	ø 案

（三）韵母

表 S-2-1-27　　　　　潮州凤凰音系韵母表

a 炒		o 刀		e 爬	i 诗	u 龟	ɯ 鱼
ai 才	au 刘	oi 钗	ou 五	eu 梳	iu 优	ui 雷	
ia 骑	ua 我	io 票		ue 话			
iau 妖	uai 怪						
ã 胆				ẽ 病	ĩ 椅		
ãi 爱	ãu 好	õi 闲	õu 虎		ĩu 休	ũi 县	
ĩa 兄	ũa 官	ĩo 羊		uẽ 横			
ĩau 嫩	ũai 横						
am 暗		om 参人~			im 心		
iam 盐	uam 凡						
an 旦					in 演	un 春	ɯn 根

续表

	uan 绊			ien 骗		
	aŋ 帮	oŋ 童		eŋ 英	iŋ 秤	uŋ 方姓	ɯŋ 糖
iaŋ 梁	uaŋ 状	ioŋ 雄				
	m̩ 唔	ŋ̍ 黄				
	ap 十	op □¹		ip 湿		
iap 粒	uap 法					
	at 瞎			it 灭	ut 出	ɯt 橛
	uat 末			iet 别		
	ak 贼	ok 洛		ek 德	ik 七	uk 不	ɯk 楔
iak 略	uak 蜀	iok 育				
	aʔ 鸭	oʔ 泊		eʔ 胳	iʔ 铁	uʔ 喐
	auʔ 乐			ieʔ 撒	iuʔ □²	
iaʔ 益	uaʔ 宿	ioʔ 脚		ueʔ 郭		
iauʔ 跃³						
				ẽʔ 吓	ĩʔ □⁴	
	ãuʔ □⁵					
iãuʔ □⁶	uãiʔ □⁷			ĩuʔ □⁸		
m̩ʔ □⁹						

韵母说明：

－iãu 韵母中 a 偏央偏高，但没有湘桥那么明显，还是记为 a。

例字说明：

1. □ [hop₂]，鱼张合喙。

2. □ [piuʔ₂]，冒。

3. 跃 [iauʔ₂]，~□ [liŋ˧] 斗：翻跟斗。

4. □ [kʰĩʔ₂]，粘。

5. □ [hãuʔ₂]，张大口咬。

6. □ [hiãuʔ₂]，前后来回摇动。

7. □ [huãiʔ₂]，来回转动。

8. □ [ĩuʔ₂]，极小。

9. □ [hm̩ʔ₂]，用棍棒猛力打。

十 潮州文祠音系
(一) 声调

表 S-2-1-28　　　　　　潮州文祠音系声调表

调类	阴平	阳平	阴上	阳上	阴去	阳去	阴入	阳入
例字	诗	时	死	是	四	示	薛	蚀
单字调	332	55	52	35	213	221	<u>32</u>	<u>54</u>
前变调 A	33	213	24	221	42	212	<u>32</u>	<u>32</u>
前变调 B		221	35		52		<u>54</u>	

声调说明：

① 阴上调在阴平、阴去、阴入、阳上和阳去前调值为 24；在阳平、阴上和阳入前调值为 35。

② 阴去调在阴平、阴去、阴入、阳上和阳去前调值为 42；在阳平、阴上和阳入前调值为 52。

③ 阴入调在阴平、阴去、阴入、阳上和阳去前调值为 <u>32</u>；在阳平、阴上和阳入前调值为 <u>54</u>。

③ 阳平在前字位置变调为曲折 213，但在阴去调 213 前则读为 221，这是受到后字相同调型调值异化的结果。

(二) 声母

表 S-2-1-29　　　　　　潮州文祠音系声母表

p 布	pʰ 怕	b 马	m 门		
t 灯	tʰ 太		n 年		l 兰
ts 精	tsʰ 秋	dz 而		s 心	
k 见	kʰ 溪	g 吴	ŋ 言	h 化	ø 案

（三）韵母

表 S-2-1-30　　潮州文祠音系韵母表

a 炒		o 刀		e 爬		i 诗	u 龟	ɯ 鱼
ai 才	au 刘	oi 买	ou 雨			iu 梳	ui 雷	
ia 骑	ua 我			ie 票	ue 话			
iɜu 妖	uai 怪							
ã 胆		õ 参□[1]		ẽ 病		ĩ 辫		
ãi 彩	ãu 好	õi 闲	õu 虎			ĩu 休	ũi 县	
iã 兄	uã 官			iẽ 羊	uẽ 横			
	uãi 檨							
am 暗		om □[2]				im 熊		
iɜm 盐								
an 旦						in 演	un 春	ɯn 根
	uan 绊			ien 骗				
aŋ 诞		oŋ 童		eŋ 英		iŋ 民	uŋ 春	ɯŋ 近
iaŋ 厂	uaŋ 汪	ioŋ 勇		ieŋ 仙	ueŋ 弯			
m̩ 唔		ŋ̍ 黄						
ap 十		op □[3]				ip 湿		
iɜp 粒								
at 瞎						it 灭	ut 出	ɯt 橇
	uat 末			iet 别				
ak 贼		ok 服		ek 叔		ik 七	uk 出	ɯk 乞
iak 跃	uak 塑	iok 育		iek 洁	uek 法			
aʔ 鸭		oʔ 雪		eʔ 客		iʔ 铁	uʔ 喔	ɯʔ □[4]
	auʔ 乐	oiʔ 八				iuʔ □[5]		
iaʔ 益	uaʔ 活	ioʔ 质石		ieʔ 药	ueʔ 血			
iɜuʔ 跃[6]								
				ẽʔ □[7]				
	ãuʔ □[8]							
iãʔ □[9]								
iãuʔ □[10]	uãiʔ □[11]					ĩuʔ □[12]		
		ŋ̍ʔ □[13]						

韵母说明：

-iɜu 相当于汕头的 -iau，为了音系整洁，把它跟 -uai 同列一行；-iɜm/iɜp 同 -iɜu。

例字说明：

1. □ [õ˧]，面~~：形容脸发胖臃肿的样子。
2. □ [lom˧]，漂洗。
3. □ [hop˨]，鱼张合喙。
4. □ [kʰɯʔ˨]，黏在一起。
5. □ [tsiuʔ˨]，~目：小眼睛。
6. 跃 [iɜuʔ˨]，~□ [liŋ˧] 斗：翻跟斗。
7. □ [hẽʔ˨]，因向往某事而兴奋。
8. □ [hãuʔ˨]，张大口咬。
9. □ [hiãʔ˨]，掀开。
10. □ [hiãuʔ˨]，前后来回摇动。
11. □ [huãiʔ˨]，来回转动。
12. □ [ĩuʔ˨]，极小。
13. □ [ŋ̍ʔ˨]，睡。

十一　饶平三饶音系

（一）声调

表 S-2-1-31　　　　饶平三饶音系声调表

调类	阴平	阳平	阴上	阳上	阴去	阳去	阴入	阳入
例字	诗纷	时云	死粉	是混	四奋	示份	薛忽	蚀佛
单字调	224	55	52	25	213	22	2	5
前变调	33	21	25	21	55	21	5	2

（二）声母

表 S-2-1-32　　　　饶平三饶音系声母表

p 布	pʰ 怕	b 马	m 门		
t 灯	tʰ 太		n 年		l 兰
ts 精	tsʰ 秋	dz 而		s 心	
k 见	kʰ 溪	g 吴	ŋ 言	h 毫	∅ 案

（三）韵母

表 S-2-1-33　　　　饶平三饶音系韵母表

a 炒		o 刀		e 爬	i 诗	u 龟	ɯ 鱼
ai 才	au 刘	oi 鞋	ou 五	eu 梳	iu 手	ui 雷	
ia 骑	ua 我	io 票					
iau 妖				uei 买			
ā 胆				ē 病	ī 椅		
āi 爱	āu 好爱好	ōi 闲	ōu 虎	ēu □¹	īu 休	ūi 县	
iā 兄	uā 官	iō 羊					
iāu 嬲				uēi 樣			
am 暗		om 参□²		im 心			
iam 盐	uam 繁						
aŋ 巷		oŋ 童		eŋ 英	iŋ 轻	uŋ 春	ɯŋ 汤
ien 天							
iaŋ 昌	uaŋ 弯	ioŋ 勇					
m̩ 唔		ŋ̍ 黄					
ap 十		op □³		ip 湿			
iap 粒	uap 法						
iet 切							
ak 贼		ok 服		ek 叔	ik 七	uk 出	ɯk 乞
iak 洁	uak 决	iok 育					
aʔ 鸭		oʔ 雪		eʔ 客	iʔ 铁	uʔ 嘬	
	auʔ 乐	oiʔ 节			iuʔ □⁴		

续表

iaʔ 益	uaʔ 宿	ioʔ 药		ueiʔ 八		
iauʔ 跃[5]						
				ẽʔ□[6]		
	āuʔ□[7]					
	uāiʔ□[8]					

韵母说明：

2003 年第一次调查时，发音人偶尔有前鼻音出现，当记音人让他重复的时候，他就会读成后鼻音，有时他发了前鼻音韵尾韵之后意识到了，马上又重读一遍改为后鼻音韵尾韵。例如：发音人读"万"字，第一次读［buanᴝ］，但马上又纠正为［buaŋᴝ］。我们还录到："玄"［˳hien］、"远"［˅ien］，但"远"字一会读［˅ien］，一会读［˅iaŋ］，发音人自己也拿不定主意。说明前后鼻韵之间已经没有音位对立。吴芳（2009）也说：

（5）韵尾 n 和韵尾 ŋ 的发音部位十分接近，其中，韵尾 ŋ 明显偏前。（6）uan/uat、in/it、un/ut 三组音的发音十分不稳定，有些情况下都读为相应的 -ŋ/ -k 韵尾，没有音位对立。由于这三组 -n/-t 韵尾在本书的论述中具有探讨性，因而在韵母音系中加"（）"列出，但不做独立音位处理。

2009 年重新到三饶录音核对时，发音人 71 岁，我们录到有以下前鼻韵尾字：玄［hien⁵⁵］、悬［hien⁵⁵］、羡［ien³⁵］、延［ien³⁵］、筵［ien³⁵］、燕［ien²²⁴］、涎［ien³⁵］、盈［ien⁵⁵］、见［kien²²⁴］、练［lien²²］、炼［lien²²］。天［thien²²⁴］、颠［tien²²⁴］、珍［tien²²⁴］、千［tsʰien²²⁴］、犍［kien³⁵］、键［kien³⁵］、腱［kien³⁵］。

相同音韵地位的"建、健"读［keŋ³⁵］、"见"［keŋ²¹³］、"免、渑、悯、敏、缅、娩"都读［meŋ⁵⁵²］、"绵"读［meŋ⁵⁵］，由 -ien 到 -eŋ，这是其前鼻韵尾转化为后鼻韵尾的方式。另外，"衬"读得既不像［tsʰeŋ²¹³］或［tsʰien²¹³］，也不像［tsʰiŋ²¹³］；绢［keŋ²²⁴］，诊［tseŋ⁵⁵²］、

疹［tseŋ⁵⁵²］，元音 e 前有明显的 i 流音，显示其由［kien²²⁴］转化而来的痕迹。

入声字只录到"切"［tsʰiet²］。

例字说明：

1. □［˗tẽu］，独目~。
2. □［lom⁼］，漂洗。
3. □［hop⊇］，~风：闲聊。
4. □［ĩuʔ⊇］，极小。
5. 跃［iauʔ⊇］，~□［liŋ⁼］斗：翻跟斗。
6. □［hẽʔ⊇］，因向往某事而兴奋。
7. □［hāuʔ⊇］，张大口咬。
8. □［huãiʔ⊇］，来回转动。

十二 饶平海山音系

（一）声调

表 S-2-1-34　　　　饶平海山音系声调表

调类	阴平	阳平	阴上	阳上	阴去	阳去	阴入	阳入
例字	诗纷	时云	死粉	是混	四奋	示份	薛忽	蚀佛
单字调	33	55	52	35	213	22	2	5
前变调	33	22	35	32	55	32	5	2

（二）声母

表 S-2-1-35　　　　饶平海山音系声母表

p 布	pʰ 怕	b 马	m 门		
t 灯	tʰ 太		n 年		l 兰
ts 精	tsʰ 秋	dz 而		s 心	
k 见	kʰ 溪	g 吴	ŋ 言	h 毫	∅ 案

（三）韵母

表 S-2-1-36　　　　　饶平海山音系韵母表

a 炒		o 刀		e 爬	i 诗	u 龟	ɯ 鱼
ai 才	au 刘	oi 钗	ou 五		iu 优	ui 雷	
ia 骑	ua 我	io 票		ue 话			
iau 妖	uai 怪						
ã 胆				ẽ 病	ĩ 椅		
ãi 爱	ãu 好爱好	õi 闲	õu 虎		ĩu 休	ũi 县	
iã 兄	uã 官	iõ 羊		uẽ 横			
iãu □[1]	uãi 樣						
am 暗		om 森参			im 心		
iam 盐	uam 凡						
aŋ 帮		oŋ 童		eŋ 英	iŋ 秤	uŋ 春	ɯŋ 糖
iaŋ 仙	uaŋ 弯	ioŋ 雄					
m̩ 唔		ŋ̍ 黄					
ap 十		op □[2]			ip 湿		
iap 粒	uap 法						
ak 贼		ok 服		ek 德	ik 七	uk 不	ɯk 楔
iak 洁	uak 决	iok 育					
aʔ 鸭		oʔ 泊		eʔ 客	iʔ 铁	uʔ 曝	ɯʔ □
	auʔ 乐音乐				iuʔ □[3]		
iaʔ 益	uaʔ 宿	ioʔ 药	oiʔ 八	ueʔ 郭			
iauʔ 跃[4]							
				ẽʔ 吓	ĩʔ □[5]		
	ãuʔ □[6]						
iãuʔ □[7]	uãiʔ □[8]				ĩuʔ □[9]		
m̩ʔ □[10]		ŋ̍ʔ □[11]					

例字说明：

1. □ [ˊhiãu]，掀开（盖子等）。
2. □ [hop˰]，～风：闲聊。
3. □ [ĩuʔ˰]，极小。

4. 跃 [iauʔ˨]，~□ [liŋ˧] 斗：翻跟斗。

5. □ [kʰĩʔ˨]，粘。

6. □ [hãuʔ˨]，张大口咬。

7. □ [hiãuʔ˨]，前后来回摇动。

8. □ [huãiʔ˨]，来回转动。

9. □ [ĩuʔ˨]，极小。

10. □ [hmʔ˨]，用利器猛地刺入。

11. □ [hŋʔ˨]，擤。

十三　饶平黄冈音系

（一）声调

表 S-2-1-37　　　　饶平黄冈音系声调表

调类	阴平	阳平	阴上	阳上	阴去	阳去	阴入	阳入
例字	诗纷	时云	死粉	是混	四奋	示份	薛忽	蚀佛
单字调	33	55	52	25	213	31	32	54
前变调	33	31	25	31	55	31	54	32

（二）声母

表 S-2-1-38　　　　饶平黄冈音系声母表

p 布	pʰ 怕	b 马	m 门		
t 灯	tʰ 太		n 年		l 兰
ts 精	tsʰ 秋	dz 而		s 心	
k 见	kʰ 溪	g 吴	ŋ 言	h 毫	ø 案

（三）韵母

表 S-2-1-39　　　　饶平黄冈音系韵母表

a 炒		o 刀		e 爬	i 诗	u 龟	ɯ 鱼
ai 才	au 刘	oi 钗	ou 五		iu 优	ui 雷	
ia 骑	ua 我	io 票		ue 话			

续表

iau 妖	uai 怪						
ā 胆				ē 病	ī 椅		
āi 爱	āu 好爱好	ōu 闲	ōu 虎		īu 休	ūi 县	
iā 兄	uā 官	iō 羊		uē 横			
iāu □[1]	uāi 檨						
am 暗		om 森参			im 心		
iam 盐	uam 凡						
aŋ 帮		oŋ 童		eŋ 英	iŋ 秤	uŋ 春	ɯŋ 糖
iaŋ 仙	uaŋ 弯	ioŋ 雄		ueŋ① 恒			
m̩ 唔		ŋ̍ 黄					
ap 十		op □[2]			ip 湿		
iap 粒	uap 法						
ak 贼		ok 服		ek 德	ik 七	uk 不	ɯk 楔
iak 洁	uak 决	iok 育					
aʔ 鸭		oʔ 泊		eʔ 客	iʔ 铁	uʔ 曝	ɯʔ □
	auʔ 乐音乐				iuʔ □[3]		
iaʔ 益	uaʔ 宿	ioʔ 药	oiʔ 八	ueʔ 郭			
iauʔ 跃[4]							
				ēʔ 吓	ĩʔ □[5]		
	ãuʔ □[6]						
iãuʔ □[7]	uãiʔ □[8]				ĩuʔ □[9]		
m̩ʔ □[10]		ŋ̍ʔ □[11]					

例字说明：

1. □ [ˉhiãu]，掀开（盖子等）。
2. □ [hop˨]，~风：闲聊。
3. □ [ĩuʔ˨]，极小。
4. 跃 [iauʔ˨]，~□ [liŋˉ] 斗：翻跟斗。
5. □ [kʰĩʔ˨]，粘。

---

① 第一次调查时发音人没有 -ueŋ 韵母，第二次调查的发音人有，应该是受到潮州话影响的结果，属于发音人个别的情况。

6. □〔hãuʔ˧〕，张大口咬。

7. □〔hiãuʔ˧〕，前后来回摇动。

8. □〔huãiʔ˧〕，来回转动。

9. □〔ĩuʔ˧〕，极小。

10. □〔hmʔ˧〕，用利器猛地刺入。

11. □〔hŋʔ˧〕，擤。

十四　揭阳榕城（市区）音系

（一）声调

表 S-2-1-40　　　　　　揭阳榕城音系声调表

调类	阴平	阳平	阴上	阳上	阴去	阳去	阴入	阳入
例字	诗	时	死	是	四	示	薛	蚀
单字调	33	55	42	35	213	22	2	5
前变调 A	33	22	24	21	42	21	3	2
前变调 B			35		53		5	

声调说明：

①阴上调在阴平、阴去、阴入、阳上和阳去前调值为 24；在阳平、阴上和阴入前调值为 35。

②阴去调在阴平、阴去、阴入、阳上和阳去前调值为 42；在阳平、阴上和阴入前调值为 53。

③阴入调在阴平、阴去、阴入、阳上和阳去前调值为 3；在阳平、阴上和阴入前调值为 5。

（二）声母

表 S-2-1-41　　　　　　揭阳榕城音系声母表

p 布	pʰ 怕	b 马	m 门		
t 灯	tʰ 太		n 年		l 兰
ts 精	tsʰ 秋	dz 而		s 心	
k 见	kʰ 溪	g 吴	ŋ 言	h 毫	∅ 案

（三）韵母

表 S-2-1-42　　　　　　　揭阳榕城音系韵母表

a 巴		o 多		e 爬	i 世	u 堵	ɯ 鱼
ai 太	au 道	oi 买	ou 布		iu 彪	ui 归	
ia 爹	ua 我	io 茄		ue 话			
iau 妖	uai 怪						
ã 胆		õ □[1]		ẽ 楹	ĩ 椅		
ãi 爱	ãu 好	õi 底	õu 虎		ĩu 幼	ũi 县	
iã 赢	uã 换	iõ 羊		uẽ 关			
iãu □[2]	uãi 樣						
am 暗		om 参 □[3]			im 音		
iam 盐							
aŋ 红		oŋ 翁		eŋ 英		uŋ 温	ɯŋ 汤
iaŋ 殃	uaŋ 弯	ioŋ 勇		ueŋ 衡			
m̩ 姆		ŋ̍ 黄					
ap 盒		op □[4]			ip 立		
iap 压							
ak 恶		ok 屋		ek 浴		uk 脱	
iak 跃	uak 劣	iok 育		uek 或			
aʔ 鸭		oʔ 学		eʔ 客	iʔ 鳖	uʔ 嗯	ɯʔ □[5]
	auʔ 乐	oiʔ 狭			iuʔ □[6]		
iaʔ 益	uaʔ 活	ioʔ 药		ueʔ 划			
iauʔ 跃[7]							
				ẽʔ 赫	ĩʔ □[8]		
ãiʔ □[9]	ãuʔ □[10]	õiʔ □[11]					
iãʔ □[12]							
iãuʔ □[13]	uãiʔ □[14]				ĩuʔ □[15]		

例字说明：

1. □ [õ˧]，面~~：形容脸发胖臃肿的样子。
2. □ [⸢iãu]，揭，翻。
3. □ [kom˧]，挥拳横击。
4. □ [kop˨]，水波拍击。

5. □ [tsʰɯʔ˨], 向前趴下, 且着地时受摩擦。

6. □ [piuʔ˨], 冒。

7. 跃 [iauʔ˨], 翻。

8. □ [hĩʔ˨], 擤。

9. □ [hãiʔ˨], □ [hĩʔ˨] ~: 比喻有毛病。

10. □ [hãuʔ˨], (莲藕之类) 咬下去不面, 比较脆的感觉。

11. □ [hõiʔ˨], 面 ~ ~: 脸憔悴消瘦的样子。

12. □ [hiãʔ˨], 掀开。

13. □ [hiãuʔ˨], 前后来回摇动。

14. □ [huãiʔ˨], 来回转动。

15. □ [ĩuʔ˨], 极小。

十五 惠来惠城音系

（一）声调

表 S-2-1-43　　　　　　惠来惠城音系声调表

调类	阴平	阳平	阴上	阳上	去声	阴入	阳入
例字	诗纷	时云	死粉	是混	四奋/示份	薛忽	蚀佛
单字调	24	44	552	213	31	21	43
前变调	33	31	213	33	44 / 33	43	21

声调说明：

去声调的前变调按照来源分为两种：来自古清声母去声字的前变调为44，来自古浊声母去声字的前变调为33。

（二）声母

表 S-2-1-44　　　　　　惠来惠城音系声母表

p 步爬	pʰ 怕瓶	b 米无	m 晚盲	ɸ 化	
pf 富盘	pfʰ 皮破	bv 梅闻	m̥ 每吻		
t 灯道	tʰ 太途		n 怒蓝		l 吕能
ts 精绝	tsʰ 秋从	dz 秋从		s 心失	

第一章　音系及音系归纳的相关问题　51

续表

| k 见近 | kʰ 溪群 | g 碍吴 | ŋ 严硬 | h 晓额 | ∅ 约屋 |

（三）韵母

表 S-2-1-45　　　　　　惠来惠城音系韵母表

a 炒		o 刀		e 爬	i 诗	u 龟	
ai 太	au 刘	oi 买	ou 雨		iu 梳	ui 雷	
ia 骑	ua 我	io 票		ue 话			
iau 妖	uai 怪						
ã 胆		õ 参□¹		ẽ 病	ĩ 椅		
ãi 爱	ãu □²	õi 看	õu 虎		ĩu 幼	ũi 畏	
iã 兄	uã 官	iõ 羊		uẽ 横			
iãu □³	uãi 县						
am 暗		om 森			im 心		
iam 盐	uam 犯						
aŋ 诞		oŋ 童		eŋ 英	iŋ 轻	uŋ 春	ɯŋ 汤
iaŋ 厂	uaŋ 弯	ioŋ 勇		ueŋ 恒			
m̩ 姆		ŋ̍ 黄					
ap 十		op □⁴			ip 湿		
iap 粒	uap 法						
ak 贼		ok 服		ek 叔	ik 七	uk 出	
iak 跃	uak 塑	iok 育					
aʔ 鸭		oʔ 雪		eʔ 客	iʔ 铁	uʔ 嘬吮吸	
	auʔ 乐音乐	oiʔ 八			iuʔ □⁵		
iaʔ 益	uaʔ 活	ioʔ 药		ueʔ 血			
iauʔ 雀							
				ẽʔ □⁶	ĩʔ □⁷		
ãiʔ □⁸	ãuʔ □⁹						
	m̩ʔ □¹⁰		ŋ̍ʔ □¹¹				

韵母说明：

①惠城的 -o 比潮州、汕头各方言点圆唇度高。

② -k 尾比较松，音色靠近 -ʔ。

例字说明：

1. □ [õ˧]，面~~：形容脸发胖臃肿的样子。
2. □ [ᶜãu]，形容发音不清楚。
3. □ [ᶜhiãu]，~开：翻开。
4. □ [op̚]，（嘴）一张一合。
5. □ [piuʔ̚]，冒。
6. □ [hẽʔ̚]，心跳得厉害。
7. □ [hĩʔ̚]，~□ [hãiʔ̚]：比喻有毛病。
8. □ [hãiʔ̚]，□ [hĩʔ̚] ~：比喻有毛病。
9. □ [ãuʔ̚]，张大口咬。
10. □ [hm̍ʔ̚]，用棍棒打。
11. □ [ŋ̍ʔ̚]，睡。

十六　普宁流沙（新安）音系

（一）声调

表 S-2-1-46　　　　　普宁流沙音系声调表

调类	阴平	阳平	阴上	阳上	阴去	阳去	阴入	阳入
例字	诗纷	时云	死粉	是混	四奋	示份	薛忽	蚀佛
单字调	335	44	52	25	212	31	32	54
前变调	33	31	212	33	55	33	54	32

声调说明：

①曲折调曲折部分不明显，经常读得接近降调。

②阳平比较低，音值有时接近 33。

（二）声母

表 S-2-1-47　　　　　　　普宁流沙音系声母表

p 步爬	pʰ 怕瓶	b 米无	m 晚盲	ɸ 化	
pf 富盘	pfʰ 皮破	bv 梅闻	ɱ 每吻		
t 灯道	tʰ 太途		n 怒蓝		l 吕能
ts 精绝	tsʰ 秋从	dz 秋从		s 心失	
k 见近	kʰ 溪群	g 碍吴	ŋ 严硬	h 晓额	ʔ 约屋

声母说明：

流沙新安的唇齿音声母还处在由唇音向唇齿音发展的阶段，唇齿音声母只出现在元音 u 前面，但有些 u 韵母（或者带 u 介音的韵母）字还读如双唇音声母，如：忘 buaŋ、文 buŋ，出现两个"藩"，一个读 pʰuaŋ，一个读 pfʰuaŋ，总之，相同音韵地位的字读双唇音或读唇齿音，没有规律；有些字发音有唇齿色彩，但不太清晰，模棱两可。

（三）韵母

表 S-2-1-48　　　　　　　普宁流沙音系韵母表

a 炒		o 刀		e 爬	i 诗	u 龟	ɯ 思
ai 才	au 刘	oi 买	ou 雨		iu 梳	ui 雷	
ia 骑	ua 我	io 票		ue 话			
iau 妖	uai 怪						
ã 胆				ẽ 病	ĩ 辫		
ãi 彩	ãu 好	õi 底	õu 虎		ĩu 休	ũi 县	
iã 兄	uã 官	iõ 羊		uẽ 横			
iãu 嬲	uãi 檨						
am 暗		om 参□¹			im 熊		
iam 盐	uam 犯						
aŋ 诞		oŋ 童		eŋ 英	iŋ 民	uŋ 春	ɯŋ 汤
iaŋ 仙	uaŋ 汪	ioŋ 勇		ueŋ 衡			
m̩ 唔		ŋ̍ 黄					

续表

ap 十		op □²		ip 湿	
iap 粒	uap 法				
ăp □³					
ak 贼		ok 服	ek 叔	ik 七	uk 出
iak 洁	uak 塑	iok 育		uek 或	
aʔ 鸭		oʔ 雪	eʔ 客	iʔ 铁	uʔ 嗒
	auʔ 乐	oiʔ 八		iuʔ □⁴	
iaʔ 益	uaʔ 活	ioʔ 药	ueʔ 血		
iauʔ 跃⁵					
ãʔ □⁶			ẽʔ 赫	ĩʔ □⁷	
ãiʔ □⁸	ãuʔ □⁹	õiʔ □¹⁰			
iãʔ □¹¹					
	uãiʔ □¹²			ĩuʔ □¹³	
m̩ʔ □¹⁴		ŋ̍ʔ □¹⁵			

韵母说明：

① －u 在 ts/tsʰ/s －后接近 ɿu；－ɯ 较松，偏圆唇。

②忽、佛读 [hut˨]，奋、训读 [hun˧]，说明流沙的－n/t 尾仍没有完全消失，还保留在少数例字中；但因为例字非常少，而且只存留在年纪比较大的发音人口中，因此，本音系没有把－n/t 尾处理为独立的音位。

例字说明：

1. □ [hom˧]，砸。

2. □ [hop˨]，~ 风：闲聊。

3. □ [ăp˨]，投契。

4. □ [piuʔ˨]，冒。

5. 跃 [iauʔ˨]，~ □ [liŋ˧] 斗：翻跟斗。

6. □ [ãʔ˨]，用微曲的手掌打。

7. □ [kʰĩʔ˨]，粘。

8. □ [hãiʔ˨]，□ [hĩʔ˨] ~：比喻有毛病。

9. □ [hãuʔ˨]，张大口咬。

10. □ [hõiʔ˨], 面~~：脸憔悴消瘦的样子。
11. □ [hiãʔ˨], 掀开。
12. □ [huãiʔ˨], 来回转动。
13. □ [ĩuʔ˨], 极小。
14. □ [hm̩ʔ˨], 用棍棒猛力打。
15. □ [ŋ̍ʔ˨], 睡。

十七 陆丰东海（市区）音系

（一）声调

表 S-2-1-49　　　　　陆丰东海音系声调表

调类	阴平	阳平	上声	阴去	阳去	阴入	阳入
例字	诗纷	时云	死粉	四奋	是混/示份	薛忽	蚀佛
单字调	44	24	55	212/22	33	32	53
前变调	33	22	24	44	32	53	32

声母说明：

①阴去调老派读为 212，新派为 22。

②阴去调的调型正在发生变化，由曲折变成低平。笔者 2006 年第一次到东海调查，发音人庄健民，1982 年出生，他的阴去调读成 22；2009 年我们再次到东海调查，发音人邱健忠，1948 年出生，他的阴去调主要还是读为曲折 212，但已经有部分字读为低平 22，这两个调值没有音位对立，不区分意义。

（二）声母

表 S-2-1-50　　　　　陆丰东海音系声母表

p 布	pʰ 怕	b 马	m 门		
t 灯	tʰ 太		n 年		l 兰
ts 精	tsʰ 秋	dz 而		s 心	
k 见	kʰ 溪	g 吴	ŋ 言	h 化	ø 案

（三）韵母

表 S-2-1-51　　　　　　　陆丰东海音系韵母表

a 炒		o 刀		e 爬	i 诗鱼	u 龟雌	
ai 才	au 刘		ou 五	ei 买	iu 优	ui 雷	
ia 骑	ua 我	io 票		ue 话			
iau 妖	uai 怪						
ã 胆		õ 耗		ẽ 病	ĩ 椅		
ãi 爱	ãu 藕			ẽi 睇	ĩu 休		
iã 兄	uã 官	iõ 羊		uẽ 横			
iãu 嫩	uãi 县						
am 暗		om 参人~□[1]		im 心			
iam 盐	uam 凡						
aŋ 帮		oŋ 童		eŋ 英	iŋ 秤	uŋ 春方姓	ɯŋ 汤
iaŋ 厂仙	uaŋ 汪弯	ioŋ 勇					
m̩ 唔		ŋ̍ 黄					
ap 十		op □[2]			ip 湿		
iap 粒	uap 法						
ak 贼		ok 服		ek 叔得	ik 七	uk 出	
iak 洁	uak 决	iok 育					
aʔ 鸭		oʔ 薄		eʔ 客	iʔ 铁	uʔ 嘬	ɯʔ □[3]
iaʔ 益	uaʔ 宿	ioʔ 脚		ueʔ 郭			
iauʔ □[4]							
				ẽʔ 吓			
m̩ʔ □[5]							

韵母说明：

①单元音韵母 -o 和 -e 跟汕头等地相比开口度比较小，但比海丰稍微大一些。

② -e 的开口度随着前面声母的不同而变化，在舌上声母 ts/tsʰ/s- 和舌根声母 k/kʰ/h- 后面读得相当紧，前头有明显的流音 -i，跟汕尾其

他方言点表现一致。

③没有-n/t尾，-k尾的实际音值接近 ȶ，比海陆丰其他点靠前。相应地后鼻音韵尾舌位也靠前，音值接近 ɲ，但为了方便本书统一记为 ŋ。

④山摄二等韵部分字韵母为 -eŋ，对应其他点的 -ãi/õi。

⑤宕江摄入声部分字主要元音为 o，但舌位较低且靠央，实际音值接近 ɵ，跟 o 没有音位对立，故全部记为 o。

例字说明：

1. □ [ˌkom]，捕鱼工具，用于驱赶鱼群。
2. □ [hop˨]，鱼张合喙。
3. □ [sɯʔ˨]，擤。
4. 跃 [iauʔ˨]，~□ [liŋ˧] 斗：翻跟斗。
5. □ [hm̩ʔ˨]，用棍棒猛力打。

十八　陆丰南塘（潭头圩）音系

（一）声调

表 S-2-1-52　　　　　　陆丰南塘音系声调表

调类	阴平	阳平	阴上	阳上	阴去	阳去	阴入	阳入
例字	诗纷	时云	死粉	是混	四奋	示份	薛忽	蚀佛
单字调	44	55	552	25	312/322	32	3	5
前变调	33	22	25	33	55	33	5	3

声调说明：

潭头的阴去调曲折特征不明显，发音人认真发音时，调值接近312，调尾有点上翘；如果发音人读得比较放松，曲折特征消失，调型调值为322。我们没有调查年轻人的口语发音，根据东海的情况，潭头的阴去调也有可能像东海一样在年轻人口中失去曲折特征。

（二）声母

表 S-2-1-53　　　　　　　陆丰南塘音系声母表

p 布	pʰ 怕	b 马	m 门		
t 灯	tʰ 太		n 年		l 兰
ts 精	tsʰ 秋	dz 而		s 心	
k 见	kʰ 溪	g 吴	ŋ 言	h 化	∅ 案

声母说明：h-声母在 u 元音前有唇齿色彩。

（三）韵母

表 S-2-1-54　　　　　　　陆丰南塘音系韵母表

a 炒		o 刀		e 爬	i 诗	u 龟	
ai 才	au 刘	oi 矮	ou 五	ei 买	iu 梳	ui 雷	
ia 骑	ua 我	io 票		ue 话			
iau 妖	uai 怪						
ã 胆		õ 参□¹		ẽ 病	ĩ 椅		
ãi 爱闲			õu 芋	ẽi 睇	ĩu 休		
iã 兄	uã 官	iõ 羊		uẽ 横			
iãu □²	uãi 檬县						
am 暗		om 森□³			im 熊		
iam 盐	uam 犯						
aŋ 诞		oŋ 童		eŋ 英	iŋ 民近	uŋ 春	ɯŋ 汤
iaŋ 仙	uaŋ 汪	ioŋ 勇		ueŋ 恒			
m̩ 唔		ŋ̍ 黄					
ap 十		op □⁴			ip 湿		
iap 粒	uap 法						
ak 贼		ok 服		ek 叔	ik 七	uk 出	
iak 洁	uak 法	iok 育					
aʔ 鸭		oʔ 薄		eʔ 客	iʔ 铁	uʔ 嚗	
		oiʔ 截			iuʔ□⁵		
iaʔ 益	uaʔ 活	ioʔ 药		ueʔ 血八			

续表

iauʔ□⁶						
	ãʔ□⁷			ẽʔ□⁸	ĩʔ□⁹	
ãiʔ□¹⁰						
iãʔ□¹¹						
iãuʔ□¹²	uãiʔ□¹³					ĩuʔ□¹⁴
	m̊ʔ□¹⁵		ŋ̊ʔ□¹⁶			

韵母说明：

①通摄合口三等字韵母为 - ioŋ，一山之隔的吉北村相应地都读为 - eŋ。由于发音人的妻子是吉北村人，所以发音人在读例字时把两个读音都说了，后来才告诉记音人两个音是两个不同方言点的音。但是他们的子女由于受到父母双方的影响，两个韵已经相混，都说，也分不清哪个是哪里的。

② - e 和 - o 跟海丰一样，舌位比较高，音质接近 ɪ 和 ʊ。

③止摄的 - ãi 韵母音色有点含混。

④ - k 尾很松，接近喉塞尾 - ʔ，比如"达"，听起来很像 [taʔ]，但发音人说跟 [taʔ] 不一样，所以 - k 尾和喉塞还是两套对立的音位。

例字说明：

1. □ [õ˧]，语气词，表惊讶。

2. □ [˨hiãu]，动词，掀开。

3. □ [˨kom]，打击乐器。

4. □ [hop˧]，~风：闲聊。

5. □ [piuʔ˧]，冒。

6. 跃 [iauʔ˧]，~□ [liŋ˧] 斗：翻跟斗。

7. □ [hãʔ˧]，大口大口地吃东西。

8. □ [hẽʔ˧]，心肝 ~ ~，形容心脏不舒服。

9. □ [kʰĩʔ˧]，粘。

10. □ [hãiʔ˧]，□ [hĩʔ˧] ~：比喻有毛病。

11. □ [hiãʔ˧]，掀开。

12. □ [hiãuʔ˧]，前后来回摇动。

13. □ [huãiʔ˧], 打人的动作。
14. □ [ĩuʔ˧], 吵闹的声音。
15. □ [hm̍ʔ˧], 用棍棒猛力打。
16. □ [hŋ̍ʔ˧], 擤。

十九　陆丰甲子音系

（一）声调

表 S-2-1-55（1）　　陆丰甲子音系声调表（老派）

调类	阴平	阳平	阴上	阳上	阴去	阳去	阴入	阳入
例字	诗纷	时云	死粉	是混	四奋	示份	薛忽	蚀佛
单字调	334	55	552	24	212/22	41	3	54
前变调 A	33	31	34	33	55	33	54	3
前变调 B			24					

表 S-2-1-55（2）　　陆丰甲子音系声调表（新派）

调类	阴平	阳平	阴上	阳上	阴去	阳去	阴入	阳入
例字	诗纷	时云	死粉	是混	四奋	示份	薛忽	蚀佛
单字调	334	55	552	24	22	41	3	54
前变调	33	32	24	33	55	33	54	3

声调说明：

①2006 年调查时，老派的阴上调前变调分两种情况，阴上调在阴上、阳平和阳入调之前读 24，在其他各调前为 34；新派不分，统一读为 24。

2019 年重新调查时，新派阴上前变调也分为两种情况，在阴上、阳平和阳入调之前读 24，在其他各调前为 22。

②《陆丰县志》记载："甲子话的阴去调与陆丰各地福佬话的阴去调相比，调值最低，是个低平调，如菜 [tsʰai¹¹]、正 [tsʰiã¹¹]、战 [tsiaŋ¹¹]、送 [saŋ¹¹]。其他各地阴去调均为降升调。所以语感上差别很大。"

从我们的调查看来，甲子的阴去调曲折特征的确不明显，听感上有时像22，但有时又有曲折特征，音值接近212，两个调值不具有音位对立，不区分意义，本书统一标记为22。从听感上来说，甲子的阴去调跟陆丰其他地方的阴去调相比起来，并非如《陆丰县志》所言那么"差别很大"。

2019年重新调查时，阴去调已经完全没有曲折特征，读低平22。

（二）声母

表S-2-1-56（1）　　陆丰甲子音系声母表（老派）

p 布		pʰ 怕	b 马	m 名		
t 灯		tʰ 太		n 年		l 兰
ts 精		tsʰ 秋	dz 而		s 心	
k 见		kʰ 溪	g 吴	ŋ 言	h 化	ø 案

表S-2-1-56（2）　　陆丰甲子音系声母表（新派）

p 布	pʰ 怕	b 马	m 门	ɸ 非	
pf 富	pfʰ 皮	bv 梅	ɱ 每		
t 灯	tʰ 太		n 年		l 兰
ts 精	tsʰ 秋	dz 而		s 心	
k 见	kʰ 溪	g 吴	ŋ 言	h 晓	ø 案

声母说明：

①老派h-声母在u元音前有唇齿色彩。

②新派唇齿音声母和ɸ声母只出现在u韵母、或带有u介音的韵母前。

（三）韵母

表S-2-1-57（1）　　陆丰甲子音系韵母表（老派）

	a 炒	o 刀	e 爬	i 诗	u 鱼龟雌	
	ai 才	au 刘雨	oi 买		iu 梳	ui 雷

续表

ia 骑	ua 我	io 票	uei 话			
iau 妖	uai 怪					
	ã 胆		ẽ 病	ĩ 椅		
ãi 爱彩	ãu 虎	õi 睇蟹		ĩu 休		
iã 兄	uã 官	iõ 羊	uẽi 横			
iãu □[1]	uãi 樸县					
	am 暗	om 参□[2]		im 熊		
iam 盐	uam 犯					
	aŋ 诞	oŋ 童	eŋ 英	iŋ 民近	uŋ 春	ɯŋ 汤劝
iaŋ 仙	uaŋ 汪	ioŋ 勇	ueŋ 恒			
	m̩ 唔	ŋ̍ 黄				
	ap 十	op □[3]		ip 湿		
iap 粒	uap 法					
	ak 贼	ok 服	ek 叔	ik 七	uk 出	ɯk 乞乞食
iak 洁	uak 决	iok 育	ueik 或			
	aʔ 鸭	oʔ 薄雪	eʔ 客	iʔ 铁	uʔ 嘬	
		oiʔ 八截		iuʔ □[4]		
iaʔ 益	uaʔ 活	ioʔ 药	ueiʔ 血			
iauʔ 跃[5]						
	ãʔ □[6]			ĩʔ □[7]		
ãiʔ □[8]	ãuʔ □[9]	õiʔ □[10]				
iãʔ □[11]						
	m̩ʔ □[12]	ŋ̍ʔ □[13]				

韵母说明：

－uẽi/ueik/ueiʔ 等韵母中的元音 i 发音不到位、音长比较短，可以处理成一个流音；相对于老派，新派－uẽi 韵母的元音 i 发音明显些。为了跟－uei 韵母对齐，本书全部处理成韵母元音。k 尾发音部位靠后，音色跟典型的 k 尾有明显差异，向喉塞靠拢，但和喉塞尾仍为两个不同的音位，具有区别意义作用。2019 年 9 月调查，有些 k 尾字发音部位更加靠后了，但和喉塞尾仍然有区别。

表 S-2-1-57（2）　　　陆丰甲子音系韵母表（新派）

a 炒		o 刀	e 爬	i 诗	u 鱼龟雌	
ai 才	au 刘雨	oi 买话		iu 梳	ui 雷	
ia 骑	ua 我	io 票	uei 话			
iau 妖	uai 怪					
ã 胆		õ 可	ẽ 病	ĩ 椅		
ãi 爱彩睇	ãu 虎			ĩu 休		
iã 兄	uã 官	ĩo 羊	uẽi 横			
iãu □[14]	uãi 横县					
am 暗		om 参□[15]		im 熊		
iam 盐	uam 犯					
aŋ 诞		oŋ 童	eŋ 英	iŋ 民近	uŋ 春	ɯŋ 汤
iaŋ 仙	uaŋ 汪	ioŋ 勇	ueŋ 恒			
m̩ 唔		ŋ̍ 黄				
ap 十		op □[16]		ip 湿		
iap 粒	uap 法					
aʔ 鸭		oʔ 薄雪	eʔ 客	iʔ 铁	uʔ 嚗	
		oiʔ 截血八	ueiʔ 或刮	iuʔ □[17]		
iaʔ 益洁	uaʔ 活	ioʔ 药				
iauʔ 跃[18]						
ãʔ □[19]				ĩʔ □[20]		
ãiʔ □[21]	ãuʔ □[22]	õiʔ □[23]				
iãʔ □[24]						
m̩ʔ □[25]		ŋ̍ʔ □[26]				

例字说明：

1. □ [ˍhiãu]，动词，掀。

2. □ [komˀ]，将东西倒扣下去。

3. □ [hop˯]，张大口吸气呼气。

4. □ [piuʔ˯]，冒。

5. 跃 [iauʔ˯]，~□ [liŋˀ] 斗：翻跟斗。

6. □ [hãʔ˯]，大口大口地吃东西。

7. □ [kʰĩʔ˨], 粘。

8. □ [kãiʔ˨], 动词,用力扔。

9. □ [ãuʔ˨], ~~:面肥大不好看。

10. □ [õiʔ˨], 东西不饱满。

11. □ [hiãʔ˨], 掀开。

12. □ [hm̩ʔ˨], 用棍棒猛力打。

13. □ [hŋ̍ʔ˨], 擤。

14. □ [˰hiãu], 动词,掀。

15. □ [˰lom], 牛嘴~:戴在耕牛嘴上的用具。

16. □ [hop˨], 张大口吸气呼气。

17. □ [piuʔ˨], 冒。

18. 跃 [iauʔ˨], ~□ [liŋ˰] 斗:翻跟斗。

19. □ [hãʔ˨], 大口大口地吃东西。

20. □ [kʰĩʔ˨], 粘。

21. □ [hãiʔ˨], □ [hĩʔ˨] ~:比喻有毛病。

22. □ [ãuʔ˨], ~~:面肥大不好看。

23. □ [õiʔ˨], 东西不饱满。

24. □ [hiãʔ˨], 掀开。

25. □ [hm̩ʔ˨], 用棍棒猛力打。

26. □ [hŋ̍ʔ˨], 擤。

二十 海丰海城音系

(一) 声调

表 S-2-1-58　　　海丰海城音系声调表

调类	阴平	阳平	阴上	阳上	阴去	阳去	阴入	阳入
例字	诗纷	时云	死粉	是混	四奋	示份	薛忽	蚀佛
单字调	33	55	52	25	212	31	21	54
前变调	22	31	24	22	55	22	54	21

声调说明：有些阳去字读得接近低平调22，例如：应、饿。

（二）声母

表 S-2-1-59　　　　　　　海丰海城音系声母表

p 布	pʰ 怕	b 马	m 门		
t 灯	tʰ 太		n 年		l 兰
ts 精	tsʰ 秋	dz 而		s 心	
k 见	kʰ 溪	g 吴	ŋ 言	h 化	ø 案

声母说明：h-声母在 u 元音前有唇齿色彩。

（三）韵母

表 S-2-1-60　　　　　　　海丰海城音系韵母表

a 炒		o 刀	e 爬	i 诗	u 龟
ai 才	au 刘	ou 雨	ei 买	iu 梳	ui 雷
ia 骑	ua 我	io 票	ue 话		
iau 妖	uai 怪				
ā 胆			ē 病	ī 椅	
āi 彩		õi 裙	ěi 睇		
iā 兄	uā 官	iõ 羊	uē 横		
iāu 嬲	uāi 横				
am 暗		om 森参□¹	im 熊		
iam 盐	uam 犯				
an 鳞			in 近	un 春	
aŋ 诞		oŋ 童	eŋ 英	iŋ 轻	ɯŋ 囡钢
iaŋ 仙	uaŋ 汪	ioŋ 勇	ueŋ 恒宏		
m̩ 唔		ŋ̍ 方			
ap 十		op □²	ip 湿		
iap 粒	uap 法				
			it 七	ut 出	
ak 贼		ok 服	ek 得	ik 乞	ɯk 乞
iak 洁	uak 法	iok 育	uek 或		

续表

a? 鸭		o? 薄		e? 客	i? 铁	u?□[3]
ai?□[4]	au?□[5]					
ia? 益	ua? 活	io? 药		ue? 血		
iau? 跃[6]						
	ãi?□[7]					
	m̍?□[8]					

韵母说明：

①e 单独做韵母时开口度较小，发音很紧，有明显的流音i，构成复元音韵母时开口度比较大，接近 E，两者没有音位对立，统一记为 e。o 的圆唇度较高、开口度较小，音值接近 ʊ，两者没有音位对立，统一记为 o，跟 e 对应。

②遇摄合口三等、止摄开口三等的 -u 韵母舌位偏前，音值接近 ʉ。

③山摄大部分已经变入 -ŋ/k 尾，少数还保留 -n/t 尾，例如：揭₋ᵧᵨ kit₋、滑 kut₋、眠₌min、先₌sin、船₌tsun、拳₌kun 等；臻摄大部分收 -n/t 尾，少数已经变为入 -ŋ/k 尾。但 -ŋ 尾发音部位很靠前，音值接近 -n̠，韵母主要元音受 -ŋ 韵尾影响有鼻化色彩，当声调为阳入54 调时，鼻化色彩更明显；-k 尾比较松，接近喉塞，听感上比较容易混淆。

④海城的城东片，山摄白读 -ɯŋ，对应其他点的 -ĩ，例如：天［₌tɯŋ］，"天时"的读音跟"汤勺"完全同音。

例字说明：

1. □［hom⁼］，砸。
2. □［sop₌］，~菜：切菜。
3. □［ku?₌］，吸。
4. □［kʰai?₌］，□［kʰi?₌］ ~：松动。
5. □［kau?］，动词，卷。
6. 跃［iau?₌］，~□［liŋ⁼］斗：翻跟斗。
7. □［hãi?₌］，□［hĩ?₌］ ~：比喻有毛病。
8. □［hm̍?₌］，用棍棒猛力打。

二十一 海丰联安音系

(一) 声调

表 S-2-1-61　　　　海丰联安音系声调表

调类	阴平	阳平	阴上	阳上	阴去	阳去	阴入	阳入
例字	诗纷	时云	死粉	是混	四奋	示份	薛忽	蚀佛
单字调	44	55	52	25	212	31	3	54
前变调	33	31	24	33	55	33	54	3

(二) 声母

表 S-2-1-62　　　　海丰联安音系声母表

p 布	pʰ 怕	b 马	m 门		
t 灯	tʰ 太		n 年		l 兰
ts 精	tsʰ 秋	dz 而		s 心	
k 见	kʰ 溪	g 吴	ŋ 言	h 化	∅ 案

声母说明：h-声母在 u 元音前有唇齿色彩。

(三) 韵母

表 S-2-1-63　　　　海丰联安音系韵母表

a 炒		o 刀	e 爬	i 诗	u 龟	
ai 才	au 刘		ou 雨	ei 买	iu 梳	ui 雷
ia 骑	ua 我	io 票		ue 话		
iau 妖	uai 怪					
ã 胆			ẽ 病	ĩ 椅		
ãi 彩			ẽi 睇			
iã 兄	uã 官	iõ 羊	uẽ 横			
iãu 嚷	uãi 檨					

续表

am 暗	om 参□[1]	im 熊		
iam 盐	uam 犯			
an 鳞		in 近	un 春	
aŋ 诞	oŋ 童	eŋ 英	iŋ 轻	ɯŋ 汤
iaŋ 仙	uaŋ 汪	ioŋ 勇	ueŋ 恒宏	
m̩ 唔	ŋ̍ 秧			
ap 十	op □[2]	ip 湿		
iap 粒	uap 法			
		it 七	ut 出	
ak 贼	ok 服	ek 得	ik 乞	ɯk 乞
iak 洁	uak 法	iok 育	uek 或	
aʔ 鸭	oʔ 薄	eʔ 客	iʔ 铁	uʔ □[3]
aiʔ □[4]	auʔ □[5]			
iaʔ 益	uaʔ 活	ioʔ 药	ueʔ 血	
iauʔ 跃[6]				
ãiʔ □[7]				
m̩ʔ □[8]				

韵母说明：

①e 做单元音韵母时开口度小，音值接近 ɪ，组成复元音韵母时开口度比较大，音值接近 E，两者没有音位对立，统一记为 e。o 的圆唇度较高、开口度也较小，音值接近 ɷ，两者没有音位对立，统一记为 o。

②遇摄合口三等、止摄开口三等的 -u 韵母舌位偏前，音值接近 ʉ。

③山摄大部分已经变入 -ŋ/k 尾，少数还保留 -n/t 尾,；臻摄大部分收 -n/t 尾，少数已经变为入 -ŋ/k 尾。但这两个韵的 -ŋ 尾发音部位比较靠前，音值接近 -ƞ，韵母主要元音受韵尾影响有鼻化色彩。

④宕、江等摄的后鼻韵尾 -ŋ 跟山、臻摄的后鼻韵尾（实际音值接近 -ƞ）音色上有区别，但两者不形成音位对立，所以统一记为 -ŋ 尾；-k 尾比较松，接近喉塞，听感上比较容易混淆。

例字说明：

1. □ [hom˧], 砸。
2. □ [sop˨], ~菜：切菜。
3. □ [kuʔ˨], 吸。
4. □ [kʰaiʔ˨], □ [kʰiʔ˨] ~：松动。
5. □ [kauʔ], 动词, 卷。
6. 跃 [iauʔ˨], ~□ [liŋ˧] 斗：翻跟斗。
7. □ [hãiʔ˨], □ [hĩʔ˨] ~：比喻有毛病。
8. □ [m̥ʔ˨], 用棍棒猛力打。

二十二　海丰平东音系

（一）声调

表 S-2-1-64　　　　　海丰平东音系声调表

调类	阴平	阳平	上声	阴去	阳去	阴入	阳入
例字	诗纷	时云	死粉	四奋	是混示份	薛忽	蚀佛
单字调	44	24	52	212	33	3	5
前变调	33	22	24	55	32	5	2

（二）声母

表 S-2-1-65　　　　　海丰平东音系声母表

p 布	pʰ 怕	b 马	m 门		
t 灯	tʰ 太		n 年		l 兰
ts 精	tsʰ 秋	dz 而		s 心	
k 见	kʰ 溪	g 吴	ŋ 言	h 化	∅ 案

声母说明：

①h-声母在 u 元音前有唇齿色彩。
②浊声母不像粤东东片方言的浊声母那样带塞音色彩。

（三）韵母表

表 S-2-1-66　　　　海丰平东音系韵母表

a 炒		o 刀	e 爬	i 诗	u 龟	
ai 才	au 刘		ou 雨	ei 买	iu 梳	ui 雷
ia 骑	ua 我	io 票		ue 话		
iau 妖	uai 怪			ẽi 睇		
ã 胆				ẽ 病	ĩ 椅	
ãi 彩						
iã 兄	uã 官	iõ 羊		uẽ 横		
iãu 嬲	uãi 檨					
am 暗		om 参[1]		im 熊		
iam 盐						
an 鳞				in 近	un 春	
aŋ 诞		oŋ 童	eŋ 英	iŋ 轻		ɯŋ 汤
iaŋ 仙	uaŋ 汪	ioŋ 勇		ueŋ 恒		
m̩ 唔		ŋ̍ 秧				
ap 十		op□[2]		ip 湿		
iap 粒	uap 法					
			et 值悉	it 七	ut 出	
ak 贼		ok 服	ek 得	ik 乞		ɯk 乞
iak 洁	uak 法	iok 育		uek 或疫		
aʔ 鸭		oʔ 薄	eʔ 客八	iʔ 铁	uʔ□[3]	
aiʔ□[4]	auʔ□[5]			iuʔ□[6]		
iaʔ 益	uaʔ 活	ioʔ 药		ueʔ 血		
iauʔ 跃[7]						
ãʔ□[8]				ẽʔ□[9]		
ãiʔ□[10]						
iãʔ□[11]						
m̩ʔ□[12]		ŋ̍ʔ□[13]				

韵母说明：

①e 单独做韵母或者后接喉塞尾 -ʔ 时，开口度很小，实际读音接近

ɪ；当后接 -k 尾或后鼻音韵尾时，开口度较大，实际音值接近 E；e 的实际音值还跟前面声母有关，当声母为唇音 p/pʰ/m/b 时，e 的开口度小。

② -ue 韵母中的 e 开口度小，听起来像韵尾带有流音ⁱ。

③ 韵母 -ian/iat 的主要元音 a 舌位靠前、靠央，音值介于 e 和 a 之间，但没有潮州湘桥那么前和高。

④ 前鼻音韵尾经常出现松弛的情况，实际音值接近 ɲ，当发音人认真发音时，仍然是典型的 n 尾，可见 -n 韵尾正在发生变化。

⑤ -t 尾出现在山摄主要元音为 a（ia/ua/a）的韵母中，以及臻摄主要元音为 e 的韵母中时，舌位偏后，但两者没有音位对立。

⑥ 有些文读音受其他主流方言影响，不按照方言的音韵规则发音，通常是声调的调值趋同，即不折合成相应的调类，而是直接取相近的调值。例如：穷 kʰioŋ 44，古全浊声母平声字，粤东闽语一般读阳平调。但平东"穷"读阴平调，而不读阳平调 24，因为海城的阳平调为 55，受其影响"穷"读成跟 55 接近的阴平调 44。

例字说明：

1. □ [hom⁼]，砸。

2. □ [hop˳]，突然猛扑。

3. □ [kuʔ˳]，吸。

4. □ [kʰaiʔ˳]，□ [kʰiʔ˳] ~：松动。

5. □ [kauʔ˳]，动词，卷。

6. □ [piuʔ˳]，冒。

7. 跃 [iauʔ˳]，~□ [liŋ⁼] 斗：翻跟斗。

8. □ [ãʔ˳]，挤压。

9. □ [ẽʔ˳]，喘气。

10. □ [hãiʔ˳]，□ [hĩʔ˳] ~：指小孩玩得过分，带贬义。

11. □ [hiãʔ]，扔开，不高兴的表现。

12. □ [m̥ʔ˳]，用棍棒猛力打。

13. □ [ŋ̍ʔ˳]，帮婴儿把屎声。

二十三　汕尾捷胜音系

（一）声调

表 S-2-1-67　　　　　　汕尾捷胜音系声调表

调类	阴平	阳平	阴上	阳上	阴去	阳去	阴入	阳入
例字	诗纷	时云	死粉	是混	四奋	示份	薛忽	蚀佛
单字调	34	55	53	35	324	32	3	54
前变调	33	22	35	33	55	33	54	3

（二）声母

表 S-2-1-68　　　　　　汕尾捷胜音系声母表

p 布	pʰ 怕	b 马	m 门		
t 灯	tʰ 太		n 年		l 兰
ts 精	tsʰ 秋	dz 而		s 心	
k 见	kʰ 溪	g 吴	ŋ 言	h 化	ø 案

（三）韵母

表 S-2-1-69　　　　　　汕尾捷胜音系韵母表

a 炒		o 刀		e 爬	i 诗	u 龟	
ai 才	au 刘	oi 买	ou 雨		iu 梳	ui 雷	
ia 骑	ua 我	io 票		ue 话			
iau 妖	uai 怪						
ã 胆				ẽ 病	ĩ 鲜		
ãi 彩	ãu 好	ãi 闲					
iã 兄	uã 官	iõ 羊		uẽ 横			
iãu 嬲	uãi 横						
am 暗		om 森参□[1]			im 熊		
iam 盐	uam 犯						

续表

aŋ 诞		oŋ 童		eŋ 英	iŋ 轻民	uŋ 春	ɯŋ 汤
iaŋ 仙	uaŋ 汪	ioŋ 勇		ueŋ 宏			
	m̩ 唔		ŋ̍ 黄				
ap 十		op □²			ip 湿		
iap 粒							
ak 贼		ok 服塑		ek 叔	ik 七	uk 出	
iak 洁决	uak 发	iok 育		uek 或			
aʔ 鸭		oʔ 薄		eʔ 客雪	iʔ 铁	uʔ 曝	
	auʔ 乐				iuʔ □³		
iaʔ 益	uaʔ 活	ioʔ 药		ueʔ 血八			
iauʔ 雀							
				ẽʔ □⁴	ĩʔ □⁵		
ãiʔ □⁶							
iãʔ □⁷							
	uãiʔ □⁸						
m̩ʔ □⁹		ŋ̍ʔ □¹⁰					

韵母说明：

①o 和 e 开口度较小，跟海丰的情况一致。-ue 韵母中的 e 在阳去字中开口度较大，接近 E，在阴平等调中开口度比较小，由于开口度小，发音紧，所以跟在喉音声母（例如：k⁻、kʰ⁻、h⁻）后面时容易带上鼻音。韵母 u 不圆唇，音色靠近 ʉ。

②-n/t 尾已经消失，但韵母主要元音为 i 和 u 的臻摄字，韵尾跟 -ŋ/k 有所不同，音值接近 -ɲ/ȶ，跟 -ŋ/k 尾形成互补。由于两者不形成对立，因此处理为一个音位。

关于 -ɲ/ȶ 韵尾字，作为字组的前字时为 -ɲ，但作为单字或者字组后字时，接近 -ŋ；ȶ 最主要的特点是松，读快时接近喉塞 -ʔ，重读时接近音色接近 -c，这里取 ȶ 主要是为跟 ɲ 相配。总的来说，它们的发音不稳定，这大概是过渡阶段（前鼻韵尾 -n 消变为后鼻韵尾；-t 尾消变为 -k 尾或者直接发展为喉塞）的表现。

例字说明：

1. □ [hom⁻]，砸。
2. □ [hop₌]，~风：闲聊。
3. □ [piuʔ⁻]，冒。
4. □ [hẽʔ₌]，因向往某事而兴奋。
5. □ [hĩʔ⁻]，~□ [hãiʔ₌]：比喻有毛病。
6. □ [hãiʔ₌]，□ [hĩʔ⁻] ~：比喻有毛病。
7. □ [hiãʔ⁻]，掀开。
8. □ [huãiʔ⁻]，扔出去。
9. □ [hm̍ʔ₌]，用棍棒猛力打。
10. □ [ŋ̍ʔ₌]，哄小孩睡觉。

第二节　音系归纳的相关问题及音系比较①

一　粤东闽语内部的音系比较

（一）声母系统

闽语的声母大体上属于十五音系统，粤东闽语在此基础上发展成十八音系统，它与福建本土闽南方言（厦、漳、泉等）的区别在于：[m n ŋ]和[b l g]在粤东闽语是两套声母，而在福建本土的闽南方言中被处理成一套，因此福建本土的闽南方言只有十五个声母，而粤东闽语普遍有十八个声母。

近几十年来，粤东闽语十八音的声母系统又有新变化，在潮阳至惠来一带的方言中产生一套唇齿音声母：pf-、pfʰ-、bv-、ɱ-，以及双唇擦音声母 ɸ，这一套唇齿音是重唇音逢合口韵的条件变体，不属于历史上合口三等字重唇轻化的音变。粤东西部的海陆丰方言点 h-声母在 u 元音前多有唇擦音色彩，跟中部产生唇齿音声母的方言点一样，而东部的方言点没有这种现象。

---

① 本节曾以《粤东闽语的音系及音系归纳的相关问题讨论》为题载于《梧州学院学报》2018年第1期。

（二）韵母系统

我们所调查各点韵母的个数从 76-96 个不等，潮州凤凰最多，共 96 个，因为它保留了比较完整的 -n/t 韵尾。总的来说，东边的潮州、汕头、揭阳三市各点的韵母个数较多，都在 80 个以上，其中澄海澄城因为闭口韵 -m/p 尾消失、并入 -ŋ/k 尾，所以韵母系统相对简单，只有 77 个。西边海陆丰各点的韵母个数相对较少，都在 80 个以下，主要差别在于海陆丰少鼻化入声韵。

粤东闽语各点的韵母系统大致相同：第一，基本上都有 6 个口元音：a、o、e、i、u、ɯ。其中，/e/ 在海丰各点舌位较高、是比较标准的 e 元音，陆丰各点舌位稍低、接近 E，而陆丰以东的方言点舌位更低、发音很松，音值接近 ɛ，在音系中统一记为 e，是为了突出音类的一致性。第二，ɯ 在部分方言中不能单独做韵母，但可以跟鼻韵尾和喉塞尾构成复合韵母；其他 5 个口元音都可以单独作韵母。高元音 i 和 u 可以作介音，ɯ 不做介音，也不能带介音 i 或 u。第三，有鼻化韵，鼻化元音跟非鼻化元音成系统对应。第四，有塞音韵尾（-p、-k、-ʔ）跟鼻音韵尾（-m、-ŋ）以及鼻化韵对应，大部分方言点已经没有 -n/t 韵尾，在调查的方言中，只有南澳云澳、潮州凤凰、文祠、饶平三饶、海丰海城、联安、平东还不同程度地保留了 -n/t 韵尾。澄海澄城及其周边的方言点 -m/p 尾消失，并入 -ŋ/k 尾中。此外，我们在调查陆丰甲子方言时，发现少数 -m/p 尾韵字在年轻人口中已经并入 -ŋ/k 尾，表明其正在步澄海方言的后尘，这也体现了粤东闽语语音发展的一种趋势。

粤东闽语的 -ŋ 韵尾舌位比普通话的 -ŋ 韵尾靠前，实际音值接近舌面中鼻音 -ɲ。但由于 -ɲ 和 -ŋ 不形成音位对立，因此，全部记为 -ŋ 韵尾。粤东西部的海陆丰各点，-ŋ/k 尾除了舌位靠央，还有不同程度的松化现象，处于向鼻化韵和喉塞尾 -ʔ 转变过程中，听感上跟粤东东部的潮汕各点有明显差异。

总的来看，有无单元音 -ɯ 韵母是比较显著的差异：潮州各点、汕头市区、澄海、揭阳榕城等点有单元音韵母 -ɯ，主要来自中古的鱼韵字和支、脂、之韵字；汕头的达濠、潮阳、海门、云澳，惠来、流沙以及海陆丰各点，都没有 -ɯ 韵母，明显分为东西两片。有 -ɯ 韵母各点的 -ɯ 韵母字，在无 -ɯ 韵母各点中对应 -u 或 -i：潮阳、海门、达濠、惠来惠城、普宁流沙、陆丰甲子读为-u，只有少数之韵字读-i；陆丰南塘读-i和读-u各占一半，-i读音来自部分鱼韵字和部分之韵字，-u读音字主要来自支、脂韵，以及部分鱼韵字；南澳云澳、陆丰东海和汕尾捷胜的情况跟南塘相似，但是读-i的之韵字和读-u的鱼韵字都比南塘要少，也即读-i的字大部分为鱼韵字，加上少数之韵字，读-u的字主要为支、脂、之韵字和少数鱼韵字。海丰海城、联安和平东鱼韵和支、脂、之韵之间的读音界限比较分明，分别读-i和-u。

-oi/ɐi/oiʔ韵在粤东闽语内部不同点具有区别性，汕头市区、澄海、潮州湘桥、凤凰、文祠、饶平黄冈、三饶、海山、揭阳榕城有-oi/ɐi/oiʔ韵母，-oi主要来自蟹摄开口二、四等，以及少数开口一、三等和合口字；-ɐi主要来自山摄二、四等，以及少数山摄一等字；-ɐʔ主要来自山摄二、四等和咸摄二、四等。云澳跟汕头等点的差异在于：汕头等点山摄读-ɐi的字，在云澳大部分读为-eŋ，少数读为-ɐi。潮阳棉城、海门、汕头达濠、惠来惠城、普宁流沙、陆丰甲子有-oi/oiʔ，但对应于汕头等点的-ɐi韵字则读成-ãi。海丰的海城、联安、平东和陆丰东海没有-oi/ɐi/oiʔ，对应地分别读成-ei/ãi/eʔ，陆丰南塘（潭头）既有-oi韵母，也有-ei/ãi/eʔ韵母，这与它的地理位置处于交界地带有关；陆丰东海跟云澳相似，其他点读为ɐi（或ãi）的山摄字，东海大部分读为eŋ，少数读-ãi。

关于粤东闽语这几个韵的对应情况，见下表S-2-2-1，海城的-eʔ和-ek出现在相同的韵摄，属于不同层次或来源的读音。

表S-2-2-1　　　韵母-oi/ɐi/oiʔ和-ei/ãi/eʔ辖字表

方言点 \ 韵	阴声韵	阳声韵	入声韵	入声韵字所属中古韵摄
黄冈	oi	ɐi	oiʔ	咸摄洽韵，深摄缉韵，山摄黠韵、屑韵
			eʔ	宕摄铎韵，梗摄陌韵、麦韵、锡韵
云澳	oi	ɐi	oiʔ	同黄冈
		eŋ	eʔ	同黄冈
惠城	oi	ãi	oiʔ	同黄冈
			eʔ	同黄冈

续表

方言点 \ 韵	阴声韵	阳声韵	入声韵	入声韵字所属中古韵摄
东海	ei	āi / eŋ	eʔ	同黄冈
海城	ei	āi	eʔ	咸摄洽韵，深摄缉韵，山摄黠韵、屑韵宕摄铎韵，梗摄 陌韵、麦韵、锡韵
			ek	宕摄铎韵，梗摄陌韵、麦韵、锡韵

潮州、澄海一带地域相连，历史上多同属一个行政区划，所以它们有不少彼此一致、而区别于其他方言点的语音特征。例如澄海澄城、潮州湘桥、文祠都有 -iɜu/iɜm/iɜp 韵母，对应其他方言点的 -iau/iam/iap 韵母；有 -ie/iẽ 韵母，对应其他点的 -io/iõ；潮州凤凰保留 n/t 韵尾，有 -ien/iet/ieʔ 韵母，分别对应其他点的 -iaŋ（ian）/iak（iat）/iaʔ 韵母；潮州因为长期处于政治、经济和文化的中心，外来人口多、居民对外交流频繁，所以语音变化快、音系相对比较驳杂，它既有 -ieŋ/iek/ieʔ 系列的韵母，也有 -iaŋ/iak/iaʔ 等韵母。潮州湘桥方言的 -ieŋ/iek/ieʔ 韵母，让我们看到 -n/t 韵尾消失的痕迹：李新魁（1993）、张屏生（1994）分别通过历史文献材料和传教士材料，证明潮州在一、二百年前还存在 -n/t 韵尾。现在潮州湘桥的 -ieŋ/iek/ieʔ 韵母正是 -n/t 韵尾消失之后，韵母主要元音还保持着在 -n/t 尾前时的音值（即 -e），没有像其他点那样主要元音变为 -a。

二 音系归纳及相关问题讨论

（一）声母系统

粤东闽语的声母系统都比较简单，基本上是十八音的格局，潮阳、海门、达濠、惠城、流沙等方言点（即传统分区的潮普片）多了一套唇齿音声母和一个双唇擦音声母，一共 23 个声母。

福建本土厦、漳、泉等闽南方言，其鼻音声母 [m n ŋ] 和 [b l g] 没有对立（少数例外不计），鼻化韵只跟鼻音声母 [m n ŋ] 相配，口元音只跟 [b l g] 相配，带辅音韵尾韵母（即阳声韵和入声韵）只出现在

［blg］后面，不跟［mnŋ］声母相配。

粤东闽语的情况与此不同，分为两种情况：一是在无辅音韵尾韵母前，［mnŋ］和［blg］没有对立，［mnŋ］声母只跟鼻化韵相配，［blg］声母只跟口元音韵母相配；二是韵母有辅音韵尾的时候，既可以出现在声母［mnŋ］后面，也可以出现在［blg］后面，也就是说，在阳声韵（指鼻音尾韵）和入声韵前面，［mnŋ］和［blg］两组声母有对立。这是已有研究的一致看法。

然而，按照无辅音韵尾韵母的处理方法，鼻化韵只跟［mnŋ］搭配，也就等于说，只要出现在［mnŋ］声母后边，韵母就会带上鼻化色彩，这是声母对韵母的同化作用（由阳声韵弱化而来的鼻化韵另当别论）。那么，只要我们承认，出现在带辅音韵尾韵母前的［mnŋ］跟出现在不带辅音韵尾韵母前的［mnŋ］是一样的，就必须同样地承认，出现在［mnŋ］后面的带辅音韵尾韵母（或者其主要元音）也必定会被声母同化而带上鼻化色彩，它们都是"鼻化韵"（鼻化阳声韵和鼻化入声韵）。如果不承认［mnŋ］声母后面的带辅音韵尾韵母（或者其主要元音）带鼻化色彩，那就等于说［mnŋ］对带辅音韵尾韵母的主要元音没有同化作用，或者更彻底地说，不带辅音韵尾韵母前的［mnŋ］和带辅音韵尾韵母前的［mnŋ］是不同的声母。这是我们所无法理解和接受的，这样的说法也跟粤东闽语的实际情况不相符，从听感上我们能清楚地辨别出［mnŋ］声母后面的阳声韵和入声韵都被鼻化了。

因此本书认为，粤东闽语的［mnŋ］和［blg］跟厦、彰、泉等福建闽南方言的一样也没有对立了，不管是阴声韵、阳声韵还是入声韵，出现在［mnŋ］后面的一律带鼻化色彩，出现在［blg］后边的一律不带鼻化色彩。之前的研究大都没有很明确地指出来，《汉语方音字汇》在说明潮州话声母［mnŋ］和［blg］与韵类的配合关系时作了如下说明"声母m、n、ŋ不与阴声韵配合，声母b、l、g不与鼻化韵配合，但它们都与鼻音尾韵和塞音尾韵配合。"（2008）但是，这一说明并没有明确指出声母［mnŋ］和［blg］与鼻音尾韵和塞音尾韵相配时韵母主要元音的性质，因此容易给读者造成误解。胡方（2005）在文章中举例说明潮州方言在［mnŋ］和［blg］两组声母之间产生对立，他所举的例子是"蜜"（本书按：应该是'密'）［bak］和"目"［mak］，也就是说，在相同的韵母-ak前面，b-和m-声母有对立。然而，根据我们上边的分析，两个音节中的-a-并不相同，m-声母后是带鼻化的-ã-，只是为了书写简便起见，鼻音声母后面的鼻化符号一般不标出，b-和m-之间并没有对立。因此，澄清粤东闽语这一语音事实非常必要，对于我们认识整个闽南方言的一致性具有重要意义，同时，这也是认识方言音系处理的方法和更好地归纳粤东闽语音系的关键所在。

通过上文的分析可知，[m n ŋ]和[b l g]两套声母在粤东闽语也是互补的，在归纳声母系统的时候可以把它们处理成一套，只是这么一来，韵母系统将会非常庞杂，因为跟出现在[b l g]声母后边的所有带辅音韵尾、主要元音为口元音的韵母相对应，需要增加一套主要元音带鼻化的阳声韵和入声韵来跟[m n ŋ]声母相配。这对于已经比较庞大和复杂的粤东闽语韵母系统来说，是很不切实际的，也不符合音系归纳的简约、节省原则，因此，我们处理成声母[m n ŋ]和[b l g]不合，而在归纳韵母系统的时候，将只出现在[m n ŋ]声母后的鼻化韵母跟对应的非鼻化韵母合并，一律记为非鼻化韵母并作必要说明：出现在[m n ŋ]后鼻化，出现在[b l g]后不鼻化。

（二）韵母系统

粤东闽语各点的韵母系统总的跟之前的研究相去不远，阴声韵除了-u和-ɯ，都有对应的鼻化韵，这些鼻化韵主要由阳声韵弱化而来，少数由阴声韵音变而来，例如：-õu、-ĩu。潮州、饶平、汕头、澄海、揭阳等鱼虞有别层主体读-ɯ的方言点（包括鱼虞有别层主体读-i的云澳方言），韵母-u和-ɯ没有对应的鼻化韵，潮阳、海门、惠来、海陆丰等鱼虞有别层主体读-u的方言点，有少量的鼻化韵-ũ，但在音系中没有反映出来，因为-ũ只在[m n ŋ]声母后边出现，跟-u互补。所有的方言点都没有-ɯ鼻化韵母，-ɯ韵母从不出现在[m n ŋ]声母后边，这与其发音部位相关。鼻化韵是元音带有鼻音音色的韵母，它是在发口元音的同时下降软腭、打开鼻咽通道、加入鼻腔共鸣的结果。由于u和ɯ的发音部位靠后，接近鼻腔通道，发u和ɯ的时候同时打开鼻腔通道，这样的协同发音相对困难，音色上u/ɯ的鼻化和不鼻化也比较接近，特别是-ɯ̃，音色相当接近自成音节ŋ̍，容易相互转化。因此，想保持跟-ŋ̍的区别，-ɯ只能不跟[m n ŋ]声母接触，换个角度说，就是在[m n ŋ]声母后边，-ɯ容易演变成别的韵母。例如潮州、饶平、汕头、澄海、揭阳等鱼虞有别层主体读-ɯ的方言点，遇摄字在明、微、泥（娘）、疑母后不读-ɯ而读o/ou。

  阳声韵只有一套，因为元音在鼻尾（-m、-n、-ŋ）的影响下总会表现出明显的鼻化色彩，即使鼻音声母对韵母具有同化作用使其主要元音鼻化，也无从辨识，所以，鼻韵尾韵母只需要无鼻化标记的一套就够了。

  带-t、-p、-k尾的入声韵母，只有受到[m n ŋ]声母的同化时才带上鼻化，所以只列出无鼻化标示一套韵母。主要元音鼻化的入声韵全部出现在喉塞尾韵，都只有极少数例字，而且有音无字居多。杨秀芳（1982）在研究晋江方言时认为：晋江方言的-auʔ不论配什么声母，表达的意义似乎都有共同的特点，-ʔ似乎是个情貌成分，它分别加在-iu、-au等韵母上，用来表达时间短暂，所以，她没有把-iuʔ、-auʔ放在韵母系统之内。同时，她还考察了晋江临近的同安、同溪方言，通过分析认为同安、同溪的-iak韵母，大部分情况下是用来模拟声音的，这种拟声的韵母，并非系统中正常的韵母，所以这一类韵母也不应该放入韵母系统中。粤东闽语有类似的情况，下面举饶平海山方言为例：幼[iũ⁼]/□[ĩuʔ˳]（指极小，比"幼"更细小），□[ᶜhuāi]（钻）/□[huāiʔ˳]（可拟声，一般指虫子等钻动发出的声音；"□□索"表示坐不住，不停地动），擒[˖khĩ]（抓住，也指粘住）/□[khĩʔ˳]（粘），□[hiã⁼]/□[hiãʔ˳]（两词同义，入声还含有短暂、迅速义：用力把被子或衣服等掀开），□[ᶜhiāu]（掀开）/□[hiāuʔ˳]（前后来回摇动），□[ᶜhḿ]/□[hḿʔ˳]（两词表示同义，入声还含有短暂、迅速义：用棍子猛打）。从所举的例子来看，斜线前后两词基本意义相同，入声字比非入声字多了一层"短时、迅速"的语法义。

  陆丰东海没有-iũʔ、-iãʔ、-uāiʔ等韵，但有对应的：幼[ĩu⁼]、□[hiã⁼]（掀开）、□[ᶜhuāi]（来回转动），联系饶平海山和陆丰东海两个点来看，似乎入声韵尾是在原来非入声的基础上后加的，目的是给原来的词附上一种"短时"的语法义。如果后加喉塞韵尾只是一种语法手段，那它不属于语音层面上的音变，不应该被正式列入韵母系统中。但是，从现有的材料来看，这样的语音形式目前还不成系统，还不能从语法层面上直接类推得出;因此,它更像词汇层面的语音造词,属于造词法的范畴。

因此,本书不计意义,只要韵母系统还没有就放进去,理由如下:第一,虽然这些韵母带有某种语法义、或者用于拟声,但它们在粤东闽语里已经发展出比较实在的意义,例如上文所举饶平海山各例,意义已经比较具体。整个粤东闽语来看,它们可以作为独立的韵母。第二,这些韵母所构成的音节无法完全纳入语法层面进行解释,还没有脱离语音层面,因此,它们作为独立的韵母进入韵母系统无可厚非。

粤东闽语的鼻化韵都是全鼻化,也就是韵母所有元音都鼻化,但是为了方便,一般只在韵母主要元音上标示鼻化符号。

(三) 音系归纳相关问题探讨

王洪君(2007)在研究《中原音韵》知庄章声母的分合及其在山西方言中的演变问题时指出"对立互补原则并非归纳音位的唯一原则。特别是在处理作为演变中介的某个历史音系时,考虑到它对前后演变阶段的连接作用,归纳音位最好保持较多的羡余。"本书完全同意她的观点及其在分析具体问题时所采用的方法。从音位归纳的角度来说,简洁性、概括性是极其重要的尺度,没有对立的、互补的音素,应该尽量合为一套,从而使整个音系高度概括,这自然是归纳音位的重要原则。但在具体的音系处理过程中,还需要根据实际情况恰当处理,对于某些起重要作用的具体问题,应尽量做到繁而不简。例如粤东闽语某些方言点新近产生的唇齿音声母,跟双唇音声母互补分布、没有对立,可以归纳为一个音位;某些方言点-n/t尾韵已经不作为独立的音位存在,可以把它归入-ŋ/k韵尾中。关于这两个问题,如果都按照对立则分、互补则合的原则处理,那么归纳出来的音系将反映不出方言的特点,也无法体现方言正在变化的动态过程、看不到它所连接的现方言变化前后阶段的语音面貌。总之,这是得不偿失的,不利于我们对方言的进一步分析,无益于我们掌握方言的面貌、性质及其语音演变的来龙去脉,所以,在某些具体问题上,宁愿繁琐而不要求简洁,这也是我们在归纳音系时需要把握的原则和方法。

第 二 章

中古音系与粤东闽语音系的比较

第一节 声母的比较

表S-3-1-1　　中古声类与粤东闽语今读主要声母对应表（1）

声类 方言点	帮	滂	並	明	非	敷	奉	微
汕头市区	p/pʰ	pʰ/p	p/pʰ	m/b/	h/p/b	h/pʰ	h/p/pʰ	b/m
澄海澄城	p/pʰ	pʰ/p	p/pʰ	m/b	h/p/b	h/pʰ	h/p/pʰ	b/m
南澳云澳	p/pʰ	pʰ/p	p/pʰ	m/b/n	h/p	h/pʰ	h/p/pʰ	b/m
汕头达濠	p/pʰ/ pf/pfʰ	pʰ/p/ pfʰ	p/pʰ/ pf/pfʰ	m/ɱ/ b/bv	h/p/pf/ bv/ɸ	h/pʰ/ɸ	h/p/pʰ/ ɸ/pf/pfʰ	b/bv/ m/ɱ
潮阳棉城	p/pʰ/ pf/pfʰ	pʰ/p/ pfʰ	p/pʰ/ pf/pfʰ	m/ɱ/ b/bv	h/p/pf/ bv/ɸ	h/pʰ/ɸ	h/p/pʰ/ ɸ/pf/pfʰ	b/bv/ m/ɱ
潮阳海门	p/pʰ/ pf/pfʰ	pʰ/p/ /pfʰ	p/pʰ/ pf/pfʰ	m/ɱ/ b/bv	h/p/pf/ bv/ɸ	h/pʰ/ɸ	h/p/pʰ/ ɸ/pf/pfʰ	b/bv/ m/ɱ
潮州湘桥	p/pʰ	pʰ/p	p/pʰ	m/b	h/p/b	h/pʰ	h/p/pʰ	b/m
潮州凤凰	p/pʰ	pʰ/p	p/pʰ	m/b	h/p	h/pʰ	h/p/pʰ	b/m
潮州文祠	p/pʰ	pʰ/p	p/pʰ	m/b	h/p	h/pʰ	h/p/pʰ	b/m
饶平三饶	p/pʰ	pʰ/p	p/pʰ	m/b	h/p	h/pʰ	h/p/pʰ	b/m
饶平海山	p/pʰ	pʰ/p	p/pʰ	m/b	h/p	h/pʰ	h/p/pʰ	b/m
饶平黄冈	p/pʰ	pʰ/p	p/pʰ	m/b	h/p	h/pʰ	h/p/pʰ	b/m
揭阳榕城	p/pʰ	pʰ/p	p/pʰ	m/b	h/p	h/pʰ	h/p/pʰ	b/m

续表

声类 方言点	帮	滂	并	明	非	敷	奉	微
惠来惠城	p/pʰ/ pf/pfʰ	pʰ/p/ pfʰ	p/pʰ/ pf/pfʰ	m/m̩/ b/bv	h/p/pf/ m/ɸ	h/pʰ/ɸ	h/p/pʰ/ ɸ/pf/pfʰ	b/bv/ m/m̩
普宁流沙	p/pʰ/ pf/pfʰ	pʰ/p/ pfʰ	p/pʰ/ pf/pfʰ	m/m̩/ b/bv	h/p/ pf/m/ɸ	h/pʰ/ɸ	h/p/pʰ/ ɸ/pf/pfʰ	b/bv/ m/m̩
陆丰东海	p/pʰ	pʰ/p	p/ph	m/b	h/p/pʰ/b	h/pʰ	h/p/pʰ	b/m
陆丰南塘	p/pʰ	pʰ/p	p/pʰ	m	h/p/m	h/pʰ	h/pʰ	b/m
陆丰甲子	p/pʰ/ pf/pfʰ	pʰ/p/ pfʰ	p/pʰ/ pf/pfʰ	m/m̩/ b/bv	h/p/ pf/ɸ	h/pʰ	h/p/pʰ/ ɸ/pf/pfʰ	b/bv/ m/m̩
海丰海城	p/pʰ	pʰ/p	p/pʰ	m/b	h/p	h/pʰ	h/p/pʰ	b/m
海丰联安	p/pʰ	pʰ/p	p/pʰ	m	h/p	h/pʰ	h/pʰ	b/m
海丰平东	p/pʰ	pʰ/p	p/pʰ	m	h/p/b	h/pʰ	h/pʰ	b/m
汕尾捷胜	p/pʰ	pʰ/p	p/pʰ	m/b	h/p	h/pʰ	h/pʰ	b/m

帮母字今读不论文白主要都为 p/pf－声母，少数字文读音 pʰ－声母，例如：譜、標₂、貶、編、撥、奔、博、碧。非母白读塞音 p/pf－声母，文读 h/ɸ－声母，其他读音都只有极少数例字，且为文读音。

滂母字今读主要为送气 pʰ/pfʰ－声母，少数例字白读不送气 p－声母，例如：坡、玻、怖、拚₍白₎。敷母字白读 pʰ/pfʰ－声母，文读 h/ɸ－声母。

并母字已经清化，今读不论文白都既读不送气 p/pf－声母，也读送气 ph/pfʰ－声母，但白读不送气的比率较高。奉母白读 p/pf/pʰ/pfʰ－声母，文读 h/ɸ－声母。

明母字今读主要为 m－、b－声母，b－和 m－都既有白读、也有文读。微母字今读主要为 b/bv－和 m/m̩－声母。

帮/非组读 pf/pfʰ/bv/m̩/ɸ－声母，只出现在达濠、潮阳、海门、惠来、流沙、甲子等方言点，即传统分区的"潮普片"，这是今粤东闽语声母系统比较突出的变化，pf/pfʰ/bv/m̩/ɸ－是 p/pʰ/b/m/h－声母逢合口呼韵母的变体，它们之间没有层次的差别。

表 S-3-1-1　中古声类与粤东闽语今读主要声母对应表（2）

方言点\声类	端	透	定	泥（娘）	来	精	清	从
汕头市区	t	tʰ/t	tʰ/t	n/l/dz	n/l/t	ts	tsʰ	ts/tsʰ
澄海澄城	t	tʰ/t	tʰ/t	n/l/dz	n/l/t	ts	tsʰ	ts/tsʰ
南澳云澳	t	tʰ/t	tʰ/t	n/l/dz	n/l/t	ts	tsʰ	ts/tsʰ
汕头达濠	t	tʰ/t	tʰ/t	n/l/dz	n/l/t	ts	tsʰ	ts/tsʰ
潮阳棉城	t	tʰ/t	tʰ/t	n/l/dz	n/l/t	ts	tsʰ	ts/tsʰ
潮阳海门	t	tʰ/t	tʰ/t	n/l/dz	n/l/t	ts	tsʰ	ts/tsʰ
潮州湘桥	t	tʰ/t	tʰ/t	n/l/dz	n/l/t	ts	tsʰ	ts/tsʰ
潮州凤凰	t	tʰ/t	tʰ/t	n/l/dz	n/l/t	ts	tsʰ	ts/tsʰ
潮州文祠	t	tʰ/t	tʰ/t	n/l/dz	n/l/t	ts	tsʰ	ts/tsʰ
饶平三饶	t	tʰ/t	tʰ/t	n/l/dz	n/l/t	ts	tsʰ	ts/tsʰ
饶平海山	t	tʰ/t	tʰ/t	n/l/dz	n/l/t	ts	tsʰ	ts/tsʰ
饶平黄冈	t	tʰ/t	tʰ/t	n/l/dz	n/l/t	ts	tsʰ	ts/tsʰ
揭阳榕城	t	tʰ/t	tʰ/t	n/l/dz	n/l/t	ts	tsʰ	ts/tsʰ
惠来惠城	t	tʰ/t	tʰ/t	n/l/dz	n/l/t	ts	tsʰ	ts/tsʰ
普宁流沙	t	tʰ/t	tʰ/t	n/l/dz	n/l/t	ts	tsʰ	ts/tsʰ
陆丰东海	t	tʰ/t	tʰ/t	n/l/dz	n/l/t	ts	tsʰ	ts/tsʰ
陆丰南塘	t	tʰ/t	tʰ/t	n/l/dz	n/l/t	ts	tsʰ	ts/tsʰ
陆丰甲子	t	tʰ/t	tʰ/t	n/l/dz	n/l/t	ts	tsʰ	ts/tsʰ
海丰海城	t	tʰ/t	tʰ/t	n/l/dz	n/l/t	ts	tsʰ	ts/tsʰ
海丰联安	t	tʰ/t	tʰ/t	n/l/dz	n/l/t	ts	tsʰ	ts/tsʰ
海丰平东	t	tʰ/t	tʰ/t	n/l/dz	n/l	ts	tsʰ	ts/tsʰ
汕尾捷胜	t	tʰ/t	tʰ/t	n/l/dz	n/l	ts	tsʰ	ts/tsʰ

端母不论文白都读 t-。透母无论文白大都读 tʰ-，极少数白读 t-。定母不论文白读都既有 t-声母，也有 tʰ-声母，如果 t-和 tʰ-形成文白对立，一般 tʰ-为文读音、t-为白读音。

泥（娘）母主要读 n/l-声母。

来母主要读 l-，部分例字读 n-；如果 l-和 n-构成文白异读，n-为白读音，例如：榄、莲、楝、糧、梁。"隶、鹿"声母为 t-。

精母主要读 ts-声母，少数非常用字文读 tsʰ-，例如：澡、躁、歼、雀。

清母无论文白读都是 ts^h - 声母。

從母主要读 ts -、ts^h - 声母，保留文白异读的字比较少，但有 ts^h -_文/ts -_白 的对立，例如：齐、情、全。

表 S-3-1-1　　中古声类与粤东闽语今读主要声母对应表（3）

声类 方言点	心	邪	知	徹	澄	莊	初	崇
汕头市区	s/ts^h/ts/h	s/ts^h/ts	t/ts	t^h/ts^h/ts	t/t^h/ts/ts^h	ts/ts^h/dz/t	ts^h/t^h	ts/ts^h/s/t
澄海澄城	s/ts^h/h	s/ts^h/ts	t/ts	t^h/ts^h/ts	t/t^h/ts/ts^h	ts/ts^h/dz/t	ts^h/t^h	ts/ts^h/s/t
南澳云澳	s/ts^h/h	s/ts^h/ts	t/ts	t^h/ts^h/ts	t/t^h/ts/ts^h	ts/ts^h/dz/t	ts^h/t^h	ts/ts^h/s/t
汕头达濠	s/ts^h/h	s/ts^h/ts	t/ts	t^h/ts^h/ts	t/t^h/ts/ts^h	ts/ts^h/dz/t	ts^h/t^h	ts/ts^h/s/t
潮阳棉城	s/ts^h/h	s/ts^h/ts	t/ts	t^h/ts^h/ts	t/t^h/ts/ts^h	ts/ts^h/tsh	ts^h/t^h	ts/ts^h/s/t
潮阳海门	s/ts^h/h	s/ts^h/ts	t/ts	t^h/ts^h/ts	t/t^h/ts/ts^h	ts/ts^h/dz/t	ts^h/t^h	ts/ts^h/s/t
潮州湘桥	s/ts^h/h	s/ts^h/ts	t/ts	t^h/ts^h/ts	t/t^h/ts/ts^h	ts/ts^h/dz/t	ts^h/t^h	ts/ts^h/s/t
潮州凤凰	s/ts^h/h	s/ts^h/ts	t/ts	t^h/ts^h/ts	t/t^h/ts/ts^h	ts/ts^h/dz/t	ts^h/t^h	ts/ts^h/s/t
潮州文祠	s/ts^h/h	s/ts^h/ts	t/ts	t^h/ts^h/ts	t/t^h/ts/ts^h	ts/ts^h/dz/t	ts^h/t^h	ts/ts^h/s/t
饶平三饶	s/ts^h/h	s/ts^h/ts	t/ts	t^h/ts^h/ts	t/t^h/ts/ts^h	ts/ts^h/dz/t	ts^h/t^h	ts/ts^h/s/t
饶平海山	s/ts^h/h	s/ts^h/ts	t/ts	t^h/ts^h/ts	t/t^h/ts/ts^h	ts/ts^h/dz/t	ts^h/t^h	ts/ts^h/s/t
饶平黄冈	s/ts^h/h	s/ts^h/ts	t/ts	t^h/ts^h/ts	t/t^h/ts/ts^h	ts/ts^h/dz/t	ts^h/t^h	ts/ts^h/s/t
揭阳榕城	s/ts^h/h	s/ts^h/ts	t/ts	t^h/ts^h/ts	t/t^h/ts/ts^h	ts/ts^h/dz/t	ts^h/t^h	ts/ts^h/s/t
惠来惠城	s/ts^h/h	s/ts^h/ts	t/ts	t^h/ts^h/ts	t/t^h/ts/ts^h	ts/ts^h/dz/t	ts^h/t^h	ts/ts^h/s/t
普宁流沙	s/ts^h/h	s/ts^h/ts	t/ts	t^h/ts^h/ts	t/t^h/ts/ts^h	ts/ts^h/dz/t	ts^h/t^h	ts/ts^h/s/t
陆丰东海	s/ts^h/ts/h	s/ts^h/ts	t/ts	t^h/ts^h/ts	t/t^h/ts/ts^h	ts/ts^h/dz/t	ts^h/t^h	ts/ts^h/s/t
陆丰南塘	s/ts^h/ts	s/ts^h/ts	t/ts	t^h/ts^h/ts	t/t^h/ts/ts^h	ts/ts^h/dz/t	ts^h/t^h	ts/ts^h/s/t
陆丰甲子	s/ts^h/h	s/ts^h/ts	t/ts	t^h/ts^h/ts	t/t^h/ts/ts^h	ts/ts^h/dz/t	ts^h/t^h	ts/ts^h/s/t
海丰海城	s/ts^h/h	s/ts^h/ts	t/ts	t^h/ts^h/ts	t/t^h/ts/ts^h	ts/ts^h/dz/t	ts^h/t^h	ts/ts^h/s/t
海丰联安	s/ts^h/h	s/ts^h/ts	t/ts	t^h/ts^h/ts	t/t^h/ts/ts^h	ts/ts^h/dz/t	ts^h/t^h	ts/ts^h/s/t
海丰平东	s/ts^h/h	s/ts^h/ts	t/ts	t^h/ts^h/ts	t/t^h/ts/ts^h	ts/ts^h/dz/t	ts^h/t^h	ts/ts^h/s/t
汕尾捷胜	s/ts^h/h	s/ts^h/ts	t/ts	t^h/ts^h/ts	t/t^h/ts/ts^h	ts/ts^h/dz/t	ts^h/t^h	ts/ts^h/s/t

心母无论文白都主要读 s - 声母，少部分为 ts、ts^h - 声母，只有"岁"白读 h - 声母，"腥"文读 s - 声母、白读 ts^h - 声母。

邪母大部分读 s - 声母，小部分读 ts^h、ts - 声母。少数例字文读 s - 声母、白读 ts/ts^h - 声母，例如：谢。

知母大体上文读 ts - 声母，白读 t - 声母。

彻母字主要读 t^h - 声母，部分文读音 ts^h - 声母，少数字文读 ts -，例如：侦、趁。

澄母最主要读 t - 声母，其次是 t^h -、ts - 和 ts^h - 声母，从保留文白异读的例字看，最主要是 t - 和 ts^h - 形成文白对立，t - 为白读、ts^h - 为文读。

庄母不论文白读都主要为 ts - 声母。

初母不论文白主要都读 ts^h - 声母，"钗、窗"读 t^h - 声母。

崇母主要读 ts -、ts^h -、s - 声母，极少数白读 t - 声母，例如"锄"。

表 S - 3 - 1 - 1 　　中古声类与粤东闽语今读主要声母对应表（4）

声类 方言点	生	章	昌	船	书	禅	日	见
汕头市区	s/ts^h/t	ts/k	ts^h/k^h	s/ts/t	s/ts^h/ts	s/ts/ts^h	dz/n/l/h	k/k^h
澄海澄城	s/ts^h/t	ts/k	ts^h/k^h	s/ts/t	s/ts^h/ts	s/ts/ts^h	dz/n/l/h	k/k^h
南澳云澳	s/ts^h/t	ts/k	ts^h/k^h	s/ts/t	s/ts^h/ts	s/ts/ts^h/t	dz/n/l/h	k/k^h
汕头达濠	s/ts^h/t	ts/k	ts^h/k^h	s/ts/t	s/ts^h/ts	s/ts/ts^h	dz/n/l/h	k/k^h
潮阳棉城	s/ts^h/t	ts/k	ts^h/k^h	s/ts/t	s/ts^h/ts	s/ts/ts^h	dz/n/l/h	k/k^h
潮阳海门	s/ts^h/t	ts/k	ts^h/k^h	s/ts/t	s/ts^h/ts	s/ts/ts^h	dz/n/l/h	k/k^h
潮州湘桥	s/ts^h/t	ts/k	ts^h/k^h	s/ts/t	s/ts^h/ts	s/ts/ts^h	dz/n/l/h	k/k^h
潮州凤凰	s/ts^h/t	ts/k	ts^h/k^h	s/ts/t	s/ts^h/ts	s/ts/ts^h	dz/n/l/h	k/k^h
潮州文祠	s/ts^h/t	ts/k	ts^h/k^h	s/ts/t	s/ts^h/ts	s/ts/ts^h	dz/n/l/h	k/k^h
饶平三饶	s/ts^h/t	ts/k	ts^h/k^h	s/ts/t	s/ts^h/ts	s/ts/ts^h	dz/n/l/h	k/k^h
饶平海山	s/ts^h/t	ts/k	ts^h/k^h	s/ts/t	s/ts^h/ts	s/ts/ts^h	dz/n/l/h	k/k^h
饶平黄冈	s/ts^h/t	ts/k	ts^h/k^h	s/ts/t	s/ts^h/ts	s/ts/ts^h	dz/n/l/h	k/k^h
揭阳榕城	s/ts^h/t	ts/k	ts^h/k^h	s/ts/t	s/ts^h/ts	s/ts/ts^h	dz/n/l/h	k/k^h
惠来惠城	s/ts^h/t	ts/k	ts^h/k^h	s/ts/t	s/ts^h/ts	s/ts/ts^h	dz/n/l/h	k/k^h
普宁流沙	s/ts^h/t	ts/k	ts^h/k^h	s/ts/t	s/ts^h/ts	s/ts/ts^h	dz/n/l/h	k/k^h
陆丰东海	s/ts^h/t	ts/k	ts^h/k^h	s/ts/t	s/ts^h/ts	s/ts/ts^h	dz/n/l/h	k/k^h
陆丰南塘	s/ts^h/t	ts/k	ts^h/k^h	s/ts/t	s/ts^h/ts	s/ts/ts^h	dz/n/l/h	k/k^h

续表

声类 方言点	生	章	昌	船	书	禅	日	见
陆丰甲子	s/tsʰ/t	ts/k	tsʰ/kʰ	s/ts/t	s/tsʰ/ts	s/ts/tsʰ	dz/n/l/h	k/kʰ
海丰海城	s/tsʰ/t	ts/k	tsʰ/kʰ	s/ts/t	s/tsʰ/ts	s/ts/tsʰ	dz/n/l/h	k/kʰ
海丰联安	s/tsʰ/t	ts/k	tsʰ/kʰ	s/ts/t	s/tsʰ/ts	s/ts/tsʰ	dz/n/l/h	k/kʰ
海丰平东	s/tsʰ/t	ts/k	tsʰ/kʰ	s/ts/t	s/tsʰ/ts	s/ts/tsʰ	dz/n/l/h	k/kʰ
汕尾捷胜	s/tsʰ/t	ts/k	tsʰ/kʰ	s/ts/t	s/tsʰ/ts	s/ts/tsʰ	dz/n/l/h	k/kʰ

生母大部分读 s - 声母，少数白读 tsʰ -、tʰ - 声母。

章母字主要读 ts - 声母，少部分例字白读 k - 声母。昌母主要读 tsʰ - 声母，极少数读 kʰ - 声母，例如：枢、齿。船母主要读 s -、ts - 声母，少数读 t - 声母，例如：尤、唇。书母主要读 s - 声母，部分白读 ts -、tsʰ - 声母。禅母主要读 s - 声母，少部分白读 ts -、tsʰ - 声母。

日母主要读 dz - 声母，少数读 n -、l - 声母，且为白读音，另外还有"耳"等白读 h - 声母。

见母主要读 k - 声母，少数文读音 kʰ -。

表 S-3-1-1　中古声类与粤东闽语今读主要声母对应表（5）

声类 方言点	溪	群	疑	影	晓	匣	云	以
汕头市区	kʰ/k/h	k/kʰ	ŋ/g/∅/h	∅/h	h/kʰ	h/∅/k/kʰ	∅/h	∅/dz/h/s
澄海澄城	kʰ/k/h	k/kʰ	ŋ/g/∅/h	∅/h	h/kʰ	h/∅/k/kʰ	∅/h	∅/dz/h/s
南澳云澳	kʰ/k/h	k/kʰ	ŋ/g/∅/h	∅/h	h/kʰ	h/∅/k/kʰ	∅/h	∅/dz/h/s
汕头达濠	kʰ/k/h	k/kʰ	ŋ/g/∅/h/ɸ	∅/h	h/ɸ	h/∅/k/kʰ	∅/h/ɸ	∅/dz/h/s
潮阳棉城	kʰ/k/h	k/kʰ	ŋ/g/∅/h/ɸ	∅/h	h/ɸ	h/∅/k/kʰ	∅/h/ɸ	∅/dz/h/s
潮阳海门	kʰ/k/h	k/kʰ	ŋ/g/∅/h/ɸ	∅/h	h/ɸ	h/∅/k/kʰ	∅/h/ɸ	∅/dz/h/s
潮州湘桥	kʰ/k/h	k/kʰ	ŋ/g/∅/h	∅/h	h/kʰ	h/∅/k/kʰ	∅/h	∅/dz/h/s
潮州凤凰	kʰ/k/h	k/kʰ	ŋ/g/∅/h	∅/h	h/kʰ	h/∅/k/kʰ	∅/h	∅/dz/h/s
潮州文祠	kʰ/k/h	k/kʰ	ŋ/g/∅/h	∅/h	h/kʰ	h/∅/k/kʰ	∅/h	∅/dz/h/s
饶平三饶	kʰ/k/h	k/kʰ	ŋ/g/∅/h	∅/h	h/kʰ	h/∅/k/kʰ	∅/h	∅/dz/h/s
饶平海山	kʰ/k/h	k/kʰ	ŋ/g/∅/h	∅/h	h/kʰ	h/∅/k/kʰ	∅/h	∅/dz/h/s

续表

声类 方言点	溪	群	疑	影	晓	匣	云	以
饶平黄冈	kʰ/k/h	k/kʰ	ŋ/g/Ø/h	Ø/h	h/kʰ	h/Ø/k/kʰ	Ø/h	Ø/dz/h/s
揭阳榕城	kʰ/k/h	k/kʰ	ŋ/g/Ø/h/k	Ø/h	h/kʰ	h/Ø/k/kʰ	Ø/h	Ø/dz/h/s
惠来惠城	kʰ/k/h	k/kʰ	ŋ/g/Ø/h/ɸ	Ø/h	h/kʰ	h/ɸ/Ø/k/kʰ	Ø/h/ɸ	Ø/dz/h/s
普宁流沙	kʰ/k/h	k/kʰ	ŋ/g/Ø/h/ɸ	Ø/h	h/kʰ	h/ɸ/Ø/k/kʰ	Ø/h/ɸ	Ø/dz/h/s
陆丰东海	kʰ/k/h	k/kʰ	ŋ/g/Ø/h	Ø/h	h/kʰ	h/Ø/k/kʰ	Ø/h	Ø/dz/h/s
陆丰南塘	kʰ/k/h	k/kʰ	ŋ/g/Ø/h	Ø/h	h/kʰ	h/Ø/k/kʰ	Ø/h	Ø/dz/h/s
陆丰甲子	kʰ/k/h	k/kʰ	ŋ/g/Ø/h/ɸ	Ø/h	h/kʰ	h/ɸ/Ø/k/kʰ	Ø/h/ɸ	Ø/dz/h/s
海丰海城	kʰ/k/h	k/kʰ	ŋ/g/Ø/h	Ø/h	h/kʰ	h/Ø/k/kʰ	Ø/h	Ø/dz/h/s
海丰联安	kʰ/k/h	k/kʰ	ŋ/g/Ø/h	Ø/h	h/kʰ	h/Ø/k/kʰ	Ø/h	Ø/dz/h/s
海丰平东	kʰ/k/h	k/kʰ	ŋ/g/Ø/h	Ø/h	h/kʰ	h/Ø/k/kʰ	Ø/h	Ø/dz/h/s
汕尾捷胜	kʰ/k/h	k/kʰ	ŋ/g/Ø/h	Ø/h	h/kʰ	h/Ø/k/kʰ	Ø/h	Ø/dz/h/s

溪母主要读 kʰ-，少数读 k-，为文读音，例如：枯 [˗kou]、渴 [kuaʔ˗]、券 [kuaŋ˗]。群母不论文白都既读 k-，也读 kʰ-。疑母主要读 ŋ/g-声母，少部分白读 Ø/h-声母，"咬"读 k-声母。此外，"年"在部分点白读 h-声母。

影母不论文白主要都读零声母，少数读 h-声母，为文读层读音，例如：幽 [˗hĩu]、殷 [˗huɯŋ]、邀 [˗hiau]、郁 [hiok˗]。

晓母不论文白都主要读 h-声母，少数白读 kʰ-声母。匣母主要读 h-、k-和零声母，有文白异读的情况下，常常 h-为文读，k-和零声母为白读，例如：胡、洪、学、狭、含、寒、悬，极少数例字文读 kʰ声母，例如：溃。

云母主要读零声母，部分白读 h-声母。以母不论文白都主要读零声母，部分字读 dz-声母，少数白读音读 s-，例如：檐、蝇、翼、液，少数例字读 h-声母，例如：悠、頁、役；此外，还是少数例字白读声母为 ts/tsʰ-，例如：扬 tsʰ、痒 ts。

第二节　韵母的比较

表 S-3-2-1　中古韵类与粤东闽语今读主要韵母对应表（1）

韵类 方言点	果开一	果开三	果合一	果合三	假开二	假开三	假合二	遇合一
汕头市区	o/ua/a/ ai/o/ʔ/õ	io	o/ue/ua/ uã/a/ui	ia/ue	e/ẽ/a/ ã/ua/ia	ia/e/ua	ua/ue/ a/o/ia	ou/u/o
澄海澄城	o/ua/a/ ai/o/ʔ/õ	ie	o/ue/ua/ uã/a/ui	ia/ue	e/ẽ/a/ ã/ua/ia	ia/e/ua	ua/ue/ a/o/ia	ou/u/o
南澳云澳	o/ua/a/ ai/o/ʔ/õ	io	o/e/ue/ua/ uã/a/ui	ia/ue	e/ẽ/a/ ã/ua/ia	ia/e/ua	ua/ue/ a/o/ia	ou/u/o
汕头达濠	o/ua/a/ ai/o/ʔ/õ	io	o/ue/ua/ uã/a/ui	ia/ue	e/ẽ/a/ ã/ua/ia	ia/e/ua	ua/ue/ a/o/ia	ou/u/o
潮阳棉城	o/ua/a/ ai/o/ʔ/õ	io	o/ue/uẽ ua/ uã/a/ui	ia/ue	e/ẽ/a/ ã/ua/ia	ia/e/ua	ua/ue/ a/o/ia	ou/u/o/om
潮阳海门	o/ua/a/ ai/o/ʔ/õ	io	o/ue/uẽ ua/ uã/a/ui	ia/ue	e/ẽ/a/ ã/ua/ia	ia/e/ua	ua/ue/ a/o/ia	ou/u/o/om
潮州湘桥	o/ua/a/ ai/o/ʔ/õ	ie	o/ue/uẽ ua/ uã/a/ui	ia/ue	e/ẽ/a/ ã/ua/ia	ia/e/ua	ua/ue/ a/o/ia	ou/u/o
潮州凤凰	o/ua/a/ ai/o/ʔ/õ	io	o/ue/ua/ uã/a/ui	ia/ue	e/ẽ/a/ ã/ua/ia	ia/e/ua	ua/ue/ a/o/ia	ou/u/o
潮州文祠	o/ua/a/ ai/o/ʔ/õ	ie	o/ue/ua/ uã/a/ui	ia/ue	e/ẽ/a/ ã/ua/ia	ia/e/ua	ua/ue/ a/o/ia	ou/u/o
饶平三饶	o/ua/a/ ai/o/ʔ/õ	io	o/uei/ua/ uã/a/ui	ia/uei	e/ẽ/a/ ã/ua/ia	ia/e/ua	ua/uei/ a/o/ia	ou/u/o
饶平海山	o/ua/a/ ai/o/ʔ/õ	io	o/ue/ua/ uã/a/ui	ia/ue	e/ẽ/a/ ã/ua/ia	ia/e/ua	ua/ue/ a/o/ia	ou/u/o
饶平黄冈	o/ua/a/ ai/o/ʔ/õ	io	o/ue/ua/ uã/a/ui	ia/ue	e/ẽ/a/ ã/ua/ia	ia/e/ua	ua/ue/ a/o/ia	ou/u/o
揭阳榕城	o/ua/a/ ai/o/ʔ/õ	io	o/ue/ua/ uã/a/ui	ia/ue	e/ẽ/a/ ã/ua/ia	ia/e/ua	ua/ue/ a/o/ia	ou/õu/u/o

续表

韵类 方言点	果开一	果开三	果合一	果合三	假开二	假开三	假合二	遇合一
惠来惠城	o/ua/a/ai/oʔ/õ	io	o/ue/uẽ ua/uã/a/ui	ia/ue	e/ẽ/a/ã/ua/ia	ia/e/ua	ua/ue/a/o/ia	ou/õu/u/o
普宁流沙	o/ua/a/ai/oʔ/õ	io	o/ue/uẽ ua/uã/a/ui	ia/ue	e/ẽ/a/ã/ua/ia	ia/e/ua	ua/ue/a/o/ia	ou/õu/u/o
陆丰东海	o/ua/a/ai/oʔ/õ	io	o/e/ue/ua/uã/ui	ia/ue	e/ẽ/a/ã/ua/ia	ia/e/ua	ua/ue/o/ia	ou/u/o
陆丰南塘	o/ua/a/ai/oʔ/õ	io	o/e/ue/ua/uã/a/ui	ia/ue	e/ẽ/a/ã/ua/ia	ia/e/ua	ua/ue/a/o/ia	ou/u/o
陆丰甲子	o/ua/a/ai/oʔ/õ	io	o/e/uei/ua/uã/a/ui	ia/uei	e/ẽ/a/ã/ua/ia	ia/e/ua	ua/uei/a/o/ia	au/ãu/u/o
海丰海城	o/ua/a/ai/oʔ/õ	io	o/e/ue/ua/uã/ui	ia/ue	e/ẽ/a/ã/ua/ia	ia/e/ua	ua/ue/a/o/ia	ou/u/o
海丰联安	o/ua/a/ai/oʔ/õ	io	o/e/ue/ua/uã/ui	ia/ue	e/ẽ/a/ã/ua/ia	ia/e/ua	ua/ue/a/o/ia	ou/u/o
海丰平东	o/ua/a/ai/oʔ/õ	io	o/e/ue/ua/uã/ui	ia/ue	e/ẽ/a/ã/ua/ia	ia/e/ua	ua/ue/a/o/ia	ou/u/o
汕尾捷胜	o/ua/a/ai/oʔ/õ	io	o/e/ue/uẽ/ua/uã/ui	ia/ue	e/ẽ/a/ã/ua/ia	ia/e/ua	ua/ue/a/o/ia	ou/u/o

果摄文读 -o 韵母，白读 -ua、-ue 韵母，"个"白读 -ai，"驼"读 -oʔ，个别非鼻音声母字读鼻化韵 -õ、-uã、-uẽ。

假摄主要读 -ia、-e、-a、-ua 韵母，其中 -ia、-a 为文读音，-e 为白读音，-ua 既有白读也有文读，少数例字读 -ue，为白读音；个别非鼻音声母字读鼻化 -ẽ、-ã 韵母。

遇摄文读主要为 -u/i（海丰、陆丰各点部分读 -i，部分读 -u，其他点基本上都为 -u）、-o 韵母，白读 -ou、-iu、-iau、-ɯ/u/i（各点分读 -ɯ、-u 或 -i，具体对应情况请看上文"各点音系比较"）。

表 S-3-2-1　中古韵类与粤东闽语今读主要韵母对应表（2）

韵类 方言点	遇合三 （鱼）	遇合三 （虞）	蟹开一 （咍）	蟹开一 （泰）	蟹开二 （皆）	蟹开二 （佳）	蟹开二 （夬）	蟹开三 （祭）
汕头市区	ɯ/o/u/ i/iu/ou	u/ou/iu/ iau/e/o/ɯ	ai/ãi/o/ i/oi/ui	ai/ãi/ ua/ue/iã	ai/oi/e	ai/ãi/oi/ a/e/ia	ai/e	i/oi/ua
澄海澄城	ɯ/o/u/ i/iu/ou	u/ou/iu/ iou/e/o/ɯ	ai/ãi/ i/oi/ui	ai/ãi/ ua/ue/iã	ai/oi/e	ai/ãi/oi/ a/e/ia	ai/e	i/oi/ua
南澳云澳	i/u/o/ iu/ou	u/ou/iu/ iau/e/o/i	ai/ãi/e/ i/oi/ui	ai/ãi/ ua/ue/iã	ai/oi/e	ai/ãi/oi/ a/e/ia	ai/e	i/oi/ua
汕头达濠	u/o/iu/ou	u/ou/iu/ iau/e/o	ai/ãi/ i/oi/ui	ai/ãi/ ua/ue/iã	ai/oi/e	ai/ãi/oi/ a/e/ia	ai/e	i/oi/ua
潮阳棉城	u/o/iu/ou	u/ou/iu/ iau/e/o	ai/ãi/ i/oi/ui	ai/ãi/ ua/ue/iã	ai/oi/e	ai/ãi/oi/ a/e/ia	ai/e	i/oi/ua
潮阳海门	u/o/iu/ou	u/ou/iu/ iau/e/o	ai/ãi/ i/oi/ui	ai/ãi/ ua/ue/iã	ai/oi/e	ai/ãi/oi/ a/e/ia	ai/e	i/oi/ua
潮州湘桥	ɯ/o/u/ i/iu/ou	u/ou/iu/ iɜu/e/o/ɯ	ai/ãi/ i/oi/ui	ai/ãi/ ua/ue/iã	ai/oi/e	ai/ãi/oi/ a/e/ia	ai/e	i/oi/ua
潮州凤凰	ɯ/o/u/ i/iu/ou	u/ou/iu/ iɜu/e/o/ɯ	ai/ãi/ i/oi/ui	ai/ãi/ ua/ue/iã	ai/oi/e	ai/ãi/oi/ a/e/ia	ai/e	i/oi/ua
潮州文祠	ɯ/o/u/ i/iu/ou	u/ou/iu/ iɜu/e/o/ɯ	ai/ãi/ i/oi/ui	ai/ãi/ ua/ue/iã	ai/oi/e	ai/ãi/oi/ a/e/ia	ai/e	i/oi/ua
饶平三饶	ɯ/o/u/ i/iu/ou	u/ou/iu/ e/o/ɯ	ai/ãi/ i/oi/ui	ai/ãi/ ua/uei/iã	ai/oi/e	ai/ãi/oi/ a/e/ia	ai/e	i/oi/ua
饶平海山	ɯ/o/u/ i/iu/ou	u/ou/iu/ iau/e/o/ɯ	ai/ãi/ i/oi/ui	ai/ãi/ ua/ue/iã	ai/oi/e	ai/ãi/oi/ a/e/ia	ai/e	i/oi/ua
饶平黄冈	ɯ/o/u/ i/iu/ou	u/ou/iu/ e/o/ɯ	ai/ãi/ i/oi/ui	ai/ãi/ ua/ue/iã	ai/oi/e	ai/ãi/oi/ a/e/ia	ai/e	i/oi/ua
揭阳榕城	ɯ/o/u/ i/iu/ou	u/ou/iu/ iau/e/o/ɯ	ai/ãi/ i/oi/ui	ai/ãi/ ua/ue/iã	ai/oi/e	ai/ãi/oi/ a/e/ia	ai/e	i/oi/ua
惠来惠城	u/o/iu/ou	u/ou/iu/ iau/e/o	ai/ãi/ i/oi/ui	ai/ãi/ ua/ue/iã	ai/oi/e	ai/ãi/oi/ a/e/ia	ai/e	i/oi/ua
普宁流沙	u/o/iu/ou	u/ou/iu/ iau/e/o	ai/ãi/ i/oi/ui	ai/ãi/ ua/ue/iã	ai/oi/e	ai/ãi/oi/ a/e/ia	ai/e	i/oi/ua

续表

韵类\方言点	遇合三（鱼）	遇合三（虞）	蟹开一（咍）	蟹开一（泰）	蟹开二（皆）	蟹开二（佳）	蟹开二（夬）	蟹开三（祭）
陆丰东海	i/u/o/iu/ou	u/ou/i/iu/iau/e/o	ai/ãi/e/i/oi/ui	ai/ãi/ua/ue/iã	ai/ei/e	ai/ãi/ei/a/e/ia	ai/e	i/ei/ua
陆丰南塘	i/u/o/iu/ou	u/ou/i/iu/iau/e/o	ai/ãi/e/i/ei/ui	ai/ãi/ua/ue/iã	ai/ei/e	ai/ãi/ei/a/e/ia	ai/e	i/ei/ua
陆丰甲子	i/u/o/iu/au	u/ou/i/iu/iau/e/o	ai/ãi/e/i/oi/ui	ai/ãi/ua/uei/iã	ai/oi/e	ai/ãi/ei/a/e/ia	ai/e	i/oi/ua
海丰海城	i/u/o/iu/ou	u/ou/i/iu/iau/e/o	ai/ãi/e/i/ei/ui	ai/ãi/ua/ue/iã	ai/ei/e	ai/ãi/ei/a/e/ia	ai/e	i/ei/ua
海丰联安	i/u/o/iu/ou	u/ou/i/iu/iau/e/o	ai/ãi/e/i/ei/ui	ai/ãi/ua/ue/iã	ai/ei/e	ai/ãi/ei/a/e/ia	ai/e	i/ei/ua
海丰平东	i/u/o/iu/ou	u/ou/i/iu/iau/e/o	ai/ãi/e/i/ei/ui	ai/ãi/ua/ue/iã	ai/ei/e	ai/ãi/ei/a/e/ia	ai/e	i/ei/ua
汕尾捷胜	i/u/o/iu/ou	u/ou/i/iu/iau/e/o	ai/ãi/e/i/oi/ui	ai/ãi/ua/ue/iã	ai/oi/e	ai/ãi/ei/a/e/ia	ai/e	i/oi/ua

蟹摄开口文读-ai、-i韵母，白读-oi、-ua韵母；合口文读-ui、-uai韵母，白读-ue、-o/e（海丰、陆丰各点及云澳读-e），不过-ue也有作为文读音的例字，-ua和-o/e开合口共用。个别非鼻音声母字读鼻化韵-ãi。

表S-3-2-1　中古韵类与粤东闽语今读主要韵母对应表（3）

韵类\方言点	蟹合二（皆）	蟹合二（佳）	蟹合二（夬）	蟹合三（祭）	蟹合三（废）	蟹合四（齐）	止开三（支）	止开三（脂）
汕头市区	uai/o	ua/uai/ue	uai/ue	ue/ui	ui	ui	i/ĩ/ia/ua/ue/ai/oi/ɯ/ɯŋ	i/ĩ/ai/ɯ/ð/ði
澄海澄城	uai/o	ua/uai/ue	uai/ue	ue/ui	ui	ui	i/ĩ/ia/ua/ue/ai/oi/ɯ/ɯŋ	i/ĩ/ai/ɯ/ð/ði
南澳云澳	uai/o/e	ua/uai/ue/ui	uai/ue	ue/ui	ui	ui	i/ĩ/ia/ua/ue/ai/oi/u/ɯŋ	i/ĩ/ai/ɯ/ð/ãi

续表

韵类 方言点	蟹合二（皆）	蟹合二（佳）	蟹合二（夬）	蟹合三（祭）	蟹合三（废）	蟹合四（齐）	止开三（支）	止开三（脂）
汕头达濠	uai/o	ua/uai/ue/ui	uai/ue	ue/ui	ui	ui	i/ĩ/ia/ua/ue/ai/oi/u/ɯŋ	i/ĩ/ai/u/õ/ãi
潮阳棉城	uai/o	ua/uai/ue/ui	uai/ue	ue/ui	ui	ui	i/ĩ/ia/ua/ue/ai/oi/u/ɯŋ	i/ĩ/ai/u/õ/ãi
潮阳海门	uai/o	ua/uai/ue/ui	uai/ue	ue/ui	ui	ui	i/ĩ/ia/ua/ue/ai/oi/u/ɯŋ	i/ĩ/ai/u/õ/ãi
潮州湘桥	uai/o	ua/uai/ue	uai/ue	ue/ui	ui	ui	i/ĩ/ia/ua/ue/ai/oi/ɯ/ɯŋ	i/ĩ/ai/ɯ/õ/õi
潮州凤凰	uai/o	ua/uai/ue	uai/ue	ue/ui	ui	ui	i/ĩ/ia/ua/ue/ai/oi/ɯ/ɯŋ	i/ĩ/ai/ɯ/õ/õi
潮州文祠	uai/o/ue	ua/uai/ue	ue	ue/ui	ui	ui	i/ĩ/ia/ua/ue/ai/oi/ɯ/ɯŋ	i/ĩ/ai/ɯ/õ/õi
饶平三饶	uei/o	ua/uai/uei	uei	uei/ui	ui/uei	ui	i/ĩ/ia/ua/uei/ai/oi/ɯ/ɯŋ	i/ĩ/ai/ɯ/õ/õi
饶平海山	uai/o	ua/uai/ue	uai/ue	ue/ui	ui	ui	i/ĩ/ia/ua/ue/ai/oi/ɯ/ɯŋ	i/ĩ/ai/ɯ/õ/õi
饶平黄冈	uai/o	ua/uai/ue	uai/ue	ue/ui	ui	ui	i/ĩ/ia/ua/ue/ai/oi/ɯ/ɯŋ	i/ĩ/ai/ɯ/õ/õi
揭阳榕城	uai/o	ua/uai/ue	uai/ue	ue/ui	ui	ui	i/ĩ/ia/ua/ue/ai/oi/ɯ/ɯŋ	i/ĩ/ai/ɯ/õ/ãi
惠来惠城	uai/o	ua/uai/ue/ui	uai/ue	ue/ui	ui	ui	i/ĩ/ia/ua/ue/ai/oi/u/ɯŋ	i/ĩ/ai/u/õ/ãi
普宁流沙	uai/o	ua/uai/ue	uai/ue	ue/ui	ui	ui	i/ĩ/ia/ua/ue/ai/oi/u/ɯŋ	i/ĩ/ai/u/õ/ãi
陆丰东海	uai/o	ua/uai/ue	uai/ue	ue/ui	ui	ui	i/ĩ/ia/ua/ue/ai	i/ĩ/ai/u/õ/ãi
陆丰南塘	uai	ua/uai/ue	uai/ue	ue/ui	ui	ui	i/ĩ/ia/ua/ue/ai. /u	i/ĩ/ai/u/õ/ãi
陆丰甲子	uai/e	ua/uai/uei/ui	uai/uei	uei/ui	ui	ui	i/ĩ/ia/ua/uei/ai/oi/ɯ/ɯŋ	i/ĩ/ai/u/õ/ãi

续表

韵类\方言点	蟹合二（皆）	蟹合二（佳）	蟹合二（夬）	蟹合三（祭）	蟹合三（废）	蟹合四（齐）	止开三（支）	止开三（脂）
海丰海城	uai	ua/uai/ue	ua/uai/ue	ue/ui	ui	ui	i/ĩ/ia/ua/ue/ai./u	i/ĩ/ai/u/õ/ãi
海丰联安	uai	ua/uai/ue	ua/uai/ue	ue/ui	ui	ui	i/ĩ/ia/ua/ue/ai./u	i/ĩ/ai/u/õ/ãi
海丰平东	uai	ua/uai/ue	ua/uai/ue	ue/ui	ui/ue	ui	i/ĩ/ia/ua/ue/ai./u	i/ĩ/ai/u/õ/ãi
汕尾捷胜	uai	ua/uai/ue/ui	uai/ue	ue/ui	ui	ui	i/ĩ/ia/ua/ue/ai./u	i/ĩ/ai/u/õ/ãi

止摄开口文读主要为 -i 韵母，-ai、-ia、-ua 为白读层韵母，-ɯ/u 既有白读、也有文读。合口主要为 -ui、-ue 两个韵母，两个韵母都兼属文白两个系统，开口唇音字和喉牙音声母字也读合口呼韵母 -ui、-ue，属于白读音。少数非鼻音声母字读鼻化韵母 -ĩ、-ãi、-ũi、-õ，属于方言语音自身的演变，跟相应的非鼻化韵母之间没有层次差别。

表 S-3-2-1 中古韵类与粤东闽语今读主要韵母对应表（4）

韵类\方言点	止开三（之）	止开三（微）	止合三（支）	止合三（脂）	止合三（微）	效开一（豪）	效开二（肴）	效开三（宵）
汕头市区	i/ĩ/ɯ/ai/ui	i/ui/ua	ui/ũi/ue/u	ui/ũi/ue/i	ui/ũi/ue/i	au/ãu/o/a	au/a/iau	iau/io/iõ
澄海澄城	i/ĩ/ɯ/ai/ui	i/ui/ua	ui/ũi/ue	ui/ũi/ue/i	ui/ũi/ue/i	au/ãu/o/a	au/a/iɜu	iɜu/ie/iẽ
南澳云澳	i/ĩ/u/ai/ui	i/ui	ui/ũi/ue	ui/ũi/ue	ui/ũi/ue/i	au/ãu/o/a	au/a/iau	iau/io/iõ
汕头达濠	i/ĩ/u/ai/ui	i/ui/ua	ui/ũi/ue	ui/ũi/ue	ui/ũi/ue/i	au/ãu/o/õ	au/a/iau	iau/io/iõ
潮阳棉城	i/ĩ/u/ai/ui	i/ui/ua	ui/ũi/ue	ui/ũi/ue	ui/ũi/ue/i	au/ãu/o/õ	au/a/iau	iau/io/iõ
潮阳海门	i/ĩ/u/ai/ui	i/ui/ua	ui/ũi/ue	ui/ũi/ue	ui/ũi/ue/i	au/ãu/o/õ	au/a/iau	iau/io/iõ
潮州湘桥	i/ĩ/ɯ/ai/ui	i/ui/ua	ui/ũi/ue	ui/ũi/ue	ui/ũi/ue/i	au/ãu/o/a	au/a/iɜu	iɜu/ie/iẽ
潮州凤凰	i/ĩ/ɯ/ai/ui	i/ui/ua	ui/ũi/ue	ui/ũi/ue	ui/ũi/ue/i	au/ãu/o/a	au/a/iau	iau/io/iõ
潮州文祠	i/ĩ/ɯ/ai/ui	i/ui/ua	ui/ũi/ue	ui/ũi/ue	ui/ũi/ue/i	au/ãu/o/a	au/a/iɜu	iɜu/ie/iẽ
饶平三饶	i/ĩ/ɯ/ai/ui	i/ui/ua	ui/ũi/uei	ui/ũi/uei	ui/ũi/uei/i	au/ãu/o/a	au/a/iau	iau/io/iõ
饶平海山	i/ĩ/ɯ/ai/ui	i/ui/ua	ui/ũi/ue	ui/ũi/ue	ui/ũi/ue/i	au/ãu/o/a	au/a/iau	iau/io

续表

韵类\方言点	止开三(之)	止开三(微)	止合三(支)	止合三(脂)	止合三(微)	效开一(豪)	效开二(肴)	效开三(宵)
饶平黄冈	i/ĩ/ɯ/ai/ui	i/ui/ua	ui/ũi/ue	ui/ũi/ue/u	ui/ũi/ue/i	au/ãu/o/a	au/a/iau	iau/io
揭阳榕城	i/ĩ/ɯ/ai/ui	i/ui/ua	ui/ũi/ue	ui/ũi/ue/u	ui/ũi/ue/i	au/ãu/o/õ/a	au/a/iau	iau/io
惠来惠城	i/ĩ/u/ai/ui	i/ui/ua	ui/ũi/ue	ui/ũi/ue/u	ui/ũi/ue/i	au/ãu/o/õ/a	au/a/iau	iau/io/iõ
普宁流沙	i/ĩ/u/ai/ui	i/ui/ua	ui/ũi/ue	ui/ũi/ue/u	ui/ũi/ue/i	au/ãu/o/õ/a	au/a/iau	iau/io
陆丰东海	i/ĩ/u/ai/ui	i/ui		ui/ũi	ui/ũi	ui/ue/i	au/o/õ/a	au/a/iau	iau/io/iõ
陆丰南塘	i/ĩ/u/ai/ui	i/ui		ui/ũi	ui/ũi	ui/ue/i	au/o/õ/a	au/a/iau	iau/io/iõ
陆丰甲子	i/ĩ/u/ai/ui	i/ui/ua	ui/ũi/uei	ui/ũi/uei/u	ui/ue/uei	au/o/õ/a	au/a/iau	iau/io/iõ
海丰海城	i/ĩ/u/ai/ãi	i/ui	ui/ue	ui/ũi/ue	ui/ue/i	au/o/õ/a	au/a/iau	iau/io/iõ
海丰联安	i/ĩ/u/ai/ãi	i/ui		ui/ũi		ui/ue/i	au/o/õ/a	au/a/iau	iau/io/iõ
海丰平东	i/ĩ/u/ai/ãi	i/ui		ui/ũi	ui/ue/i	au/o/õ/a	au/a/iau	iau/io/iõ
汕尾捷胜	i/ĩ/u/ai/ãi	i/ui/ua	ui/ũi/uei	ui/ũi/ue/u	ui/ũi/uei/i	au/ãu/o/õ/a	au/a/iau	iau/io/iõ

效摄文读一、二等主要读 - au，三、四等主要读 - iau，少数二等字也读 - iau，例如"稍 [ᶜtsʰiau]"；白读一等韵读 - o，二等韵读 - a，三等和少数四等韵读 - io。少数非鼻音声母字读鼻化韵母 - iõ/iẽ，属于方言语音自身的演变，跟相应的非鼻化韵母之间没有层次差别。

表 S-3-2-1　中古韵类与粤东闽语今读主要韵母对应表（5）

韵类\方言点	效开四(萧)	流开一(侯)	流开三(尤)	流开三(幽)	咸开一(覃合)	咸开一(谈盍)
汕头市区	iau/io/iõ	au/ou/o/a	iu/ĩũ/au/iau/ou/õu	iu/ĩũ	am/õi/ap/aʔ	am/ã/aŋ/iam
澄海澄城	iɜu/ie/iẽ	au/ou/o/a	iu/ĩũ/iɜu/ou/õu	iu/ĩũ	aŋ/õi/ak/aʔ	aŋ/ã/iaŋ
南澳云澳	iau/io/iõ	au/ou/o/a	iu/au/u/iau/ou/õu	iu/ĩũ	am/eŋ/ap/aʔ	am/ã/aŋ/iam/ap/aʔ
汕头达濠	iau/io/iõ	au/ou/o/a	iu/ĩũ/au/iau/ou/õu	iu/ĩũ	am/ãi/ap/aʔ	am/ã/aŋ/iam

续表

韵类＼方言点	效开四（萧）	流开一（侯）	流开三（尤）	流开三（幽）	咸开一（覃合）	咸开一（谈盍）
潮阳棉城	iau/io/iõ	au/ou/o/a	iu/i ũ/au/u/iau/ou/õu	iu/i ũ	am/ãi/ap/aʔ	am/ã/aŋ/iam
潮阳海门	iau/io/iõ	au/ou/o/a	iu/i ũ/au/u/iau/ou/õu	iu/i ũ	am/ãi/ap/aʔ	am/ã/aŋ/iam
潮州湘桥	iɜu/ie/iẽ	au/ou/o/a	iu/i ũ/au/u/iɜu/ou/õu	iu/i ũ	am/õi/ap/aʔ	am/ã/aŋ/iɜm
潮州凤凰	iau/io/iõ	au/ou/o/a	iu/i ũ/au/u/iau/ou/õu	iu/i ũ	am/õi/ap/aʔ	am/ã/aŋ/iam/ap/aʔ
潮州文祠	iɜu/ie/iẽ	au/ou/o/a	iu/i ũ/au/u/iɜu/ou/õu	iu/i ũ	am/õi/ap/aʔ	am/ã/aŋ/iɜm
饶平三饶	iau/io/iõ	au/ou/o/a	iu/i ũ/au/u/iau/ou/õu	iu/i ũ	am/õi/ap/aʔ	am/ã/aŋ/iam
饶平海山	iau/io/iõ	au/ou/o/a	iu/i ũ/au/u/iau/ou/õu	iu/i ũ	am/õi/ap/aʔ	am/ã/aŋ/iam
饶平黄冈	iau/io/iõ	au/ou/o/a	iu/i ũ/au/u/iau/ou/õu	iu/i ũ	am/õi/ap/aʔ	am/ã/aŋ/iam
揭阳榕城	iau/io/iõ	au/ou/o/a	iu/i ũ/au/u/iau/ou/õu	iu/i ũ	am/ãi/ap/aʔ	am/ã/aŋ/iam
惠来惠城	iau/io/iõ	au/ou/o/a	iu/i ũ/au/u/iau/ou/õu	iu/i ũ	am/ãi/ap/aʔ	am/ã/aŋ/iam/ap/aʔ
普宁流沙	iau/io/iõ	au/ou/o/a	iu/i ũ/au/u/iau/ou/õu	iu/i ũ	am/ãi/ap/aʔ	am/ã/aŋ/iam
陆丰东海	iau/io	au/ou/o/a	iu/i ũ/au/u/iau/ou/õu	iu	am/ãi/ap/aʔ	am/ã/aŋ/iam
陆丰南塘	iau/io	au/ou/o/a	iu/i ũ/au/u/iau/ou/õu	iu	am/ãi/ap/aʔ	am/ã/aŋ/iam
陆丰甲子	iau/io	au/ou/o/a	iu/i ũ/au/u/iau	iu/i ũ	am/ãi/ap/aʔ	am/ã/aŋ/iam
海丰海城	iau/io	au/ou/o/a	iu/au/u/ou/õu	iu	am/ãi/ap/aʔ	am/ã/aŋ/iam
海丰联安	iau/io	au/ou/o/a	iu/au/u/ou/õu	iu	am/ãi/ap/aʔ	am/ã/aŋ/iam
海丰平东	iau/io	au/ou/o/a	iu/au/u/ou/õu	iu	am/ãi/ap/aʔ	am/ã/aŋ/iam
汕尾捷胜	iau/io	au/ou/o/a	iu/au/u/iau/ou/õu	iu	am/ãi/ap/aʔ	am/ã/aŋ/iam

流摄一等文读 -ou，白读 -au，部分三等韵字跟一等读同；三等文读主要读 -iu 韵，白读 -u 韵。少数非鼻音声母字读鼻化韵母 -iõ/iẽ、-iũ、-õu，属于方言语音自身的演变，跟相应的非鼻化韵母之间没有层次差别。甲子没有 -ou 韵母，相应地都读为 -au。

咸摄一、二等文读 -am/ap，白读 -ã/aʔ，部分二等韵字读 -iam/iap，例如"嵌、鹹、狹、峽"。三、四等文读 -iam/iap，白读 ĩ/iʔ，少数四等入声韵文读 -iak、白读 -iʔ 韵母，例如"跌"，少数三等字白读 -im，例如"淹"。二、四等入声韵白读 -oiʔ。合口三等韵读 -uam。澄海澄城没有合口韵，-m/p 尾并入 -ŋ/k 尾。

表 S-3-2-1 中古韵类与粤东闽语今读主要韵母对应表（6）

韵类 方言点	咸开二 （咸洽）	咸开二 （衔狎）	咸开三 （盐叶）	咸开三 （严业）	咸开四 （添帖）	咸合三 （凡乏）	深开三 （侵缉）	山开一 （寒曷）
汕头市区	am/iam/ap/aʔ/iap/oiʔ	am/ã/ap/aʔ/iap	iam/ĩ/iap/ioʔ/iʔ	iam/iap	iam/ĩ/iap/aʔ/iʔ	uaŋ	im/am/iam/iŋ/ip/ap/iap/oiʔ	aŋ/uã/ak/ua
澄海澄城	aŋ/iaŋ/ak/aʔ/iak/oiʔ	aŋ/ã/ak/aʔ/iak	iaŋ/ĩ/iak/ieʔ/iʔ	iaŋ/iak	iaŋ/ĩ/iak/aʔ/iʔ	uaŋ	iŋ/aŋ/iaŋ/ik/ak/iak/oiʔ	aŋ/uã/ak/ua
南澳云澳	am/iam/ap/aʔ/iap/oiʔ	am/ã/ap/aʔ/iap	iam/ĩ/iap/ioʔ/iʔ	iam/iap	iam/ĩ/iap/aʔ/iʔ	uaŋ	im/am/iam/iŋ/om/ip/ap/iap/oiʔ	aŋ/uã/ak/ua
汕头达濠	am/iam/ap/aʔ/iap/oiʔ	am/ã/ap/aʔ/iap	iam/ĩ/iap/ioʔ/iʔ	iam/iap	iam/ĩ/iap/aʔ/iʔ	uam	im/am/iŋ/ip/ap/iap/oiʔ	aŋ/uã/ak/ua
潮阳棉城	am/iam/ap/aʔ/iap/oiʔ	am/ã/ap/aʔ/iap	iam/ĩ/iap/ioʔ/iʔ	iam/iap	iam/ĩ/iap/aʔ/iʔ	uam	im/am/iŋ/ip/ap/iap/oiʔ	aŋ/uã/ak/ua
潮阳海门	am/iam/ap/aʔ/iap/oiʔ	am/ã/ap/aʔ/iap	iam/ĩ/iap/ioʔ/iʔ	iam/iap	iam/ĩ/iap/aʔ/iʔ	uam	im/am/iŋ/ip/ap/iap/oiʔ	aŋ/uã/ak/ua

续表

方言点\韵类	咸开二（咸洽）	咸开二（衔狎）	咸开三（鹽葉）	咸開三（嚴業）	咸開四（添帖）	咸合三（凡乏）	深開三（侵緝）	山開一（寒曷）
潮州湘桥	am/iɜm/ap/aʔ/iɜp/oiʔ	am/ã/ap/aʔ/iɜp	iɜm/ĩ/iɜp/ieʔ/iʔ	iɜm/iɜp	iɜm/ĩ/iɜp/aʔ/iʔ	uaŋ	im/am/iɜm/iŋ/ip/ap/iɜp/oiʔ	aŋ/uã/ak/uaʔ
潮州凤凰	am/iam/ap/aʔ/iap/oiʔ	am/ã/ap/aʔ/iap	iam/ĩ/iap/ioʔ/iʔ	iam/iap	iam/ĩ/iap/aʔ/iʔ	uam	im/am/iam/in/om/ip/ap/iap/oiʔ	an/aŋ/uã/at/ak/uaʔ
潮州文祠	am/iɜm/ap/aʔ/iɜp/oiʔ	am/ã/ap/aʔ/iɜp	iɜm/ĩ/iɜp/ieʔ/iʔ	iɜm/iɜp	iɜm/ĩ/iɜp/aʔ/iʔ	uam	im/am/iɜm/in/ip/ap/iɜp/oiʔ	aŋ/an/uã/ak/at/uaʔ
饶平三饶	am/iam/am/iam/ap/aʔ/iap/oiʔ	am/ã/ap/aʔ/iap	iam/ĩ/iap/ioʔ/iʔ	iam/iap	iam/ĩ/iap/aʔ/iʔ	uaŋ	im/am/iŋ/om/ip/ap/iap/oiʔ	aŋ/uã/ak/uaʔ
饶平海山	am/iam/ap/aʔ/iap/oiʔ	am/ã/ap/aʔ/iap	iam/ĩ/iap/ioʔ/iʔ	iam/iap	iam/ĩ/iap/aʔ/iʔ	uam	im/am/iam/iŋ/om/ip/ap/iɜp/oiʔ	aŋ/uã/ak/uaʔ
饶平黄冈	am/iam/ap/aʔ/iap/oiʔ	am/ã/ap/aʔ/iap	iam/ĩ/iap/ioʔ/iʔ	iam/iap	iam/ĩ/iap/aʔ/iʔ	uam	im/am/iam/iŋ/om/ip/ap/iap/oiʔ	aŋ/uã/ak/uaʔ
揭阳榕城	am/iam/am/iam/ap/aʔ/iap/oiʔ	am/ã/ap/aʔ/iap	iam/ĩ/iap/ioʔ/iʔ	iam/iap	iam/ĩ/iap/aʔ/iʔ	uaŋ	im/am/eŋ/ip/ap/iap/oiʔ	aŋ/uã/ak/uaʔ
惠来惠城	am/iam/am/iam/ap/aʔ/iap/oiʔ	am/ã/ap/aʔ/iap	iam/ĩ/iap/ioʔ/iʔ	iam/iap	iam/ĩ/iap/aʔ/iʔ	uam	im/am/iŋ/om/ip/ap/iap/oiʔ	aŋ/uã/ak/uaʔ
普宁流沙	am/iam/am/iam/ap/aʔ/iap/oiʔ	am/ã/ap/aʔ/iap	iam/ĩ/iap/ioʔ/iʔ	iam/iap	iam/ĩ/iap/aʔ/iʔ	uam	im/am/iŋ/ip/ap/iap/oiʔ	aŋ/uã/ak/uaʔ
陆丰东海	am/iam/ap/aʔ/iap/eʔ/ip	am/ã/ap/aʔ	iɜm/ĩ/iɜp/ioʔ/iʔ	iam/iap	iam/ĩ/iap/aʔ/iʔ	uam	im/am/iam/iŋ/om/ip/ap/iap/eʔ	aŋ/uã/ak/uaʔ

续表

韵类\方言点	咸开二（咸洽）	咸开二（衔狎）	咸开三（盐叶）	咸開三（嚴業）	咸開四（添帖）	咸合三（凡乏）	深開三（侵緝）	山開一（寒曷）
陆丰南塘	am/iam/ap/aʔ/iap/eʔ/ip	am/ã/ap/aʔ/iap	iam/ĩ/iap/ioʔ/iʔ	iam/iap	iam/ĩ/iap/aʔ/iʔ	uam	im/am/iam/iŋ/om/ip/ap/iap/eʔ	aŋ/uã/ak/uaʔ
陆丰甲子	am/iam/ap/aʔ/iap/eʔ/ip	am/ã/ap/aʔ/iap	iam/ĩ/iap/ioʔ/iʔ	iam/iap	iam/ĩ/iap/aʔ/iʔ	uam	im/am/iŋ/om/ip/ap/iap/eʔ	aŋ/uã/ak/uaʔ
海丰海城	am/iam/ap/aʔ/iap/eʔ/ip	am/ã/ap/aʔ	iam/ĩ/iap/ioʔ/iʔ	iam/iap	iam/ĩ/iap/aʔ/iʔ	uam	im/am/iam/in/om/ip/ap/iap/eʔ	aŋ/uã/ak/uaʔ
海丰联安	am/iam/ap/aʔ/iap/eʔ/ip	am/ã/ap/aʔ	iam/ĩ/iap/ioʔ/iʔ	iam/iap	iam/ĩ/iap/aʔ/iʔ	uam	im/am/iam/in/om/ip/ap/iap/eʔ	aŋ/uã/ak/uaʔ
海丰平东	am/iam/ap/aʔ/iap/eʔ/ip	am/ã/ap/aʔ	iam/ĩ/iap/ioʔ/iʔ	iam/iap	iam/ĩ/iap/aʔ/iʔ	uam	im/am/iam/in/om/ip/ap/iap/eʔ	an/aŋ/uã/ak/uaʔ
汕尾捷胜	am/iam/ap/aʔ/iap/eʔ/ip	am/ã/ap/aʔ	iam/ĩ/iap/ioʔ/iʔ	iam/iap	iam/ĩ/iap/aʔ/iʔ	uam	im/am/iam/iŋ/om/ip/ap/iap/eʔ	aŋ/uã/ak/uaʔ

深摄文读-im/ip，阳声韵白读主要为-am，极少数例字白读-ĩ（例如：擒₍kʰi）、-ã（例如：林₍nã）；入声韵白读主要为-ap，极少数例字白读-oiʔ/eʔ（海陆丰各点读-eʔ，其他点读为-oiʔ），例如：笠。"森、参"或读-iam，或读-om，读音比较特殊。海丰、陆丰"沉、针"读-iam，在其他各点读-im/am。唇音声母字"品、禀"读-iŋ，是韵尾受唇音声母异化的结果。

表 S-3-2-1 中古韵类与粤东闽语今读主要韵母对应表（6）

韵类 方言点	山开二 （山黠）	山开二 （删鎋）	山开三 （仙薛）	山开三 （元月）	山开四 （先屑）	山合一 （桓末）	山合二 （山黠）	山合二 （删鎋）
汕头市区	aŋ/õi/uã/ ak/oiʔ/ uak/uaʔ	aŋ/õi/ uã/ak	iaŋ/ĩ/iŋ/ iã/uã/iak/ iʔ/ik/uaʔ	iaŋ/iã/ iaʔ/ik	iaŋ/ĩ/õi/ iŋ/aŋ/iak/ ak/iʔ/oiʔ	uaŋ/uã/ ɯŋ/ua/ uak	uaŋ/uk	uaŋ/uã/ uẽ/õi/ ueʔ/uaʔ
澄海澄城	aŋ/õi/uã/ ak/oiʔ/ uak/uaʔ	aŋ/õi/ uã/ak	iaŋ/ĩ/iŋ/ iã/uã/iak/ iʔ/ik/uaʔ	iaŋ/iã/ iaʔ/ik	iaŋ/ĩ/õi/ iŋ/aŋ/iak/ ak/iʔ/oiʔ	uaŋ/uã/ ɯŋ/uaʔ/ uak	uaŋ/uk	uaŋ/uã/ uẽ/õi/ ueʔ/uaʔ
南澳云澳	aŋ/eŋ/ õi/uã/ ak/oiʔuaʔ	aŋ/õi/ uã/ak	iaŋ/ĩ/iŋ/ iã/uã/iak/ iʔ/ik/uaʔ	iaŋ/iã/ iaʔ/ik	iaŋ/ĩ/õi/iŋ/ aŋ/eŋ/iak/ ak/iʔ/oiʔ	uaŋ/uã/ ɯŋ/uaʔ/ uak	uaŋ/uk	uaŋ/uã/ uẽ/eŋ/ ueʔ/uaʔ
汕头达濠	aŋ/ãi/uã/ ak/oiʔ/ uak/uaʔ	aŋ/ãi/ uã/ak	iaŋ/ĩ/iŋ/ iã/uã/iak/ iʔ/uaʔ	iaŋ/iã/ iaʔ/ik	iaŋ/ĩ/ãi/ iŋ/aŋ/iak/ ak/iʔ/oiʔ	uaŋ/uã/ ɯŋ/uaʔ/ uak	uaŋ/uk	uaŋ/uã/ uẽ/ãi
潮阳棉城	aŋ/ãi/uã/ ak/oiʔ/ uak/uaʔ	aŋ/ãi/ uã/ak	iaŋ/ĩ/iŋ/ iã/uã/iak/ iʔ/uaʔ	iaŋ/iã/ iaʔ/ik	iaŋ/ĩ/ãi/ iŋ/aŋ/iak/ ak/iʔ/oiʔ	uaŋ/uã/ ɯŋ/uaʔ/ uak	uam/ uaŋ/uk	uaŋ/uã/ uẽ/ãi/ ueʔ/uaʔ
潮阳海门	aŋ/ãi/uã/ ak/oiʔ/ uak/uaʔ	aŋ/ãi/ uã/ak	iaŋ/ĩ/iŋ/ iã/uã/iak/ iʔ/uaʔ	iaŋ/iã/ iaʔ/ik	iaŋ/ĩ/ãi/ iŋ/aŋ/iak/ ak/iʔ/oiʔ	uaŋ/uã/ ɯŋ/uaʔ/ uak	uam/ uaŋ/uk	uaŋ/uã/ uẽ/ãi/ ueʔ/uaʔ
潮州湘桥	aŋ/õi/uã/ ak/oiʔ/ uek/uaʔ	aŋ/õi/ uã/ak	ieŋ/iaŋ/ĩ/ iŋ/iã/uã/iek/ iʔ/ik/uaʔ	ieŋ/ĩ/ iã/ iaʔ/ik	ieŋ/ĩ/õi/iŋ/ aŋ/iek/iak/ ak/iʔ/oiʔ	ueŋ/uã/ ɯŋ/uaʔ/ uek	uaŋ/ ueŋ/ uk	ueŋ/uã/ uẽ/õi/ ueʔ/uaʔ
潮州凤凰	an/õi/uã/ at/ueʔ/ uat/uaʔ	an/aŋ/ uẽ/uã/ at	ien/ĩ/in/ iã/uã/iet/ iʔ/it/uaʔ	ien/iã/ iaʔ/it	ien/ĩ/õi/in/ an/ɯn/iet/ iak/at/iʔ/oiʔ	uan/uã/ ɯŋ/uaʔ/ uek	uam/ uan/ut	uan/uã/ uẽ/õi/ ueʔ/uaʔ
潮州文祠	aŋ/õi/uã/ ak/oiʔ/ uat/uaʔ	aŋ/an/ õi/uã/ ak	ien/ĩ/in/ iã/uã/iet/ iʔ/it/uaʔ	ien/iã/ iaʔ/it	ien/ĩ/õi/in/ an/ɯn/iet/ iak/ak/iʔ/oiʔ	ueŋ/uã/ uaŋ/ uek	uam/ uan/uen/ut	uen/uã/ uẽ/õi/ ueʔ/uaʔ
饶平三饶	aŋ/õi/uã/ ak/ueiʔ/ uak/uaʔ	aŋ/õi/ uã/ak	eŋ/ĩ/iŋ/iã/ uã/ek/iak/ iʔ/ik/uaʔ	eŋ/iã/ iaʔ/ik	eŋ/ĩ/õi/iŋ/ aŋ/ɯŋ/ek/ iak/aʔ/ik/oiʔ	uaŋ/uã/ ɯŋ/uaʔ/ uak	uaŋ/uk	uaŋ/uã/ uẽ/õi/ ueiʔ/uaʔ

续表

方言点\韵类	山开二（山黠）	山开二（删鎋）	山开三（仙薛）	山开三（元月）	山开四（先屑）	山合一（桓末）	山合二（山黠）	山合二（删鎋）
饶平海山	aŋ/õi/uã/ ak/oiʔ/ uak/uaʔ	aŋ/õi/ uã/ak	iaŋ/ĩ/iŋ/ iã/uã/iak/ iʔ/ik/uaʔ	iaŋ/iã/ iaʔ/ik	iaŋ/ĩ/õi/ iŋ/aŋ/iak/ ak/iʔ/oiʔ	uaŋ/uã/ ɯŋ/uaʔ/ uak	uam/ uaŋ/uk	uaŋ/uã/ uẽ/õi/ ueʔ/uã
饶平黄冈	aŋ/õi/uã/ ak/oiʔ/ uak/uaʔ	aŋ/õi/ uã/ak	iaŋ/ĩ/iŋ/ iã/uã/iak/ iʔ/ik/uaʔ	iaŋ/iã/ iaʔ/ik	iaŋ/ĩ/õi/ iŋ/aŋ/iak/ ak/ik/oiʔ	uaŋ/uã/ ɯŋ/uaʔ/ uak	uam/ uaŋ/uk	uaŋ/uã/ uẽ/õi/ ueʔ/uã
揭阳榕城	aŋ/ãi/uã/ ak/oiʔ/ uak/uaʔ	aŋ/ãi/ uã/ak	iaŋ/ĩ/eŋ/ iã/uã/iak/ iʔ/ek/uaʔ	iaŋ/iã/ iaʔ/ek	iaŋ/ĩ/ãi/ eŋ/aŋ/iak/ ak/iʔ/oiʔ	uaŋ/uã/ ɯŋ/uaʔ/ uak	uaŋ/uk	uaŋ/uã/ uẽ/ãi
惠来惠城	aŋ/ãi/uã/ ak/oiʔ/ uak/uaʔ	aŋ/ãi/ uã/ak	iaŋ/ĩ/iŋ/ iã/uã/iak/ iʔ/uaʔ	iaŋ/iã/ iaʔ/ik	iaŋ/ĩ/ã/ iŋ/aŋ/iak/ ak/iʔ/oiʔ	uaŋ/uã/ ɯŋ/uaʔ/ uak	uam/ uaŋ/uk	uaŋ/uã/ uẽ/ãi
普宁流沙	aŋ/ãi/uã/ ak/oiʔ/ uak/uaʔ	aŋ/ãi/ uã/ak	iaŋ/ĩ/eŋ/ iã/uã/iak/ iʔ/ek/uaʔ	iaŋ/iã/ iaʔ/ik	iaŋ/ĩ/ãi/ iŋ/aŋ/iak/ ak/iʔ/oiʔ	uaŋ/uã/ ɯŋ/uaʔ/ uak	uam/ uaŋ/uk	uaŋ/uã/ uẽ/ãi
陆丰东海	aŋ/eŋ/ãi/ uã/ak/ueʔ/ uak/uaʔ	aŋ/uã/ ak	iaŋ/ĩ/iŋ/ iã/uã/iak/ iʔ/uaʔ	iaŋ/iã/ ik	iaŋ/ĩ/ãi/ iŋ/aŋ/eŋ/ iak/iʔ/eʔ	uaŋ/uã/ ɯŋ/uaʔ/ uak	uaŋ/ uaʔ/.uk	uaŋ/uã/ uẽ/ãi/ ueʔ/uaʔ
陆丰南塘	aŋ/ãi/uã/ ak/ueʔ/ uak/uaʔ	aŋ/ãi/ uã/ak	iaŋ/ĩ/iŋ/ iã/uã/iak/ iʔ/uaʔ	iaŋ/iã	iaŋ/ĩ/ãi/iŋ/ aŋ/iak/ak/ iʔ/eʔ/oiʔ	uaŋ/uã/ ɯŋ/uaʔ/ uak	uam/ uaŋ/ uak/uk	uaŋ/uã/ uẽ/ãi/ ueʔ/uaʔ
陆丰甲子	aŋ/ãi/uã/ ak/oiʔ/ uak/uaʔ	aŋ/ãi/ uã/ak	iaŋ/ĩ/iŋ/ iã/uã/iak/ iʔ/uaʔ	iaŋ/iã/ iaʔ/ik	iaŋ/ĩ/ãi/ iŋ/aŋ/iak/ ak/iʔ/oiʔ	uaŋ/uã/ ɯŋ/uaʔ/ uak	uam/ uaŋ/uk	uaŋ/uã/ uẽ/ãi/ ueiʔ/uaʔ
海丰海城	aŋ/ãi/ uã/ak/ eʔ/uak	aŋ/ak	iaŋ/ĩ/iŋ/ iã/uã/iak/ iʔ/eʔ/uaʔ	iaŋ/iã/ iaʔ/it	iaŋ/ĩ/ãi/ in/aŋ/iak/ iʔ/eʔ	uaŋ/uã/ ũi/uaʔ/ uak	uaŋ/ uak/ut	uaŋ/uã/ uẽ/ãi/ ueʔ/uk
海丰联安	aŋ/ãi/ uã/ak/ eʔ/uak	aŋ/ak	iaŋ/ĩ/iŋ/ iã/uã/iak/ iʔ/eʔ/uaʔ	iaŋ/iã/ iaʔ/it	iaŋ/ĩ/ãi/ in/aŋ/iak/ iʔ/eʔ	uaŋ/uã/ ũi/uaʔ/ uak	uaŋ/ uak/ut	uaŋ/uã/ uẽ/ãi/ ueʔ/uk

续表

方言点＼韵类	山开二（山黠）	山开二（删鎋）	山开三（仙薛）	山开三（元月）	山开四（先屑）	山合一（桓末）	山合二（山黠）	山合二（删鎋）
海丰平东	an/ãi/uã/at/eʔ/uat/uaʔ	an/uã/ak	ian/ĩ/in/iã/uã/iak/iat/iʔ/eʔ/uaʔ	ian/iã/iaʔ/iat	ian/ĩ/ãi/in/an/iat/at/iʔ/eʔ	uan/uã/ũi/uaʔ/uak	uan/uat/ut	uan/uã/uẽ/ãi/ueʔ/uat/ut
汕尾捷胜	aŋ/ãi/uã/ak/ueʔ/uak	aŋ/ãi/uã/ak	iaŋ/ĩ/iŋ/iã/uã/iak/iʔ/eʔ/uaʔ	iaŋ/iã/iaʔ/ik	ia/ĩ/ãi/iŋ/aŋ/iak/iʔ/eʔ	uaŋ/uã/ɯŋ/uaʔ/uak	uaŋ/uak/uk	uaŋ/uã/uẽ/ãi/ueʔ/uak/uk

　　山摄开口一、二等文读 -aŋ（凤凰、平东保留前鼻音韵尾，读 -an），相应地入声韵读 -ak，少数四等字也读 -aŋ/ak，例如：牵、别；三、四等文读 -iaŋ/iak（凤凰 -ien/iet，潮州 -ieŋ/iek，平东 -ian/iat），少数三、四等入声韵跟一、二等同读 -ak。开口一、二等白读 -uã，相应地入声韵读 -uaʔ，少数三等韵也读 -uã/uaʔ；三、四等白读 -ĩ/iʔ。二、四等另有白读 -õi/ãi/eŋ（东部潮州、饶平、澄海、汕头市区等点读 -õi，潮阳往西到海丰，都读 -ãi，读 -eŋ 只出现在云澳和东海，云澳兼读 -õi/eŋ，东海兼读 -ãi/eŋ），相对应的入声韵读 -oiʔ/eʔ（海丰、陆丰诸点读 -eʔ，其他各点读 -oiʔ）。三、四等韵还有 -iŋ/ik 读音，其时间层次介乎文、白之间，在海丰、陆丰各点，入声韵大都不读 -ik 而读 -iak。三饶对应 -iŋ 读为 -eŋ。

　　山摄合口一、二、三等韵文读 -uaŋ/uak（凤凰、海城、平东等点不同程度地保留前鼻音韵尾和 -t 尾：-uan/uat，潮州湘桥读为 -ueŋ/uek），三、四等文读 -iaŋ，对应的入声韵在海丰各点为 -iak/iat，在其他各点基本上都读 -uak/uat。一等白读 -uã/uaʔ，二等"刮"读 -uaʔ 为文读音。一、三等白读 -ɯŋ/ũi（海丰各点读 -ũi；云澳主要读 -ɯŋ 韵母，少数读 -ũi；其他各点都读 -ɯŋ）、-ĩ、-uŋ 韵母。三、四等白读 -iŋ。二等匣母字部分读为 -uam。二、三等入声韵白读 -ueʔ，四等"缺"字读 -ueʔ 为文读。一、二等韵少数字读 -uk，一、三等少数字读 -oʔ/eʔ（海丰各点读 -eʔ），都没有明确的文白对立形式。

表 S-3-2-1　中古韵类与粤东闽语今读主要韵母对应表（7）

韵类 方言点	山合三 （仙薛）	山合三 （元月）	山合四 （先屑）	臻开一 （痕）	臻开三 （真质）	臻开三 （殷迄）	臻合一 （魂没）	臻合三 （谆术）
汕头市区	uaŋ/ɯŋ/iŋ/ uŋ/ĩ/iaŋ/uã/ oʔ/uak/ueʔ	uaŋ/uŋ/ ɰ̍/ɯŋ/uak/ ueʔ/uk	iaŋ/ũi/ uak/ ueʔ/iʔ	ɯŋ/uŋ	iŋ/aŋ/iaŋ/eŋ/ im/ɯŋ/ik/ ak/ek/iak/ioʔ	ɯŋ/ɯk	uŋ/ɯŋ/ uk/ok/ uak	uŋ/iŋ/ uk/ ik
澄海澄城	uaŋ/ɯŋ/iŋ/ uŋ/ĩ/uã/ oʔ/uak/ueʔ	uaŋ/uŋ/ ɰ̍/ɯŋ/uak/ ueʔ/uk	iaŋ/ũi/ uak/ ueʔ/iʔ	ɯŋ/uŋ	iŋ/aŋ/iaŋ/eŋ/ im/ɯŋ/ik/ ak/ek/iak/ieʔ	ɯŋ/ɯk	uŋ/ɯŋ/ uk/ok/ uak	uŋ/iŋ/ uk/ ik
南澳云澳	uaŋ/ɯŋ/iŋ/ uŋ/ĩ/uã/ũi/ oʔ/uak/ueʔ	uaŋ/uam/ ɰ̍/ɯŋ/ũi/ uak/ueʔ/uk	iaŋ/uaŋ/ uak/ ueʔ/iʔ	iŋ/uŋ/ iaŋ	iŋ/aŋ/iaŋ/eŋ/ im/uŋ/ik/ ak/ek/iak/ioʔ	iŋ/ik	uŋ/ɯŋ/ uk/ok/ uak	uŋ/iŋ/ uk/ik
汕头达濠	uaŋ/ɯŋ/iŋ/ uŋ/ĩ/iaŋ/uã/ oʔ/uak/ueʔ	uaŋ/uŋ/ ɰ̍/ɯŋ uak/ueʔ/uk	iaŋ/uãi/ uak/ ueʔ/iʔ	iŋ/uŋ/ iaŋ/ɯŋ	iŋ/iaŋ/aŋ/ eŋ/im/ik/ak/ ek/iak/ioʔ	iŋ/ik	uŋ/ɯŋ/ uk/ok/ uak	uŋ/iŋ/ uk/ik
潮阳棉城	uaŋ/ɯŋ/iŋ/ uŋ/iaŋ/uã/ oʔ/uak/ueʔ	uaŋ/uŋ/ ɰ̍/ɯŋ/uak/ ueʔ/uk	iaŋ/uãi/ uak/ ueʔ/iʔ	iŋ/uŋ/ iaŋ	iŋ/iaŋ/aŋ/ eŋ/im/ik/ ek/iak/ioʔ	iŋ/ik	uŋ/ɯŋ/ uk/ok/ uak	uŋ/iŋ/ uk/ik
潮阳海门	uaŋ/ɯŋ/iŋ/ uŋ/iaŋ/uã/ oʔ/uak/ueʔ	uaŋ/uam/ ɰ̍/ɯŋ/ uak/ueʔ/uk	iaŋ/uãi/ uak/ ueʔ/iʔ	iŋ/uŋ/ iaŋ	iŋ/iaŋ/aŋ/ eŋ/im/ik/ak/ ek/iak/ioʔ	iŋ/ik	uŋ/ɯŋ/ uk/ok/ uak	uŋ/iŋ/ uk/ik
潮州湘桥	ueŋ/ɯŋ/iŋ/ uŋ/ĩ/uã/ oʔ/uek/ueʔ	ɰ̍/ɯŋ/uek/ ueʔ/uk	ieŋ/ũi/ uek/ ueʔ/iʔ	ɯŋ/uŋ	iŋ/aŋ/ieŋ/ im/ɯŋ/eŋ/ik/ ak/ek/iek/ioʔ	ɯŋ/ɯk	uŋ/ɯŋ/ uk/uak	uŋ/iŋ/ ɯk/ ik
潮州凤凰	uan/ɯŋ/in/ un/ĩ/uã/ oʔ/uat/ueʔ	uan/ɰ̍/ ɯŋ/uat/ ueʔ/ut	ien/ũi/ uat/ ueʔ/iʔ	uan/un	in/an/ien/im/ ɯŋ/it/at/ ek/iet/ioʔ	un/ɯŋ/ ɯn/ut/ uat	un/in/ ut/ it
潮州文祠	uen/ɯŋ/in/ un/ĩ/uã/ oʔ/uet/ueʔ	uen/uŋ/ɰ̍/ ɯŋ/uet/ ueʔ/ut	ien/ũi/ uet/ ueʔ/iʔ	ɯŋ/ un	in/ien/aŋ/ im/ɯŋ/it/ak/ ek/iet/ieʔ	ɯn/ɯŋ/ ɯt	un/ɯŋ/ ut/ uet/ok	un/in/ ut/ it
饶平三饶	uaŋ/ɯŋ/iŋ/ uŋ/ĩ/uã/ oʔ/uak/ueʔ	uaŋ/uam/ ɰ̍/ɯŋ/uak/ ueʔ/uk	iaŋ/ũi/ uak/ uei?/iʔ	ɯŋ/uŋ	iŋ/aŋ/eŋ/im/ iaŋ/ɯŋ/ik/ak/ ek/iak/ioʔ	ɯŋ/ɯk	uŋ/ɯŋ/ uk/ uak/ok	uŋ/iŋ/ uk/ ik

续表

韵类\方言点	山合三（仙薛）	山合三（元月）	山合四（先屑）	臻开一（痕）	臻开三（真质）	臻开三（殷迄）	臻合一（魂没）	臻合三（谆术）
饶平海山	uaŋ/ɯŋ/iŋ/uŋ/ĩ/uã/oʔ/uak/ueʔ	uaŋ/uŋ/uam/n̩/ɯŋ/uak/ueʔ/uk	iaŋ/ũi/uak/ueʔ/iʔ	ɯŋ/uŋ	iŋ/aŋ/iaŋ/im/ɯŋ/eŋ/ik/ak/ek/iak/ioʔ	ɯŋ/ɯk	uŋ/ɯŋ/uk/uak/ok	uŋ/iŋ/ɯŋ/uk/ik
饶平黄冈	uaŋ/ɯŋ/iŋ/uŋ/ĩ/uã/oʔ/uak/ueʔ	uaŋ/uŋ/uam/n̩/ɯŋ/uak/ueʔ/uk	iaŋ/ũi/uak/ueʔ/iʔ	ɯŋ/uŋ	iŋ/aŋ/iaŋ/im/ɯŋ/eŋ/ik/ak/ek/iak/ioʔ	ɯŋ/ɯk	uŋ/ɯŋ/uk/uak/ok	uŋ/iŋ/ɯŋ/uk/ik
揭阳榕城	uaŋ/ɯŋ/eŋ/uŋ/ĩ/uã/oʔ/uak/ueʔ	uaŋ/uŋ/n̩/ɯŋ/uak/ueʔ/uk	iaŋ/ũi/uak/ueʔ/iʔ	eŋ/uŋ/iaŋ	eŋ/iaŋ/aŋ/ek/ak/iak/ioʔ	eŋ/ek	uŋ/ɯŋ/uk/uak/ok	uŋ/eŋ/uk/ek
惠来惠城	uaŋ/ɯŋ/iaŋ/uŋ/ĩ/uã/oʔ/uak/ueʔ	uaŋ/uam/n̩/ɯŋ/uak/ueʔ/uk	iaŋ/uãi/uak/ueʔ/iʔ/iak	iŋ/uŋ	iŋ/iaŋ/aŋ/im/ik/ak/ek/iak/ioʔ	iŋ/ik	uŋ/ɯŋ/uk/uak/ok	uŋ/iŋ/uk/ik
普宁流沙	uaŋ/ɯŋ/iaŋ/uŋ/ĩ/uã/oʔ/uak/ueʔ	uaŋ/uam/n̩/ɯŋ/uak/ueʔ/uk	iaŋ/ũi/uak/ueʔ/iʔ	iŋ/uŋ/iaŋ	iŋ/iaŋ/aŋ/eŋ/ik/ak/ek/iak/ioʔ	iŋ/ik	uŋ/ɯŋ/uk/uak/ok	uŋ/iŋ/uk/ik
陆丰东海	uaŋ/ɯŋ/iaŋ/uŋ/ĩ/uã/eʔ/uak/ueʔ/iak	uaŋ/uam/n̩/ɯŋ/uak/ueʔ/uk	iaŋ/uãi/uak/ueʔ/iʔ/iak	iŋ/uŋ/eŋ	iŋ/aŋ/iaŋ/im/uŋ/ik/ak/ek/iak	iŋ/ik	uŋ/ɯŋ/uk/uak/ok	uŋ/iŋ/uk/ik
陆丰南塘	uaŋ/ɯŋ/iaŋ/uŋ/ĩ/uã/eʔ/oʔ/uak/ueʔ/iak	uaŋ/uam/n̩/ɯŋ/uak/ueʔ/uk	iaŋ/uãi/uak/ueʔ/iaʔ	iŋ/uŋ/eŋ	iŋ/aŋ/iaŋ/im/uŋ/ik/ak/ek/iak	iŋ/ik	uŋ/ɯŋ/uk/uak/ok	uŋ/iŋ/uk/ik
陆丰甲子	uaŋ/ɯŋ/iaŋ/uŋ/ĩ/uã/oʔ/uak/uei	uaŋ/n̩/ɯŋ/ɯm/uak/uei/uk	iaŋ/uãi/uak/uei/iaʔ	iŋ/uŋ/iaŋ	iŋ/aŋ/iaŋ/im/uŋ/ik/ak/ek/iak/ioc	iŋ/ik	uŋ/ɯŋ/uk/uak/ok	uŋ/iŋ/uk/ik
海丰海城	uaŋ/ũi/iaŋ/un/ĩ/uã/eʔ/uak/iak/ueʔ	uaŋ/iaŋ/uam/ũi/uak/ueʔ/ut/iak	iaŋ/uãi/ueʔ/iak/iaʔ	in/un	in/im/aŋ/iaŋ/an/it/ak/ek/iak	in/iŋ/it	un/ũi/ut	un/in/ut/it
海丰联安	uaŋ/ũi/iaŋ/un/ĩ/uã/eʔ/uak/iak/ueʔ	uaŋ/iaŋ/uam/ũi/uak/ueʔ/ut/iak	iaŋ/uãi/ueʔ/iak/iaʔ	in/un	in/im/aŋ/iaŋ/an/it/ak/ek/iak	in/iŋ/it	un/ũi/ut	un/in/ut/it

续表

韵类\方言点	山合三（仙薛）	山合三（元月）	山合四（先屑）	臻开一（痕）	臻开三（真质）	臻开三（殷迄）	臻合一（魂没）	臻合三（谆术）
海丰平东	uan/ũi/ian/un/ĩ/uã/eʔ/uat/iat/ueʔ	uan/ian/ũi/uat/ueʔ/ut/iak	ian/uãi/uak/ueʔ/iak/iaʔ	in/un	in/an/im/ian/un/it/at/et/iat	in/it	un/ũi/uat	un/in/ut/it
汕尾捷胜	uaŋ/ɯŋ/iaŋ/uŋ/ĩ/uã/eʔ/o?/uak/iak/ueʔ	uaŋ/iaŋ/ṳ/uam/ɯŋ/uak/ueʔ/u/iak	iaŋ/uãi/ueʔ/iak/iaʔ	iŋ/uŋ	iŋ/aŋ/im/iaŋ/uŋ/ik/ak/ek/iak	iŋ/ik	uŋ/ɯŋ/uk/uak	uŋ/iŋ/uk/ik

臻摄开口一等各地音值参差不齐，大致有 -ɯŋ/uŋ/iŋ/eŋ 几种（凤凰、流沙、云澳、海丰各点不同程度地保留前鼻韵尾和 -t 韵尾，主要元音为 -u 的韵母保留最为完整），都是文读音。开口三等真韵读 -uŋ 为白读音，合口一、三等读 -uŋ/uk 为文读音。开口三等真/质韵文读 -iŋ/eŋ（揭阳对应其他点的 -iŋ 读为 -eŋ）和 -ik。开口三等还有文读音 -iaŋ/iak 和 -ek，白读音 -aŋ/ak。开合口都有白读 -ɯŋ/ũi（海丰各点读 -ũi，其他各点读 -ɯŋ）。

表 S-3-2-1 中古韵类与粤东闽语今读主要韵母对应表（8）

韵类\方言点	臻合三（文物）	宕开一（唐铎）	宕开三（阳药）	宕合一（唐铎）	宕合三（阳药）	江开三（江觉）	曾开一（登德）	曾开三（蒸职）
汕头市区	uŋ/uk/ueʔ	aŋ/ɯŋ/ak/oʔ/ok/auʔ/o	iaŋ/iõ/ɯŋ/uaŋ/ṳ/iak/iaʔ/ioʔ/iauʔ/iok	uaŋ/ɯŋ/ṳ/ak/ueʔ	uaŋ/aŋ/eŋ/ɯŋ/ak/ok/oʔ/ṳ/õ/ak	aŋ/uaŋ/ɯŋ/eŋ/ak/ok/oʔ/uak/auʔ	eŋ/aŋ/iŋ/ɯŋ/ek/ak/ik/iok	eŋ/iŋ/iã/ek/ik/ak/iaʔ
澄海澄城	uŋ/uk/ueʔ	aŋ/ɯŋ/ak/oʔ/ok/auʔ/o	iaŋ/iẽ/ɯŋ/uaŋ/ṳ/iak/iaʔ/ieʔ/iek	uaŋ/ɯŋ/ṳ/ak/ueʔ	uaŋ/aŋ/eŋ/ɯŋ/ak/ok/oʔ/ṳ/õ/ak	aŋ/uaŋ/ɯŋ/eŋ/oŋ/ak/ok/oʔ/uak/auʔ	eŋ/aŋ/iŋ/ek/ak/ik/iok	eŋ/iŋ/iã/ek/ik/ak/iaʔ

续表

韵类 方言点	臻合三 （文物）	宕开一 （唐铎）	宕开三 （阳药）	宕合一 （唐铎）	宕合三 （阳药）	江开三 （江觉）	曾开一 （登德）	曾开三 （蒸职）
南澳云澳	uŋ/uk/ueʔ	aŋ/ɯŋ/ak/oʔ/okʔ/auʔ/o	iaŋ/iõ/ɯŋ/uaŋ/ɥ/iakiaʔ/io	uaŋ/ɯŋ/ʔ/ak/ueʔ	uaŋ/aŋ/eŋ/uŋ/ɥ/õ/ak	aŋ/uaŋ/ɯŋ/eŋ/ak/ok/oʔ/uak/auʔ	eŋ/aŋ/iŋ/ek/ak/ik/iok	eŋ/iŋ/iã/ek/ik/ak/iaʔ
汕头达濠	uŋ/ɯŋ/uk/ueʔ	aŋ/ɯŋ/ak/oʔ/okʔ/auʔ/o	iaŋ/iõ/ɯŋ/uaŋ/ɥ/iakiaʔ/iauʔ/ioʔ	uaŋ/ɯŋ/ʔ/ak/ueʔ	uaŋ/aŋ/eŋ/uŋ/ɥ/õ/ak	aŋ/uaŋ/ɯŋ/eŋ/oŋ/ak/ok/oʔ/uak/au	eŋ/aŋ/iŋ/iaŋ/ueŋ/ek/ak/ik/iok	eŋ/iŋ/iã/ek/ik/ak/iaʔ
潮阳棉城	uŋ/ɯŋ/uk/ueʔ	aŋ/ɯŋ/ak/oʔ/okʔ/auʔ/o	iaŋ/iõ/ɯŋ/uaŋ/ɥ/iakiaʔ/iauʔ/ioʔ	uaŋ/ɯŋ/ʔ/ak/ueʔ	uaŋ/aŋ/eŋ/uŋ/ɥ/õ/ak	aŋ/uaŋ/ɯŋ/eŋ/oŋ/ak/ok/oʔ/uak/au	eŋ/aŋ/iŋ/iaŋ/ueŋ/ek/ak/ik/iok	eŋ/iŋ/iã/ek/ik/ak/iaʔ
潮阳海门	uŋ/ɯŋ/uk/ueʔ	aŋ/ɯŋ/ak/oʔ/okʔ/auʔ/o	iaŋ/iõ/ɯŋ/uaŋ/ɥ/iakiaʔ/iauʔ/ioʔ	uaŋ/ɯŋ/ʔ/ak/ueʔ	uaŋ/aŋ/eŋ/uŋ/ɥ/õ/ak	aŋ/uaŋ/ɯŋ/eŋ/oŋ/ak/ok/oʔ/uak/au	eŋ/aŋ/iŋ/iaŋ/ueŋ/ek/ak/ik/iok	eŋ/iŋ/iã/ek/ik/ak/iaʔ
潮州湘桥	uŋ/uk/ueʔ	aŋ/ɯŋ/ak/oʔ/okʔ/auʔ/o	iaŋ/iẽ/ɯŋ/uaŋ/ɥ/iakiaʔ/ieʔ/iek	uaŋ/ɯŋ/ʔ/ak/ueʔ	uaŋ/aŋ/eŋ/uŋ/ɥ/õ/ak	aŋ/uaŋ/ɯŋ/eŋ/oŋ/ak/ok/oʔ/uak/auʔ	eŋ/aŋ/iŋ/ek/ak/ik/iok	eŋ/iŋ/iã/ek/ik/ak/iaʔ
潮州凤凰	un/ɯŋ/ut/ueʔ	aŋ/ɯŋ/ak/oʔ/okʔ/auʔ/o	iaŋ/iõ/ɯŋ/uaŋ/ɥ/iakiaʔ/ioʔ/iauʔ/iok	uaŋ/ɯŋ/ʔ/ak/ueʔ	uaŋ/aŋ/eŋ/uŋ/ɥ/õ/ak	aŋ/uaŋ/ɯŋ/eŋ/oŋ/ak/ok/oʔ/uak/auʔ	eŋ/an/aŋ/in/ek/at/ak/ik/iok	eŋ/in/iŋ/iã/ek/it/ak/iaʔ
潮州文祠	un/uŋ/ut/ueʔ	aŋ/ɯŋ/ak/oʔ/okʔ/auʔ/o	iaŋ/iẽ/ɯŋ/uaŋ/ɥ/iakiaʔ/ieʔ/iek	uaŋ/ɯŋ/ʔ/ak/ueʔ	uaŋ/aŋ/eŋ/uŋ/ɥ/õ/ak	aŋ/uaŋ/ɯŋ/eŋ/oŋ/ak/ok/oʔ/uak/auʔ	eŋ/an/aŋ/in/ek/at/ak/it/iok	eŋ/in/iã/ek/it/at/ak/iaʔ

续表

韵类 方言点	臻合三 （文物）	宕开一 （唐铎）	宕开三 （阳药）	宕合一 （唐铎）	宕合三 （阳药）	江开三 （江觉）	曾开一 （登德）	曾开三 （蒸职）
饶平三饶	uŋ/wŋ/ uk/uei	aŋ/ɯŋ/ ak/oʔ/okʔ/ auʔ/o	iaŋ/iõ/ɯŋ/ uaŋ/n̥/iak/ iaʔ/ioʔ/ iauʔ/iok	uaŋ/ɯŋ/ n̥/ak/ueʔ	aŋ/uaŋ/ ɯŋ/eŋ/oŋ/ ak/ok/oʔ/ uak/auʔ	eŋ/aŋ/ iŋ/ek/ ak/ik/iok	eŋ/iŋ/iã/ ek/ik/ ak/iaʔ
饶平海山	uŋ/uk/ ueʔ	aŋ/ɯŋ/ ak/oʔ/okʔ/ auʔ/o	iaŋ/iõ/ɯŋ/ uaŋ/n̥/iak/ iaʔ/ioʔ/ iauʔ/iok	uaŋ/ɯŋ/ n̥/ak/ueʔ	aŋ/uaŋ/ ɯŋ/eŋ/oŋ/ ak/ok/oʔ/ uak/auʔ	eŋ/aŋ/ iŋ/ek/ ak/ik/iok	eŋ/iŋ/iã/ ek/ik/ ak/iaʔ
饶平黄冈	uŋ/uk/ ueʔ	aŋ/ɯŋ/ ak/oʔ/okʔ/ auʔ/o	iaŋ/iõ/ɯŋ/ uaŋ/n̥/iak/ iaʔ/ioʔ/ iauʔ/iok	uaŋ/ɯŋ/ n̥/ak/ueʔ	aŋ/uaŋ/ ɯŋ/eŋ/oŋ/ ak/ok/oʔ/ uak/auʔ	eŋ/aŋ/ iŋ/ek/ ak/ik/iok	eŋ/iŋ/iã/ ek/ik/ ak/iaʔ
揭阳榕城	uŋ/uk/ ueʔ	aŋ/ɯŋ/ ak/oʔ/okʔ/ auʔ/o	iaŋ/iõ/ɯŋ/ uaŋ/n̥/iak/ iaʔ/ioʔ/iauʔ	uaŋ/ɯŋ/ n̥/ak/ueʔ	aŋ/uaŋ/ eŋ/uŋ/ ak/ok/oʔ/ uak/auʔ	eŋ/aŋ/ ek/ak/iok	eŋ/iã/ ek/ak/iaʔ
惠来惠城	uŋ/iŋ/ ɯŋ/uk/ ueʔ	aŋ/ɯŋ/ ak/oʔ/okʔ/ auʔ/o	iaŋ/iõ/ɯŋ/ uaŋ/n̥/iak/ iaʔ/ioʔ/iauʔ	uaŋ/ɯŋ/ n̥/ak/ueʔ	aŋ/uaŋ/ eŋ/uŋ/ ak/ok/oʔ/ uak/auʔ	eŋ/aŋ/iŋ/ iaŋ/ueŋ/ ek/ak/ ik/iok	eŋ/iŋ/iã/ ek/ik/ ak/iaʔ
普宁流沙	uŋ/iŋ/ ɯŋ/uk/ ueʔ	aŋ/ɯŋ/ ak/oʔ/okʔ/ auʔ/o	iaŋ/iõ/ɯŋ/ uaŋ/n̥/iak/ iaʔ/ioʔ/iauʔ	uaŋ/ɯŋ/ n̥/ak/ueʔ	aŋ/uaŋ/ eŋ/uŋ/ ak/ok/oʔ/ uak/auʔ	eŋ/aŋ/ iŋ/ek/ ak/ik/iok	eŋ/iŋ/iã/ ek/ik/ ak/iaʔ
陆丰东海	uŋ/uk	aŋ/ɯŋ/ uaŋ/ak/ oʔ/okʔ/ auʔ/o/uaŋ	iaŋ/iõ/ɯŋ/ uaŋ/n̥/iak/ iaʔ/ioʔ/iok	uaŋ/ɯŋ/ n̥/ak/ueʔ	uaŋ/aŋ/ eŋ/oŋ/ õ/ak	aŋ/uaŋ/ ɯŋ/eŋ/oŋ/ ak/ok/oʔ	eŋ/aŋ/ iŋ/ek/ ak/ik	eŋ/iŋ/iã/ ek/ik/ ak/iaʔ

续表

方言点 \ 韵类	臻合三（文物）	宕开一（唐铎）	宕开三（阳药）	宕合一（唐铎）	宕合三（阳药）	江开三（江觉）	曾开一（登德）	曾开三（蒸职）
陆丰南塘	uŋ/uk	aŋ/ɯŋ/uaŋ/ak/oʔ/ok/auʔ/o	iaŋ/iõ/ɯŋ/uaŋ/ɖ/iak/ia?/io?/iok	uaŋ/ɯŋ/ɖ/ak/ueʔ	uaŋ/aŋ/eŋ/ɯŋ/ɖ/ioŋ/õ/ak	aŋ/uaŋ/ɯŋ/eŋ/oŋ/ak/ok/oʔ	eŋ/aŋ/iŋ/iaŋ/ueŋ/ek/ak/ik/iak	eŋ/iŋ/iã/iaŋ/ek/ik/ak/iaʔ
陆丰甲子	uŋ/uk	aŋ/ɯŋ/uaŋ/ak/oʔ/ok/auʔ/o	iaŋ/iõ/ɯŋ/uaŋ/ɖ/iak/ia?/io?/iok	uaŋ/ɯŋ/ɖ/ak/ueʔ	uaŋ/aŋ/eŋ/ɯŋ/ɖ/õ/ak	aŋ/uaŋ/ɯŋ/eŋ/oŋ/ak/ok/oʔ	eŋ/aŋ/iŋ/ueŋ/ek/ak/ik/iok	eŋ/iŋ/iã/iaŋ/ek/ik/ak/iaʔ
海丰海城	un/ɯ̃i/ut	aŋ/ɯŋ/uaŋ/ak/oʔ/ok/auʔ/u	iaŋ/iõ/ɯŋ/uaŋ/ɖ/iak/ia?/io?/iok	uaŋ/ũi/ak/ueʔ	uaŋ/aŋ/ioŋ/ak	aŋ/uaŋ/ɯŋ/ioŋ/oŋ/ak/ok/iok/oʔ	eŋ/aŋ/in/iaŋ/ueŋ/ek/ak	eŋ/in/iŋ/et/ek/it/ak/iaʔ
海丰联安	un/ɯ̃i/ut	aŋ/ɯŋ/uaŋ/ak/oʔ/ok/auʔ/u	iaŋ/iõ/ɯŋ/uaŋ/ɖ/iak/ia?/io?/iok	uaŋ/ũi/ak/ueʔ	uaŋ/ioŋ/ak	aŋ/uaŋ/ɯŋ/ioŋ/oŋ/ak/ok/iok/oʔ	eŋ/aŋ/in/iaŋ/ueŋ/ek/ak	eŋ/in/iŋ/et/ek/it/ak/iaʔ
海丰平东	un/ɯ̃i/ut	aŋ/ɯŋ/uaŋ/ak/oʔ/ok/auʔ/u	iaŋ/iõ/ɯŋ/uaŋ/ɖ/iak/ia?/io?/iok	uaŋ/ũi/ak/ueʔ	uaŋ/aŋ/ak	aŋ/uaŋ/ɯŋ/ioŋ/oŋ/ak/ok/iok/oʔ	eŋ/aŋ/an/iŋ/in/iaŋ/ueŋ/ek/ak	eŋ/in/et/ek/it/ak/iaʔ
汕尾捷胜	uŋ/uk	aŋ/ɯŋ/uaŋ/ak/oʔ/ok/auʔ/u	iaŋ/iõ/ɯŋ/uaŋ/ɖ/iak/ia?/io?/iok/iau	uaŋ/ɯŋ/ɖ/ak/ueʔ	uaŋ/ɯŋ/eŋ/ioŋ/ak	aŋ/uaŋ/ɯŋ/eŋ/oŋ/ak/ok/oʔ	eŋ/aŋ/iŋ/iaŋ/ueŋ/ek/ak/iak	eŋ/iŋ/ek/ik/ak/iaʔ

宕摄开口一等文读主要为 - aŋ/ak，入声韵还有文读 - ok；阳声韵白读 - ɯŋ，入声韵白读 - oʔ、- uaʔ，还有"落"白读 - auʔ。开口三等文读主要为 - iaŋ/iak，少数阳声韵字文读 - uaŋ；阳声韵白读主要为 - iõ/iẽ（湘桥、凤凰、澄海读 - iẽ），少数读 - ɯŋ，入声韵白读 - ioʔ、- iaʔ。

宕摄合口一、三等阳声韵文读都为 - uaŋ，白读一等为 - ɯŋ/ũi、- ɖ

(海丰各点读 -ũi，对应其他各点的 -ɯŋ 和 -ŋ̍)，"方"做姓氏时为 -uŋ；三等白读 -aŋ、-eŋ。入声韵一等文读 -uak，白读 -ueʔ，三等白读 -ak。

江摄文读主要为 -aŋ/ak，部分读 -uaŋ/uak，入声韵还有文读 -ok。白读阳声韵有 -ɯŋ，入声韵有 -oʔ。

曾摄开口一、三等文读主要为 -eŋ/ek，开口三等少数文读 -iak。开口一等白读主要为 -aŋ/ak；开口三等白读主要为 -iŋ/ik，少数入声韵也读 -ak，还有极少数读 -iʔ、-iaʔ；开口一、三等都有极少数例字白读 -iã。合口主要读 -oŋ/ueŋ 和 -ok/uek（内部各点情况不一，东边的饶平各点为 -oŋ/ok，越往西读 -uek 的例字越多）。

表 S-3-2-1　中古韵类与粤东闽语今读主要韵母对应表（9）

韵类 方言点	曾合一（登德）	曾合三（职）	梗开一（庚陌）	梗开二（耕麦）	梗开三（庚陌）	梗开三（清昔）	梗开四（青锡）	梗合二（庚陌）
汕头市区	oŋ/ok	ok	ẽ/eŋ/iã/aŋ/eʔ/ek/iaʔ/aʔ/oʔ	ẽ/eŋ/eʔ/ek/iaʔ/uk	eŋ/iã/ẽ/iaŋ/iaʔ/ek	iã/eŋ/ẽ/ioŋ/iŋ/iaʔ/ek/eʔ/ioʔ/ik	eŋ/iã/ẽ/aŋ/ek/iaʔ/eʔ/iʔ/ak/aʔ	uaŋ/uẽ
澄海澄城	oŋ/ok	ok	ẽ/eŋ/iã/aŋ/eʔ/ek/iaʔ/aʔ/oʔ	ẽ/eŋ/eʔ/ek/iaʔ/uk	eŋ/iã/ẽ/iaŋ/iaʔ/ek	iã/eŋ/ẽ/ioŋ/iŋ/iaʔ/ek/eʔ/ieʔ/ik	eŋ/iã/ẽ/aŋiŋ/ek/iaʔ/eʔ/iʔ/ak/aʔ	uaŋ/uẽ
南澳云澳	oŋ/ok	ok	ẽ/eŋ/iã/aŋ/eʔ/ek/iaʔ/aʔ/oʔ	ẽ/eŋ/eʔ/ek/iaʔ/uk	eŋ/iã/ẽ/iaŋ/iaʔ/ek	iã/eŋ/ẽiŋ/ek/iaʔ/ioʔ/ik	eŋ/iã/ẽ/iŋ/ek/iaʔ/eʔ/iʔ/ak/aʔ	uaŋ/uẽ
汕头达濠	oŋ/ok/uek	uek	ẽ/eŋ/iã/aŋ/eʔ/ek/iaʔ/aʔ/oʔ	ẽ/eŋ/eʔ/ek/iaʔ/uk	eŋ/iã/ẽ/iaŋ/iaʔ/ek	iã/eŋ/ẽ/ueŋ/iŋ/iaʔ/ek/eʔ/ioʔ/ik	eŋ/iã/ẽ/aŋ/ek/iaʔ/eʔ/iʔ/ak/aʔ	uaŋ/uẽ
潮阳棉城	oŋ/ok/uek	uek	ẽ/eŋ/iã/aŋ/eʔ/ek/iaʔ/aʔ/oʔ	ẽ/eŋ/eʔ/ek/iaʔ/uk	eŋ/iã/ẽ/iaŋ/iaʔ/ek	iã/eŋ/ẽ/ueŋ/iŋ/iaʔ/ek/eʔ/ioʔ/ik	eŋ/iã/ẽ/aŋiŋ/ek/iaʔ/eʔ/iʔ/ak/aʔ	uaŋ/uẽ
潮阳海门	oŋ/ok/uek	uek	ẽ/eŋ/iã/aŋ/eʔ/ek/iaʔ/aʔ/oʔ	ẽ/eŋ/eʔ/ek/iaʔ/uk	eŋ/iã/ẽ/iaŋ/iaʔ/ek	iã/eŋ/ẽ/ueŋ/iŋ/iaʔ/ek/eʔ/ioʔ/ik	eŋ/iã/ẽ/aŋiŋ/ek/iaʔ/eʔ/iʔ/ak/aʔ	uaŋ/uẽ

续表

韵类\方言点	曾合一（登德）	曾合三（职）	梗开二（庚陌）	梗开二（耕麦）	梗开三（庚陌）	梗开三（清昔）	梗开四（青锡）	梗合二（庚陌）
潮州湘桥	oŋ/ok	ok	ẽ/eŋ/iã/aŋ/e?/ek/ia?/a?/o?	e/eŋ/e?/ek/ia?/uk	eŋ/iã/ẽ/iaŋ/ia?/ek	iã/eŋ/ẽ/ioŋ/iŋ/ia?/ek/e?/ie?/ik	eŋ/iã/ẽ/aŋ/ek/ia?/e?/i?/ak/a?	uaŋ/uẽ
潮州凤凰	oŋ/ok	ok	ẽ/eŋ/iã/aŋ/e?/ek/ia?/a?/o?	e/eŋ/e?/ek/ia?/ut	eŋ/iã/ẽ/iaŋ/ia?/ek	iã/eŋ/ẽ/ioŋ/iŋ/ia?/ek/e?/io?/it	eŋ/iã/ẽ/aŋiŋ/ek/ia?/e?/i?/at/a?	uaŋ/uẽ
潮州文祠	oŋ/ok	ok	ẽ/eŋ/iã/aŋ/e?/ek/ia?/a?/o?	e/eŋ/e?/ek/ia?/ut	eŋ/iã/ẽ/iaŋ/ia?/ek	iã/eŋ/ẽ/ioŋ/iŋ/ia?/ek/e?/ie?/it	eŋ/iã/ẽ/aŋiŋ/ek/ia?/e?/i?/at/a?	uaŋ/uẽ
饶平三饶	oŋ/ok	ok	ẽ/eŋ/iã/aŋ/e?/ek/ia?/a?/o?	e/eŋ/e?/ek/ia?/uk	eŋ/iã/ẽ/iaŋ/ia?/ek	iã/eŋ/ẽ/ioŋ/iŋ	eŋ/iã/ẽ/iŋ/ek/ia?/e?/i?/at/a?	uaŋ/uẽ
饶平海山	oŋ/ok	ok	ẽ/eŋ/iã/aŋ/e?/ek/ia?/a?/o?	e/eŋ/e?/ek/ia?/uk	eŋ/iã/ẽ/iaŋ/ia?/ek	iã/eŋ/ẽ/ioŋ/iŋ/ia?/ek/e?/io?/ik	eŋ/iã/ẽ/iŋ/aŋ/ek/ia?/e?/i?/at/a?	uaŋ/uẽ
饶平黄冈	oŋ/ok	ok	ẽ/eŋ/iã/aŋ/e?/ek/ia?/a?/o?	e/eŋ/e?/ek/ia?/uk	eŋ/iã/ẽ/iaŋ/ia?/ek	iã/eŋ/ẽ/ioŋ/iŋ/ia?/ek/e?/io?/ik	eŋ/iã/ẽ/aŋ/ek/ia?/e?/i?/at/a?	uaŋ/uẽ
揭阳榕城	oŋ/ok/uek	uek	ẽ/eŋ/iã/aŋ/e?/ek/ia?/a?/o?	e/eŋ/e?/ek/ia?/uk	eŋ/iã/ẽ/iaŋ/ia?/ek	iã/eŋ/ẽ/ueŋ/ia?/ek/e?/io?	eŋ/iã/ẽ/ek/ia?/e?/i?/at/a?	uaŋ/uẽ
惠来惠城	oŋ/ok/uek	uek	ẽ/eŋ/iã/aŋ/e?/ek/ia?/a?/o?	e/eŋ/e?/ek/ia?/uk	eŋ/iã/ẽ/iaŋ/ia?/ek	iã/eŋ/ẽ/ueŋ/iŋ/ia?/ek/e?/io?/ik	eŋ/iã/ẽ/aŋ/ek/ia?/e?/i?/at/a?	uaŋ/uẽ
普宁流沙	oŋ/ok/uek	uek	ẽ/eŋ/iã/aŋ/e?/ek/ia?/a?/o?	e/eŋ/e?/ek/ia?/uk	eŋ/iã/ẽ/iaŋ/ia?/ek	iã/eŋ/ẽ/ueŋ/iŋ/ia?/ek/e?/io?/ik	eŋ/iã/ẽ/aŋ/ek/ia?/e?/i?/at/a?	uaŋ/uẽ
陆丰东海	eŋ/ek/ok	ek	ẽ/eŋ/iã/aŋ/e?/ek/ia?/a?	e/eŋ/e?/ek/ia?/uk	eŋ/iã/ẽ/iak/ia?/ek	iã/eŋ/ẽiŋ/ia?/ek/e?/io?/ik	eŋ/iã/ẽ/iŋ/ek/ia?/i?	uaŋ/uẽ

续表

韵类 方言点	曾合一 (登德)	曾合三 (职)	梗开二 (庚陌)	梗开二 (耕麦)	梗开三 (庚陌)	梗开三 (清昔)	梗开四 (青锡)	梗合二 (庚陌)
陆丰南塘	oŋ/ok/ek	ek	ẽ/eŋ/iã/aŋ/eʔ/ek/iaʔ/a/oʔ	e/eŋ/eʔ/ek/iaʔ/uk	eŋ/iã/ẽ/iaʔ/ek	iã/eŋ/ẽiŋ/iaʔ/ek/ioʔ/ik	eŋ/iã/ẽ/aŋ/ek/iaʔ/iʔ	uaŋ/uẽ
陆丰甲子	oŋ/ok/uek	uek	ẽ/eŋ/iã/aŋ/eʔ/ek/iaʔ/a/oʔ	ẽ/eŋ/eʔ/ek/iaʔ/uk	eŋ/iã/ẽ/iaʔ/ek	iã/eŋ/ẽiŋ/iaʔ/ek	eŋ/iã/ẽ/aŋ/ek/eʔ/ioʔ/k	uaŋ/uẽ
海丰海城	oŋ/ok/uek	uek	ẽ/eŋ/aŋ/eʔ/ek/iaʔ/aʔ	e/eŋ/eʔ/ek/iaʔ/ut	eŋ/iã/ẽ/iak/iaʔ/ek	iã/eŋ/ẽiŋ/iaʔ/ek/ioʔ/it	eŋ/iã/ẽ/iŋ/aŋ/ek/iaʔ/iʔ	uaŋ/uẽ
海丰联安	oŋ/ok/uek	uek	ẽ/eŋ/aŋ/eʔ/ek/iaʔ/aʔ	ẽ/eŋ/eʔ/ek/iaʔ/ut	eŋ/iã/ẽ/iak/iaʔ/ek	iã/eŋ/ẽiŋ/iaʔ/ek/ioʔ/it	eŋ/iã/ẽ/iŋ/aŋ/ek/iaʔ/iʔ	uaŋ/uẽ
海丰平东	ueŋ/uek/ok	uek	ẽ/eŋ/aŋ/iã/eʔ/ek/iaʔ/aʔ	ẽ/eŋ/eʔ/ek/iaʔ/ut	eŋ/iã/ẽ/iak/iaʔ/ek/ioʔ	iã/eŋ/ẽiŋ/iaʔ/ek/ioʔ	eŋ/iã/ẽ/aŋ/ek/iaʔ/iʔ	uaŋ/uẽ
汕尾捷胜	oŋ/ok/uek	uek	ẽ/eŋ/aŋ/iã	ẽ/eŋ/eʔ/ek/iaʔ/uk	eŋ/iã/iak/iaʔ/ek	iã/eŋ/ẽiŋ/iaʔ/ek/ioʔ/ik	eŋ/iã/ẽ/aŋ/ek/iaʔ/iʔ/iok	uaŋ/uẽ

梗摄开口文读主要为 -eŋ/ek，少数为 -iŋ/ik；白读阳声韵主要为 -ẽ、-iã，入声韵主要为 -eʔ、-iaʔ、-ioʔ，极少数读为 -aʔ、-oʔ、-ok。梗摄合口例字较少，少数读同开口的 -eŋ、-iã，其他例字各点有的读 -uaŋ，有的读 -ioŋ，各点参差不齐，但都属于文读音。

表 S-3-2-1 中古韵类与粤东闽语今读主要韵母对应表 (10)

韵类 方言点	梗合二 (耕麦)	梗合三 (庚)	梗合三 (清昔)	梗合四 (青)	通合一 (东屋)	通合一 (冬沃)	通合三 (东屋)	通合三 (锺烛)
汕头市区	oŋ/uak/ueʔ	ioŋ/iã	uaŋ/iã/iaʔ/ok	ioŋ	aŋ/oŋ/eŋ/ok/ak/ek	oŋ/aŋ/ak/ok	oŋ/eŋ/aŋ/ioŋ/im/uaŋok/ek/iok/ak	eŋ/oŋ/ioŋ/aŋ/ok/ek/uak

续表

韵类＼方言点	梗合二（耕麦）	梗合三（庚）	梗合三（清昔）	梗合四（青）	通合一（东屋）	通合一（冬沃）	通合三（东屋）	通合三（锺烛）
澄海澄城	oŋ/uek/ueʔ	ioŋ/iã	uaŋ/iã/iaʔ/ok	eŋ	aŋ/oŋ/eŋ/ok/ak/ek	oŋ/aŋ/ak/ok	oŋ/eŋ/aŋ/ioŋ/iŋ/uaŋ/ok/ak/ek/iok	eŋ/oŋ/ioŋ/aŋ/ok/ek/iok/uak
南澳云澳	oŋ/uak/ueʔ	ioŋ/iã	uaŋ/iã/iaʔ	ioŋ	aŋ/oŋ/eŋ/ok/ak/ek	oŋ/aŋ/ak/ok	oŋ/eŋ/aŋ/ioŋ/im/ok/ak/ek/iok	eŋ/oŋ/ioŋ/aŋ/ok/ek/iok/uak
汕头达濠	oŋ/ueŋ/uek/ueʔ	ueŋ/iã	uaŋ/ueŋ/iã/iaʔ/ok	ueŋ	aŋ/oŋ/eŋ/ok/ak/ek	oŋ/aŋ/ak/ok	oŋ/eŋ/aŋ/ioŋ/im/uaŋ/ok/ak/ek/iok	eŋ/ioŋ/oŋ/aŋ/ok/ek/iok/uak
潮阳棉城	oŋ/ueŋ/uek/ueʔ	ueŋ/iã	ueŋ/iã/uek/ok	ueŋ	aŋ/oŋ/eŋ/ok/ak/ek	oŋ/aŋ/ak/ok	oŋ/eŋ/aŋ/ioŋ/im/uaŋ/ok/ak/ek/iok	eŋ/oŋ/ioŋ/aŋ/ok/ek/iok/uak
潮阳海门	oŋ/ueŋ/uek/ueʔ	ueŋ/iã	ueŋ/iã/uek/ok	ueŋ	aŋ/oŋ/eŋ/ok/ak/ek	oŋ/aŋ/ak/ok	oŋ/eŋ/aŋ/ioŋ/im/uaŋ/ok/ak/ek/iok	oŋ/eŋ/ioŋ/aŋ/ok/ek/iok/uak
潮州湘桥	oŋ/uek/ueʔ	ioŋ/iã	uaŋ/iã/iaʔ/ok	ioŋ	aŋ/oŋ/eŋ/ok/ak/ek	oŋ/aŋ/ak/ok	oŋ/eŋ/aŋ/ioŋ/im/uaŋ/ok/ak/ek/iok	eŋ/oŋ/ioŋ/aŋ/ok/ek/iok/uek
潮州凤凰	oŋ/uat/ueʔ	ioŋ/iã	uaŋ/eŋ/iã/iaʔ/ut	ioŋ	aŋ/oŋ/eŋ/ok/ak/ek	oŋ/aŋ/ak/ok	oŋ/eŋ/aŋ/ioŋ/im/uaŋ/ok/ak/ek/iok	eŋ/oŋ/ioŋ/aŋ/ok/ek/iok/uak
潮州文祠	oŋ/uak/ueʔ	ioŋ/iã	uaŋ/iã/iaʔ/ok	ioŋ	aŋ/oŋ/eŋ/ok/ak/ek	oŋ/aŋ/ak/ok	oŋ/eŋ/aŋ/ioŋ/im/uaŋ/ok/ak/ek/iok	eŋ/oŋ/ioŋ/aŋ/ok/ek/iok/uek
饶平三饶	oŋ/uak/ueiʔ	ioŋ/iã	uaŋ/eŋ/iã/iaʔ/uk	ioŋ	aŋ/oŋ/eŋ/ok/ak/ek	oŋ/aŋ/ak/ok	oŋ/eŋ/aŋ/ioŋ/im/uaŋ	eŋ/oŋ/ioŋ/aŋ/ok/ek/iok/uak
饶平海山	oŋ/uak/ueʔ	ioŋ/iã	uaŋ/eŋ/iã/iaʔ/ok	ioŋ	aŋ/oŋ/eŋ/ok/ak/ek	oŋ/aŋ/ak/ok	oŋ/eŋ/aŋ/ioŋ/im/uaŋ/ok/ak/ek/iok	eŋ/oŋ/ioŋ/aŋ/ok/ek/iok/uak

第二章　中古音系与粤东闽语音系的比较　113

续表

方言点＼韵类	梗合二（耕麦）	梗合三（庚）	梗合三（清昔）	梗合四（青）	通合一（东屋）	通合一（冬沃）	通合三（东屋）	通合三（锺烛）
饶平黄冈	oŋ/uak/ueʔ	ioŋ/iã	uaŋ/eŋ/iã/iaʔ/ok	ioŋ	aŋ/oŋ/eŋ/ok/ak/ek	oŋ/aŋ/ak/ok	oŋ/eŋ/aŋ/ioŋ/im/uaŋ/ok/ak/ek/iok	eŋ/oŋ/ioŋ/aŋ/ok/ek/iok/uak
揭阳榕城	oŋ/ueŋ/uek/ueʔ	ioŋ/iã	ueŋ/iã/iaʔ/ok	ueŋ	aŋ/oŋ/eŋ/ok/ak/ek	oŋ/aŋ/ak/ok	oŋ/eŋ/aŋ/ioŋ/im/uaŋ/ok/ak/ek/iok	eŋ/oŋ/ioŋ/aŋ/ok/ek/iok/uak
惠来惠城	oŋ/ueŋ/uak/ueʔ	ioŋ/iã	ueŋ/iã/uek/ok	ueŋ	aŋ/oŋ/eŋ/ok/ak/ek	oŋ/aŋ/ak/ok	oŋ/eŋ/aŋ/ioŋ/im/uaŋ/ok/ak/ek/iok	eŋ/oŋ/ioŋ/aŋ/ok/ek/iok/uak
普宁流沙	oŋ/ueŋ/uak/ueʔ	ioŋ/iã	ueŋ/iã/uek/ok	ueŋ	aŋ/oŋ/eŋ/ok/ak/ek	oŋ/aŋ/ak/ok	oŋ/eŋ/aŋ/ioŋ/im/uaŋ/ok/ak/ek/iok	eŋ/oŋ/ioŋ/aŋ/ok/ek/iok/uak
陆丰东海	oŋ/eŋ/ek/ueʔ	eŋ/iã	eŋ/iã/ek	eŋ	aŋ/oŋ/eŋ/ok/ak	oŋ/aŋ/ak/ok	ioŋ/oŋ/aŋ/eŋ/im/ok/ek/iok/aʔ	ioŋ/eŋ/oŋ/aŋ/iok/ok
陆丰南塘	oŋ/eŋ/ek/ueʔ	oŋ/eŋ/iã/ioŋ	eŋ/iã/ek	eŋ	aŋ/oŋ/eŋ/ok/ak/ek	oŋ/aŋ/ak/ok	ioŋ/oŋ/aŋ/eŋ/im/ok/ak/ek/iok/aʔ	ioŋ/oŋ/aŋ/eŋ/iok/ok
陆丰甲子	oŋ/eŋ/uek/ueʔ	eŋ/iã	eŋ/iã/ueŋ/ek/ok	eŋ	aŋ/oŋ/eŋ/ok/ak/ek	oŋ/aŋ/ak/ok	oŋ/ioŋ/aŋ/ek/iok/aʔ	eŋ/ioŋ/aŋ/eŋ/ek/iok/ok
海丰海城	ueŋ/uek/ueʔ	eŋ/iã/ioŋ	eŋ/iã/uek	eŋ	aŋ/oŋ/ioŋ/ok/ak/iok	oŋ/aŋ/ok/ak	ioŋ/oŋ/aŋ/im/iok/ok/ak	ioŋ/oŋ/aŋ/eŋ/ek/iok/ok
海丰联安	ueŋ/uek/ueʔ	eŋ/iã/ioŋ	eŋ/iã/uek	eŋ	aŋ/oŋ/ioŋ/ok/ak/iok	oŋ/aŋ/ok/ok	ioŋ/oŋ/aŋ/im/iok/ok/ak	ioŋ/oŋ/aŋ/eŋ/ek/iok/ok
海丰平东	ueŋ/uek/ueʔ	eŋ/iã	eŋ/iã/uek	eŋ	aŋ/oŋ/ioŋ/ok/ak/iok	oŋ/aŋ/ok/ak	ioŋ/oŋ/aŋ/im/iok/ok/ak	ioŋ/oŋ/aŋ/eŋ/iok/ok
汕尾捷胜	ueŋ/uek/ueʔ	eŋ/iã	eŋ/iã/uek	eŋ	aŋ/oŋ/eŋ/ok/ak/ek	oŋ/aŋ/ok/ok	oŋ/ioŋ/aŋ/eŋ/im/iok/ok/ak/ek	ioŋ/oŋ/eŋ/aŋ/iok/ek/ok

通摄文读主要为 -oŋ/ok、-ioŋ/iok，读 -ioŋ/iok 绝大部分是三等字，粤东闽语各点三等字读 -oŋ/ok 或 -ioŋ/iok 的情况大致是：自东往西读 -ioŋ/iok 的例字渐次增加。通摄白读阳声韵主要为 -aŋ，其次为 -eŋ，极少数例字白读 -ɯŋ、-uaŋ；入声韵白读 -ek。

第三节 声调的比较

表 S-3-3-1　中古调类与粤东闽语今读主要声调对应表

声类 方言点	平 清	平 次浊	平 全浊	上 清	上 次浊	上 全浊	去 清	去 次浊	去 全浊	入 清	入 次浊	入 全浊
汕头市区	阴平 33	阳平 55		阴上 51	阳上 25		阴去 212	阳去 31		阴入 21	阳入 43	
								阳上 25				
澄海澄城	阴平 443	阳平 554		阴上 51	阳上 35		阴去 213	阳去 31		阴入 32	阳入 5	
								阳上 35				
南澳云澳	阴平 44	阳平 35		阴上 53	阳上去 35		阴去 212	阳上去 33		阴入 3	阳入 334	
汕头达濠	阴平 21	阳平 33		上声 24	阴去 52			阳去 52		阴入 3	阳入 45	
								阳去 31				
潮阳棉城（老）	阴平 21	阳平 33		阴上 45	阳上 52		阴去 41	阳去 32		阴入 2	阳入 5	
								阳上 52				
潮阳棉城（新）	阴平 21	阳平 33		阴上 45	阳上 52			去声 32		阴入 2	阳入 5	
								阳上 52				
潮阳海门	阴平 31	平声 44		上声 451	阴平 31		阴去 51	阳去 441		阴入 43	阳入 45	
								阴平 31				
潮州湘桥	阴平 33	阳平 55		阴上 51	阳上 25		阴去 213	阳去 21		阴入 32	阳入 53	
								阳上 25				
潮州凤凰	阴平 334	阳平 55		阴上 51	阳上 25		阴去 212	阳去 22		阴入 21	阳入 43	
								阳上 25				
潮州文祠	阴平 332	阳平 55		阴上 52	阳上 35		阴去 213	阳去 221		阴入 32	阳入 54	
								阳上 35				
饶平三饶	阴平 224	阳平 55		阴上 52	阳上 25		阴去 213	阳去 22		阴入 2	阳入 5	
								阳上 25				

续表

声类 方言点	平 清	平 次浊	平 全浊	上 清	上 次浊	上 全浊	去 清	去 次浊	去 全浊	入 清	入 次浊	入 全浊
饶平海山	阴平33	阳平55		阴上52		阳上35	阴去213	阳去22		阴入2	阳入5	
								阳上35				
饶平黄冈	阴平33	阳平55		阴上52		阳上25	阴去213	阳去441		阴入32	阳入54	
								阳上31				
揭阳榕城	阴平33	阳平55		阴上42		阳上35	阴去213	阳去31		阴入2	阳入5	
								阳上25				
惠来惠城	阴平24	阳平44		阴上552		阳上213	去声31	去声31		阴入32	阳入54	
								阳上213				
普宁流沙	阴平335	阳平44		阴上52		阳上25	阴去212	阳去31		阴入32	阳入54	
								阳上25				
陆丰东海	阴平44	阳平24		阴上55		阳上去33	阴去212	阳上去33		阴入32	阳入53	
陆丰南塘	阴平44	阳平55		阴上552		阳上去25	阴去312	阳去32		阴入3	阳入5	
								阳上25				
陆丰甲子	阴平334	阳平55		阴上552		阳上24	阴去22	阳去41		阴入3	阳入54	
								阳上24				
海丰海城	阴平33	阳平55		阴上52		阳上25	阴去212	阳去31		阴入21	阳入54	
								阳上25				
海丰联安	阴平44	阳平55		阴上52		阳上25	阴去212	阳去31		阴入3	阳入54	
								阳上25				
海丰平东	阴平44	阳平24		阴上52		阳上33	阴去212	阳上去33		阴入3	阳入5	
汕尾捷胜	阴平34	阳平55		阴上53		阳上35	阴去324	阳去32		阴入3	阳入54	
								阳上35				

　　清声母平声字绝大部分读阴平调，少数字读阳平、阴上、阴去调，这些字大都为非口语常用字，书面色彩比较浓。

　　浊声母平声字（包括次浊和全浊）主要读阳平调，部分字读归阴平调，另外还有少数字读阴上、阳上、阴去调。

　　次浊上声字跟着清声母上声字走，主要读阴上调，部分字白读同全浊上声字，读阳上调。

　　全浊声母上声字基本上都读阳上调，只有少部分读为阴上、阴去调；

在发生了"浊上变去"的七调方言（云澳、陆丰东海、海丰平东）中，浊声母去声字和全浊上声字一样，都读阳上去调。云澳有少数字读阳平35调，这些字在汕头方言中读阳上35调，在南澳后宅话中也读阳上24调，云澳大概是受到临近方言的影响，照搬调型调值造成的；还有少数字读阳平调，大部分为文读音。

清声母去声字主要读阴去调，少部分字读阳上、阴上、阴平调。潮阳的阳上和阴去调合并，两部分字混在一起。

去声字次浊跟全浊一样，都读阳调，在八调的方言中，浊声母去声字部分读阳去调，部分读阳上调，阳上调主要为文读音，阳去调主要为白读音。在发生了"浊上变去"的七调方言中，浊声母去声字都读阳上去调，不区分层次。除此之外，还有少数字读阴去、阳平和阴上调。

清声母入声字主要读阴入调，少数字读阳入调。

浊声母入声字主要读阳入调，少数字读阴入调。

第 三 章

粤东闽语的声母

粤东闽语的声母系统相对简单，各点的声母也比较统一。本章主要讨论以下问题：一、次浊声母在今粤东闽语的表现；二、知、精、庄、章组声母的今读；三、喉音声母的今读。

第一节　古次浊声母在今粤东闽语的表现

古次浊声母指的是鼻音、边音和半元音，包括"明微泥（娘）疑喻来日"母，本节将讨论古次浊声母字在今粤东闽语的读音情况。

学界都知道，闽南方言有浊音声母 b/g－，但并非来自古全浊并母、羣母（周长楫 1996，1998），而分别来自古次浊声母明、微和疑母；另外还有一个音色接近 [d] 的 l－声母，据罗常培（1930）、杨秀芳（1991）等人研究，这个声母的音色有时介乎 [l] 和 [d] 之间，而且它也来自古次浊泥母、来母和日母。在厦门，[b/l/g] 只出现在口元音前，跟只出现在鼻化元音前的鼻音声母 [m/n/ŋ] 形成互补分布，所以学界通常把这两组声母分别归并为同一音位的变体。

最早记录到闽南方言古次浊声母读相同部位浊爆音的是高本汉（1926/2003），他认为这是真浊音，跟山西文水等方言的鼻冠音不同，并推断汕头方言的"鹅 ga"经由"ŋa＞ŋga＞ga"的音变而来。然而，罗常培（1930）、董同龢（1967）、张振兴（1983）、袁家骅（2001）都曾先后指出，闽南方言的这类音跟典型的浊塞音不同，其前头带有轻微的鼻音色彩。胡方（2005）通过声学特性分析确认厦门的 [b l g] 实际上是鼻冠音 [ᵐb ᵑg ⁿd]，而非传统所认为的浊塞音，他还进一步指出，这类声母都是鼻音塞化的结果，在粤语、客家话、晋语的部分方言都曾存在此类声母。朱晓农（2006）从音理的角度说明唇音和齿音都可能浊音清化，经过一圈的演变之后又回到浊音，这个音变圈可分为六个阶段：

阶段（六）	一	二	三	四	五	六
唇音（b＞）	p	pʰ	ɓ	ᵐb/m	(mᵇ)	b
齿音（d＞）	t	tʰ	ɗ	ⁿd/n	(l)	d

朱晓农还指出，带鼻冠音的浊塞音是从鼻音向普通浊爆音 b、d 转变的一环。属于闽南方言的粤东闽语情况与此相似，其来自古次浊声母的 b/g‑ 并非典型的浊声母，内部包含不同的变体。《自发新生的内爆音——来自赣语、闽语、哈尼语、吴语的第一手材料》（朱晓农等，2009）一文通过共时的方言材料证明，粤东闽语来自古次浊声母的浊声母存在多种变体，包括上述音变链中的内爆音和鼻冠音，清晰地反映了粤东闽语此类声母的音值面貌。因为这些变体之间没有对立，所以在音系描写和归纳的时候可以处理为一个音位，本书统一记为 b/g‑。粤东闽语的 l‑声母跟厦门不同，它是一个舌尖前浊边音，音色上跟 d 有较大差别。

如上所述，学界通常认为 m/n/ŋ‑ 和 b/l/g‑ 两套声母在厦门方言中不产生对立，归为一套音位；而认为粤东闽语的 m/n/ŋ‑ 和 b/l/g‑ 存在对立，它们之间的对立表现在都可以跟带主要元音为口元音的阳声韵和入声韵相拼，但是，根据"粤东闽语所有的鼻音声母都会同化后边的元音并使之带上鼻化色彩"这一规律，粤东闽语的 m/n/ŋ‑ 和 b/l/g‑ 也没有音位对立，因为 b/l/g‑ 只出现在口元音之前，m/n/ŋ‑ 只出现在鼻化元音之前。因此，正如第一章音系归纳部分所论述，粤东闽语的 m/n/ŋ‑ 和 b/l/g‑ 两套声母之间亦不存在对立，它们的分布互为补充。将其处理为两套声母是为了使韵母系统简洁，韵母就不需要增加一套主要元音带鼻化的阳声韵和入声韵来跟 m/n/ŋ‑ 声母相配，只保留一套主要元音非鼻化的韵母并说明"出现在 m/n/ŋ‑ 后鼻化，出现在 b/l/g‑ 后不鼻化"即可。徐宇航（2018）也讨论了这个问题"因去鼻化音变，福建闽

南方言只有 C_1VN_2、C_1VC_2，无 N_1VN_2、N_1VC_2 结构。而据传统音系描写，潮州方言除了 C_1VN_2、C_1VC_2 结构，还具有 N_1VN_2、N_1VC_2 结构，如'忙'记为［maŋ］，'目'记为［mak］"，她也认为"传统音系描写的 N_1VN_2、N_1VC_2 结构，实应为 $N_1\tilde{V}N_2$、$N_1\tilde{V}C_2$ 结构"[①]。

第二节　知、精、庄、章组声母的今读

闽语大都存在以下现象：第一，中古知组声母字今部分读如端组，为 t－、tʰ－，通常为口语白读音；第二，中古庄、章组声母字今读同精组，为 ts－、tsʰ－、s－声母；第三，中古庄组声母字今个别读同端组，为 t－、tʰ－声母；四、中古心、邪、生、书、禅母字今部分读为 ts－、tsʰ－声母。古知、精、庄、章组声母在今大部分闽语的读音情况本质上属于两分型，即知组和精、庄、章三组分立。另外，部分闽语方言点如沙县，知、精、庄、章组声母的今读属于三分型，这里不展开讨论。粤东闽语属于两分型，具有上举两分型的语音现象，另外，粤东闽语中古章组声母字今部分读 k－，同见组。本节内容将考察古知、精、庄、章组声母在今粤东闽语的读音分布。

下文以饶平黄冈的读音为例，列举知、精、庄、章组声母字的读音情况。其他点的情况跟黄冈大致相同，有些点的某些例字韵母音值有差异、或者保留前鼻音和 －t 尾等，不影响声母的分析。

知组

t －声母：

茶［⊆te］、爹［⊂tia］、猪［⊂tɯ］、著~作［tu⊃］、箸［⊆tiu］、箸［tɯ⊃］、诛［⊂tu］、蛛［⊂tu］、株［⊂tu］、厨［⊆tou］、缀白,~组［tue⊃］、知文,~县［⊂ti］、蜘［⊂ti］、智［ti⊃］、池［⊆ti］、致［ti⊃］、置［ti⊃］、治［ti⊃］、追［⊂tui］、槌动［⊆tui］、锤动［⊆tui］、坠［tui⊃］、潮［⊆tio］、赵［⊆tio］、兆［⊆tiau］、召［⊆tiau］、肘［⊆tiu］、昼白,日~［tau⊃］、昼文,~夜［⊆tiu］、绸［⊆tiu］、紵［⊆tiu］、宙［⊆tiu］、沉［⊆

[①] 徐宇航：《潮州方言鼻音声母——规则、演变、层次》，《中国语文》2018 年第 6 期。

tim]、蟄 [tek̚]、綻 [˄teŋ]、展 [˄tian]、哲 [tiak̚]、蜇 [tiak̚]、纏 白,~骰 [˷tĩ]、轉 白,~来 [˄tuŋ]、篆 [˄tuan]、傳 ~记 [tuŋ˅]、撞 [tuŋ˅]、珍 [˷tian]、鎮 [tiŋ˅]、陳 姓 [˷tan]、塵 白,烟~ [˷teŋ]、塵 文,~土 [˷tiŋ]、陣 文 [tiŋ˅]、侄 [tiak̚]、秩 [tiak̚]、張 姓 [˷tiõ]、帳 [tiõ˅]、賬 [tiõ˅]、脹 白,~肚 [tiõ˅]、著 附~ [tioʔ̚]、長 白,~短 [˷tuŋ]、腸 白,猪~ [˷tuŋ]、場 白,~地 [˷tiõ]、丈 量词 [˄tuŋ]、丈 白,~依 [˄tiõ]、桌 [toʔ̚]、卓 [toʔ̚]、琢 [tok̚]、啄 [toʔ̚]、徵 [˷teŋ]、瞪 [teŋ˅]、直 [tik̚]、值 文,~日 [tek̚]、值 白,~钱 [tak̚]、擇 [toʔ̚]、摘 [tiaʔ̚]、鄭 [tẽ˅]、中 白 [˷tan]、中 文,~间 [˷toŋ]、忠 [˷toŋ]、中 [toŋ˅]、竹 [tek̚]、築 [tok̚]、仲 [˄toŋ]、逐 [tok̚]、軸 [tek̚]、重 ~复 [˷teŋ]、重 文,~要 [˄toŋ]、重 白,轻~ [˄tan]

t^h - 声母：

儲 [˷tʰu]、柱 [˄tʰiau]、滯 [tʰi˅]、錐 [˄tʰi]、持 [˷tʰi]、痔 [˄tʰi]、槌 名,木~ [˷tʰui]、錘 名,铁~ [˷tʰui]、超 [tʰiau˅]、抽 [˷tʰiu]、丑 [˄tʰiu]、稠 [˷tʰiu]、籌 [˷tʰiu]、徹 [tʰiak̚]、撤 [tʰiak̚]、轍 [tʰiak̚]、傳 ~达 [˷tʰuan]、趁 ~钱 [tʰan˅]、杖 白,孝 [tʰuŋ˅]、陳 文,~列 [˷tʰiŋ]、暢 [tʰioŋ˅]、澄 [˷tʰeŋ]、懲 [˄tʰeŋ]、撐 [˷tʰẽ]、掌 [˷tʰẽ]、拆 [tʰiaʔ̚]、澄 [˷tʰeŋ]、宅 [tʰeʔ̚]、蟶 [˷tʰan]、逞 [˄tʰeŋ]、呈 [˷tʰiã]、程 [˷tʰiã]、畜 白,~牲 [tʰek̚]、畜 文,牲~ [tʰiok̚]、蟲 [˷tʰaŋ]、冢 [˄tʰoŋ]、寵 [˄tʰoŋ]

ts - 声母：

拄 [˄tsu]、駐 [˄tsu]、註 [tsu˅]、住 [˄tsu]、知 白,唔~ [˷tsai]、稚 [˄tsĩ]、罩 [˄tsau]、朝 今~ [˷tsiau]、站 [˄tsam]、轉 文,~移 [˄tsuan]、趁 ~着 [˄tsian]、陣 白 [tsuŋ˅]、張 文,慌 [˷tsiaŋ]、長 生~ [˷tsiaŋ]、漲 [tsiaŋ˅]、脹 文,膨~ [tsiaŋ˅]、丈 文,~夫 [˄tsiaŋ]、仗 [˄tsiaŋ]、杖 文,拐~ [˄tsiaŋ]、椿 [˷tsuaŋ]、撞 [˄tsuaŋ]、濁 [tsuak̚]、癥 [tseŋ˅]、澤 [tsek̚]、貞 [˷tseŋ]、偵 [˷tseŋ]

ts^h - 声母：

綴 文,点~ [tsʰuak̚]、馳 [˷tsʰi]、遲 [˷tsʰi]、癡 [˷tsʰi]、恥 [˄

tsʰĩ]、朝~代 [ₑtsʰiau]、陳文,老宋~ [ₑtsʰiŋ]、椿 [ₑtsʰuŋ]、長文,~期 [ₑtsʰiaŋ]、場文,排~ [ₑtsʰiaŋ]、戳 [tsʰiak₋]、橙 [ₑtsʰeŋ]

闽语普遍存在知组字白读 t/tʰ- 声母的现象，被视为"古无舌上音"的最好例证，粤东闽语同样具有这一语音特点，只是由于语音历时演变的错综复杂，不同层次的读音之间相互交汇、互相渗透，粤东闽语知组字今读已经打破塞音 t/tʰ- 声母对应白读层、塞擦音 ts/tsʰ- 声母对应文读层的整齐对应关系，t/tʰ- 声母进入文读层、ts/tsʰ- 声母跑到白读层的现象比较常见。

表 S-3-2-1 知组字文/白读音举例

例字	读音 文	读音 白	例字	读音 文	读音 白	
知	ₑti ~县	ₑtsai 唔~	阵	tiŋ⁼	tsuŋ⁼	
昼	ᶜtiu	tau⁼	陈	ₑtʰiŋ ~列	ₑtsʰiŋ 老宋~	ₑtaŋ 姓
转	ᶜtsuaŋ	ᶜtuŋ	长	ₑtsʰiaŋ	ₑtuŋ	
张	ᶜtsiaŋ	ᶜtiõ	丈	ᶜtsiaŋ ~夫	ᶜtuŋ	ᶜtiõ
畜	tʰiok₋	tʰek₋	值	tek₋ ~班	tak₋ ~钱	
抽		ₑtʰiu	重	ᶜtoŋ	ᶜtaŋ	
驰	ₑtsʰi					
癡	ₑtsʰi					

福建本土闽南方言如厦门、泉州、漳州等，相较于粤东闽语其知组字读塞擦音声母 ts/tsʰ- 的例字比较少，不少例字粤东闽语读为塞音声母 ts/tsʰ- 而福建本土闽南方言读为 t/tʰ-，且都为文读音。下举泉州为例：

例字	读音 文 泉州	读音 文 黄冈	读音 白	例字	读音 文 泉州	读音 文 黄冈	读音 白
纏	ₑtian	tsʰ	ₑtĩ	腸	ₑtiɔŋ	tsʰ	ₑtuŋ
轉	ᶜtuan	ts	ᶜtuŋ	場	ₑtiɔŋ	tsʰ	ₑtiũ

续表

例字	读音			例字	读音		
	文		白		文		白
	泉州	黄冈			泉州	黄冈	
張	$_\subset$tiɔŋ	ts	$_\subset$ti ũ	丈	tiɔŋ$_\supset$	ts	$^\subset$ti ũ 姑~ / $^\subset$tɯŋ 量詞
長	$_\subset$tiɔŋ	ts	$^\subset$ti ũ	杖	tiɔŋ$_\supset$	ts	$^\subset$tʰɯŋ
脹	tiɔŋ$_\supset$	ts	ti ũ $_\supset$	撞	tɔŋ$_\supset$	ts	tɯŋ$^\supset$
長	$_\subset$tiɔŋ	tsʰ	$_\subset$tɯŋ	遲	$_\subset$ti	tsʰ	
稚	ti$^\supset$	ts					

注：对应泉州的 -i ũ 韵母，黄冈为 -i õ。

上举例字的白读层声母饶平黄冈和泉州完全一致，但是文读层读音则截然不同，泉州全部读塞音声母 t/tʰ-，而饶平黄冈读塞擦音声母 ts/tsʰ-，而且送气与否也参差不齐。泉州知组声母字不管文白层都主要读 t/tʰ- 声母，厦门、漳州的情况与泉州大致相同，都表现出文读层向白读层读音靠拢的倾向。

精组

ts - 声母

左 [$^\subset$tso]、佐 [$^\subset$tso]、坐 [$^\subset$tso]、座 [tso$^\supset$]、姐_大~ [$^\subset$tse]、姐_翁~ [$^\subset$tsia]、借 [tsiɔʔ$_\supset$]、藉 [$^\subset$tsia]、謝_姓 [tsia$^\supset$]、租 [$_\subset$tsou]、祖 [$^\subset$tsou]、組 [$_\subset$tsu]、做 [tso$^\supset$]、蛆 [$_\subset$tsu]、聚 [$^\subset$tsu]、災 [$_\subset$tsai]、栽 [$_\subset$tsai]、宰 [$^\subset$tsai]、載_一年半~ [$^\subset$tsai]、再 [tsai$^\supset$]、載_~重 [tsai$^\supset$]、才_秀~ [$_\subset$tsai]、在_文,实~ [$^\subset$tsai]、載 [tsai$^\supset$]、寨 [tse$^\supset$]、祭 [tsi$^\supset$]、際 [tsi$^\supset$]、擠 [ts ĩ$^\supset$]、濟 [tsi$^\supset$]、齊_白 [$_\subset$tsoi^{55}]、臍 [$_\subset$tsai]、劑 [tsi$^\supset$]、罪 [$^\subset$tsue]、最 [tsue$^\supset$]、紫 [$^\subset$tsi]、資 [$_\subset$tsɯ]、姿 [$_\subset$tsɯ]、咨 [$_\subset$tsɯ]、姊 [$^\subset$tsi]、自 [$^\subset$tsɯ]、兹 [$_\subset$tsɯ]、滋 [$_\subset$tsɯ]、子 [$^\subset$tsɯ]、梓 [$^\subset$tsɯ]、巳 [$^\subset$tsi]、醉 [tsui$^\supset$]、粹 [$^\subset$tsui]、遭 [$_\subset$tsau]、糟 [$_\subset$tsau]、早 [$^\subset$tsa]、棗 [$^\subset$tso]、蚤 [$^\subset$tsau]、竈 [tsau$^\supset$]、槽 [$_\subset$tso]、皂 [$^\subset$tsau]、造 [$^\subset$tsau]、焦 [$_\subset$tsiau]、蕉_文,芭~ [$_\subset$tsiau]、蕉_白,米~ [$_\subset$tsio]、椒 [$_\subset$tsio]、醮 [tsio$^\supset$]、樵 [$_\subset$tsiau]、走

[˗tsau]、奏[tsauˉ]、酒[˗tsiu]、就文,成~[˗tsiu]、簪[˗tsam]、雜[tsapˍ]、暫[˗tsiam]、鏨[˗tsam]、尖[˗tsiam]、接白,迎~[tsiʔˍ]、接文,嫁~[tsiapˍ]、漸[˗tsiam]、捷[tsiapˍ]、浸[tsimˉ]、集[tsipˍ]、簪[˗tsam]、贊[tsaŋˉ]、煎[˗tsiaŋ]、剪[˗tsiaŋ]、箭[tsĩˉ]、濺[tsiaŋˉ]、錢[˗tsĩ]、踐[˗tsiaŋ]、賤[tsuãˉ]、餞[˗tsiaŋ]、箋[˗tsiaŋ]、薦[tsiŋˉ]、節白,做~[tsoiʔˍ]、節文,~约[tsakˍ]、前[˗tsoi]、截[tsoiʔˍ]、鑽[tsɯŋˉ]、泉[˗tsuã]、絕[tsoʔˍ]、津[˗tsiŋ]、儘[˗tsiŋ]、進[tsiŋˉ]、晉[tsiŋˉ]、盡[˗tsiŋ]、疾[tsikˍ]、薪[˗tsiŋ]、尊[˗tsuŋ]、卒[tsukˍ]、猝[tsukˍ]、蹲[˗tsuŋ]、遵[˗tsuŋ]、俊[tsuŋˉ]、臧[˗tsɯŋ]、髒[tsaŋˉ]、葬[tsɯŋˉ]、作文,工~[tsakˍ]、作白,种~[tsoʔˍ]、藏西~[˗tsaŋ]、臟[˗tsaŋ]、將[˗tsiaŋ]、漿[˗tsiõ]、蔣[˗tsiõ]、獎[tsiaŋˉ]、槳[˗tsiõ]、醬[tsiõˉ]、將[tsiaŋˉ]、爵[tsiakˍ]、雀白,麻~[tsiaʔˍ]、匠文[˗tsiaŋ]、嚼[tsiakˍ]、曾姓[˗tsaŋ]、增[˗tseŋ]、憎[˗tseŋ]、則[tsekˍ]、曾[˗tseŋ]、層[˗tsaŋ]、贈[tsaŋˉ]、僧[˗tseŋ]、即[tsiakˍ]、鯽[tsikˍ]、精文,~神[˗tseŋ]、精白,~肉[˗tsiã]、晶[˗tsiã]、睛[˗tseŋ]、井[˗tsẽ]、積~极[tseʔˍ]、積~钱[tsekˍ]、跡[tsiaʔˍ]、脊文,~椎[tsikˍ]、脊白[tsiaʔˍ]、情白,亲~[˗tsiã]、晴[˗tsẽ]、靜[˗tsẽ]、靖[˗tseŋ]、淨[˗tseŋ]、籍[˗tsia]、藉[˗tsia]、績[tseʔˍ]、椶[˗tsaŋ]、鬃[˗tsaŋ]、總文,~共[˗tsoŋ]、總白,草~[˗tsaŋ]、稷[tsaŋˉ]、叢[˗tsaŋ]、宗[˗tsoŋ]、綜[˗tsoŋ]、蹤[˗tsoŋ]、縱~横[tsoŋˉ]、縱放~[tsoŋˉ]、足[tsokˍ]

s-声母

搓白,~九[˗so]、梭[˗so]、唆[˗so]、莎[˗sua]、鎖[˗so]、瑣[˗so]、些[˗sẽ]、寫[˗sia]、瀉[siaˉ]、卸[siaˉ]、邪[˗sia]、斜白,不正[˗sia]、斜文,倾~[˗sia]、謝白,花~[siaˉ]、謝文[siaˉ]、苏[˗sou]、酥[˗sou]、素[suˉ]、訴[suˉ]、塑[suakˍ]、嗉[suˉ]、絮[suˉ]、序[˗su]、叙[˗su]、緒[˗su]、須[˗su]、鬚文[˗su]、需[˗su]、續[sokˍ]、腮文[˗sai]、賽[saiˉ]、西白,~方[˗sai]、西文,~瓜

[ₑsi]、犀 [ₑsai]、洗 [ᶜsoi]、細 [soiᵓ]、婿 [saiᵓ]、歲ᵥ,ᴣ~ [sueᵓ]、斯 [ₑsɯ]、撕 [ₑsɯ]、徙 [ᶜsua]、賜 [sɯᵓ]、私 [ₑsɯ]、死 [ᶜsi]、四 [siᵓ]、肆ᵣ放~ [sɯᵓ]、肆"四" [siᵓ]、司 [ₑsi]、絲 [ₑsi]、思ᵥ,~想 [ₑsɯ]、思ᵦ,病相~ [ₑsi]、伺 [ᶜsɯ]、思 [sɯᵓ]、辭ᵥ,~典 [ₑsɯ]、辭ᵦ,相~ [ₑsi]、詞 [ₑsɯ]、祠 [ₑsɯ]、似 [ᶜsɯ]、祀 [ᶜsɯ]、寺 [siᵓ]、嗣 [ₑsɯ]、隨 [ₑsui]、雖 [ₑsui]、綏 [ₑsui]、遂 [ₑsui]、隧 [ₑsui]、穗 [suiᵓ]、騷 [ₑsau]、掃 [sauᵓ]、嫂 [ᶜso]、掃 [sauᵓ]、消 [ₑsiau]、宵 [ₑsiau]、霄 [ₑsio]、硝 [ₑsiau]、銷 [ₑsiau]、小ᵦ,~姐 [ᶜsio]、小ᵥ,~ [ᶜsiau]、鞘 [ₑsiau]、蕭 [ₑsiau]、簫 [ₑsiau]、叟 [ᶜsou]、嗽 [sauᵓ]、修 [ₑsiu]、羞 [ₑsiu]、秀 [siuᵓ]、繡 [siuᵓ]、宿 [siuᵓ]、銹 [siuᵓ]、泗 [ₑsiu]、袖 [siuᵓ]、三ᵦ,數字 [ₑsã]、三ᵥ,~國 [ₑsam]、心 [ₑsim]、習 [sipᵓ]、襲 [sipᵓ]、參 [ₑsiam]、珊 [ₑsaŋ]、傘 [suãᵓ]、散ᵦ药~ [ᶜsuã]、散ᵦ分~ [suãᵓ]、撒 [sakᵓ]、薩 [sakᵓ]、仙 [ₑsian]、鮮ᵦ朝~ [ᶜsian]、癬 [ᶜsian]、線 [suãᵓ]、薛 [siʔᵓ]、泄 [siapᵓ]、先ᵥ,~生 [ₑsin]、先ᵦ,~后 [ₑsõi]、屑ᵦ屑 [siakᵓ]、屑ᶜ鋸~ [sukᵓ]、楔 [soiʔᵓ]、酸 [ₑsɯŋ]、算 [sɯŋᵓ]、蒜 [sɯŋᵓ]、宣 [ₑsuaŋ]、選 [ᶜsuaŋ]、雪 [soʔᵓ]、旋 [ₑsuaŋ]、辛 [ₑsiŋ]、新~旧 [ₑsiŋ]、新~妇 [ₑsim]、信 [siŋᵓ]、訊 [siŋᵓ]、悉 [sekᵓ]、孫ᵦ子~ [ₑsuŋ]、孫ᵦ姓 [ₑsɯŋ]、損 [ᶜsɯŋ]、遜 [suŋᵓ]、荀 [ₑsuŋ]、筍 [ᶜsuŋ]、榫 [ᶜsuŋ]、迅 [siŋᵓ]、戌 [sukᵓ]、恤 [sukᵓ]、旬 [ₑsuŋ]、循 [ₑsuŋ]、巡 [ₑsuŋ]、殉 [ₑsuŋ]、桑 [ₑsɯŋ]、喪 [ₑsɯŋ]、嗓 [ᶜsɯŋ]、喪 [saŋᵓ]、索ᵥ,搜~ [sokᵓ]、索ᵦ,绳~ [soʔᵓ]、相ᵦ,~拍 [ₑsio]、相ᵥ,互~ [ₑsian]、箱 [ₑsiõ]、厢ᵦ [ₑsiõ]、厢ᵥ,一~情愿 [ₑsian]、湘 [ₑsian]、襄 [ₑsian]、鑲 [ₑsiõ]、想ᵥ,思~ [ᶜsian]、想ᵦ,~法 [ᶜsiõ]、相ᵦ [siõᵓ]、相ᵥ,宰~ [sianᵓ]、削 [siaʔᵓ]、詳 [ₑsian]、祥 [ₑsian]、象ᵥ气~ [ᶜsian]、象ᵦ印~ [ᶜsian]、象ᵦ想~ [siõᵓ]、像ᵥ,头~ [siõᵓ]、塞 [sakᵓ]、昔 [sekᵓ]、息 [sekᵓ]、熄ᵦ [sikᵓ]、熄ᵥ [sekᵓ]、媳 [sekᵓ]、省ᵦ,~长 [ᶜsẽ]、省ᵦ节~ [ᶜsẽ]、性 [sẽᵓ]、姓 [sẽᵓ]、惜 [sioʔᵓ]、席ᵦ,酒~ [siaʔᵓ]、夕 [sekᵓ]、寂

[sok₋]、腥ᵥ,~味 [₋seŋ]、錫 [siaʔ₋]、析 [sek₋]、送 [saŋ⁻]、速 [sok₋]、鬆ᵥ,輕~ [₋saŋ]、鬆ᵥ,放~ [₋soŋ]、宋 [soŋ⁻]、嵩 [₋soŋ]、肅 [sok₋]、宿 [suaʔ₋]、慫 [⁻soŋ]、松ᵥ,~香 [₋seŋ]、松ᵥ,~樹 [₋soŋ]、誦 [⁻soŋ]、頌 [⁻soŋ]、訟 [⁻soŋ]、俗 [sok₋]、續 [sok₋]、澳 [⁻sɯ]

tsʰ-声母

搓ᵥ [₋tsʰo]、銼 [tsʰo⁻]、且 [⁻tsʰiã]、褯 [tsʰioʔ₋]、粗 [₋tsʰou]、醋 [tsʰou⁻]、措 [tsʰu⁻]、錯 [tsʰo⁻]、徐 [₋tsʰɯ]、趨 [₋tsʰu]、取 [⁻tsʰu]、娶 [⁻tsʰu]、趣 [tsʰu⁻]、猜 [₋tsʰai]、彩 [⁻tsʰai]、採 [⁻tsʰai]、睬 [⁻tsʰai]、菜 [tsʰai⁻]、才 [₋tsʰai]、材 [₋tsʰai]、財 [₋tsʰai]、裁 [₋tsʰai]、纔 [₋tsʰai]、腮ᵥ,~鼓 [₋tsʰi]、鰓 [₋tsʰi]、蔡 [tsʰua⁻]、妻 [₋tsʰi]、齊ᵥ,~国 [₋tsʰi]、薺 [₋tsʰi]、棲 [₋tsʰi]、催 [₋tsʰui]、崔 [₋tsʰui]、碎 [tsʰui⁻]、脆 [⁻tsʰui]、雌 [₋tsʰɯ]、此 [⁻tsʰɯ]、刺ᵥ,~死 [tsʰɯŋ⁻]、刺ᵥ,鱼~ [tsʰi⁻]、疵 [₋tsʰɯ]、次 [tsʰɯ⁻]、瓷 [₋tsʰɯ]、餈 [₋tsʰɯ]、慈 [₋tsʰɯ]、磁 [₋tsʰɯ]、飼 [tsʰi⁻]、嘴ᵥ [tsʰui]、髓 [⁻tsʰue]、翠 [tsʰui⁻]、澡 [tsʰau⁻]、躁 [tsʰau⁻]、操做~ [₋tsʰau]、操曹~ [tsʰau⁻]、草青~ [⁻tsʰau]、草~书 [⁻tsʰo]、糙 [tsʰo⁻]、曹 [₋tsʰau]、鍬 [₋tsʰiu]、悄 [⁻tsʰiau]、俏 [⁻tsʰiau]、笑ᵥ [tsʰio⁻]、笑ᵥ,见~ [tsʰiau⁻]、湊 [tsʰou⁻]、揫 [₋tsʰiu]、秋~天 [₋tsʰiu]、鞦 [₋tsʰiu]、囚 [₋tsʰiu]、參 [₋tsʰam]、慘 [⁻tsʰam]、蠶 [₋tsʰõi]、慚 [₋tsʰam]、殲 [₋tsʰiam]、籤 [₋tsʰiam]、妾 [tsʰiap₋]、潛 [₋tsʰiam]、侵 [₋tsʰim]、寢 [⁻tsʰim]、緝 [tsʰip₋]、輯 [tsʰip₋]、尋 [₋tsʰim]、參~加 [₋tsʰam]、餐 [₋tsʰaŋ]、燦 [tsʰaŋ⁻]、擦 [tsʰak₋]、殘 [₋tsʰaŋ]、遷 [₋tsʰiaŋ]、淺 [⁻tsʰiaŋ]、鮮 [₋tsʰĩ]、千ᵥ [₋tsʰiaŋ]、千ᵥ [₋tsʰõi]、切 [tsʰiak₋]、竄 [tsʰuaŋ⁻]、撮 [tsʰoʔ₋]、全 [₋tsʰuaŋ]、親 [₋tsʰiŋ]、七 [tsʰik₋]、漆 [tsʰak₋]、秦 [₋tsʰiŋ]、膝 [tsʰip₋]、村 [₋tsʰɯŋ]、寸 [tsʰuŋ⁻]、存 [₋tsʰuŋ]、倉ᵥ,~促 [₋tsʰaŋ]、倉ᵥ,~库 [₋tsʰɯŋ]、蒼 [₋tsʰaŋ]、錯内~角 [tsʰak₋]、藏 [₋tsʰaŋ]、鑿 [tsʰak₋]、雀 [tsʰiak₋]、槍 [₋tsʰiõ]、搶 [⁻tsʰiõ]、鵲 [tsʰiak₋]、牆 [₋tsʰiõ]、匠ᵥ [tsʰiõ⁻]、象大~ [⁻tsʰiõ]、像ᵥ~ [⁻

tsʰiõ]、橡［⊂tsʰiõ］、贼［tsʰak⊇］、清［⊂tsʰeŋ］、请［⊂tsʰiã］、情_(文,感~)［⊂tsʰeŋ］、席_(文,酒~)［tsʰioʔ⊇］、青［⊂tsʰẽ］、蜻［⊂tsʰẽ］、戚［tsʰek⊇］、星［⊂tsʰẽ］、腥_(白,臭~)［⊂tsʰẽ］、醒［⊂tsʰẽ］、聪［⊂tsʰoŋ］、怱［⊂tsʰoŋ］、葱［⊂tsʰaŋ］、囱［⊂tsʰoŋ］、從_(~容)［⊂tsʰoŋ］、促［tsʰok⊇］、從_(跟~)［⊂tsʰoŋ］、粟［tsʰek⊇］、蓆［tsʰioʔ⊇］

dz–声母

字_白［dzi²］、字_文［⊂dzɯ］、寺［dzi²］、族［dzok⊇］

精组声母字读音比较稳固，也相对简单，精、清、从母字不管文白音都读 ts/tsʰ–声母，s–声母只包含邪、心母字，少数邪、心母字也读 ts/tsʰ–声母，且大都为白读音。读 dz–声母的主要是日母字，精组读 dz–只有少数例字，而且不是所有的粤东闽语方言点都有，主要集中在潮汕东边的饶平、潮州几个方言点，读 dz–的字都属于邪、心母，大概是方言自身晚近的演变，由清声母 ts–变读为同部位的浊声母。在笔者的母语（饶平海山话）里，"族"读［dzok⊇］或［tso⊇］、"寺"读［dzi²］或［si²］属于自由变体，可以作为例证。

庄组

s–声母

沙［⊂sua］、纱［⊂se］、灑［sai⊃］、傻［⊂sa］、梳［⊂siu］、疏［⊂so］、蔬［⊂so］、所［⊂so］、疏_(注~)［⊂so］、数_(白,~数)［siau⊃］、数_(名词)［siau⊃］、灑［sa⊃］、曬［sai⊃］、师_(白,~父)［⊂sai］、师_(文,老~)［⊂sɯ］、狮［⊂sai］、士［⊂sɯ］、仕［⊂sɯ］、柿［⊂sai］、俟［⊂sɯ］、事［sɯ⊃］、使_(~用)［⊂sai］、使_(大~馆)［sai⊃］、史［⊂sɯ］、驶［⊂sai］、衰［⊂sue］、摔［suk⊇］、帅［sue⊃］、梢［⊂siau］、捎［⊂sau］、搜［⊂siau］、瘦［⊂sou］、漱［sou⊃］、杉［⊂sam］、衫［⊂sã］、森［⊂som］、参_~［⊂som］、涩［siap⊇］、山［⊂suã］、产［⊂suã］、殺［suaʔ⊇］、刪［⊂saŋ］、疝［⊂siaŋ］、涮［sueʔ⊇］、刷［sueʔ⊇］、瑟［sek⊇］、蝨［sak⊇］、率［suk⊇］、蟀［suk⊇］、霜［⊂suŋ］、孀［⊂suŋ］、爽［⊂suaŋ］、双［⊂saŋ］、朔［suak⊇］、色［sek⊇］、嗇［siak⊇］、生_(文,~学)［⊂seŋ］、生_(白,~田)［⊂sẽ］、牲_(文,牺~)［⊂seŋ］、牲_(白,精~)［⊂sẽ］、笙［⊂seŋ］、甥［⊂seŋ］、缩［sok⊇］、篩_文［⊂sai］

第三章　粤东闽语的声母

tsʰ－声母

叉［₋tsʰe］、权［₋tsʰe］、差［₋tsʰa］、岔［₋tsʰe］、查［₋tsʰe］、初_文,当~_［₋tsʰo］、初_白,~五_［₋tsʰiu］、楚［ᶜtsʰo］、礎［ᶜtsʰo］、鋤_文_［₋tsʰo］、雛［₋tsʰu］、豺［₋tsʰai］、差_出~_［₋tsʰe］、柴［₋tsʰa］、差_~别_［₋tsʰa］、厠［tsʰeᵓ］、抄［₋tsʰau］、鈔［₋tsʰau］、炒［ᶜtsʰa］、吵［₋tsʰau］、巢［₋tsʰau］、稍［ᶜtsʰiau］、愁［₋tsʰou］、插_~嘴_［tsʰapᵓ］、插_~花_［tsʰaʔᵓ］、讒［₋tsʰam］、饞［₋tsʰam］、攙［₋tsʰam］、渗［tsamᵓ］、鏟［ᶜtsʰaŋ］、察［tsʰakᵓ］、簒［tsʰuaŋᵓ］、閂［tsʰuãᵓ］、襯［tsʰiŋᵓ］、瘡［ᶜtsʰɯŋ］、闖［tsʰuaŋᵓ］、創［tsʰaŋᵓ］、牀［₋tsʰɯŋ］、捉［tsʰokᵓ］、側［tsʰekᵓ］、測［tsʰekᵓ］、生_白,~分_［₋tsʰẽ］、策［tsʰeʔᵓ］、册［tsʰeʔᵓ］、崇［₋tsʰoŋ］

ts－声母

查_山查_［₋tsa］、渣［₋tsa］、詐［tsaᵓ］、榨［tsaᵓ］、炸［tsaᵓ］、乍［tsaᵓ］、阻［ᶜtso］、助［₋tso］、齋［₋tse］、債［tseᵓ］、輜［₋tsɯ］、滓_文,滓~_［ᶜtsai］、摔［tsukᵓ］、抓［₋tsuã］、鄒［₋tsou］、驟［₋tsou］、斬［ᶜtsam］、蘸［₋tsiau］、眨［tsapᵓ］、閘［tsaʔᵓ］、煠［tsaᵓ］、煠_又_［tsaʔᵓ］、盞［ᶜtsuã］、札［tsapᵓ］、紮［tsapᵓ］、棧［tsaŋᵓ］、撰［tsuaŋᵓ］、榛［₋tsiŋ］、臻［₋tsiŋ］、莊［₋tsɯŋ］、裝［₋tsuaŋ］、壯［tsaŋᵓ］、狀_文,~态_［₋tsuaŋ］、狀_文,~元_［₋tso］、狀_白,告~_［tsɯŋᵓ］、窄［tsaᵓ］、爭［₋tsẽ］、箏［₋tseŋ］、睜［₋tseŋ］、責［tseʔᵓ］

t/tʰ－声母

鋤_白,~头_［₋tɯ］、滓_白,尿~_［ᶜtai］、找［ᶜtau］、鋤_白,~田_［₋tʰɯ］、釵［₋tʰoi］、篩_白_［₋tʰai］、窗［₋tʰeŋ］

庄组是从上古的精组中分出来的，但是否完全分离、而且分离之后的发展演变、与其他声组的分分合合，在不同的方言中差别较大，情况比较复杂。而在粤东闽语，庄组大部分字跟精组同读为 ts－、tsʰ－、s－声母，少数字还保留早期读音 t/tʰ－，具体情况大致为：不管文白读，庄母读 ts－、初母读 tsʰ－；生母字大部分读 s－，少数读为塞擦音声母 ts/tsʰ－，且读 ts/tsʰ－声母多为白读音；崇母字大部分读塞擦音声母 ts/tsʰ－，少数字读擦音 s－声母，s－声母全部是止摄三等之韵字；少数庄组字读塞音声母 t/tʰ－，这是较为早期的读音层。

虽然粤东闽语今读庄组字跟精、章组大体上没有区别，都为 ts/tsʰ/s－，但从韵母的分化却仍然可以看到庄组声母的不同，举例如下：

音韵条件	声组	读音	例字（以饶平海山音为例）	备注
宕摄开口三等	庄组	uaŋ	闯 [ˌtsʰuaŋ]、状 [⊂tsuaŋ]文/[⊂tsɯŋ]白、爽 [⊂suaŋ]	文读音不同而白读音相同
	其他	iaŋ	丈 [⊂tsiaŋ]文/[⊂tiõ]白/[⊂tɯŋ]白、章 [⊂tsiaŋ]文/[⊂tsiõ]白、养 [⊂iaŋ]文/[⊂iõ]白	
深摄	庄组	om	森 [⊂siam]文/[⊂som]白、参人~ [⊂siam]文/[⊂som]白	庄组字文白读都跟其他声组的字不同
	其他	im	林 [⊂lim]文/[⊂nã]白、擒 [⊂kʰim]文/[⊂kʰĩ]白、饮 [⊂im]文/[⊂am]白	
蟹摄开口二等	庄组	e	斋 [⊂tse]、差出~ [⊂tshe]、债 [tseᒧ]、寨 [tseᒧ]	庄组字没有文白对立的例字
	其他	非e读音	豺 [⊂tsʰai]、钗 [⊂tʰoi]、筛 [⊂sai]文/[⊂tʰai]白	

关于上表例字读音：第一，例字读音以笔者母语为例，其他点的情况大致相同，区别在于深摄庄组字"森、参"，各点都有－om读音，但只是部分点有－iam读音，根据笔者语感，两个读音都比较常用，大多数情况下可以互用。把两个读音定义为文白异读的根据：用在人名的时候只读－iam，比较书面化；"人参"的"参"单用时只说－om，比较口语化。海陆丰各点虽然只录到－om读音，但同时存在"针沉"文读－iam。第二，上表其他声组字尽量选择有文白异读的例字，以便比较。

从上表可以看出庄组字跟其他声组字的韵母有别，且几项不同之处性质不尽相同：1. 宕摄开口三等庄组跟其他声组字白读音相同，只表现在文读音有别，而这些例字的读音本身在通语里就是不同的，说明庄组字跟其他声组字韵母的不同并非源自于粤东闽语本身，而是借入的读音本身存在差异；2. 深摄庄组字文白两个层次读音都有别，说明可能粤东闽语的庄组声母曾经也跟精、章不同；3. 蟹摄开口二等庄组声母字没有文白对立的例子，但其读音跟其他声组字的文、白读音都不同，如果参考其他闽南方言的情况，可以确定庄组－e 读音属于白读层读音，因为这一层次读音普遍存在于各闽南次方言中，而且辖字大致相同，在一些方言点还可以找到文白对立的例子，例如泉州："债、差"除了白读－e 之外，还有文读－ai 音。我们大致可以肯定，在粤东闽语乃至整个闽南方言，庄组声母曾经跟精、章组声母是有别的。

章组

s－声母

射［siaᵒ］、麝［siaᵒ］、捨［ᶜsia］、赦［siaᵒ］、舍［siaᵒ］、佘［₅sia］、社［ᶜsia］、杵［ᶜsu］、舒［₅su］、暑［ᶜsu］、黍文［ᶜsu］、黍白［ᶜsiu］、庶［suᵒ］、恕［suᵒ］、署［ᶜsu］、输输［₅su］、戍［sueᵒ］、输运～［₅su］、殊［₅su］、豎［ᶜsu］、樹文［ᶜsu］、世［siᵒ］、勢［siᵒ］、誓文［siᵒ］、逝［siᵒ］、蛻文［sueᵒ］、稅［sueᵒ］、施［₅si］、豕［ᶜsɯ］、匙［₅si］、是［ᶜsi］、氏［ᶜsi］、豉［siᵒ］、示［siᵒ］、尸［₅si］、屍［₅si］、矢［ᶜsi］、屎［ᶜsai］、視［siᵒ］、詩［₅si］、始［ᶜsɯ］、時［₅si］、恃［ᶜsi］、侍［ᶜsɯ］、垂文［₅sui］、垂白［₅sue］、睡［ᶜsui］、瑞［ᶜsui］、水"美"［ᶜsui］、誰［₅sui］、燒［₅sio］、少～年［siauᵒ］、韶［₅siau］、紹［ᶜsiau］、邵［ᶜsiau］、帚［ᶜsiu］、收［₅siu］、首［ᶜsiu］、守［ᶜsiu］、獸［siuᵒ］、受［ᶜsiu］、壽［siuᵒ］、授［ᶜsiu］、陝［ᶜsiam］、閃［ᶜsiam］、蟾［₅siam］、涉［siapᵒ］、甚［ᶜsim］、沈［ᶜsim］、審［ᶜsim］、嬸［ᶜsim］、濕［sipᵒ］、甚［ᶜsim］、拾［sipᵒ］、搧白［siãᵒ］、搧文［sĩᵒ］、扇［sĩᵒ］、設［siakᵒ］、蟬［₅siam］、禪禅宗［₅siam］、善［ᶜsiaŋ］、膳［ᶜsiaŋ］、單～于［₅siaŋ］、禪～让［₅siam］、说［sueʔᵒ］、神［₅siŋ］、實文［sikᵒ］、身［₅siŋ］、申［₅siŋ］、伸文［₅siŋ］、娠［₅siŋ］、失［sikᵒ］、室［sikᵒ］、辰［₅siŋ］、晨［₅siŋ］、腎［ᶜsiaŋ］、慎［ᶜsim］、順［ᶜsuŋ］、術［sukᵒ］、述［sukᵒ］、舜［suŋᵒ］、純［₅suŋ］、蒓［₅suŋ］、醇［₅suŋ］、商［₅siaŋ］、傷［₅siõ］、賞［ᶜsiõ］、常姓，～经［₅siõ］、常文,反～［₅siaŋ］、嘗［₅siõ］、裳［₅siaŋ］、償［₅siõ］、尚白,和～

[siõ⁼]、尚₍文₎ [⊆siaŋ]、上₍文,~海₎ [⊆siaŋ]、乘 [⊆seŋ]、繩 [⊆siŋ]、剩 [⊆siŋ]、蝕 [siaʔ₌]、升 [⊆seŋ]、勝~任 [seŋ⁼]、勝~敗 [seŋ⁼]、識 [sek₌]、式 [sek₌]、飾 [sek₌]、承 [⊆seŋ]、丞 [⊆seŋ]、殖 [sik₌]、植 [sik₌]、射 [sia⁼]、聲 [⊆siã]、聖 [siã⁼]、適 [sek₌]、釋 [sek₌]、成₍文,~功₎ [⊆seŋ]、成₍白,三~₎ [⊆siã]、城 [⊆siã]、誠₍文,真~₎ [⊆seŋ]、盛₍文,繁~₎ [⊆seŋ]、盛₍白,春₎ [siã⁼]、盛~兴 [⊆seŋ]、石~榴 [sioʔ₌]、熟 [sek₌]、淑 [sok₌]、贖 [sok₌]、束 [sok₌]、屬 [sok₌]

ts - 声母

遮 [⊂tsia]、者 [⊂tsia]、蔗 [tsia⁼]、蛇 [⊆tsua]、諸 [⊂tsu]、煮 [⊂tsɯ]、書 [⊂tsɯ]、薯 [⊆tsɯ]、朱 [⊂tsu]、珠 [⊂tsu]、主 [⊂tsu]、注 [tsu⁼]、蛀 [tsu⁼]、鑄 [tsu⁼]、制 [tsi⁼]、製 [tsi⁼]、誓₍白,咒~₎ [tsua⁼]、贅₍白,鱼鳞~₎ [tsue⁼]、贅₍文,累₎ [⊆tsui]、支₍文,~部₎ [⊂tsĩ]、肢 [⊂tsĩ]、紙 [⊂tsua]、只 [⊂tsi]、舐 [⊂tsi]、脂 [⊂tsĩ]、旨 [⊂tsi]、指~甲 [⊂tsuŋ]、指₍白,手~₎ [⊂tsõi]、指₍文,~示₎ [⊂tsi]、至 [tsi⁼]、之 [⊂tsɯ]、芝 [⊂tsɯ]、止 [⊂tsi]、趾 [⊂tsi]、址 [⊂tsi]、志 [tsi⁼]、誌 [tsi⁼]、錐 [⊂tsui]、水 [⊂tsui]、昭 [⊂tsiau]、招₍文₎ [⊂tsiau]、招₍白₎ [⊂tsio]、照 [tsio⁼]、少 [⊂tsio]、周 [⊂tsiu]、舟 [⊂tsiu]、州 [⊂tsiu]、洲 [⊂tsiu]、咒 [tsiu⁼]、瞻 [⊂tsiam]、佔 [tsiam⁼]、摺 [tsiʔ₌]、褶 [tsiʔ₌]、針 [⊂tsam]、斟 [⊂tsim]、枕 [⊂tsim]、執 [tsip₌]、汁 [tsap₌]、十 [tsap₌]、什 [tsap₌]、甄 [⊂tsĩ]、戰 [tsiaŋ⁼]、顫 [tsiaŋ⁼]、折~打 [tsiʔ₌]、浙 [tsik₌]、舌 [tsiʔ₌]、折~斷 [tsiʔ₌]、專 [⊂tsuan]、磚 [⊂tsɯŋ]、船 [⊆tsuŋ]、真 [⊂tsiŋ]、診 [⊂tsiaŋ]、疹 [⊂tsiaŋ]、振 [⊂tsiŋ]、震 [⊂tsiŋ]、質 [tsioʔ₌]、實₍白₎ tsak₌]、準 [⊂tsuŋ]、秋 [tsuk₌]、章₍文₎ [⊂tsiaŋ]、章₍白₎ [⊂tsiõ]、樟₍地名,~林₎ [⊂tsɯŋ]、樟₍地名,~溪₎ [⊂tsio]、樟~腦 [⊂tsiõ]、樟₍文,~木₎ [⊂tsiaŋ]、掌 [⊂tsiõ]、障 [tsiaŋ⁼]、瘴 [tsiaŋ⁼]、酌 [tsiak₌]、上~山 [⊆tsiõ]、上~面 [⊆tsiõ]、芍 又 [tsiak₌]、蒸 [⊂tseŋ]、拯 [⊂tsiŋ]、證 [tseŋ⁼]、織 [tsik₌]、職 [tseʔ₌]、食 [tsiaʔ₌]、正~月 [⊂tsiã]、征 [⊂tseŋ]、整 [⊂tsiã]、正 [tsiã⁼]、政 [tseŋ⁼]、隻 [tsiaʔ₌]、炙

[tsiaʔ₋]、成_(白,~人) [₋tsiã]、石 [tsioʔ₋]、終 [₋tsoŋ]、衆 [tseŋ⁼]、祝 [tsok₋]、粥 [tsiok₋]、叔 [tsek₋]、鐘 [₋tseŋ]、盅 [₋tseŋ]、種_(~类) [⁼tseŋ]、腫 [⁼tseŋ]、種_(~树) [tseŋ⁼]、燭 [tsek₋]、嘱 [tsok₋]、舂 [₋tseŋ]、蜀 [tsuak₋]、蜀_("一") [tsek₋]

tsʰ - 声母

車 [₋tsʰia]、奢 [₋tsʰia]、賒 [₋tsʰia]、處_(相~) [tsʰu⁼]、處_(~所) [tsʰu⁼]、鼠 [⁼tsʰɯ]、樹_(白,种~) [tsʰiu⁼]、侈 [⁼tsʰĩ]、翅_(文,鱼~) [tsʰi⁼]、嗜 [₋tsʰĩ]、嗤 [₋tsʰi]、試 [tsʰi⁼]、吹 [₋tsʰue]、炊 [₋tsʰue]、臭_(白,芳~) [tsʰau⁼]、手 [⁼tsʰiu]、仇 [₋tsʰiu]、酬 [₋tsʰiu]、售 [₋tsʰiu]、仇 [₋tsʰiu]、深 [₋tsʰim]、拙 [tsʰuak₋]、川 [₋tsʰuaŋ]、穿_(文,~越) [₋tsʰuaŋ]、穿_(白,~) [₋tsʰɯŋ]、喘 [⁼tsʰuaŋ]、串 [tsʰuaŋ⁼]、伸_(白,~手) [₋tsʰuŋ]、臣 [₋tsʰiŋ]、春 [₋tsʰuŋ]、蠢 [⁼tsʰuŋ]、出 [tsʰuk₋]、昌 [₋tsʰiaŋ]、菖 [₋tsʰiaŋ]、廠 [⁼tsʰiaŋ]、唱_(白) [tsʰio⁼]、唱_(文) [tsʰiaŋ⁼]、倡 [tsʰiaŋ⁼]、綽 [tsʰiak₋]、焯 [tsʰok₋]、勺 [tsʰiaʔ₋]、芍_(文) [tsʰiak₋]、稱_(~呼) [₋tsʰeŋ]、稱_(相~) [tsʰeŋ⁼]、秤 [tsʰiŋ⁼]、赤 [tsʰiaʔ₋]、斥 [tsʰek₋]、尺 [tsʰioʔ₋]、充 [₋tsʰoŋ]、銃 [tsʰeŋ⁼]、衝 [₋tsʰoŋ]、觸 [tsʰok₋]

k/kʰ - 声母

支_(白,量词) [₋ki]、枝 [₋ki]、栀 [₋ki]、指_(白,动) [⁼ki]、痣 [ki⁼]、齿 [⁼kʰi]、枢 [₋kʰu]

粤东闽语跟大多数闽方言一样，"精、照不分"、"庄、章不分"，章组声母字跟精组、庄组一样，主要读为 ts -、tsʰ -、s - 声母，具体情况为：章母读 ts -，昌母读 tsʰ -；船母大部分读为擦音声母 s -，少部分为塞擦音声母 ts/tsʰ -；书、禅母大部分读 s - 声母，少部分读为塞擦音声母 ts/tsʰ -，且大都是白读音；章组还有 k/kʰ - 声母，属于白读音。

表 S-3-2-2　　　　　　章组字文/白读音举例

例字	读音		例字	读音	
	文	白		文	白
黍_书	₋su	₋siu	实_船	sik₋	tsak₋

续表

例字	读音		例字	读音	
	文	白		文	白
伸$_{书}$	꜀siŋ	꜀ts^{h}uŋ	射$_{船}$	sia꜅	
水$_{书}$	꜂sui	꜂tsui	乘$_{船}$	꜁seŋ	
树$_{禅}$	꜃su	ts^{h}iu꜅	支$_{章}$	꜀ts ĩ	꜀ki
誓$_{禅}$	si꜅	tsua꜅	招$_{章}$	꜀tsiau	꜀tsio
尚$_{禅}$	꜃siaŋ 高～	siõ꜅ 和～	穿$_{昌}$	꜀ts^{h}uaŋ	꜀ts^{h}ɯŋ
成$_{禅}$	꜁seŋ	꜁tsiã	唱$_{昌}$	ts^{h}iaŋ꜄	ts^{h}io꜄

综上，粤东闽语跟大部分闽语一样，知组字部分读同端组字，保留“古无舌上音”的特点，大致上白读塞音 t/t^{h} - 声母、文读塞擦音 ts/ts^{h} - 声母；“知照不分”、“庄章不分”特点明显，其中知组指的是文读层读音 ts/ts^{h} - 声母；庄组少数字读 t/t^{h} -、章组少数字 k/k^{h} -，跟其他闽语一致，是较早期的读音。另外，庄组字虽然今读跟精、章不分，但从韵母的分化情况可以看到庄组字曾经是跟精、章有别的。

第三节　喉音声母的今读

古晓母和匣母清浊对立，而今粤东闽语古晓匣母这种清浊对立早已消失，不过由于粤东闽语的声调系统大体上保持四声各分阴阳的格局，即清声母读阴调、浊声母读阳调，所以中古晓、匣母之间的清浊对立关系还能够从现今的声调分化上看出来：晓母读阴调，匣母读阳调。今粤东闽语晓母字文读主要为 h - 声母，少数零声母；白读主要为 k^{h} - 声母，部分白读音也读 h - 声母。匣母文读为 h - 声母，极少数例子读 k^{h} - 声母；白读为零声母、k - 声母和部分 h - 声母。晓母和匣母白读 k^{h}/k - 声母，彰显了晓匣母跟见组声母之间的密切关系；匣母部分白读音为零声母，可以为“喻三归匣”说提供例证。整个闽南方言都能够看到晓匣母读 k^{h}/k - 声母和匣母字白读零声母的现象，其他闽语也或多或少有此情况，可见其时间比较早。

影母不论文白都是零声母。喻母文读零声母，部分白读音也读零声母。影、喻母在今粤东闽语文读都是零声母，但它们在中古时期的清浊对立关系也能够从现今的声调分化上看出来：影母读阴调、喻母读阳调。喻三（云）还有白读 h - 声母，这一层次读音在整个闽南方言都能看到，比较整齐，可作为"喻三归匣"说的例证。喻四（以）还有白读 s - 和 ts/tsʰ - 声母，例字虽然不多，但各地闽南方言都能看到这一读音类，例字也比较统一。另外，喻四还有 dz - 读音，关于 dz - 读音黄瑞玲（2021）认为"只能是方言内部发生的语音演变所致。结合以母在不同的语言和方言中的变化来看，其演变符合'l - kj - j - ʑ - z - '的音变规则（潘悟云，2008：5）"。

第 四 章

粤东闽语的韵母

粤东闽语的韵母系统比较复杂,韵母个数多、系统庞杂。本章我们将主要从以下几个方面讨论粤东闽语韵母的情况:第一,阴声韵的演变,包括 a. 果摄一等、假摄二等和止摄支韵三个韵的今读分析,b. 歌豪不分和歌遇不分的性质,c. 蟹、止两摄和尤韵今读几个音类的分合情况;第二,阳声韵的演变;第三,入声韵的演变;第四,一等韵和二等韵的分合——兼论开合口韵的分合;第五,纯四等韵的读音。

第一节 阴声韵的演变

一 果摄一等、假摄二等和止摄支韵的今读分析

表 S-4-1-1　　　　粤东闽语果摄一等字的读音

层次	读音	音韵条件	例字读音(以黄冈音为例)	备注
文	o	开合口,所有声组	波 [ₒpo]、歌 [ₒko]、荷 [ₒho]	
文	a	少数例外	他 [ₒtʰa]、阿 [ₒa]、禾 [ₒta]	
白	ua	开合口	舵 [ᶜtua]、大~依 [tua²]、我 [ᶜua]、婆 [ₒpʰua]、柯姓 [ₒkua]	
白	ue	合口	波 [ₒpue]、果 [ᶜkue]、火 [ᶜhue]	

果摄一等

层次	读音	音韵条件	例字读音（以黄冈音为例）	备注
白	o/e	少数例外	婆 [₋po]、膎 [₋lo]、螺 [₋lo]、坐 [₋tso]	海陆丰各点和云澳韵母为 e，其他各点为 o
	a	"大"	大~家 [₋ta]	
	ai	"个、舵"	个量词 [₋kai]、舵~公 [₋tai]	

表 S-4-1-2　　粤东闽语假摄二等字的读音

假摄二等

层次	读音	音韵条件	例字读音（以黄冈音为例）	备注
文	ia	开口见晓组声母	加~法 [₋kia]、假~设 [⁻kia]、下~降 [⁻hia]	
	a	开口非见晓组声母	把文 [⁻pa]、爸 [₋pa]、亚 [₋a]	
	ua	合口	沙 [₋sua]、瓦~解 [₋ua]、蛙 [₋ua]、瓜 [₋kua]	
白	e	开口	把白 [⁻pe]、马骑~ [⁻be]、榨 [te⁻]、下悬~ [⁻ke]、家 [₋ke]	
	ue	合口	瓜 [₋kue]、花 [₋hue]、化 [hue⁻]	
	a	"家"	家~己 [₋ka]	

表 S-4-1-3　　粤东闽语止摄支韵字的读音

止摄支韵

层次	读音	音韵条件	例字读音（以黄冈音为例）	备注
文	i	开口	皮 [₋pʰi]、被 [⁻pi]、支 [₋ki]、倚 [⁻i]	

续表

止摄支韵

层次	读音	音韵条件	例字读音（以黄冈音为例）	备注
文	u/ɯ	开口精组声母	斯 [ₑsɯ]、雌 [₌tsʰɯ]、赐 [sɯ⁼]	汕头以东为ɯ，汕头以西包括潮阳、惠来、海陆丰都为u
文	ui	合口大部分	累 [lui⁼]、规 [ₑkui]、为 [₌ui]、垂 [₌sui]、吹 [ₑtsʰui]	"吹、炊"只有海丰各点保留文读ui读音
白	ia	开口见组声母	骑 [₌kʰia]、倚 [₌kʰia]、蚁 [₌hiã]	
白	ai	开口庄组声母	知 [ₑtsai]、筛 [ₑtʰai]	
白	ue	开口唇音声母、合口	皮 [₌pʰue]、被 [₌pʰue]、炊 [ₑtsʰue]、垂 [₌sue]	
白	ua	开口其他声组	纸 [₌tsua]、倚 [₌ua]、徙 [₌sua]	

　　上古的歌部到中古分化为果、假两摄，部分字归并到止摄支韵中，粤东闽语今读的白读层还能看到它们之间这种密切的关系：第一，三韵合口字、开口唇音字都有读 -ue 的情况；第二，果一和支韵都有 -ua 读音，且止摄内部只有支韵白读 -ua，其它各韵都没有这一白读音；第三，果一"大"跟假二"家"白读韵母都为 -a，是口语常用字语音演变滞后的表现。

　　果摄一等少数白读在海陆丰读为 -e，跟假摄二等开口白读 -e 相同，这应该是后期演变合流的结果，通过跟其他闽南方言的读音对照可以看得更加清楚，果摄这一层次读音在海丰、陆丰和云澳为 -e，但在粤东东部各方言点都为 -o，而在福建本土的厦门、漳州以及粤西、海南的闽语大都为 -e 或 -ɛ，泉州的读音比较有意思，为 -ə，让我们有理由对这一读音的演变过程作如下推论：早期这一层次读音为 -o（或 -ɔ）类音，粤东东部闽语比较保守，至今变化不大；但在其他闽南方言其舌位不断前移，在泉州变成了 -ə，在厦门、漳州继续前移为 -e，之后它还可能进一步低化变成 -ɛ，如海南的文昌。

二 歌豪不分和歌遇不分的性质

闽语普遍存在歌豪不分的现象，在粤东闽语表现为歌、豪两韵都有大量例字读 -o，但如果从语音层次的角度来看，歌豪两韵读 -o 的性质却是截然不同的，歌韵为文读音，豪韵是白读音。

表 S-4-1-4　　　　　　　粤东闽语豪韵字的读音

层次	读音	音韵条件	例字读音（以黄冈音为例）
文	au	全部声组	恼 [⁻nau]、草 [⁻tsʰau]、高 [⁻kau]、告通~ [kauᵓ]、糕糟~ [⁻kau]、靠依~ [kʰauᵓ]
白	o	全部声组	恼 [⁻lo]、草~书 [⁻tsʰo]、高姓 [⁻ko]、告~状 [koᵓ]、糕米~ [⁻ko]、靠~腰 [kʰoᵓ]

在粤东闽语，跟歌韵同读 -o 且都是文读音的是遇摄，遇摄文读层主体读音为 -u，-o 是个别声组独立发展而分化出来的读音。但在遇摄内部，几个小韵读 -o 的例字所归属的声组却不尽相同。下表所举例字及读音以饶平黄冈为例，其他点具体辖字多少有别，但声组分配是一致的。

表 S-4-1-5　　　　　　　粤东闽语遇摄字的读音

	韵	模	鱼	虞
遇摄	声组	精组和明（m）、泥（n）、疑（ŋ）母	庄组声母	疑（ŋ）母（海丰还有个别非母字）
	例字读音	做 [tsoᵓ]、错 [tsʰoᵓ]、模 [⊂mõ]、摹 [⊂mõ]、暮[⊂mõ]、慕 [mõᵓ]、墓 [mõᵓ]、募 [mõᵓ]、努 [⁻nõ]、怒 [nõᵓ]、梧 [⊂ŋõ]、悟领~ [⊂ŋõ]、悟~空 [⊂ŋõ]	阻 [⁻tso]、初文[⁻tsʰo]、楚 [⁻tsʰo]、锄 [⊂tsʰo]、助 [⊂tso]、疏 [⊂so]、蔬 [⊂so]、所 [⁻so]	愚 [⊂ŋõ]、虞 [⊂ŋõ]、遇 [ŋõᵓ]、寓 [ŋõᵓ]

可以看到，遇摄读-o的主要为精、庄组字以及唇音声母字，这些字的韵母没有随遇摄文读层主流读音一起高化为u，而掉队到歌韵字的文读层主流读音里去了。

三 蟹、止两摄和尤韵今读几个音类的分合情况

表 S-4-1-6　粤东闽语蟹、止两摄和尤韵今读几个读音类

读音	止摄 条件及性质	例字读音（以海城音为例）	蟹摄 条件及性质	例字读音	尤韵 条件及性质	例字读音
u	汕头以西各点，对应汕头的ɯ；文读	雌 [ₑtsʰu]、思 [ₑsu]、字 [ᵊdzu]	灰韵，白读	堆 [ₑtu]、灰 [ₑhu]	白读	就 [ᵊtsu]、丘 [ₑkʰu]、有 [ᵊu]
ua	开口支微韵，白读	纸 [ᵊtsua]、倚 [ᵊua]、几 [ᵊkua]	各韵开合口，白读	赖 [luaᵓ]、芥 [kuaᵓ]、誓 [tsu-aᵓ]		
ue	合口支脂微韵和开口支韵唇音，白读	垂 [ₑsue]、衰 [ₑsue]、飞 [ₑpue]、皮 [ᵊpue]	合口二等皆佳夬韵、三等祭韵，白读	怪无~ [kueᵓ]、画 [ueᵓ]、话 [ueᵓ]、缀 [tueᵓ]、赘 [tsueᵓ]		
			一二等合口，文读	背 [pueᵓ]、灰 [ₑhue]		
ui	开口，白读	屁 [pʰuiᵓ]、医 [ₑui]、几 [ᵊkui]	开口咍、齐韵，白读	开 [ₑkʰui]、梯 [ₑtʰui]		
	合口，文读	葵 [ₑkʰui]、飞 [ₑhui]、垂 [ₑsui]	合口韵，文读	堆 [ₑtui]、雷 [ₑlui]、赘 [ₑtsui]		

续表

读音	止摄		蟹摄		尤韵	
	条件及性质	例字读音（以海城音为例）	条件及性质	例字读音	条件及性质	例字读音
i	部分支韵，白读	字［dzi²］、思［₋si］、辞［₋si］	咍灰韵，白读	戴［ti²］、苔［₋tʰi］、鳃［₋tsʰi］、背［pi²］		
	开口主要读音，文读	里［₋li］、利［li²］、地［ti²］	三、四等开口祭齐韵，文读	誓［si²］、体［₋tʰi］、西［₋si］		

尤韵上古部分来自之部，跟灰韵部分字有相同的来源，它们白读同为 -u 韵，大概反映了这种同源关系，潮阳、惠来、海陆丰、云澳止摄开口文读也为 -u，但跟尤、灰韵读 -u 性质不同，是不同层次读音合流的结果。

蟹、止两摄来自于上古的之、脂、支三部，关系非常密切，不管文、白读音，它们都存在共享的音类，如上表所示，既有同源并共同发展的结果，也有后期合流的文读音，当然，并不是所有的白读音都是直接承自早期读音的同源关系，有些也可能是后来合流的结果，上表只是把共时的语音现象摆出来，各音类的性质和关系，有待进一步研究。

第二节 阳声韵的演变

《切韵》音系的阳声韵包括：咸、深、山、臻、宕、江、曾、梗、通 9 个摄，其中，咸、深两摄收 -m 尾，山、臻两摄收 -n 尾，宕、江、曾、梗、通 5 摄收 -ŋ 尾。本节将按照三个不同的鼻音韵尾来分别讨论中古阳声韵在今粤东闽语的读音及演变情况。

一 咸、深摄

在粤东闽语的绝大部分方言点，咸、深两摄今读文读仍收 -m 尾，而

表 S-4-2-1　粤东闽语咸、深摄字的读音

例字读音 方言点	咸开一 三 文	咸开一 三 白	咸开二 衔 文	咸开二 衔 白	咸开三 染 文	咸开三 染 白	咸开四 添 文	咸开四 添 白	咸合三 泛 文	咸合三 泛 白	深摄 侵 文	深摄 侵 白	深摄 林 文	深摄 林 白	深摄 撏 文	深摄 撏 白
汕头市区	sam˰	sã˰	ham˰	kam˰	dziam˰	nĩ˰	tʰiam˰	tĩ˰	huam˯	pʰã˯	im˰	am˰	lim˰	nã˰	kʰim˰	kʰĩ˰
澄海澄城	saŋ˰	sã˰	haŋ˰	kaŋ˰	dziaŋ˰	nĩ˰	tʰiaŋ˰	tĩ˰	huaŋ˯	pʰã˯	iŋ˰	aŋ˰	niŋ˰	nã˰	kʰiŋ˰	kʰĩ˰
南澳云澳	sam˰	sã˰	ham˰	kam˰	dziam˰	nĩ˰	tʰiam˰	tĩ˰	huam˯	pʰã˯	im˰	am˰	lim˰	nã˰	kʰim˰	kʰĩ˰
汕头达濠	sam˰	sã˰	ham˰	kam˰	dziam˰	nĩ˰	tʰiam˰	tĩ˰	huam˯	pʰã˯	im˰	am˰	lim˰	nã˰	kʰim˰	kʰĩ˰
潮阳棉城	sam˰	sã˰	ham˰	kam˰	dziam˰	nĩ˰	tʰiam˰	tĩ˰	huam˯	pʰã˯	im˰	am˰	lim˰	nã˰	kʰim˰	kʰĩ˰
潮阳海门	sam˰	sã˰	ham˰	kam˰	dziam˰	nĩ˰	tʰiam˰	tĩ˰	huam˯	pʰã˯	im˰	am˰	lim˰	nã˰	kʰim˰	kʰĩ˰
潮州湘桥	sam˰	sã˰	ham˰	kam˰	dziam˰	nĩ˰	tʰiam˰	tĩ˰	huam˯	pʰã˯	im˰	am˰	lim˰	nã˰	kʰim˰	kʰĩ˰
潮州凤凰	sam˰	sã˰	ham˰	kam˰	dziam˰	nĩ˰	tʰiam˰	tĩ˰	huam˯	pʰã˯	im˰	am˰	lim˰	nã˰	kʰim˰	kʰĩ˰
潮州文祠	sam˰	sã˰	ham˰	kam˰	dziam˰	nĩ˰	tʰiam˰	tĩ˰	huam˯	pʰã˯	im˰	am˰	nim˰	nã˰	kʰim˰	kʰĩ˰
饶平三饶	sam˰	sã˰	ham˰	kam˰	dziam˰	nĩ˰	tʰiam˰	tĩ˰	huam˯	pʰã˯	im˰	am˰	lim˰	nã˰	kʰim˰	kʰĩ˰
饶平海山	sam˰	sã˰	ham˰	kam˰	dziam˰	nĩ˰	tʰiam˰	tĩ˰	huam˯	pʰã˯	im˰	am˰	lim˰	nã˰	kʰim˰	kʰĩ˰
饶平黄冈	sam˰	sã˰	ham˰	kam˰	dziam˰	nĩ˰	tʰiam˰	tĩ˰	huam˯	pʰã˯	im˰	am˰	lim˰	nã˰	kʰim˰	kʰĩ˰
揭阳榕城	sam˰	sã˰	ham˰	kam˰	dziam˰	nĩ˰	tʰiam˰	tĩ˰	huam˯	pʰã˯	im˰	am˰	lim˰	nã˰	kʰim˰	kʰĩ˰
惠来惠城	sam˰	sã˰	ham˰	kam˰	dziam˰	nĩ˰	tʰiam˰	tĩ˰	huam˯	pʰã˯	im˰	am˰	lim˰	nã˰	kʰim˰	kʰĩ˰
普宁流沙	sam˰	sã˰	ham˰	kam˰	dziam˰	nĩ˰	tʰiam˰	tĩ˰	huam˯	pʰã˯	im˰	am˰	lim˰	nã˰	kʰim˰	kʰĩ˰

续表

方言点＼例字读音	咸开一 三 文	咸开一 三 白	咸开二 衔 文	咸开二 衔 白	咸开三 染 文	咸开三 染 白	咸开四 添 文	咸开四 添 白	咸合三 泛 文	咸合三 泛 白	深摄 饮 文	深摄 饮 白	深摄 林 文	深摄 林 白	深摄 擒 文	深摄 擒 白
陆丰东海	sam₋	sã₋	ham₋	kam₋	dziam₋	nĩ₋	tʰiam₋	tʰĩ₋	huam⁼	pʰã⁼	im₋	am₋	lim₋	nã₋	kʰim₋	kʰĩ₋
陆丰南塘	sam₋	sã₋	ham₋	kam₋	dziam₋	nĩ₋	tʰiam₋	tʰĩ₋	huam⁼	pʰã⁼	im₋	am₋	lim₋	nã₋	kʰim₋	kʰĩ₋
陆丰甲子	sam₋	sã₋	ham₋	kam₋	dziam₋	nĩ₋	tʰiam₋	tʰĩ₋	huam⁼	pʰã⁼	im₋	am₋	lim₋	nã₋	kʰim₋	kʰĩ₋
海丰海城	sam₋	sã₋	ham₋	kam₋	dziam₋	nĩ₋	tʰiam₋	tʰĩ₋	huam⁼	pʰã⁼	im₋	am₋	lim₋	nã₋	kʰim₋	kʰĩ₋
海丰联安	sam₋	sã₋	ham₋	kam₋	dziam₋	nĩ₋	tʰiam₋	tʰĩ₋	huam⁼	pʰã⁼	im₋	am₋	lim₋	nã₋	kʰim₋	kʰĩ₋
海丰平东	sam₋	sã₋	ham₋	kam₋	dziam₋	nĩ₋	tʰiam₋	tʰĩ₋	huam⁼	pʰã⁼	im₋	am₋	lim₋	nã₋	kʰim₋	kʰĩ₋
汕尾捷胜	sam₋	sã₋	ham₋	kam₋	dziam₋	nĩ₋	tʰiam₋	tʰĩ₋	huam⁼	pʰã⁼	im₋	am₋	lim₋	nã₋	kʰim₋	kʰĩ₋

白读音已经弱化为鼻化韵，也就是文白两类语音有明显的分化，从今读的共时系统来看，粤东闽语保留比较完整的闭口韵。唯一发生变异的是位于粤东东部的澄海，据林伦伦（1996）：澄海共辖13个镇，其中溪南、盐鸿、十五乡和东里四镇大部分具有闭口韵，包括阳声韵的-m尾和入声韵的-p尾，跟相邻的饶平、潮州一致，而其他9个镇的闭口韵已经消失。表S-4-2-1的材料只有澄海澄城属于澄海辖内，已经没有闭口韵。

中古咸、深两摄字在今粤东闽语的读音情况大致如下：咸摄开口一、二等文读-am，白读鼻化韵-ã；开口三四等文读-iam，白读鼻化韵-ĩ；合口三等文读-uam，白读鼻化韵-ã，但是汕头市区合口-uam韵已经变成-uaŋ，这是韵尾受到合口介音异化而产生音变的结果，其他各点仍然收-m尾。另外，各点都有少数例字收-ŋ尾，例如：毯[ᶜtʰaŋ]，各点都为-ŋ尾，潮州湘桥的例字最多，除"毯"之外还有：撼[ᶜhaŋ]、惭[₌tsʰaŋ]、憨[₌haŋ]、谗[₌tsʰaŋ]、馋[₌tsʰaŋ]，都是文读音。

咸、深摄白读-ĩ跟山摄开口白读音相同，由不同阳声韵尾弱化而来。-ã则主要来源于咸、深两摄字。

澄海澄城所有的闭口韵都已经变入-ŋ尾韵中，其中-am变为-aŋ，跟臻、通、江、曾摄的白读以及山、宕摄的文读相同；-iam/uam变为-iaŋ/uaŋ，分别同于山、宕摄开合口的文读；-im变为-iŋ主要跟臻、曾文读以及山摄旧文读层相同。白读音为鼻化韵跟其他点一致。

二　山、臻摄

中古山、臻两摄阳声韵收-n尾，但在今粤东闽语仅有少部分的方言点保留-n尾，文读层读音大部分已经并入-ŋ尾。山、臻摄跟咸、深摄一样，今读文、白两套系统界限分明，白读层读音绝大多数已经弱化为鼻化韵，只有-ɯŋ韵例外。

第四章　粤东闽语的韵母

表 S-4-2-2　粤东闽语山摄开口字的读音

例字读音\方言点	山开一 寒 文	山开一 寒 白	山开二 间 文	山开二 间 白	山开二 晏 文	山开二 晏 白	山开三 健 文	山开三 健 白	山开三 缠	山开三 扇	山开三 演	山开四 牵	山开四 先 文	山开四 先 白	山开四 见 文	山开四 见 白
汕头市区	₌haŋ	₌kuã	₌kaŋ	₌kõi	aŋ⁼	uã⁼	₌kiaŋ	kiã⁼	₌tĩ	sĩ⁼	₌iŋ	₌kʰaŋ	₌siŋ	₌sõi	kiaŋ⁼	kĩ⁼
澄海澄城	₌haŋ	₌kuã	₌kaŋ	₌kõi	aŋ⁼	uã⁼	₌kiaŋ	kiã⁼	₌tĩ	sĩ⁼	₌iŋ	₌kʰaŋ	₌siŋ	₌sõi	kiaŋ⁼	kĩ⁼
南澳云澳	₌haŋ	₌kuã	₌kaŋ	₌keŋ	aŋ⁼	uã⁼	₌kiaŋ	kiã⁼	₌tĩ	sĩ⁼	₌iŋ	₌kʰaŋ	₌siŋ	₌sõi	kiaŋ⁼	kĩ⁼
汕头达濠	₌haŋ	₌kuã	₌kaŋ	₌kãi	₌aŋ	₌uã	₌kiaŋ	kiã⁼	₌tĩ	₌sĩ	₌iŋ	₌kʰaŋ	₌siŋ	₌sãi	kiaŋ⁼	kĩ⁼
潮阳棉城	₌haŋ	₌kuã	₌kaŋ	₌kõi	aŋ⁼	uã⁼	₌kiaŋ	kiã⁼	₌tĩ	sĩ⁼	₌iŋ	₌kʰaŋ	₌siŋ	₌sõi	kiaŋ⁼	kĩ⁼
潮阳海门	₌haŋ	₌kuã	₌kaŋ	₌kõi	aŋ⁼	uã⁼	₌kieŋ	kiã⁼	₌tĩ	sĩ⁼	₌iŋ	₌kʰaŋ	₌siŋ	₌sõi	kieŋ⁼	kĩ⁼
潮州湘桥	₌haŋ	₌kuã	₌kan	₌kõi	an⁼	uã⁼	₌kien	kiã⁼	₌tĩ	sĩ⁼	₌in	₌kʰaŋ	₌sin	₌sõi	kien⁼	kĩ⁼
潮州文祠	₌han	₌kuã	₌kan	₌kõi	an⁼	uã⁼	₌ken	kiã⁼	₌tĩ	sĩ⁼	₌iŋ	₌kʰaŋ	₌siŋ	₌sõi	keŋ⁼	keŋ⁼
饶平三饶	₌haŋ	₌kuã	₌kaŋ	₌kõi	aŋ⁼	uã⁼	₌kiaŋ	kiã⁼	₌tĩ	sĩ⁼	₌iŋ	₌kʰaŋ	₌siŋ	₌sõi	kiaŋ⁼	kĩ⁼
饶平海山	₌haŋ	₌kuã	₌kaŋ	₌kõi	aŋ⁼	uã⁼	₌kiaŋ	kiã⁼	₌tĩ	sĩ⁼	₌iŋ	₌kʰaŋ	₌siŋ	₌sõi	kiaŋ⁼	kĩ⁼
饶平黄冈	₌haŋ	₌kuã	₌kaŋ	₌kõi	aŋ⁼	uã⁼	₌kiaŋ	kiã⁼	₌tĩ	sĩ⁼	₌iŋ	₌kʰaŋ	₌seŋ	₌sõi	kiaŋ⁼	kĩ⁼
揭阳榕城	₌haŋ	₌kuã	₌kaŋ	₌kõi	aŋ⁼	uã⁼	₌kiaŋ	kiã⁼	₌tĩ	sĩ⁼	₌iŋ	₌kʰaŋ	₌siŋ	₌sõi	kiaŋ⁼	kĩ⁼
惠来惠城	₌haŋ	₌kuã	₌kaŋ	₌kõi	aŋ⁼	uã⁼	₌kiaŋ	kiã⁼	₌tĩ	sĩ⁼	₌iŋ	₌kʰaŋ	₌siŋ	₌sãi	kiaŋ⁼	kĩ⁼
普宁流沙	₌haŋ	₌kuã	₌kaŋ	₌kãi	aŋ⁼	uã⁼	₌kiaŋ	kiã⁼	₌tĩ	sĩ⁼	₌iŋ	₌kʰaŋ	₌siŋ	₌sãi	kiaŋ⁼	kĩ⁼

续表

例字读音\方言点	山开一 寒 文	山开一 寒 白	山开一 间 文	山开一 间 白	山开二 晏 文	山开二 晏 白	山开三 健 文	山开三 健 白	山开三 锺	山开三 扇	山开三 演	山开四 牵	山开四 先 文	山开四 先 白	山开四 见 文	山开四 见 白
陆丰东海	haŋ₋	kuã₋	kaŋ₋	kãi₋	aŋ⁼	uã⁼	kiaŋ⁼	kiã⁼	tĩ₋	sĩ⁼	iŋ₋	kʰaŋ₋	siŋ₋	sãi₋	kiaŋ⁼	kĩ⁼
陆丰南塘	haŋ₋	kuã₋	kaŋ₋	kãi₋	aŋ⁼	uã⁼	kiaŋ₋	kiã⁼	tĩ₋	sĩ⁼	iŋ₋	kʰaŋ₋	siŋ₋	sãi₋	kiaŋ⁼	kĩ⁼
陆丰甲子	haŋ₋	kuã₋	kaŋ₋	kãi₋	aŋ⁼	uã⁼	kiaŋ₋	kiã⁼	tĩ₋	sĩ⁼	iŋ₋	kʰaŋ₋	siŋ₋	sãi₋	kiaŋ⁼	kĩ⁼
海丰海城	haŋ₋	kuã₋	kaŋ₋	kãi₋	aŋ⁼	uã⁼	kiaŋ₋	kiã⁼	tĩ₋	sĩ⁼	iaŋ₋	kʰaŋ₋	siŋ₋	sãi₋	kiaŋ⁼	kĩ⁼
海丰联安	haŋ₋	kuã₋	kan₋	kãi₋	an⁼	uã⁼	kian⁼	kiã⁼	tĩ₋	sĩ⁼	ian₋	kʰaŋ₋	sin₋	sãi₋	kian⁼	kĩ⁼
海丰平东	haŋ₋	kuã₋	kaŋ₋	kãi₋	aŋ⁼	uã⁼	kiaŋ₋	kiã⁼	tĩ₋	sĩ⁼	iaŋ₋	kʰaŋ₋	siŋ₋	sãi₋	kiaŋ⁼	kĩ⁼
汕尾捷胜	haŋ₋	kuã₋	kaŋ₋	kãi₋	aŋ⁼	uã⁼	kiaŋ₋	kiã⁼	tĩ₋	sĩ⁼	iaŋ₋	kʰaŋ₋	siŋ₋	sãi₋	kiaŋ⁼	kĩ⁼

第四章　粤东闽语的韵母　145

表 S-4-2-3　粤东闽语山摄合口字的读音

方言点 \ 例字读音	山合一 盘 文	山合一 盘 白	山合一 断 文	山合一 断 白	山合二 关 文	山合二 关 白	山合二 还 文	山合二 还 白	山合三 穿 文	山合三 穿 白	山合三 远 文	山合三 远 白	山合四 悬 文	山合四 悬 白	山合四 眩 文	山合四 眩 白
汕头市区	₅pʰuaŋ	₅puã	₅tuaŋ	₅tuŋ	₅kuaŋ	₅kuẽ	₅huaŋ	₅hõi	₅tsʰuan	₅tsʰuŋ	₅iaŋ	₅hŋ	₅hiaŋ	₅kũi	₅hiaŋ	₅hiŋ
澄海澄城	₅pʰuaŋ	₅puã	₅tuaŋ	₅tuŋ	₅kuaŋ	₅kuẽ	₅huaŋ	₅hõi	₅tsʰuan	₅tsʰuŋ	₅iaŋ	₅hŋ	₅hiaŋ	₅kũi	₅hiaŋ	₅hiŋ
南澳云澳	₅pʰuaŋ	₅puã	tuaŋ²	tuŋ²	₅kuaŋ	₅kuẽ	₅huaŋ	₅heŋ	₅tsʰuan	₅tsʰuŋ	₅iaŋ	hŋ²	₅hiaŋ	₅kuaŋ		₅hiŋ
汕头达濠	₅pʰuaŋ	₅puã	tuaŋ²	tuŋ²	₅kuaŋ	₅kuẽ	₅huaŋ	₅hãi	₅tsʰuan	₅tsʰuŋ	₅iaŋ	₅hŋ	₅hũi	₅kuãi	₅hien	₅hiŋ
潮阳棉城	₅pʰuaŋ	₅puã	₅tuaŋ	₅tuŋ	₅kueŋ	₅kuẽ	₅huaŋ	₅hãi	₅tsʰuan	₅tsʰuŋ	₅iaŋ	₅hŋ	₅hien	₅kũi	₅hiaŋ	₅hiŋ
潮阳海门	₅pʰuaŋ	₅puã	₅tuan	₅tuŋ	₅kuan	₅kuẽ	₅huan	₅hõi	₅tsʰuan	₅tsʰuŋ	₅ien	₅hŋ	₅hien	₅kũi	₅hien	₅hin
潮州湘桥	₅pʰuaŋ	₅puã	₅tuaŋ	₅tuŋ	₅kuaŋ	₅kuẽ	₅huaŋ	₅hõi	₅tsʰuaŋ	₅tsʰuŋ	₅iaŋ	₅hŋ	₅hiaŋ	₅kũi	₅hiaŋ	₅hiŋ
潮州凤凰	₅pʰuaŋ	₅puã	₅tuaŋ	₅tuŋ	₅kuaŋ	₅kuẽ	₅huaŋ	₅hõi	₅tsʰuaŋ	₅tsʰuŋ	₅iaŋ	₅hŋ	₅hiaŋ	₅kũi	₅hiaŋ	₅hiŋ
潮州文祠	₅pʰuaŋ	₅puã	₅tuaŋ	₅tuŋ	₅kuaŋ	₅kuẽ	₅huaŋ	₅hãi	₅tshuaŋ	₅tshuŋ	₅iaŋ	₅hŋ	₅hiaŋ	₅kuãi	₅hiaŋ	₅hiŋ
饶平三饶	₅pʰuaŋ	₅puã	₅tuaŋ	₅tuŋ	₅kuaŋ	₅kuẽ	₅huaŋ	₅hõi	₅tsʰuaŋ	₅tsʰuŋ	₅iaŋ	₅hŋ	₅hiaŋ	₅kũi	₅hiaŋ	₅heŋ
饶平黄冈	₅pʰuaŋ	₅puã	₅tuaŋ	₅tuŋ	₅kuaŋ	₅kuẽ	₅huaŋ	₅hãi	₅tsʰuaŋ	₅tsʰuŋ	₅iaŋ	₅hŋ	₅hiaŋ	₅kuãi	₅hiaŋ	₅hiŋ
揭阳榕城	₅pʰuaŋ	₅puã	₅tuaŋ	₅tuŋ	₅kuaŋ	₅kuẽ	₅huaŋ	₅hãi	₅tsʰuaŋ	₅tsʰuŋ	₅iaŋ	₅hŋ	₅hiaŋ	₅kũi		₅hiŋ
惠来惠城	₅pʰuaŋ	₅puã	₅tuaŋ	₅tuŋ	₅kuaŋ	₅kuẽ	₅huaŋ	₅hãi	₅tsʰuaŋ	₅tsʰuŋ	₅iaŋ	₅hŋ	₅hiaŋ	₅kuãi	₅hiaŋ	₅hiŋ
普宁流沙	₅pʰuaŋ	₅puã	₅tuaŋ	₅tuŋ	₅kuaŋ	₅kuẽ	₅huaŋ	₅hãi	₅tsʰuaŋ	₅tsʰuŋ	₅iaŋ	₅hŋ	₅hiaŋ	₅kũi	₅hiaŋ	₅hiŋ

续表

方言点\例字读音	山合一 盘 文	盘 白	断 文	断 白	山合二 关 文	关 白	还 文	还 白	山合三 爷 文	爷 白	远 文	远 白	山合四 悬 文	悬 白	玄 文	玄 白
陆丰东海	₋pʰuaŋ	₋puã	tuaŋ²	tuŋ²	₋kuaŋ	₋kuẽ	₋huaŋ	₋hãi	₋tsʰuaŋ	₋tsʰɯŋ	₋iaŋ	hŋ²	₋hiaŋ	₋kuãi	₋hiaŋ	₋hiŋ
陆丰南塘	₋pʰuaŋ	₋puã	₋tuaŋ	₋tɯŋ	₋kuaŋ	₋kuẽ	₋huaŋ	₋hãi	₋tsʰuaŋ	₋tsʰɯŋ	₋iaŋ	₋hŋ	₋hiaŋ	₋kuãi	₋hiaŋ	₋hiŋ
陆丰甲子	₋pʰuaŋ	₋puã	₋tuaŋ	₋tɯŋ	₋kuaŋ	₋kuẽ	₋huaŋ	₋hãi	₋tsʰuaŋ	₋tsʰɯŋ	₋iaŋ	₋hŋ	₋hiaŋ	₋kuãi	₋hiaŋ	₋hiŋ
海丰海城	₋pʰuaŋ	₋puã	₋tuaŋ	₋tɯŋ	₋kuaŋ	₋kuẽ	₋huaŋ	₋hãi	₋tsʰuaŋ	₋tsʰɯŋ	₋iaŋ	₋hŋ	₋hiaŋ	₋kuãi	₋hiaŋ	₋hiŋ
海丰联安	₋pʰuaŋ	₋puã	tuan²	tũi²	₋kuan	₋kuẽ	₋huan	₋hãi	₋tsʰuan	₋tsʰũi	₋ian	huĩ²	₋hian	₋kuãi	₋hian	₋hin
海丰平东	₋pʰuaŋ	₋puã	₋tuaŋ	₋tɯŋ	₋kuaŋ	₋kuẽ	₋huaŋ	₋hãi	₋tsʰuaŋ	₋tsʰɯŋ	₋iaŋ	₋hŋ	₋hiaŋ	₋kuãi	₋hiaŋ	₋hiŋ
汕尾捷胜																

山摄开口一、二等文读都为－aŋ/an，一等白读为－uã，二等白读除了－uã，还有－õi/ãi，二等白读－uã和－õi/ãi是由于声母的不同而产生了分化，属同一层次读音，分化情况大致如下：

		õi/ãi	uã
二等开口	山	唇、喉牙音声母	庄组
	删	唇音声母	喉牙音声母

另外，云澳和东海二等韵白读层除了－uã和－õi/ãi，还有－eŋ，具体情况如下：

	东海		云澳	
	二等	四等	二等	四等
eŋ	绽拣苋疝谏	撑白楝肩茧	绽间白,房～拣闲苋片	典撑白楝千前先白肩茧
õi/ãi	间房～,白闲斑白片	莲千前先白	辨间～断斑板白	殿莲

云澳和东海二、四等读－eŋ跟揭阳三、四等"先、眠"等读－eŋ不同，属于不同的层次；也跟三饶"边、扁"等读－eŋ性质不同，这三个－eŋ分别代表了三个不同的读音层次，大致情况如下：

层次	－eŋ	
第一层	云澳和东海二、四等读－eŋ	跟一、二等õi/ãi读音和三、四等ĩ读音相同，为第一层读音
第二层	揭阳三、四等"先、眠"等读－eŋ	介于三、四等ĩ和iaŋ之间，跟其他方言点的iŋ同一层次
第三层	三饶"边、扁"等读－eŋ	晚于第一层õi/ãi和第二层iŋ

山摄开口三、四等文读－iaŋ，白读－ĩ，－iŋ读音介于－iaŋ和－ĩ之间，它们之间的层次关系及各方言点具体音值的差异如上所示。另外，三等韵还有白读－iã，四等还有白读－õi/ãi。山摄合口文读－iaŋ/uaŋ，白读有－uã、uẽ、õi/ãi、ũi/uãi及－ɯŋ、ŋ̍。凤凰、文祠、平东等方言点保留－n尾，属于文读音，白读音跟其他点一样弱化为阳声韵。

表 S-4-2-4　粤东闽语臻摄字的读音

方言点	臻摄开口 陈 文	臻摄开口 陈 姓	臻摄开口 趁 文	臻摄开口 趁 白	臻摄开口 伸 文	臻摄开口 伸 白	臻摄开口 忍 文	臻摄开口 忍 白	臻摄合口 孙 姓	臻摄合口 孙 白	臻摄合口 顿 文	臻摄合口 顿 白	臻摄合口 迅 文
汕头市区	tʰiŋ˩	taŋ˩	ˌtsiaŋ	tʰaŋ˥	siŋ˩	tsʰuŋ˩	dzim˩	luŋ˩	suŋ˩	suŋ˩	tuŋ˩	tuŋ˥	siŋ˥
澄海澄城	tʰiŋ˩	taŋ˩	ˌtsiaŋ	tʰaŋ˥	siŋ˩	tsʰuŋ˩	dzim˩	luŋ˩	suŋ˩	suŋ˩	tuŋ˩	tuŋ˥	siŋ˥
南澳云澳	tʰiŋ˩	taŋ˩	ˌtsiaŋ	tʰaŋ˥	siŋ˩	tsʰuŋ˩	dzim˩	luŋ˩	suŋ˩	suŋ˩	tuŋ˩	tuŋ˥	siŋ˥
汕头达濠	tʰiŋ˩	taŋ˩	ˌtsiaŋ	tʰaŋ˥	siŋ˩	tsʰuŋ˩	dzim˩	luŋ˩	suŋ˩	suŋ˩	tuŋ˩	tuŋ˥	siŋ˥
潮阳棉城	tʰiŋ˩	taŋ˩	ˌtsiaŋ	tʰaŋ˥	siŋ˩	tsʰun˩	dzim˩	luŋ˩	suŋ˩	suŋ˩	tuŋ˩	tuŋ˥	siŋ˥
潮阳海门	tʰiŋ˩	tan˩	ˌtsien	tʰaŋ˥	sin˩	tsʰun˩	dzim˩	lun˩	sun˩	sun˩	tun˩	tuŋ˥	sin˥
潮州湘桥	tʰiŋ˩	taŋ˩	ˌtsiaŋ	tʰaŋ˥	siŋ˩	tsʰuŋ˩	dzim˩	luŋ˩	suŋ˩	suŋ˩	tuŋ˩	tuŋ˥	siŋ˥
潮州凤凰	tʰin˩	taŋ˩	ˌtsiaŋ	tʰaŋ˥	sin˩	tsʰun˩	dzim˩	lun˩	sun˩	sun˩	tun˩	tuŋ˥	sin˥
潮州文祠	tʰiŋ˩	taŋ˩	ˌtsiaŋ	tʰaŋ˥	siŋ˩	tsʰuŋ˩	dzim˩	luŋ˩	suŋ˩	suŋ˩	tuŋ˩	tuŋ˥	siŋ˥
饶平三饶	tʰiŋ˩	taŋ˩	ˌtsiaŋ	tʰaŋ˥	siŋ˩	tsʰuŋ˩	dzim˩	luŋ˩	suŋ˩	suŋ˩	tuŋ˩	tuŋ˥	siŋ˥
饶平海山	tʰiŋ˩	taŋ˩	ˌtsiaŋ	tʰaŋ˥	siŋ˩	tsʰuŋ˩	dzim˩	luŋ˩	suŋ˩	suŋ˩	tuŋ˩	tuŋ˥	siŋ˥
饶平黄冈	tʰiŋ˩	taŋ˩	ˌtsiaŋ	tʰaŋ˥	siŋ˩	tsʰuŋ˩	dzim˩	luŋ˩	suŋ˩	suŋ˩	tuŋ˩	tuŋ˥	siŋ˥
揭阳榕城	tʰeŋ˩	taŋ˩	ˌtsiaŋ	tʰaŋ˥	seŋ˩	tsʰuŋ˩	dzeŋ˩	luŋ˩	suŋ˩	suŋ˩	tuŋ˩	tuŋ˥	seŋ˥
惠来惠城	tʰiŋ˩	taŋ˩	ˌtsiaŋ	tʰaŋ˥	siŋ˩	tsʰuŋ˩	dzim˩	luŋ˩	suŋ˩	suŋ˩	tuŋ˩	tuŋ˥	siŋ˥
普宁流沙	tʰiŋ˩	taŋ˩	ˌtsiaŋ	tʰaŋ˥	siŋ˩	tsʰuŋ˩	dziŋ˩	luŋ˩	suŋ˩	sun˩	tun˩	tuŋ˥	siŋ˥

第四章　粤东闽语的韵母　149

续表

例字读音\方言点	臻摄开口 陈 文	陈 姓	趁 文	趁 白	伸 文	伸 白	忍 文	忍 白	臻摄合口 孙 姓	孙 白	顿 文	顿 白	迅 文
陆丰东海	tʰiŋ˨	taŋ˨	tsiŋ˨	tʰaŋ˦	siŋ˨	tsʰuŋ˨	dzim˨	luŋ˨	suŋ˨	suŋ˨	tuŋ˦	tɯŋ˦	siŋ˦
陆丰南塘	tʰiŋ˨	taŋ˨	tsiaŋ˨	tʰaŋ˦	siŋ˨	tsʰuŋ˨	dzim˨	luŋ˨	suŋ˨	suŋ˨	tuŋ˨	tɯŋ˦	siŋ˦
陆丰甲子	tʰiŋ˨	taŋ˨	tsiaŋ˨	tʰaŋ˦	siŋ˨	tsʰuŋ˨	dzim˨	luŋ˨	sũĩ˨	sun˨	tun˨	tɯŋ˦	siŋ˦
海丰海城	tʰin˨	taŋ˨	tsin˨	tʰaŋ˦	siŋ˨	tsʰun˨	dzim˨	nũn˨	sũĩ˨	sun˨	tun˨	tũĩ˦	sin˦
海丰联安	tʰin˨	tan˨	tsin˨	tʰan˦	sin˨	tsʰun˨	dzim˨	nũn˨	suŋ˨	sun˨	tun˨	tũĩ˦	sin˦
海丰平东	tʰiŋ˨	taŋ˨	tsiŋ˨	tʰaŋ˦	siŋ˨	tsʰuŋ˨	dzim˨	luŋ˨	suŋ˨	suŋ˨	tuŋ˨	tɯŋ˦	siŋ˦
汕尾捷胜													

臻摄阳声韵跟山摄有两点明显的不同：第一，虽然中古同收 -n 尾，但在今粤东闽语保留前鼻音韵尾 -n 的程度不同，臻摄比山摄保留得多，这跟臻摄的韵母主要元音主要为 u 有关；即使主要元音同为 a 或 i，臻摄字也倾向于保留 -n 尾，而山摄字倾向于并入 -ŋ 尾，如海丰几个点的情况。第二，臻摄不管文白读，都为鼻音尾韵，山、咸、深摄的文白读之间则有明显分化：文读鼻尾韵，白读鼻化韵；只有海丰的 -ũi 韵例外，但 -ũi 韵本身也是文白混层。

部分点少数字读闭口韵 -im，例如"忍、刃"，都是受到声母 dz- 的同化作用韵尾发生变异的结果，并非特殊来源。

三 宕、江、曾、梗、通摄

古宕、江、曾、梗、通五摄的阳声韵在今粤东闽语文读层都为 -ŋ 尾。跟咸、深、山摄一样，宕、梗摄文白读在韵尾表现上界限比较分明，即文读韵尾为 -ŋ，白读为鼻化韵；通、江、曾三摄跟臻摄相似，文白读在韵尾上区别不明显，除了少数例字白读鼻化韵，文白大都收后鼻韵尾 -ŋ，其差异主要体现在韵母主要元音上。

宕摄开口一等文读 -aŋ，白读 -ɯŋ，三等有 -i 介音，文读 -iaŋ，白读 -iõ；合口文读都为 -uaŋ，一等白读主要是 -ɯŋ/ũi，个别为 -iã、-uã，三等白读主要是 -aŋ，"王"作姓氏时云澳和东海读 -oŋ，海丰读 -ioŋ，其他方言点读 -eŋ。可见，宕摄文白读之间韵尾的区别大致是分明的，文读收 -ŋ 尾，白读弱化为鼻化韵，只有 -ɯŋ 韵例外，跟山摄白读情况相同。其他方言点的 -ɯŋ 在海丰对应为 -ũi，山摄也如此，但是海丰宕摄开口也有 -ɯŋ 韵。宕摄几个白读韵母 -ɯŋ、-ũi、-ŋ̍、-uã 错综复杂，但基本可以肯定它们都属于白读音。如下所示，用一个语音演变链简单标示它们之间的关系：

↗ uã（汕头等的"旷白"）

waŋ（李方桂拟音）→uaŋ→uʷaŋ→ɯaŋ→ɯŋ（汕头等的"广、光"白读）→ŋ̍（汕头等的"黄、荒"白读，各地都有的"方地~"）

↘ uiŋ→ũi（海丰的"旷、广、光、黄、荒"白读）

第四章 粤东闽语的韵母 151

表 5-4-2-5 粤东闽语宕摄字的读音

例字读音 方言点	宕开一				宕开三						宕合一				宕合三		
	糠		堂		张			长			光		旷		芳		王
	文	白	文	白	文	白	白	文	白	文	白	文	白	文	白	文	白
汕头市区	₋kʰaŋ	₋kʰɯŋ	₋tʰaŋ	₋tɯŋ	₋tsiaŋ	₋tiõ	₋tsʰiaŋ	₋tɯŋ	₋kuaŋ	₋kɯŋ	₋kʰuaŋ	kʰuã⁼	₋huaŋ	₋pʰaŋ	₋uaŋ	₋heŋ
澄海澄城	₋kʰaŋ	₋kʰɯŋ	₋tʰaŋ	₋tɯŋ	₋tsiaŋ	₋tiẽ	₋tsʰiaŋ	₋tɯŋ	₋kuaŋ	₋kɯŋ	₋kʰuaŋ	kʰuã⁼	₋huaŋ	₋pʰaŋ	₋uaŋ	₋heŋ
南澳云澳	₋kʰaŋ	₋kʰɯŋ	₋tʰaŋ	₋tɯŋ	₋tsiaŋ	₋tiõ	₋tsʰiaŋ	₋tɯŋ	₋kuaŋ	₋kɯŋ	₋kʰuaŋ	kʰuã⁼	₋huaŋ	₋pʰaŋ	₋uaŋ	₋ɔŋ
汕头达濠	₋kʰaŋ	₋kʰɯŋ	₋tʰaŋ	₋tɯŋ	₋tsiaŋ	₋tiõ	₋tsʰiaŋ	₋tɯŋ	₋kuaŋ	₋kɯŋ	₋kʰuaŋ	kʰuã⁼	₋huaŋ	₋pʰaŋ	₋uaŋ	₋heŋ
潮阳棉城	₋kʰaŋ	₋kʰɯŋ	₋tʰaŋ	₋tɯŋ	₋tsiaŋ	₋tiõ	₋tsʰiaŋ	₋tɯŋ	₋kuaŋ	₋kɯŋ	₋kʰuaŋ	kʰuã⁼	₋huaŋ	₋pʰaŋ	₋uaŋ	₋heŋ
潮阳海门	₋kʰaŋ	₋kʰɯŋ	₋tʰaŋ	₋tɯŋ	₋tsiaŋ	₋tiõ	₋tsʰiaŋ	₋tɯŋ	₋kuaŋ	₋kɯŋ	₋kʰuaŋ	₋hiã	₋huaŋ	₋pʰaŋ	₋uaŋ	₋heŋ
潮州湘桥	₋kʰaŋ	₋kʰɯŋ	₋tʰaŋ	₋tɯŋ	₋tsiaŋ	₋tiẽ	₋tsʰiaŋ	₋tɯŋ	₋kuaŋ	₋kɯŋ	₋kʰuaŋ	kʰuã⁼	₋huaŋ	₋pʰaŋ	₋uaŋ	₋heŋ
潮州凤凰	₋kʰaŋ	₋kʰɯŋ	₋tʰaŋ	₋tɯŋ	₋tsiaŋ	₋tiõ	₋tsʰiaŋ	₋tɯŋ	₋kuaŋ	₋kɯŋ	₋kʰuaŋ	kʰuã⁼	₋huaŋ	₋pʰaŋ	₋uaŋ	₋heŋ
潮州文祠	₋kʰaŋ	₋kʰɯŋ	₋tʰaŋ	₋tɯŋ	₋tsiaŋ	₋tiõ	₋tsʰiaŋ	₋tɯŋ	₋kuaŋ	₋kɯŋ	₋kʰuaŋ	kʰuã⁼	₋huaŋ	₋pʰaŋ	₋uaŋ	₋heŋ
饶平三饶	₋kʰaŋ	₋kʰɯŋ	₋tʰaŋ	₋tɯŋ	₋tsiaŋ	₋tiõ	₋tsʰiaŋ	₋tɯŋ	₋kuaŋ	₋kɯŋ	₋kʰuaŋ	kʰuã⁼	₋huaŋ	₋pʰaŋ	₋uaŋ	₋heŋ
饶平海山	₋kʰaŋ	₋kʰɯŋ	₋tʰaŋ	₋tɯŋ	₋tsiaŋ	₋tiõ	₋tsʰiaŋ	₋tɯŋ	₋kuaŋ	₋kɯŋ	₋kʰuaŋ	kʰuã⁼	₋huaŋ	₋pʰaŋ	₋uaŋ	₋heŋ
饶平黄冈	₋kʰaŋ	₋kʰɯŋ	₋tʰaŋ	₋tɯŋ	₋tsiaŋ	₋tiõ	₋tsʰiaŋ	₋tɯŋ	₋kuaŋ	₋kɯŋ	₋kʰuaŋ	kʰuã⁼	₋huaŋ	₋pʰaŋ	₋uaŋ	₋heŋ
揭阳榕城	₋kʰaŋ	₋kʰɯŋ	₋tʰaŋ	₋tɯŋ	₋tsiaŋ	₋tiõ	₋tsʰiaŋ	₋tɯŋ	₋kuaŋ	₋kɯŋ	₋kʰuaŋ	kʰuã⁼	₋huaŋ	₋pʰaŋ	₋uaŋ	₋heŋ
惠来惠城	₋kʰaŋ	₋kʰɯŋ	₋tʰaŋ	₋tɯŋ	₋tsiaŋ	₋tiõ	₋tsʰiaŋ	₋tɯŋ	₋kuaŋ	₋kɯŋ	₋kʰuaŋ	kʰuã⁼	₋huaŋ	₋pʰaŋ	₋uaŋ	₋heŋ
普宁流沙	₋kʰaŋ	₋kʰɯŋ	₋tʰaŋ	₋tɯŋ	₋tsiaŋ	₋tiõ	₋tsʰiaŋ	₋tɯŋ	₋kuaŋ	₋kɯŋ	₋kʰuaŋ	kʰuã⁼	₋huaŋ	₋pʰaŋ	₋uaŋ	₋heŋ

152 / 上　篇

续表

方言点 \ 例字读音	宕开一 慷 文	慷 白	堂 文	堂 白	宕开三 张 文	张 白	长 文	长 白	宕合一 光 文	光 白	旷 文	旷 白	宕合三 芳 文	芳 白	王 文	王 白
陆丰东海	₅kʰaŋ	₅kʰɯŋ	₅tʰaŋ	₅tɯŋ	₅tsiaŋ	₅tiõ	₅tsʰiaŋ	₅tɯŋ	₅kuaŋ	₅kɯŋ	kʰuaŋ⁼	kʰuã⁼	₅huaŋ	₅pʰaŋ	₅uaŋ	₅oŋ
陆丰南塘	₅kʰaŋ	₅kʰɯŋ	₅tʰaŋ	₅tɯŋ	₅tsiaŋ	₅tiõ	₅tsʰiaŋ	₅tɯŋ	₅kuaŋ	₅kɯŋ	kʰuaŋ⁼	kʰuã⁼	₅huaŋ	₅pʰaŋ	₅uaŋ	₅heŋ
陆丰甲子	₅kʰaŋ	₅kʰɯŋ	₅tʰaŋ	₅tɯŋ	₅tsiaŋ	₅tiõ	₅tsʰiaŋ	₅tɯŋ	₅kuaŋ	₅kũi	kʰuaŋ⁼	kʰũi⁼	₅huaŋ	₅pʰaŋ	₅uaŋ	₅heŋ
海丰海城	₅kʰaŋ	₅kʰɯŋ	₅tʰaŋ	₅tɯŋ	₅tsiaŋ	₅tiõ	₅tsʰiaŋ	₅tɯŋ	₅kuaŋ	₅kũi	kʰuaŋ⁼	kʰũi⁼	₅huaŋ	₅pʰaŋ	₅uaŋ	₅hioŋ
海丰联安	₅kʰaŋ	₅kʰɯŋ	₅tʰaŋ	₅tɯŋ	₅tsiaŋ	₅tiõ	₅tsʰiaŋ	₅tɯŋ	₅kuaŋ	₅kɯŋ	kʰuaŋ⁼	kʰũi⁼	₅huaŋ	₅pʰaŋ	₅uaŋ	₅hioŋ
海丰平东	₅kʰaŋ	₅kʰɯŋ	₅tʰaŋ	₅tɯŋ	₅tsiaŋ	₅tiõ	₅tsʰiaŋ	₅tɯŋ	₅kuaŋ	₅kɯŋ	kʰuaŋ⁼	kʰũi⁼	₅huaŋ	₅pʰaŋ	₅uaŋ	₅hioŋ
汕尾捷胜	₅kʰaŋ	₅kʰɯŋ	₅tʰaŋ	₅tɯŋ	₅tsiaŋ	₅tiõ	₅tsʰiaŋ	₅tɯŋ	₅kuaŋ	₅kɯŋ	kʰuaŋ⁼	kʰũi⁼	₅huaŋ	₅pʰaŋ	₅uaŋ	₅hioŋ

徐宇航（2018）根据19世纪传教士所记材料，从发音原理、音系结构的制约、韵尾系统变迁等方面分析认为，粤东闽语山、宕等摄 - ɯŋ 和 - ŋ̍ 两韵之间的关系应该是：ŋ̍→ɯŋ，跟零声母和 h - 声母相拼的 - ŋ̍ 保留，跟其他声母相拼的 - ŋ̍ 变为 - ɯŋ。该论断有理有据，令人信服。但如果结合上述演变链，从 - ɯaŋ 到 - ŋ̍ 中间应该有 - ɯŋ。至于 - ŋ̍ 的来源，徐文没有讨论，本书也暂时存疑。

江摄主要读 - aŋ，其他读音如 - eŋ、- iõ、- ɯŋ 都只有个别例字，虽然没有文白对立的例字，但根据词汇色彩和韵母的文白系统大致可以判断 - eŋ、- iõ、- ɯŋ 和部分 - aŋ 为白读音，其中 - eŋ、- aŋ 读同了通摄白读，- iõ、- ɯŋ 同于宕摄白读。江摄绝大部分读音保留了 - ŋ 韵尾。

通摄除了合口三等"融"等少数字白读 - iõ 之外，其他读音不管文白都保留了 - ŋ 韵尾。一、三等文读都为 - oŋ，三等还有 - ioŋ；白读一等主要为 - aŋ、少数为 - eŋ，三等则主要为 - eŋ，次为 - aŋ。

曾摄除了个别字白读 - iã，其他不管文白读都收 - ŋ 尾，文读一、三等都为 - eŋ，白读一等 - aŋ、三等 - iŋ。海丰各点和云澳有部分字读 - in，收 - n 尾，对应其他点的 - iŋ（揭阳榕城全部变入 - eŋ），跟福建本土闽南方言一致，戴黎刚（2005）认为：这是来自中原官话的晚于切韵时代的读音层，普遍存在于南方方言中。在粤东闽语，可以肯定这一层次读音早于晚近的文读音 - eŋ，如上举"应"字文白读分别为 - eŋ 和 - iŋ/in，在海丰之外其他各点都是主要元音的区别；福建本土的闽南方言如泉州，其文白读主要元音都为 - i -，文读收 - ŋ 尾，白读收 - n 尾。潮州凤凰是保留 - n/t 尾比较完整的方言点，曾梗摄有收 - n/t 尾的例字："藤、拯、剩、蝇"读 - in，"即、鲫、直、织"读 - it，"曾、层、赠、等"读 - an，"贼、塞、克、刻、力、值、抑"读 - at，比海丰海城多了一个韵母 - an，这是因为海城的 - an 韵已经全部变入 - aŋ 韵，海丰平东虽然也有曾摄字读 - an，但例字比凤凰少。

表 S-4-2-6　粤东闽语江、通摄字的读音

方言点 \ 例字读音	江摄 杠	江摄 窗	江摄 腔	江摄 扛	通合一 冻 文	通合一 冻 白	通合一 捅 文	通合一 捅 白	通合一 翁 文	通合一 翁 白	通合一 松 文	通合一 松 白	通合三 重 文	通合三 重 白	通合三 融 文	通合三 融 白
汕头市区	kaŋ˧	tʰeŋ˧	kʰiõ˧	kuŋ˧	toŋ˨	taŋ˨	tʰoŋ˧	tʰuŋ˧	oŋ˧	aŋ˧	soŋ˨	seŋ˨	toŋ˨	taŋ˨	ioŋ˨	iẽ˨
澄海澄城	kaŋ˧	tʰeŋ˧	kʰiõ˧	kuŋ˧	toŋ˨	taŋ˨	tʰoŋ˧	tʰuŋ˧	oŋ˧	aŋ˧	soŋ˨	seŋ˨	toŋ˨	taŋ˨	ioŋ˨	iẽ˨
南澳云澳	kaŋ˧	tʰeŋ˧	kʰiõ˧	kuŋ˧	toŋ˨	taŋ˨	tʰoŋ˧	tʰuŋ˧	oŋ˧	aŋ˧	sioŋ˨	seŋ˨	toŋ˨	taŋ˨	ioŋ˨	iẽ˨
汕头达濠	kaŋ˨	tʰeŋ˧	kʰiõ˧	kuŋ˧	toŋ˨	taŋ˨	tʰoŋ˧	tʰuŋ˧	oŋ˧	aŋ˧	sioŋ˨	seŋ˨	toŋ˨	taŋ˨	ioŋ˨	iẽ˨
潮阳棉城	kaŋ˨	tʰeŋ˧	kʰiõ˧	kuŋ˧	toŋ˨	taŋ˨	tʰoŋ˧	tʰuŋ˧	oŋ˧	aŋ˧	soŋ˨	seŋ˨	toŋ˨	taŋ˨	ioŋ˨	iẽ˨
潮阳海门	kaŋ˧	tʰeŋ˧	kʰiõ˧	kuŋ˧	toŋ˧	taŋ˧	tʰoŋ˧	tʰuŋ˧	oŋ˧	aŋ˧	soŋ˨	seŋ˨	toŋ˨	taŋ˨	ioŋ˨	iẽ˨
潮州湘桥	kaŋ˧	tʰeŋ˧	kʰiõ˧	kuŋ˧	toŋ˨	taŋ˨	tʰoŋ˧	tʰuŋ˧	oŋ˧	aŋ˧	soŋ˨	seŋ˨	toŋ˨	taŋ˨	ioŋ˨	iẽ˨
潮州凤凰	kaŋ˧	tʰeŋ˧	kʰiõ˧	kuŋ˧	toŋ˨	taŋ˨	tʰoŋ˧	tʰuŋ˧	oŋ˧	aŋ˧	soŋ˨	seŋ˨	toŋ˨	taŋ˨	ioŋ˨	iẽ˨
潮州文祠	kaŋ˧	tʰeŋ˧	kʰiõ˧	kuŋ˧	toŋ˨	taŋ˨	tʰoŋ˧	tʰuŋ˧	oŋ˧	aŋ˧	soŋ˨	seŋ˨	toŋ˨	taŋ˨	ioŋ˨	iẽ˨
饶平三饶	kaŋ˧	tʰeŋ˧	kʰiõ˧	kuŋ˧	toŋ˨	taŋ˨	tʰoŋ˧	tʰuŋ˧	oŋ˧	aŋ˧	soŋ˨	seŋ˨	toŋ˨	taŋ˨	ioŋ˨	iẽ˨
饶平海山	kaŋ˧	tʰeŋ˧	kʰiõ˧	kuŋ˧	toŋ˨	taŋ˨	tʰoŋ˧	tʰuŋ˧	oŋ˧	aŋ˧	soŋ˨	seŋ˨	toŋ˨	taŋ˨	ioŋ˨	iẽ˨
饶平黄冈	kaŋ˧	tʰeŋ˧	kʰiõ˧	kuŋ˧	toŋ˨	taŋ˨	tʰoŋ˧	tʰuŋ˧	oŋ˧	aŋ˧	soŋ˨	seŋ˨	toŋ˨	taŋ˨	ioŋ˨	iẽ˨
揭阳榕城	kaŋ˧	tʰeŋ˧	kʰiõ˧	kuŋ˧	toŋ˨	taŋ˨	tʰoŋ˧	tʰuŋ˧	oŋ˧	aŋ˧	soŋ˨	seŋ˨	toŋ˨	taŋ˨	ioŋ˨	iẽ˨
惠来惠城	kaŋ˧	tʰeŋ˧	kʰiõ˧	kuŋ˧	toŋ˨	taŋ˨	tʰoŋ˧	tʰuŋ˧	oŋ˧	aŋ˧	sioŋ˨	seŋ˨	toŋ˨	taŋ˨	ioŋ˨	iẽ˨
普宁流沙	kaŋ˧	tʰeŋ˧	kʰiõ˧	kuŋ˧	toŋ˨	taŋ˨	tʰoŋ˧	tʰuŋ˧	oŋ˧	aŋ˧	soŋ˨	seŋ˨	toŋ˨	taŋ˨	ioŋ˨	iẽ˨

续表

方言点\例字读音	江摄			通合一						通合三					
	扛	窗	腔	扛	冻		捅		翁		松		重		融	
					文	白	文	白	文	白	文	白	文	白	文	白
陆丰东海	kaŋ˰	˰tʰeŋ	˰kʰiõ	˰kɯŋ	toŋ˰	taŋ˰	˰tʰoŋ	˰tʰɯŋ	˰oŋ	˰aŋ	˰eŋ	˰sioŋ	˰seŋ	˰tioŋ	˰taŋ	˰ioŋ	˰iõ
陆丰南塘	kaŋ˰	˰tʰeŋ	˰kʰiõ	˰kɯŋ	toŋ˰	taŋ˰	˰tʰoŋ	˰tʰɯŋ	˰oŋ	˰aŋ	˰eŋ	˰sioŋ	˰seŋ	˰tioŋ	˰taŋ	˰ioŋ	˰iõ
陆丰甲子	kaŋ˰	˰tʰeŋ	˰kʰiõ	˰kɯŋ	toŋ˰	taŋ˰	˰tʰoŋ	˰tʰɯŋ	˰oŋ	˰aŋ	˰eŋ	˰sioŋ	˰seŋ	˰tioŋ	˰taŋ	˰ioŋ	˰iõ
海丰海城	kaŋ˰	˰tʰeŋ	˰kʰiõ	˰kɯŋ	toŋ˰	taŋ˰	˰tʰoŋ	˰tʰɯŋ	˰oŋ	˰aŋ	˰eŋ	˰sioŋ	˰seŋ	˰tioŋ	˰taŋ	˰ioŋ	˰iõ
海丰联安	kaŋ˰	˰tʰeŋ	˰kʰiõ	˰kɯŋ	toŋ˰	taŋ˰	˰tʰoŋ	˰tʰɯŋ	˰oŋ	˰aŋ	˰ioŋ	˰sioŋ	˰seŋ	˰tioŋ	˰taŋ	˰ioŋ	˰iõ
海丰平东	kaŋ˰	˰tʰeŋ	˰kʰiõ	˰kɯŋ	toŋ˰	taŋ˰	˰tʰoŋ	˰tʰɯŋ	˰oŋ	˰aŋ	˰ioŋ	˰sioŋ	˰seŋ	˰tioŋ	˰taŋ	˰ioŋ	˰iõ
汕尾捷胜	kaŋ˰	˰tʰeŋ	˰kʰiõ	ʀkɯŋ	toŋ˰	taŋ˰	˰tʰoŋ	˰tʰɯŋ	˰oŋ	˰aŋ	˰ioŋ	˰sioŋ	˰seŋ	˰tioŋ	˰taŋ	˰ioŋ	˰iõ

表 S-4-2-7　粤东闽语曾、梗摄字的读音

例字读音\方言点	曾开一 等 文	曾开一 等 白	曾开一 疼	曾开三 应 文	曾开三 应 白	曾开三 冰	梗开一 牲 文	梗开一 牲 白	梗开一 精 文	梗开一 精 白	梗合二 平 文	梗合二 平 白	梗合二 蛏	梗合二 轻	梗合二 横	梗合二 矿
汕头市区	₋teŋ	₋taŋ	₋tʰiã	₋eŋ	iŋ⁼	₋piã	₋seŋ	₋sẽ	₋tseŋ	₋tsiã	₋pʰeŋ	₋pẽ	₋tʰaŋ	₋kʰiŋ	₋huẽ	kʰuaŋ⁼
澄海澄城	₋teŋ	₋taŋ	₋tʰiã	₋eŋ	iŋ⁼	₋piã	₋seŋ	₋sẽ	₋tseŋ	₋tsiã	₋pʰeŋ	₋pẽ	₋tʰaŋ	₋kʰiŋ	₋huẽ	kʰuaŋ⁼
南澳云澳	₋teŋ	₋taŋ	₋tʰiã	₋eŋ	iŋ⁼	₋piã	₋seŋ	₋sẽ	₋tseŋ	₋tsiã	₋pʰeŋ	₋pẽ	₋tʰaŋ	₋kʰin	₋huẽ	kʰuaŋ⁼
汕头达濠	₋teŋ	₋taŋ	₋tʰiã	₋eŋ	₋iŋ	₋piã	₋seŋ	₋sẽ	₋tseŋ	₋tsiã	₋pʰeŋ	₋pẽ	₋tʰaŋ	₋kʰiŋ	₋huẽ	₋kʰuaŋ
潮阳棉城	₋teŋ	₋taŋ	₋tʰiã	₋eŋ	₋iŋ	₋piã	₋seŋ	₋sẽ	₋tseŋ	₋tsiã	₋pʰeŋ	₋pẽ	₋tʰaŋ	₋kʰiŋ	₋huẽ	kʰuaŋ⁼
潮阳海门	₋teŋ	₋taŋ	₋tʰiã	₋eŋ	iŋ⁼	₋piã	₋seŋ	₋sẽ	₋tseŋ	₋tsiã	₋pʰeŋ	₋pẽ	₋tʰaŋ	₋kʰiŋ	₋huẽ	kʰuaŋ⁼
潮州湘桥	₋teŋ	₋taŋ	₋tʰiã	₋eŋ	iŋ⁼	₋piã	₋seŋ	₋sẽ	₋tseŋ	₋tsiã	₋pʰeŋ	₋pẽ	₋tʰaŋ	₋kʰiŋ	₋huẽ	kʰuaŋ⁼
潮州凤凰	₋teŋ	₋taŋ	₋tʰiã	₋eŋ	iŋ⁼	₋piã	₋seŋ	₋sẽ	₋tseŋ	₋tsiã	₋pʰeŋ	₋pẽ	₋tʰaŋ	₋kʰiŋ	₋huẽ	kʰuaŋ⁼
潮州文祠	₋teŋ	₋tan	₋tʰiã	₋eŋ	iŋ⁼	₋piã	₋seŋ	₋sẽ	₋tseŋ	₋tsiã	₋pʰeŋ	₋pẽ	₋tʰaŋ	₋kʰiŋ	₋huẽ	kʰuaŋ⁼
饶平三饶	₋teŋ	₋taŋ	₋tʰiã	₋eŋ	iŋ⁼	₋piã	₋seŋ	₋sẽ	₋tseŋ	₋tsiã	₋pʰeŋ	₋pẽ	₋tʰaŋ	₋kʰiŋ	₋huẽi	kʰuaŋ⁼
饶平海山	₋teŋ	₋taŋ	₋tʰiã	₋eŋ	iŋ⁼	₋piã	₋seŋ	₋sẽ	₋tseŋ	₋tsiã	₋pʰeŋ	₋pẽ	₋tʰaŋ	₋kʰiŋ	₋huẽ	kʰuaŋ⁼
饶平黄冈	₋teŋ	₋taŋ	₋tʰiã	₋eŋ	iŋ⁼	₋piã	₋seŋ	₋sẽ	₋tseŋ	₋tsiã	₋pʰeŋ	₋pẽ	₋tʰaŋ	₋kʰiŋ	₋huẽ	kʰuaŋ⁼
揭阳榕城	₋teŋ	₋taŋ	₋tʰiã	₋eŋ	iŋ⁼	₋piã	₋seŋ	₋sẽ	₋tseŋ	₋tsiã	₋pʰeŋ	₋pẽ	₋tʰaŋ	₋kʰiŋ	₋huẽ	kʰuaŋ⁼
惠来惠城	₋teŋ	₋taŋ	₋tʰiã	₋eŋ	iŋ⁼	₋piã	₋seŋ	₋sẽ	₋tseŋ	₋tsiã	₋pʰeŋ	₋pẽ	₋tʰaŋ	₋kʰiŋ	₋huẽ	kʰuaŋ⁼
普宁流沙	₋teŋ	₋taŋ	₋tʰiã	₋eŋ	iŋ⁼	₋piã	₋seŋ	₋sẽ	₋tseŋ	₋tsiã	₋pʰeŋ	₋pẽ	₋tʰaŋ	₋kʰiŋ	₋huẽ	kʰuaŋ⁼

续表

方言点＼例字读音	曾开一 等 文	曾开一 等 白	曾开一 疼	曾开三 应 文	曾开三 应 白	曾开三 冰	梗开一 甥 文	梗开一 甥 白	梗合三 精 文	梗合三 精 白	梗合三 平 文	梗合三 平 白	蜓	轻	梗合二 横	梗合二 矿
陆丰东海	˷teŋ	˷taŋ	tʰiã˹	eŋ˹	iŋ˹	˷piã	˷seŋ	˷sẽ	˷tseŋ	˷tsiã	˷pʰeŋ	˷pẽ	˷tʰaŋ	˷kʰiŋ	˷huẽ	˷kʰuaŋ
陆丰南塘	˷teŋ	˷taŋ	tʰiã˹	eŋ˹	iŋ˹	˷piã	˷seŋ	˷sẽ	˷tseŋ	˷tsiã	˷pʰeŋ	˷pẽ	˷tʰaŋ	˷kʰiŋ	˷huẽ	˷kʰuaŋ
陆丰甲子	˷teŋ	˷taŋ	tʰiã˹	eŋ˹	iŋ˹	˷peŋ	˷seŋ	˷sẽ	˷tseŋ	˷tsiã	˷pʰeŋ	˷pẽ	˷tʰaŋ	˷kʰiŋ	˷huẽi	˷kʰuaŋ
海丰海城	˷teŋ	˷taŋ	tʰiã˹	eŋ˹	iŋ˹	˷peŋ	˷seŋ	˷sẽ	˷tseŋ	˷tsiã	˷pʰeŋ	˷pẽ	˷tʰaŋ	˷kʰin	˷huẽ	˷kʰuaŋ
海丰联安	˷teŋ	˷tan	tʰiã˹	eŋ˹	iŋ˹	˷peŋ	˷seŋ	˷sẽ	˷tseŋ	˷tsiã	˷pʰeŋ	˷pẽ	˷tʰaŋ	˷kʰin	˷huẽ	˷kʰuaŋ
海丰平东	˷teŋ	˷taŋ	tʰiã˹	eŋ˹	iŋ˹	˷peŋ	˷seŋ	˷sẽ	˷tseŋ	˷tsiã	˷pʰeŋ	˷pẽ	˷tʰaŋ	˷kʰiŋ	˷huẽ	˷kʰuaŋ
汕尾捷胜	˷teŋ	˷taŋ	tʰiã˹	eŋ˹	iŋ˹	˷peŋ	˷seŋ	˷sẽ	˷tseŋ	˷tsiã	˷pʰeŋ	˷pẽ	˷tʰaŋ	˷kʰiŋ	˷huẽ	˷kʰuaŋ

梗摄文读系统收 -ŋ 尾，白读系统弱化为鼻化韵，开口韵文读 -eŋ，跟曾摄合流，白读 -ẽ、-iã。-iŋ 读音大概介于文白两个读音之间，跟曾摄一样，在保留 -n 尾的方言点有例字收 -n 尾，属曾、梗合流之后的读音。梗摄合口二等除上表所举文读 -uaŋ、白读 -uẽ 在各点读音比较整齐之外，还有"宏"在饶平、澄海、汕头、潮州凤凰读 -oŋ，在潮州湘桥、文祠、汕头以西的潮阳、海门、惠来、揭阳读 -ueŋ，海陆丰各点读 -eŋ。梗摄合口三等白读 -iã 在各点读音整齐；文读"永"等字海陆丰读 -eŋ（与合口二等"宏"同），汕头以东各点读 -ioŋ（比合口二等"宏"多了 -i- 介音），中部潮阳到揭阳各点读 -ueŋ（与合口二等"宏"同）。合口四等文读各点读音跟三等大致相同。

第三节　入声韵的演变

《切韵》音系的咸、深、山、臻、宕、江、曾、梗、通摄都是阳声韵跟入声韵对照，其中，咸、深两摄的入声韵收 -p 尾，山、臻两摄收 -t 尾，宕、江、曾、梗、通 5 摄收 -k 尾。在粤东闽语，阳声韵跟入声韵的发展比较同步，今读入声韵跟阳声韵一样，大致有如下特点：第一，在粤东闽语的绝大部分方言点，咸、深两摄的入声韵今读文读仍收 -p 尾，唯一发生变异的是澄海，已经没有闭口韵；第二，古山、臻两摄入声韵在今粤东闽语仅有部分方言点不同程度保留 -t 尾，大部分已经并入 -k 尾；第三，宕、江、曾、梗、通五摄的入声韵在今粤东闽语文读为 -k 尾韵；第四，咸、深、山、宕、梗摄文白读两个系统韵尾的区别分明，文读为 -k 尾，白读弱化为喉塞尾；五、臻、通、江、曾摄文白两个系统韵尾的区别不明显，除了少数白读收喉塞尾之外，不管文白大都收 -k 尾，其差异主要体现在韵母主要元音上。多数情况下，粤东闽语的入声韵跟对应阳声韵的主要元音保持一致，区别只在韵尾；也有主要元音发生分化的情况，语音在长时间的发展演变过程中打破了原来整齐的对应关系。

表 S-4-3-1　　　　　　　　粤东闽语入声韵字的读音

读音	音韵条件	文白	例字读音（以海城音为例）	备注
ak	山开一、二等，少部分例字	文	达 [tak˺]、擦 [tsʰak˺]、喝 [hak˺]、辖 [hak˺]、瞎 [hak˺]	山开三"别₋ₐ [pak˺]"相对于 -iak 是白读，但 -ak 韵相对于 -oiʔ/eʔ 是文读
	臻开三，少数例字	白	密 [bak˺]、虱 [sak˺]、实 [tsak˺]	
	宕摄，少数例字	文	博 [pʰak˺]、作 [tsak˺]、恶 [ak˺]、拓 [tʰak˺]、霍 [kʰak˺]、缚 [pak˺]	
	江摄，部分例字	文	剥 [pak˺]、觉 [kak˺]、学 [hak˺]	
	曾开一、三，少数例字	白	北 [pak˺]、刻 [kʰak˺]、力 [lak˺]、值 [tak˺]	
	通摄，部分例字	白	木 [bak˺]、读 [tʰak˺]、沃 [ak˺]、陆₋ [lak˺]	
ap	咸摄开口一、二等，主要读音	文	合₋药 [kap˺]、插 [tsʰap˺]、答 [tap˺]、磕 [kʰap˺]	
	深摄，少数例字	白	拾₊ [tsap˺]、汁 [tsap˺]	
aʔ	咸摄开口一、二等，主要读音；少数开口三、四等	白	合₋身 [kaʔ˺]、插 [tsʰaʔ˺]、猎 [laʔ˺]、贴 [taʔ˺]	
	梗摄开口二等，少数	白	客₋厅 [kʰaʔ˺]、拍 [pʰaʔ˺]	
ek	曾摄开口一、三等，主要读音	文	特 [tek˺]、刻 [kʰek˺]、熄 [sek˺]、翼 [ek˺]	
	梗摄开口二、三、四等，主要读音	文	液 [ek˺]、拍 [pʰek˺]、劈 [pʰek˺]、踢 [tʰek˺]	"拍、百、柏、伯"等字的文读音只在海丰各点保留，"踢"等海丰之外的点读 -ak

续表

读音	音韵条件	文白	例字读音（以海城音为例）	备注
eʔ	梗摄开口二等，主要读音	白	宅［tʰeʔ˨］、柏［peʔ˨］、客人~［kʰeʔ˨］、	
	咸、深、山、宕摄，少数例字	白	八［peʔ˨］、拔［peʔ˨］、节［tseʔ˨］、薛［seʔ˨］、雪［seʔ˨］、雀［tseʔ˨］、笠［leʔ˨］、夹［keʔ˨］、狭［eʔ˨］	这是海陆丰各点的读音，其他点除了"薛［siʔ˨］、雪［soʔ˨］、雀［tsiaʔ˨］"，其他例字的韵母都为-oi?
iak	山摄三、四等主要读音	文	别［piak˨］、设［siak˨］、切［tsʰiak˨］、节［tsiak˨］、悦［iak˨］、缺［kʰiak˨］	合口"决、诀、悦、阅、越、曰、粤"等只有海丰读-iak，其他点为-uak/uat
	宕摄开口三等，主要读音	文	雀［tsʰiak˨］、芍［tsiak˨］、药［iak˨］、约节~［iak˨］	
	臻开三、咸开三四等，少数例字	文	侄［tiak˨］、秩［tiak˨］、跌［tiak˨］、怯［kʰiak˨］、接［tsiak˨］	海丰"接"读-iak，其他点为-iap；臻开三在凤凰诸点为-iat
iap	咸摄开口三、四等，主要读音；少数开口二等	文	叶［hiap˨］、贴［tʰiap˨］、叠［tʰiap˨］、狭［hiap˨］、峡［kiap˨］	
	深摄，少数例字	文	粒［liap˨］、涩［siap˨］	
iauʔ	宕开三，极少数	白	跃［iauʔ˨］	
iaʔ	梗开三，多数例字；梗开二、四，少数例字	白	癖［pʰiaʔ˨］、脊［tsiaʔ˨］、席［siaʔ˨］、屐［kiaʔ˨］、摘［tiaʔ˨］、籴［tiaʔ˨］、壁［piaʔ˨］	
	山、宕、曾摄开口三等，少数	白	食［tsiaʔ˨］、揭［kiaʔ˨］、歇［hiaʔ˨］、掠［liaʔ˨］、削［siaʔ˨］	

续表

读音	音韵条件	文白	例字读音（以海城音为例）	备注
ik	曾开一、三，少数；臻开三，少数	介于文白	得 [tik˰]、食 [sik˰]、植 [sik˰]、毕~竟 [pik˰]、七 [tsʰik˰]	保留 -t 尾各点臻开三为 -it
iok	通合三，主要读音；合一，少数	文	叔 [tsiok˰]、粟 [tsʰiok˰]、俗 [siok˰]、育 [iok˰]、浴 [iok˰]、蓄 [hiok˰]	海丰的 -iok 读音，在其他点分别为 -ek、-ok 和 -iok
ioʔ	宕开三，梗开三	白	约~猜 [ioʔ˰]、药 [ioʔ˰]、惜 [sioʔ˰]、席 [tsʰioʔ˰]、液 [sioʔ˰]	
ip	深摄	文	笠 [lip˰]、集 [tsip˰]、拾 [sip˰]	
it	臻开三，主要读音	文	质 [tsit˰]、实 [sit˰]、毕~业 [pit˰]、一 [it˰]、乞 [kʰit˰]	一、在没有 -t 尾的方言点，并入 -ik 韵；二、"乞"在东部各点读 -ɯk/ɯt
it	曾、梗摄开口三等		鲫 [tsit˰]、织 [tsit]、直 [tit˰]、脊 [tsit˰]	-it 为海丰各点和云澳的读音，其他各点不管是否保留 -t 尾，都读 -ik
it	山摄，极少数		揭~阳 [kit˰]	没有 -t 尾各点为 ik
iʔ	山开三、四等，合口四等	白	裂 [liʔ˰]、折 [tsiʔ˰]、铁 [tʰiʔ˰]、缺 [kʰiʔ˰]	
ok	通摄，多数例字	文	读 [tʰok˰]、禄 [lok˰]、谷 [kok˰]、福 [hok˰]、祝 [tsok˰]、束 [sok˰]	
ok	宕开一、江摄，少部分	文	铎 [tok˰]、踱 [tok˰]、洛 [lok˰]、乐 [lok˰]、琢 [tok˰]、朔 [sok˰]、握 [ok˰]	宕、江摄都是口语中极少用的书面用字，海丰各点文读层保留比较完整

续表

读音	音韵条件	文白	例字读音（以海城音为例）	备注
oʔ	宕开一，多数例字	白	落 [loʔ˧]、作 [tsoʔ˧]、索_绳~_ [soʔ˧]、恶_难_ [oʔ˧]、膜 [moʔ˧]	
	江摄，少数例字	白	驳 [poʔ˧]、卓 [toʔ˧]、学 [oʔ˧]	
	山合三、梗开四，极少数	白	绝 [tsoʔ˧]、劈 [pʰoʔ˧]	粤东东部各点还有"夺 [toʔ˧]"
uak	山合一、三等，部分例字	文	脱 [tʰuak˧]、夺 [tuak˧]、发 [huak˧]、罚 [huak˧]、绝 [tsuak˧]	粤东东部各点"脱"为 [tʰuk˧]、"夺、绝"只有 -oʔ 韵一读
uap	咸合三，个别例字	文	法 [huap˧]	
uaʔ	山摄，部分例字	白	獭 [tʰuaʔ˧]、热 [dzuaʔ˧]、喝 [huaʔ˧]、钵 [puaʔ˧]、刮 [kuaʔ˧]	
uek	曾合一三、梗合一，少数例字	文	或 [huek˧]、惑 [uek˧]、域 [uek˧]、获 [uek˧]	饶平、澄海、汕头、云澳没有这一韵母，对应地读为 -ok
ueʔ	山摄合口，少数例字	白	刮 [kueʔ˧]、月 [gueʔ˧]、血 [hueʔ˧]、喊 [ueʔ˧]	
ut	臻摄合口，多数例字		骨 [kut˧]、核 [hut˧]、熨 [ut˧]、秫 [tsut˧]、掘 [kut˧]	-t 尾消失的点变入 -uk 韵
	山摄合口，少数例字		脱 [tʰut˧]、屑 [sut˧]、滑 [kut˧]、猾 [kut˧]	

第四节　一等韵和二等韵的分合——
兼论开合口韵的分合

《切韵》音系中具备一等韵和二等韵相配的只有蟹、效、咸、山四摄，但有开合口对立的则包括果、假、蟹、止、咸、山、臻、宕、曾、梗十个摄，这一节主要讨论一等韵和二等韵在粤东闽语今读中的分合，由于蟹、山两摄一、二等韵还具备开、合口韵，所以，一并考察它们开合口韵的分合情况。事实表明，粤东闽语一、二等韵的分合以及开合口韵的分合，都跟读音的层次密切相关，文读层和白读层之间情况明显不同。下面分摄进行讨论。

一　蟹摄

表 S-4-4-1　　　　　粤东闽语蟹摄一、二等韵的读音

韵	例字/读音							
	开口				合口			
一等韵	戴咍 文 [tai⁼]　姓 [to⁼]/[te⁼]　白 [ti⁼]	苔咍	舌苔 文 [ₑtai]　白 [ₑtʰo]/[ₑtʰe]　白 [ₑtʰi]	盖泰 文 [kai⁼]　白 [kua⁼]	背灰 文 [pue⁼]　白 [pi⁼]	推灰 文 [ₑtʰui]　白 [ₑtʰo]/[ₑtʰe]	绘泰 会会不会 外	[kuai⁼] [ᵉoi] [gua⁼]
二等韵	埃皆 文 [ₑai]　白 [ₑoi]/[ₑei]	柴佳	[ₑtsʰa]　罢佳 [ᵉpa]	快夬 筷夬 [kʰuai⁼]	挂佳	文 [kua⁼]　白 [kue⁼]/[kui⁼]	话佳	[ue⁼]

上表所举各例字的读音在粤东闽语各点基本一致，唯一不同的是开口-o/e和合口-oi/ei的具体音值，汕头（市区）、澄城、云澳、达濠、棉城、海门、潮州（市区）、凤凰、文祠、三饶、海山、黄冈、揭阳（市区）、惠城、流沙分别读-o和-oi，而陆丰东海、潭头、海丰海城、联安、平东、捷胜分别读-e和-ei，甲子则读为-e和-oi。"挂"白读音只用在"挂纸"一词，指清明扫墓，大概是由扫墓上坟时把白纸系在坟上而来，有的点读-ue，有的点为-ui。

粤东闽语蟹摄一等字咳韵至少存在三个层次读音，开口"戴、苔"都有三个不同层次的读音，-o介于-ai和-i之间；泰韵有两个层次读音，其中文读跟咳韵混同，而白读则保持不同的读音；一等合口灰韵也有三个不同层次读音，-ue/ui属同一层次读音，是由声组不同造成的音值分化，-i和-o（e）分别跟-ue/ui形成文白对立，它们都是比较早期的读音；开口泰韵字找不到文白对立的例子，但"绘"是非常书面化的词语，其韵母-uai属于文读音。

从上表可以看到，一等韵开、合口共用的韵母包括：-i/o（e）/ua，都是白读音；但到了晚近的文读音开合就有别了：开口为-ai，合口为-uai/ue/ui；二等韵的情况一致，晚近读音层开合口韵分别为-ai和-uai对立、-a和-ua对立，也就是合口韵都带-u-介音了。早期读音-oi（ei）和-ui（ue）虽然不同，但是从它们的音值看，早期开合口应该也是不分的，只是后来语音变化，开合口发展不平衡，所以造成音值分化。开合口韵在早期的读音层中混而不分、在晚期的读音层中分而不混，与汉语语音历史发展的事实相符。

一等韵和二等韵的分合情况跟开、合口韵正好相反，早期的读音层一、二等韵分而不混，而晚近的读音层则已经混淆在一起了。

二 效摄

表S-4-4-2　　　　粤东闽语效摄一、二等韵的读音

韵	例字/读音								
一等韵	草	白 [ᶜtsʰau]	糕	文 [ₒkau]	告	文 [kauᵓ]	保	文 [ᶜpau]
		文 [ᶜtsʰo]		白 [ₒko]		白 [koᵓ]		白 [ᶜpo]

续表

韵	例字/读音						
二等韵	罩	文 [⸌tsau]	孝	文 [hau⸍]	校	文 [⸌hau]	抛	文 [⸌pʰau]
		白 [ta⸍]		白 [ha⸍]		白 [ka⸍]		白 [⸌pʰa]

效摄只有开口韵，没有合口韵，开口韵的读音也比较整齐。效摄一、二等字在粤东闽语各点无论是读音类、音类辖字，还是具体音值，都相当一致。一等韵-au读音既出现在文读中，也出现在早期白读中，一等白读还有-o；二等文读-au，白读为-a。跟蟹摄一、二等韵情况相同，文读层相混，白读层保持音值差异。

三 咸摄

表S-4-4-3　　粤东闽语咸摄一、二等韵的读音

韵	例字/读音							
	覃合				谈盍			
一等韵	含	文 [⸌ham]			蓝	文 [⸌nam]	三	文 [⸌sam]
		白 [⸌kam]				白 [⸌nã]		白 [⸌sã]
	合	文 [haʔ⸍]			塔	[tʰaʔ⸍]		
		白 [hap⸍]			塌	[tʰap⸍]		
	咸洽				衔狎			
二等韵	馅	文 [ham⸍]	鹹	[⸌kiam]	衔	文 [⸌ham]		
		白 [ã⸍]	咸	[⸌ham]		白 [⸌kã]		
	插	文 [tsʰap⸍]	狭	文 [hiap⸍]	压	[iap⸍]		
		白 [tsʰaʔ⸍]		白 [oiʔ⸍]	鸭	[aʔ⸍]		

咸摄一、二等只有开口韵，没有合口韵，音类虽有点复杂，但层次关系比较清楚。一等覃韵文白读相同，都是-am，而谈韵文读为-am，白读为-ã，可以看到，覃、谈两韵文读相混，而白读不同。入声覃韵"合"字有文白读音对立，读音[haʔ⸍]既用在口语化的词语中，如"合时日、合伙"，也用在比较书面化的词语中，如"合适"等词；读音

[hap₌]用在"合喙、合磨"等词语中,从词汇色彩判断,[hap₌]也属于白读音,而读音[haʔ₌]有文有白,可见从词汇色彩判断已经很难区分文白性质。合韵、盍韵的例字都不存在文白对立读音,上表所举例子"塌、塔"分别为 – ap 和 – aʔ,没有更多的证据说明它们之间的先后关系,所以依据系统判断: – ap 为文读音, – aʔ 为白读音。

二等咸/洽韵的读音看起来比较复杂,其实是音值分化的结果,但咸/洽韵文读和洽韵白读是两种不同性质的分化:咸韵 – am 和 – iam 两个音类都属于文读音, – iam 只有见组声母字,这些字进入粤东闽语之前就已经跟其他字分化了,也就是说,咸韵字文读音在粤东闽语的分化是照搬源方言音值的结果,"咸"读 – am 只用在"咸阳"这一非常书面化的词语,属于最晚的文读音,故意读 – am 是为了跟"咸淡"的"鹹 – iam"区分开来,大概以为 – am 就是保存古音,其实不然,如果是早期读音,应该是 – ã 才对。洽韵文读层分化为 – ap/iap 跟咸韵文读层分读 – am/iam 是一样的情况;而洽韵白读层分化为 – aʔ/oiʔ 则是方言本身语音发展演变的结果, – aʔ 只有庄组字, – oiʔ 没有庄组字,这是洽韵字白读音在演变过程中由于声母不同导致读音分化的结果。

衔韵文读 – am,白读 – ã,文读层没有像咸韵那样依据声母不同而产生分化。狎韵没有例字存在文白对立读音,但狎韵字的两个读音根据词汇色彩以及语音的文白层系统判断, – iap 为文读音,而 – aʔ 为白读音。

从上面的分析可以看到,咸摄一、二等韵文读层读音大体上都相混了,而白读层读音则部分相混、部分由于读音产生分化而保持对立。粤东闽语各点情况基本上一致。

四 山摄

表 S – 4 – 4 – 4 　　　　粤东闽语山摄一、二等韵的读音

		开口		合口	
		寒/曷		桓/曷	
一等韵	丹	文 [｡taŋ]	判	文 [pʰuaŋ²]	卵	文 [˪luaŋ]

第四章　粤东闽语的韵母　167

续表

		开口				合口			
		寒/曷				桓/曷			
一等韵	丹	白 [₋tuã]			判	白 [pʰuã⁼]	卵	白 [₋nɯŋ]	白 [₋nũi]
	安	文 [₋aŋ]			换	文 huaŋ⁼	管	文 [₋kuaŋ]	
		白 [₋uã]				白 [uã⁼]		白 [₋kɯŋ]	白 [₋kũi]
	喝	文 [hak₋]			沫	文 [muak₋]			
		白 [huaʔ₋]				白 [buaʔ₋]			
		山/黠		删/鎋		山/黠		删/鎋	
二等韵	间	文 [₋kaŋ]	斑	文 [₋paŋ]		顽	文 [⁼ŋuaŋ]		文 [₋kuaŋ]
		白 [₋kõi]	[₋kãi]/ [₋keŋ]	白 [₋põi]	白 [₋pãi]		关		白 [₋kuẽ]
	山	白 [₋suã]	晏	文 [aŋ⁼]		幻	文 [huam⁼]	文 [huaŋ⁼]	闩	白 [tsʰuã⁼]
				[uã⁼]					
	八	文 [pak₋]	瞎	文 [hak₋]		滑	文 [kuk₋]		还	文 [₋huaŋ]
		白 [poiʔ₋]	白 [peʔ₋]				白 [₋hõi]	白 [₋heŋ]

续表

	开口				合口			
	山/黠		删/鎋		山/黠		删/鎋	
二等韵	文 拔 [puak˧]		文 杀 [saʔ˧]		文 刮 [kuaʔ˧]		
	白 [poiʔ˧]	白 [peʔ˧]	白 [suaʔ˧]	白 [suaʔ˧]			白 [kueʔ˧]	

粤东闽语山摄字今读比较复杂,但层次还比较清楚,某些音类在各点之间存在差异,但没有层次之别。上表的例字读音都分两列,其中,各点之间具体音值有差异的分别标明,差异之处表现在:一等合口桓韵白读音在粤东东部汕头、潮州、揭阳以及陆丰各点为 -ɯŋ,而海丰为 -ũi;二等开口山/删韵字白读音在东部的汕头、潮州各点为 -õi,中西部的潮阳、惠来、揭阳、海陆丰都为 -ãi,其中,陆丰东海和南澳还分化出 -eŋ 读音,也即东海分别读为 -ãi/eŋ,而南澳分别读为 -õi/eŋ;二等开口黠韵白读音海丰、陆丰为 -eʔ,而其他点为 -oiʔ;二等合口删韵"还"字白读音云澳为 -eŋ,而其他点都为 -õi/ãi,也即云澳二等合口删韵白读音也分化为 -õi 和 -eŋ,跟二等开口山韵字一样;二等合口山韵匣母 h- 声母字有的点为闭口韵 -uam,这是韵尾受声母同化的结果。另外,凤凰、文祠、流沙、海丰各点保留 -n/t 尾,但例字多少不一,-n/t 尾消变的程度各不相同,这里不再详细说明。

一等合口桓韵白读音在海丰为 -ũi,而在其他点为 -ɯŋ,这可能反映了它们的源头不同,读 -ũi 同漳州音,而读 -ɯŋ 同泉州音,厦门也为 -ɯŋ,我们试构拟这一读音类的发展和分化过程:

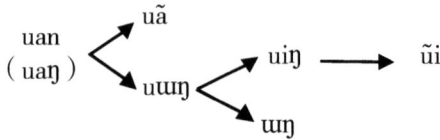

一等合口桓韵白读音除了 -ɯŋ/ũi,还有 -uã。其中,-ɯŋ/ũi 读音都是端、精组字,而 -uã 读音没有端组和精组字,可见,它们是由于声

母不同而导致韵母向不同方向发展的同一层次读音。二等开口山韵白读音也因为声母的不同而分化为 -uã 和 -õi/ãi，其中，-uã 读音只有庄组字，而 -õi/ãi 没有庄组字；删韵读 -uã 的只有一个影母字"晏"。二等开口入声韵白读音也相应地分化为 -uaʔ 和 -oiʔ/eʔ。二等合口删韵白读音分化为 -õi/ãi、-uã 和 -uẽ，入声韵只有 -uaʔ 和 -ueʔ。

综上，山摄一等韵开合口文读音分别为 -aŋ/ak 和 -uaŋ/uak，而白读音则大致不分，都为 -uã/uaʔ，不过合口韵后来产生了分化，端、精组字读为 -ɯŋ。二等韵情况跟一等韵基本相同，开合口韵的文读音各不相同，分别为 -aŋ/ak/uak 和 -uaŋ/uk，白读音则大致不分，开口为 -õi（ãi）/uã 和 -oiʔ（eʔ）/uaʔ，合口为 -õi（ãi）/uã/uẽ 和 -ueʔ/uaʔ。可见，山摄一、二等韵文读层开合口有别，而白读层开合口大致相同；一等韵和二等韵之间则文读音相混，白读音部分分、部分混，一等韵白读 -uã 体现了一等读如二等的特点。

第五节　纯四等韵的读音

纯四等韵指的是《切韵》的齐、萧、添、先、青五个韵（以平赅上、去、入），这几个韵究竟是洪音还是细音，也即它们是否带有 -i- 介音，学界历来颇有争议。高本汉、董同龢、王力、周法高等都认为四等韵有 -i- 介音，而马伯乐、陆志韦和李荣等人则主张四等韵没有 -i- 介音。李如龙（1984）通过比较分析闽方言的材料，"为四等韵无 -i- 说提供一个方面的论证"，他一共举了七个闽语方言点的材料为例，包括闽东的福州话、宁德话，闽北的建瓯话，闽中的永安话，闽南的厦门话、莆田话和粤东的汕头话，最后得出结论："我们认为，把切韵音系的四等韵拟为无 -i- 介音的洪音，不但可以在闽方言中找到大量的实际语音的例证，而且可以合理地解释从上古音到现代音的变化过程，可以说明方言的语音和词汇的历史层次。因而，这种拟音是无可置疑的。"

本节内容我们将看一看粤东闽语纯四等韵的读音情况。

一 齐韵

表 S-4-5-1　　　　　　　粤东闽语齐韵字的读音

读音 \ 例字		底	替	礼	齐	计	西
文		ˊti	tʰiˋ	ˊli	ˊtsʰi	kiˋ	ˊsi
白	潮汕各点	ˊtoi	tʰoiˋ	ˊloi	ˊtsoi	koiˋ	ˊsai
	海陆丰各点	ˊtei	tʰeiˋ	ˊlei	ˊtsei	keiˋ	ˊsai

齐韵字读音在粤东闽语各点比较一致，差异在于开口字白读音在东部的潮汕各点为 -oi，而在西部的海陆丰各点则为 -ei（汕尾捷胜为 -oi），这是具体音值的差异，不存在层次之别；其他各读音类不但音值相同、层次相同，而且具体辖字也大致不二。粤东闽语齐韵字的读音类及读音层次大致如下表。

表 S-4-5-2　　　　　　　粤东闽语齐韵字的读音层次

读音 \ 例字	开口		合口	
	读音	例字	读音	例字
文	i	蓖閉陛米低底抵帝體替涕剃提啼弟黎禮麗隸濟妻齊薺劑西棲稽計繼繫髻启奚兮系繫擨	ui	圭閨桂奎惠慧
白	oi/ei	批堤底替題蹄犁黎_姓禮齊洗細雞計溪契倪		
	ai	臍西犀婿		

开口韵 -i 和 -oi/ei 两音类在齐韵的不少例字中以文白读音对立出现，可以确定为齐韵的文白异读。-ai 读音辖字不多，且都为精组字，如果说它跟 -i 或 -oi/ei 是由于声母的不同而产生分化的结果，那么跟它们组合的声类应该有互补关系，但是，-i 或 -oi（ei）两类读音都有精组字，也就是说，-ai 跟其他两个音类都有对立，没法归入到它们的层次当中去。根据李如龙（1986）"在上古音，齐韵字部分与支、佳韵合归支部，部分与脂、皆韵合归脂部，闽方言各点相当一致地把一些常用字

读为 -ai 并与支、佳、脂、皆等韵的字合韵，这显然也是上古韵类的反映。我们还可以从此得到启发：带 -i 韵尾的读法比起单元音韵的读法应该是较为古老的形式。"在粤东闽语，读 -ai 的还有止摄开口三等支脂之韵字、蟹摄开口一等咍泰韵字和二等的皆佳夬韵字，但它们的性质不同，止摄开口三等支脂之韵字读 -ai 为白读音，例如（以黄冈音为例）："知_支"白读 [ˌtsai]、文读 [ˌti]，"师_脂"白读 [ˌsai]、文读 [ˌsɯ]；蟹摄开口一等咍泰韵字和二等的皆佳夬韵字则为文读音，例如："赖_泰"文读 [ˀnãi]、白读 [luaꞌ]，"盖_泰"文读 [kaiꞌ]、白读 [kuaꞌ]，"开_咍"文读 [ˌkʰai]、白读 [ˌkʰui]，"界_皆"文读 [kaiꞌ]、白读 [koiꞌ]，"挨_皆"文读 [ˌai]、白读 [ˌoi]，"稗_佳"文读 [paiꞌ]、白读 [pʰõiꞌ]。从所举的例子可以看到，止摄字读 -ai 跟蟹摄一、二等字读 -ai 分别属于不同的层次，不能混为一谈。蟹摄四等齐韵字读 -ai 的性质究竟是跟止摄 -ai 读音相同，还是跟蟹摄一、二等韵 -ai 读音相同？鉴于其例字大都属于口语常用字，而且有与 -i 读音文白对立的例字，例如"西"字文读 -i、白读 -ai，有鉴于此，齐韵字 -ai 读音的时间应早于 -i 读音。

齐韵合口字为 -ui，是跟 -i 开合相配的文读音。

综上所述，粤东闽语齐韵字白读层为洪音，可以为古纯四等韵无 -i- 说提供一点旁证。

二 萧韵

表 S-4-5-3　　　　　　粤东闽语萧韵字的读音

读音 例字	文读	白读	
		其他点	潮州、文祠、澄海
钓		tʰiõꞌ	tieꞌ
挑	ˌtʰiau	ˌtʰio	ˌtʰie
耀		tʰioꞌ	tʰieꞌ
尿		dzioꞌ	dzieꞌ
叫		kioꞌ	kieꞌ

萧韵字读音比较简单，文读 - iau（潮州、文祠、澄海为 - iɜu）、白读 - io（澄海、潮州、凤凰都为 - ie），都是细音，无论是文读音还是白读音，都混同了三等宵韵字。

表 S-4-5-4　　　　粤东闽语萧韵和宵韵读音的混同情况

读音 例字	文读		白读	
	其他点	潮州、文祠、澄海	其他点	潮州、文祠、澄海
标	₌pʰiau	₌pʰiɜu	₌pio	₌pie
表	ᶜpiau	ᶜpiɜu	ᶜpio	ᶜpie
蕉	₌tsiau	₌tsiɜu	₌tsio	₌tsie
小	ᶜsiau	ᶜsiɜu	ᶜsio	ᶜsie
招	₌tsiau	₌tsiɜu	₌tsio	₌tsie
摇	₌iau	₌iɜu	₌io	₌ie

三　添韵

表 S-4-5-5　　　　粤东闽语添韵字的读音

读音 例字	文		白	
	其他点	潮州、文祠/澄海	其他点	海陆丰
添	₌tʰiam	₌tʰiɜm/₌tʰiaŋ	₌tʰĩ	
拈	₌niam	₌niɜm/₌niaŋ	₌nĩ	
碟			tiʔ₌	
跌	tiak₌	tek₌三饶	tiʔ₌	
挟	kiap₌	kiɜp₌/kiak₌	koiʔ₌	ŋiaʔ₌

添韵字无论是文读音还是白读音，都已经混同了三等盐韵，带有 - i - 介音。入声帖韵文读细音，跟二等洽韵、三等葉韵已经混同。而白读 - aʔ 跟一等合/盍韵、二等洽韵白读音相同，例如：合白（合韵）[haʔ₌]、插白（洽韵）[tsʰaʔ₌]；白读 - oiʔ 跟二等洽韵"夹白 [koiʔ₌]、狹白 [oiʔ₌]"等字白读同音。可见，咸摄四等添/帖韵字也表现出早期读洪音的事实。

四 先韵

表 S-4-5-6　　粤东闽语先韵字的读音

例字\读音	文读 其他点	文读 海城、东海	文读 揭阳	文读 三饶	白读 汕头及以东各点	白读 潮阳及以西各点	白读 东海	白读 云澳
边	₋piaŋ			₋peŋ	₋p ĩ			
扁	₋piaŋ			₋peŋ	₋p ĩ			
典	₋tiaŋ			₋teŋ	₋tõi	₋tãi		₋teŋ
天	₋tʰiaŋ			₋tʰien	₋tʰ ĩ			
荐	tsiŋ⁼	tsiaŋ⁼						
千				₋tsʰien	₋tsʰõi	₋tsʰãi	₋tsʰãi	₋tsʰeŋ
前		⊆tsʰiaŋ			⊆tsʰõi	⊆tsãi	⊆tsãi	
先	₋siŋ		₋seŋ		₋sõi	₋sãi	₋sãi	₋seŋ
见	kiaŋ⁼			keŋ⁼	k ĩ⁼			
燕	iaŋ⁼			ien⁼	ĩ⁼			
研	₋ŋiaŋ				₋ŋõi			
肩					₋kõi		₋keŋ	₋keŋ
楝					nõi⁼		leŋ⁼	leŋ⁼
茧					₋kõi		₋keŋ	₋keŋ
牵					₋kʰaŋ			
现	hiŋ⁼		heŋ⁼					
烟	₋iŋ		₋eŋ					
悬	₋hiaŋ			₋hien	₋k ũi		kuãi⁼	
眩	⊆hiaŋ		⊆heŋ	⊆hiŋ	⊆hiŋ			
	其他各点	海丰各点			其它各点	海陆丰各点		
節	tsak⁼	tsiak⁼			tsoiʔ⁼	tseʔ⁼		
楔	kʰiak⁼	siak⁼			soiʔ⁼	seʔ⁼		
结	kik⁼	kiak⁼			kak⁼			
缺	kʰueʔ⁼	kʰiak⁼			kʰiʔ⁼			

上表尽量选取有文白异读的例字，少数没有文白异读的主要是为了

比较不同点的音值差异；不管文读音还是白读音，全部以第一列读音为依据，跟第一列读音相同的字不再重复标音，跟第一行读音有别的字才标音。白读音栏的"汕头及以东各点"不包括云澳、"潮阳及以西各点"不包括东海，文读音栏的"其他点"不包括凤凰（-ien）和潮州湘桥（-ieŋ），至于少数方言点不同程度地保留-n/t尾的情况（例如普宁流沙、潮州文祠、以及海丰各点），由于不涉及我们所要讨论的问题，所以不再具体说明，都按-ŋ/k尾韵处理。

从上表可以看到，先韵文读层为细音，跟三等仙韵字混同；白读层读音大部分为洪音，跟山摄一、二等韵相同，留下古四等韵无-i-介音的痕迹。

三饶的先韵字文读音音值比较特殊，有-iaŋ/ien/eŋ等多个音类，其前鼻音韵尾还没有完全消失，因此给我们提供了观察仙/先韵字读音演变轨迹的方便，也使我们可以更为清楚地看到粤东闽语先韵字的不同读音层次。我们2009年在三饶录到的仙/先韵读-ien的例字有：玄［hien55］、悬［hien55］、羡［ien35］、延［ien35］、筵［ien35］、燕［ien224］、涎［ien35］、盈［ien55］、见［kien224］、练［lien22］、炼［lien22］、天［tʰien224］、颠［tien224］、珍［tien224］、千［tsʰien224］犍［kien35］、键［kien35］、腱［kien35］；读-eŋ的有："建、健"都为［keŋ35］、"见"［keŋ213］、"免、渑、悯、敏、缅、娩"都读［meŋ552］、"绵"［meŋ55］，由-ien到-eŋ，这是其前鼻韵尾转化为后鼻韵尾的一种方式。在粤东闽语，-ien韵基本上都变为-iaŋ，其中间可能经过了-ieŋ（潮州湘桥）的阶段、或者-ian的阶段（海丰平东），而三饶则变成-eŋ。三饶也有-iaŋ读音，例如：研［ˉŋiaŋ］、燕［iaŋˊ］，我们认为这是直接移植现代通语读音的结果，还没有经过自身方言的任何演变过程。三饶的-iaŋ跟-ien/eŋ属于两个不同层次，我们暂且把它们称为新文读层和旧文读层，-ien/eŋ读音应该是宋元之后的层次，进入粤东闽语的时候还是前鼻韵尾韵，后来经过方言自身的语音演变，在大部分点变为-iaŋ，在凤凰为-ien，在海丰平东为-ian，而在三饶为-eŋ；-iaŋ则是折合近现代通语（-ien读音）的结果。三饶的-iaŋ和-ien/eŋ两个读音层次在粤东闽语其他点大都重叠为一种音值了：凤凰为-ien，平东为-ian，前鼻韵尾消失的方言点则都读为-iaŋ。

各点 -iŋ 当属旧文读层读音，也是 -ien 演变的结果之一，揭阳的音值为 -eŋ，可能是 -iŋ 的低化，也可能是由 -ien 直接演变而来，跟三饶的 -eŋ 分别在不同的岔路口分化出来，演变方向相同，殊途同归。

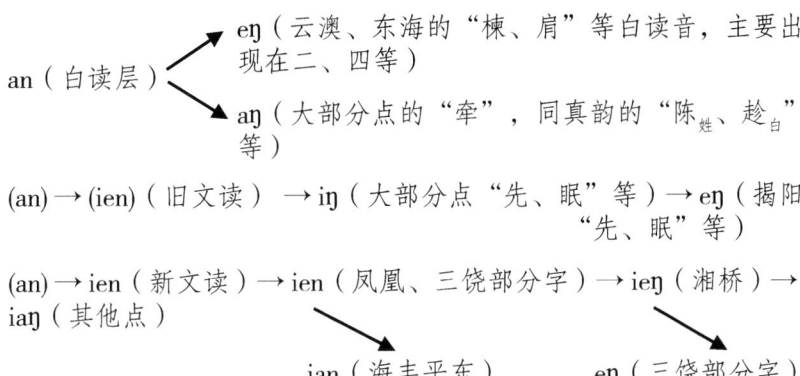

五　青韵

表 S-4-5-7　　　　　　　粤东闽语青/锡韵字的读音

	青韵				锡韵		
例字	新文读	旧文读	白读	例字	新文读	旧文读	白读
瓶	₌pʰiŋ		₌paŋ	劈	pʰek₎		pʰoʔ₎
屏	₌pʰiŋ			剔	tʰek₎	tʰok₎	
铃	₌leŋ		₌loŋ	积	tsek₎	tseʔ₎	
庭	₌tʰeŋ	₌tiã		曆		leʔ₎	laʔ₎
定	⊂teŋ	tiã⊃		壁		piaʔ₎	
经	₌keŋ	₌kiã		锡		siaʔ₎	
锭	⊂teŋ	⊂tiã		踢		tʰak₎	
宁	₌leŋ			寂	sok₎		
青		₌tsʰẽ					
腥	₌seŋ	₌tsʰẽ					
醒		⊂tsʰẽ					
萤	₌ioŋ (₌ueŋ/₌eŋ)						
迥	⊂kuaŋ (⊂kueŋ)						

根据例字本身的文白读音对立，青韵开口 -eŋ 和 -iŋ 属于文读音，而 -iã、-ẽ、-aŋ、-oŋ 为白读音，文、白的分法只是表明读音之间大致的时间关系，各读音类还可以再细分为不同的层次。其中，-eŋ、-iŋ、-ẽ 读音还出现在二等韵和三等韵中，可以推测，白读音 -ẽ 的时间层次不会很早，应该在中古之后，这也可以从它所辖例字都带有比较书面化的色彩得到印证；-iã 只包括三等韵和四等韵字，它的时间也大致在中古之后；-aŋ 读音的例字非常多，包括了通、宕、江、山、曾等摄，其中属于白读音的只有通、曾摄，有意思的是，臻摄也有"陈、鳞"白读 -aŋ，属于早期层次的遗留。因此，我们把这些读音分为三个时间层次：早期的为白读层，最为晚近的为新文读层，而介于这两个层次之间的为旧文读层。

青韵合口都是文读层读音，潮州、汕头各点为 -ioŋ/uaŋ，潮阳、惠来各点为 -ueŋ，而海陆丰各点则为 -eŋ。入声锡韵的例字虽然不多，但读音类却比较复杂，我们同样根据例字本身的读音分化、同时参考青韵字的读音系统来确立锡韵字各音类的文白性质，-ek 为晚近的文读层无疑，-eʔ 相对于 -ek 为白读音，而相对于 -aʔ 则为文读音，属于中间层次，跟 -ẽ 正好相对应；-aʔ 为早期的白读音，而 -oʔ、-ok 和 -ak 则不好确定，我们暂且把 -oʔ 放在白读音层，-ok 和 -ak 放在旧文读音层。

虽然有些音类的层次关系不好确定，但粤东闽语的青韵字读音还是大致体现出早期读洪音的痕迹。

第五章

粤东闽语的声调

第一节 粤东闽语声调的总体面貌和特点

一 声调相关的概念

前文出现的"单字调"相对于"连读变调"（包括前变调和后变调）而言，早期研究者习惯把一个字单念时的声调称为"本调"，相应地把连读时发生变化的调叫做"变调"。随着方言调查和研究的深入，有的学者提出：方言现时的声调模式，是历经变化之后的模样，连读时产生的声调才是方言声调系统原本的样子。丁邦新（1984）认为将单字调叫做"本调"有可能被误以为是"本来的调"，而"变调"也有被认为"不是本来的调"或"一定后起的意思"的可能，导致产生纷扰。他强调，在一般情况下使用"本调"和"变调"来说明方言的声调系统并没有问题，但是必须明确这些名称只是用来说明现时平面的现象，不含指示时间先后的因素。他还提出"基调"和"原调"的概念，"基调"是从方言现时的声调归纳出来的系统，是方言声调系统的原样，属于平面性的；"原调"是在确立相关小方言的"基调"的基础上，概括出来的一个历史层次上的声调系统，属于历史性的。有的研究把方言的连读变调系统作为"底层调"，旨在于说明"变调"属于方言本来的声调系统，而现时的"单字调"是后来的变化所形成的。

类似的研究有"底层调"理论，重点用于联系现时方言声调系统跟方言早期的声调体系。"底层调"相对于表层调而言，代表了方言早期声调系统的格局"取名'底层调'，不过是指它是隐伏在显而易见的单字调之下，是在连调中分析揭示出来的调类"（曹德和1987），底层调既不同于'本调'（相对变调而言），也不同于'祖调'（用于声调历史构拟）。

王福堂（2005）沿用"变调"、"本调"和"单字调"的概念，并清楚地规定"单字调一般来说就是本调。不过单字调是从共时的角度来说的，本调是从历时演变的角度来说的。如果在一个时期内本调发生了变化，单字调就可能不同于本调。因此，单字调有时并不就是本调。"他举山西忻州话为例说明：

$$公牛\ ku\partial\eta^{313}_{\ 33}\ niu^{31}$$

$$母羊\ mu^{313}_{\ 42}\ ni\partial u^{31}$$

例词中，"公"、"母"单字调相同，后字的语音环境也相同，都发生了变调，但变调情况不同。"公"、"母"的单字调是由古清平字的声调和古次浊上字的声调合流而成的。但造成目前不同变调情况的显然不是合流以后相同的单字调，而是合流前不同的声调。通过结合忻州周边方言声调的情况分析，他认为："公"的单字调313就是本调，33为本调生成的变调；"母"的单字调313不是本调，42是原上声本调的变调，甚至可能就是原上声本调的调值。由此看到，变调是由本调生成的，但它们性质不同，属于不同的语音层面。

王福堂的观点跟丁邦新（1984）的观点（即"底层调"理论）有着一致的思考方向，且在概念使用上一脉相承。本书采用了"单字调"、"变调"和"本调"的概念，用"单字调"和"变调"分别表示目前阶段方言的单字声调和在连读变调中表现出来的声调。

二　粤东闽语的单字调系统

粤东闽语的声调大部分属于八调系统，平上去入四声各分阴阳，跟中古《广韵》的声调系统对应整齐。平、去、入的全清、次清读阴调，全浊和次浊读阳调，上声次浊字跟着清声字跑，也读阴上调。另外，在没有发生"浊上归去"音变的方言中，基本上都存在与"浊上归去"相反的音变现象，即有近半的全浊去声字读归阳上调，这些字读阳上调大部分属于文读。

平声：阴平绝大部分是中平调特征。在八调方言点中，阳平多是一个高平调，而在"浊上归去"的七调方言点中，阳平多是升调，跟大多数八调方言点的阳上调接近。

上声：阴上多为高降调；在浊上没有归入到阳去的八调方言中，阳上多是高升调。

去声：阴去在粤东闽语多表现出曲折特征（降升调型），阴去调也是现今粤东闽语最容易发生音变的调类，音变的目的是去掉曲折特征，通常变成低降调或者低平调，音变的结果有的直接跟其它调类合并，有的仍保持独立一个调类。少部分方言点阴去为降调，可能就是由降升调演变而来。阳去调大体为低降/平调。

入声：阴入调是中促调，阳入调为高促调。

粤东闽语声调系统的总体特征是阴调低，阳调高。目前学界对汉语声调的历史演变状况有这样的认识：浊音声母在发音的时候声带振动需要消耗更多的力量，所以就使得同名调的浊声母字音高要比清声母字低，也即阴声调高阳声调低。粤东闽语的情况正好相反。对这一现象，平山久雄（1981、1996）在研究厦门声调的时候提出"变调即本调"的解释，因为厦门的变调系统符合"阴高阳低"的格局。但王福堂（2005）不同意他的观点，认为这只不过是声调演变的结果，其早期格局应该也符合汉语一般方言中调类分化初期的情况，即阴调高、阳调低。

汉语方言语音处于不断的发展演变之中，厦门方言如此，粤东闽语也不例外，如果认为今天方言的声调格局，就是调类分化初期的样子，大概是不切实际的，我们可以从现今的方言看到很多变化的例子。今粤东闽语的七声调方言可以归纳为两种情况：一是"浊上归去"，也就是全浊上声读归阳去调，符合中古以来大范围发生的音变方向；二是由于系统内部声调调型、调值相近而导致调类合并，从原来的八调减少为现时的七调。无论哪一种演变，都说明我们现在看到的方言声调系统，是不断变化的结果，而不是调类分化初期的样子。

曹志耘（1998）认为"考察声调的演变，应该从演变的原因、演变的过程和演变的结果三个方面着眼。其中演变原因是问题的关键，因为演变原因直接影响到演变的过程和演变的结果。"根据他的研究归纳，语音演变的原因有两种：自变型和他变型，这两种类型的演变原因、演变过程和演变结果均不相同：

	自变型	他变型
演变原因	内因	外因
演变过程	渐变	突变
演变结果	成系统	不成系统

李如龙（1999）讨论汉语方言语音演变的动因时，也谈及自变和他变两种音变类型。张树铮（2005）在关于语音演变的类型及其机制与规律的探讨一文中，把音变分为两种不同的类型，分别称为自源型和他源型。自源型音变指的是由音系内部语音因素导致的变化，包括了语音单位之间的相互影响而发生的音变和世代传承而造成的语音偏移；他源型音变指的是由外音系的影响而导致的语音变化。"自源型"、"他源型"跟"自变型"、"他变型"相似，从今粤东闽语七调方言的演变轨迹看，大致也可以归为自变型和他变型两种类型，下文将会详细讨论。

到目前为止，没有发现粤东闽语存在六调或以下的声调系统。

三　粤东闽语的连读变调系统

粤东闽语的特点是连读必变调，变调包括前变调和后变调两种，"前变调"指两字组中后字保持本调不变、前字发生变化所形成的调。"后变调"指两字组的前字保持本调不变、后字发生变化形成的调。因此，每一个单字调都有对应的"前变调"和"后变调"。

根据王洪君（1999）的研究，汉语方言非轻声的连读变调可分为三大基本类型：邻接交替式、自身交替式、特征延伸式。邻接交替式即发生变调时以相邻的字调为条件，而自身交替式发生变调时仅以自身的单字调为条件。粤东闽语大多数方言的连读变调属于自身交替式，不管是前字变调还是后字变调，都取决于单字调本身所属的调类，跟前后邻接字的声调没有关系。也有部分方言点的部分变调属于邻接交替式类型，其部分声调的变调因邻接字声调所属的调类不同而不同，具体情况下文再作详细讨论。

粤东闽语只要两个音节连读就需要变调，在连调组中，可以连续发生前字变调，也可以连续发生后字变调，或者前后变调接续发生。前字变调属于基本的变调方式，语句通过前变调模式表达正常的、非强调、无对比的语义；后变调往往有特定的含义，与前变调形成对照，通常带强调、对比、出乎意料等含义。比如：今冥落雨_{今晚下雨}，读前变调时是正常陈述或判断"今晚下雨"的事实；读后变调时则含有对比、出乎意料的意思，所以一般不单独出现，会有前后语句的呼应，如"早知今冥落雨今日就勿洗车。_{早知道今晚下雨今天就不洗车了}"，首字"早"不变调，"知今冥落雨"全部读后变调，说明"今冥落雨"在意料之外。再对比"今_{前变调}冥_{不变}居_{前变调}然_{不变}落_{前变调}雨_{不变调}"，陈述"今晚居然下雨了"的事实，"居_{前变调}然_{不变}今_{前变调}冥_{不变}落_{后变调}雨_{后变调}"，"落雨"读后变调，强调"今冥"，是"今冥"下雨而不是其他时间。又如：你去阿是伊去_{你去还是他去}，选择问句一般都读后变调，因为选择问本身就暗含两项对照。

又如：好彩伊有来。

读前变调（末字不变调）：好在他来了。

读后变调（首字不变调）：幸亏他来了。（强调"伊有来_{他来了}"）

前三字读前变调，后两字读后变调：幸亏是他来了。（别人来不来都无所谓，关键是"他"来了，含有对照）

有的词语读前变调和后变调意思不同，比较固定。比如（以饶平黄冈为例）"日昼_{中午}"读前变调［zik² tau²¹³］通常指的是说话当下的中午，读后变调［zik⁵ tau²¹］时强调到了中午时段了，如果指周遍性的中午会说"日昼头［zik² tau⁵⁵tʰau⁵⁵］"（读前变调），分别用在不同的语句中：

我日昼［zik² tau 213］唔转去食。_{我中午不回去吃饭。}

耍阿日昼［zik⁵ tau²¹］还唔转来食。_{玩到中午还不回来吃饭。}

伊日昼头［zik² tau⁵⁵tʰau⁵⁵］经常有转来食。_{他中午经常回来吃饭。}

"数字＋年/日"等后字表时间的词语，读前变调表示计数，如"五年_{（共）五年}/六日_{（共）六天}"，读后变调表示序列，如"民国五年_{民国五年}/五月六日_{五月六日}"，其中只有后字"年/日"读后变调。"细个"读前变调表示"小个头"，如"苹果过细个_{苹果个头很小}"；读后变调意为"小的"，如"细个食赢过大个_{小的吃起来比大的好}"，"细个"和"大个"形成对照，都读后变调。"形容词＋量词"组合基本上都遵循这样的规则。"几/＋

量"组合读前变调表询问,如"食几杯喝几杯",读后变调表大概、随意,如"食几杯喝上几杯"。"头头"读前变调意思是"最前边",如"伊倚□ [lo³⁵] 头头他站在最前头";读后变调意为"前端",如"伊去头头,你去尾头他去前端,你去尾部"。

也有的组合倾向于读后变调,比如"我/汝/伊个我/你/他的",表指称时一般读后变调。"横/长/阔/只势横/长/宽/这边"这类"形容词/指示词＋势"组合表指称时也一般读后变调,可以看出来,其中都隐含着对照和强调:"横势－直势","长势－短势","阔势－狭势窄边","这势－许势那边","我个"而非"汝/伊个"。

口语中如何运用前后变调表示各种不同的语义和语气,比较复杂。本书只讨论粤东闽语的单字调系统和两字组前字变调系统,后变调再专文论述,本书不作深入探讨。

曹德和(1987)研究方言底层调的时候总结过:汉语声调的合流是经由"单字调分;连读调分→单字调合;连读调分→单字调合;连读调合"的过程实现的。这是通过共时方言声调系统总结得出的规律,也是其从中提炼出"单字调"、"变调"和"本调"不同历史层次对立的重要基础。但是粤东闽语大部分点的声调系统却跟"底层调"理论恰好相反,八调方言点阳上调和阳去调的单字调为两个对立的调类,但是它们的前变调却几乎没有例外都变成相同的调,也即它们共时的状态是:单字调分、连读调合,从曹德和的归纳中找不到对应的阶段。

不过,徐通锵(1991)在研究宁波方言百年来的声调系统的演变中提到"对立的声调在连读变调中可能会失去相互的对立性,产生对立的中和(neutralization)。这种中和的现象是对立的音类实现合并的一种重要途径。宁波方言调类的简化大体上就是通过这种途径实现的"。可见,"单字调分,连读调合"这种状态是声调系统实现不同单字调类合并的重要过程;由此也可以看到,声调系统演变和发展的途径是不一而足的。如果说目前汉语方言声调发展的总趋势是系统简化的话,那么走向简化的途径和方式并不是单一的,而会在不同方言系统中呈现出多样化,巴里坤汉话的"单字调合,连读调分"和宁波的"单字调分,连读调分"都是系统达到"单字调合"的中间阶段和演变途径。目前粤东闽语八调方言的阳上、阳去两调正处在"单字调分,连读调分"的状态,是否在不久的将来这两个调会合并为一，其中影响的因素很多，具体调型调值也是重要的影响因素，每个具体的方言点不尽相同，下文会有所展现。

平山久雄（1981、1996）在讨论厦门声调的时候提出了"调值演变的环流"说，认为"厦门话的基本调值（单字调）多经演变，而替换调值（前变调）反而少变，比较忠实地保存了古调值的面貌。他还通过厦门声调的分析，设想了声调演变的普遍规则：高平调易变高降调，高降调易变中降调或低降调，甚至平调，降调末尾又可以添上升尾，低平调易变中平调或升调，中平调或升调又易变高平调，"综合上述几项调值演变的可能性，就可以描绘一种圆环，即一个调位的调值从高平调出发，经过降调、低平调（或低凹调）、升调，最后又回到高平调。"李小凡（2004）不认同平山久雄的分析，他认为厦门方言的连读变调是一种中和型连调：作为字组前字，一个声调 A 发生变异后并不产生新调值，而是变同另一个单字调 B，调 B 若不发生相应变化来保持两调的区别，就是接受中和，A、B 两调便在该位置上失去对立。若调 B 发生相应变化来保持两调区别，就是拒绝中和。中和型连调式打破连调式与单字调一一对应的固有格局，可以减少连调式的数量，使连调系统简化。所以，厦门方言的声调环流只是连调系统和单字调系统作用与反作用的产物：单字调系统维持了固有的调位格局，连调系统减少了 7 种连调式。"凡发生中和型连读变调的，连调系统都发生了不同程度的简化，单字调系统则不一定都能维持原有的调位格局，两个系统各自变化的程度取决于双方的力量对比。"（李小凡 2004）

粤东闽语和厦门话声调系统表现出很高的一致性。从粤东闽语的声调系统看，如果根据"阴高阳低"这一标准就判定"变调即本调"，是难以成立的，因为粤东闽语的声调系统一直没停止过发展、演变的脚步，特别是变调系统，从下文的分析也可以看到它的演变。把方言现时的声调系统看作是早期声调发展的结果、是方言声调系统在整个发展历程中某一阶段的状态，这显得更加合理。

钱曾怡（2000）通过对汉语部分方言声调的比较和分析，认为汉语声调发展总的趋势是简化，她强调两个问题：一是声母、韵母对声调发展的影响，重点说明汉语声调调类的减少；二是语流中一些语词的调型模式，重点说明汉语声调在一定语境中的融合是其走向语调的一种过渡形式。"经过这些年方言调查的广泛深入,我们从许多方言调查的报告中看到,像北京这样"两上相连前上变阳平"的方言在官话方言地区相当普遍,许多例子已不是简单的音值异化所能解释,而事实又使我们不得不把思考的角度从音值异化转而向音类合并"①。这是非常有道理的,粤东闽语声调系统尽管没有像厦门话那样形成比较严密的环流,但也尽量遵循中和型连调系统的简化趋势,连读之后产生的变调在调型调值上跟某个单字调类重合,产生新调类的情况较少。总的来说,单字调跟变调之间的变换存在这样的趋势:高平变中平/中降,降调变升调,升调变降调,中平不变调,曲折调变高平/高降调,前变调系统尽量不出现曲折调。

粤东闽语的声调系统中,变调之后容易发生中和作用的是阳上和阳去调,在大多数方言点中它们的前变调相同,就像上文所说,这种现状跟"底层调"等理论的观点相左。平声的前变调也跟阳上/去趋同,在粤东东部的潮汕各点,表现为阳平跟阳上/去趋同,不少方言点三个舒声阳调的前变调一样,完全中和;在粤东西部的海陆丰各点,则表现为阴平跟阳上/去趋同;其他的方言点即使平声前变调跟阳上/去前变调不完全相同,但调型调值都比较接近,大都是低降/平调。下举八调方言点为例,只列出前变调。

表 S-5-1-1　　粤东闽语各前变调之间调型调值趋同举例

前变调 方言点	阴平 诗纷	阳平 时云	阴上 死粉	阳上 是混	阴去 四奋	阳去 示份	阴入 薛忽	阳入 蚀佛
汕头市区	33	31	23	31	44	31	<u>53</u>	<u>32</u>
南澳后宅	33	32	24	32	44	32	<u>54</u>	2
澄海澄城	34	213	34/35	21	32/42	213	<u>32/5</u>	<u>32</u>
揭阳榕城	33	22	24/35	21	42/53	21	3/5	2
普宁洪阳	33	22	24	31	31	31	5	2
潮州湘桥	23	213/21	24/35	31	42/52	21	<u>32/53</u>	<u>32</u>
潮州文祠	33	213/221	24/35	221	42/52	221	<u>32/54</u>	<u>32</u>
潮州凤凰	33/334	21	212	21	442	21	<u>43</u>	<u>21</u>

---

① 钱曾怡:《从汉语方言看汉语声调的发展》,《语言教学与研究》2000 年第 2 期。

续表

前变调 方言点	阴平 诗纷	阳平 时云	阴上 死粉	阳上 是混	阴去 四奋	阳去 示份	阴入 薛忽	阳入 蚀佛
饶平三饶	33	21	25	21	55	21	5	2
饶平黄冈	33	31	25	31	55	31	54	32
饶平海山	33	22	35	32	55	32	5	2
汕尾捷胜	33	22	35	33	55	33	54	3
海丰海城	22	31	24	22	55	22	54	21
海丰联安	33	31	24	33	55	33	54	3
陆丰潭头	33	22	25	33	55	33	5	3
陆丰甲子	33	31	34/24	33	55	33	54	3

前变调趋同有一个发展的过程，以汕头话为例说明。汕头话阳平、阳上、阳去三调的前变调全部相同，都是[31]，但它们现时的趋同是从原来的不同发展来的，阳平原来的前变调为[22]，跟阳上/去的前变调并不相同，后来由于调值接近导致调类合并，现在这种合并仍处于进行的尾声，所以我们可以窥探到其演变的轨迹。施其生[①]曾调查汕头话阳平前变调调值[22]混同于阳去单字调[31]的情况。阳平前变调在变化之前是一个低平调[22]；变化伊始，这个阳平前变调在不同人那里有了不同的读法，有的读为[22]，不同于任何单字调；有的读为[31]，跟阳去的单字调相同。根据对不同年龄段的调查统计（施其生1989），结论是：汕头话的阳平前变调的调值原先是[22]，和任何单字调都不同；后来才逐渐跟与其接近的阳去单字调调值[31]混同。文章说明了混同的过程：首先是听觉上不区别[22]和[31]而说话仍有区别；然后才将阳平的前变调说成[31]，变成跟阳去调一样，也就是听、说全混了，这才完成了两种调值的混同。混同并不是一下子所有人一起发生的，而是语言使用者中开始出现部分人将[22]调混同于[31]调，而后混同的人所占的比例越来越大，最后所有的人都将[22]读成了[31]。

距离施其生（1989）的调查已经三十年了，按照发展的一般规律，

---

① 施其生：《一项窥探调值混同过程的调查》，《语言研究》1989年第2期。

等到保持区别的老一辈人慢慢减少至完全消亡，阳平的前变调将完全混同阳上/去前变调（同于阳去单字调），也即在全汕头市各年龄段的人口里，这个前变调都将成为［31］。由此我们可以得到一点启示，在众多趋同的前变调中，也许一开始并不相同，只是后来由于调值相近导致调类合并，才产生了这些相同的变调。

粤东闽语入声阴阳调之间总是互换彼此的调值作为前变调，也就是阴入前变调变同阳入调，阳入的前变调变同阴入调，这一点跟厦门话一致，入声调自己形成独立的系统。

刘俐李（2005）在研究汉语声调时认为，变调的功能主要是调节发音，有三种类型：第一，为了使发音变得省力而简化连调式的调型，称为简化型连调，简化型连调式主要是减少连调式调型的曲折，包括减低升降的幅度。因此，曲折调型多倾向于变调，而平调与别的调连读一般不增加连调式的曲折度，不需要简化，所以连读时平调较少变调；第二，为使字组内部相邻音节调型有所区别而发生异化，称为异化型连调；第三，为减少连调式总数从而构建较为简化的连调系统而发生调类中和，称为中和型连调，变调方式包括变同某个单字调和变出新调值（常常是较低的平调或降调）。中和是连调系统要求简化的必然趋势，中和型连调力使本该比单字调繁复得多的连调系统简化，其简化的趋势对单字调类较多、连读变调丰富的方言显得更加重要。

粤东闽语既有简化型的连调方式，也就是尽量使变调的调型没有曲折特征、降升幅度不太大，无限趋向于平调型；同时也有中和型的连调模式，变调倾向于变同某个单字调，即使变出新调值，也是较低的平调或降调，总的尽量减少连调式的总数。在粤东闽语的变调系统中，低平和低降调占有很大比重，说明低平调和低降调生命力强。降调和平调的优势在其他方言和儿童语言习得中都有反映（刘俐李2005）。

第二节　粤东闽语声调系统的类型及其特点

粤东闽语的声调系统可以分为三种类型：八调型（代表点：汕头市区）、不稳定型（代表点：潮阳棉北）、七调型（代表点：南澳云澳）。

表S-5-2-1　　　　三种声调类型代表点的声调系统

方言点	声调	阴平 诗纷	阳平 时云	阴上 死粉	阳上 是混	阴去 四奋	阳去 示份	阴入 薛忽	阳入 蚀佛
汕头市区	单字调	33	44	51	25	212/31	31	21	43
	前变调	33	31	23	31	44	31	53	32
潮阳棉城（老）	单字调	21	33	45	52	41	32	2	5
	前变调	21	32	52	32	32	21	5	3
南澳云澳	单字调	44	35	53	33	212	33	3	34
	前变调	33	21	35	21	44/53	21	5	3

一　八调型

粤东闽语的声调系统以八调型为主流，在我们调查的方言中包括：汕头市区、澄海澄城、南澳后宅，潮州湘桥、文祠、凤凰，饶平黄冈、三饶、海山，揭阳榕城区，普宁流沙、洪阳，汕尾捷胜，海丰海城、联安，陆丰南塘潭头、甲子。跟下文将要讨论的不稳定型相比，八调型声调系统的调型搭配比较合理，升、降、平、曲折都有，各调之间保持一定的区别度，所以系统比较稳定。从单字调各调的具体调型和前变调系统来看，八调型还可以再细分为三类，分别以饶平黄冈、汕头市区和揭阳榕城为代表点，称为黄冈类、汕头类和揭阳类。

第一，黄冈类

黄冈类方言分布范围广，遍布整个粤东地区。南澳后宅、潮州凤凰，饶平黄冈、三饶、海山，普宁流沙、洪阳，海丰海城、联安，汕尾捷胜都属这一类型。黄冈类总的特点是各点调型一致、调值也相近，平声通常为平调、阴上和阳上分别为高降调和高升调，阴去为曲折调，阳去为低降或低平调。

表S-5-2-2　　　　黄冈类方言的声调系统

方言点	声调	阴平 诗纷	阳平 时云	阴上 死粉	阳上 是混	阴去 四奋	阳去 示份	阴入 薛忽	阳入 蚀佛
云澳后宅	单字调	44	55	52	24	212	33	2	54
	前变调	33	32	24	32	44	32	54	2

续表

方言点	声调	阴平 诗纷	阳平 时云	阴上 死粉	阳上 是混	阴去 四奋	阳去 示份	阴入 薛忽	阳入 蚀佛
普宁流沙	单字调	335	44	52	25	212	31	32	54
	前变调	33	31	212	33	55	33	54	32
普宁洪阳	单字调	33	55	53	24	213	22	2	5
	前变调	33	22	24	31	31	31	5	2
饶平三饶	单字调	224	55	52	25	213	22	2	5
	前变调	33	21	25	21	55	21	5	2
饶平黄冈	单字调	33	55	52	25	213	31	32	54
	前变调	33	31	25	31	55	31	54	32
饶平海山	单字调	33	55	53	35	213	22	2	5
	前变调	33	22	35	32	55	32	5	2
汕尾捷胜	单字调	34	55	53	35	324	32	3	54
	前变调	33	22	35	33	55	33	54	3
海丰海城	单字调	33	55	52	25	212	31	21	54
	前变调	22	31	24	22	55	22	54	21
海丰联安	单字调	44	55	52	25	212	31	3	54
	前变调	33	31	24	33	55	33	54	3

第二，汕头类

汕头类的主要特点是阴去调失去曲折特征，变成低降调或低平调，目前有的方言处于两读皆可的阶段，有的方言已经完成音变。在我们调查的方言点中，属于汕头类的有：汕头市区、潮州凤凰、陆丰南塘潭头和甲子，陆丰东海也具有这个特征，但因为它只有七个声调，所以放到七调方言里讨论。

表 S-5-2-3　　　　汕头类方言的声调系统

方言点	声调	阴平 诗纷	阳平 时云	阴上 死粉	阳上 是混	阴去 四奋	阳去 示份	阴入 薛忽	阳入 蚀佛
汕头市区	单字调	33	44	51	25	212/31	31	21	43
	前变调	33	31	23	31	44	31	53	32

续表

方言点	声调		阴平 诗纷	阳平 时云	阴上 死粉	阳上 是混	阴去 四奋	阳去 示份	阴入 薛忽	阳入 蚀佛
潮州凤凰	单字调		334	55	51	25	212/21	22	21	43
	前变调		33	21	212	21	442	21	43	21
陆丰潭头	单字调		44	55	552	25	312/322	32	3	5
	前变调		33	22	25	33	55	33	5	3
陆丰甲子	单字调		334	55	552	24	212/22	41	54	
	前变调	A	33	31	34	33	55	33	54	3
		B			24					

汕头市区部分年轻人的阴去调开始跟阳去调混，由曲折调212变成低降调31。

潮州凤凰的阴平，第一次调查时发音人读为平调33，第二次调查时发音人调尾微升，记为334。凤凰的阴去本来是个曲折调，第一次调查记为212，第二次调查时发音人有的阴去字读212，如"瀉、卸"，有的则读成低降调21，如"謝、舍"，说明其阴去调正在发生变化，由曲折调变为低降调。

陆丰潭头方言的阴去调正由曲折调312变为降调322，调查时发音人经常发为322，当调查人重新询问时，发音人在强调的情况下会读为312，两者不形成音位对立。

甲子方言的阴上调有两种前变调形式，当后字是阴上、阳平、阳入时，阴上前变调为24，后字是其它调时，阴上前变调为34。这跟揭阳型方言相似，但是发生前字变调分化的调没有揭阳型方言多，仅有阴上调，相关讨论放在下文的"揭阳类"。2006年调查时，甲子老派方言①的阴去调尚存曲折特征，发音人有时发为低平22，有时发为曲折212，两个调之间不具有音位对立；新派则已经变为低平调。2019年我们再次调查甲子

---

① 陆丰甲子方言语音存在新老派之别，详细情况参见拙文《粤东闽语甲子方言重唇合口字的轻唇化》，《中国语文》2012年第2期。

老派方言，阴去调已经完全没有曲折特征，是一个稳定的低平调，记为22。

刘俐李（2005）分析汉语声调变调的三种类型，其中简化型连调为了减少连调式调型的曲折程度以及升降的幅度，连调时通常变曲折调型为非曲折。同理，在省力原则的调控下，单字调系统也有简化的要求和倾向，或者表现为调类的合并减少，或者表现为具体调型的简化，减少曲折度或降低升降幅度。汕头类方言阴去调由曲折调型变为非曲折调型，就体现了这一演变趋势。

第三，揭阳类

揭阳类声调的主要特点在于前变调，其阴上、阴去和阴入调有两种前变调形式，当后字是阳平、阴上、阳入时是一种调类，当后字是非上述三种调的其他调时变为另一个调类。属于揭阳类连调模式的有揭阳榕城、澄海澄城、潮州湘桥和文祠四个方言点。

另外，这四个点的阴上调出现在阴上、阴去和阴入三调之后时，由原来的高降调变为低降调，即前字阴上、阴去和阴入调发生前字变调的同时，后字阴上调也发生音变。我们不说阴上调的变化是发生了后变调，因其跟后变调不同：第一，粤东闽语普遍有一套后变调，后变调通常是为了表达或强调不同的语义、语气，而这四个点的阴上调在阴上、阴去和阴入三调的前变调后面发生变调，并没有这一作用，不强调任何附加意义或语气；第二，这四个点的阴上调有通常意义上的后变调（都为曲折调，同阴去调），且发生后变调时，其前字保持单字调不变。所以，我们认为这不是后变调。

林伦伦、陈小枫（1996）也注意到了揭阳榕城、澄海澄城、潮州湘桥的变调系统，他们的记录跟本书大体一致，调值上稍有差别，具体情况见下表。

表 S-5-2-4　　　　　揭阳类方言的声调系统①

方言点	声调	阴平 诗纷	阳平 时云	阴上 死粉	阳上 是混	阴去 四奋	阳去 示份	阴入 薛忽	阳入 蚀佛
澄海澄城	单字调	443	554	51	35	213	31	32	5
	前变调	34	213	34/35	21	32/42	213	32/5	32
	林/陈			23/35		31/53		3/5	
揭阳榕城	单字调	33	55	42	35	213	22	2	5
	前变调	33	22	24/35	21	42/53	21	3/5	2
	林/陈			23/35		31/53		3/5	
潮州湘桥	单字调	33	55	51	25	213	21	32	53
	前变调	23	213/21	24/35	31	42/52	21	32/53	32
	林/陈			23/35		31/53		3/5	
潮州文祠	单字调	332	55	52	35	213	221	32	54
	前变调	33	213/221	24/35	221	42/52	221	32/54	32

为什么阴上、阴去和阴入的前变调会产生分化？调类分化是这些方言发展出来的新貌，还是纯属保留旧貌？为什么阴上出现在阴上、阴去和阴入前变调后面时要变为低降调？

林伦伦、陈小枫（1996）没有讨论上述前两个问题，只是摆出事实。观察上表 S-5-2-4 可知，虽然阴上、阴去、阴入调的前变调各分化为两类，但分化出来的两类调调型一致，只在调值高低上有些差别，区别特征不是很突出。杨秀芳（1982）根据蔡俊明的描述整理揭阳方言的声调系统，针对上述的前变调分化现象她有如下的论述：我们认为这也是一种同化现象，受后面声调异端高低的影响，使变调的高低有微细的差

---

① 澄海澄城阴上、阴去、阴入在阴平、阴去、阳入、阳上和阳去前分别为 34、32、32，在阳平、阴上和阴入前分别为 35、42、5。揭阳榕城阴上、阴去、阳入在阴平、阴去、阴入、阳上和阳去前分别为 24、42、3，在阳平、阴上和阴入前分别为 35、53、5。潮州湘桥阴上、阴去、阴入在阴平、阴去、阴入、阳上和阳去前分别为 24、42、32，在阳平、阴上和阴入前分别为 35、52、53。潮州文祠阴上、阴去、阴入在阴平、阴去、阴入、阳上和阳去前分别为 24、42、32，在阳平、阴上和阴入前分别为 35、52、54。

② 潮州湘桥和文祠的阳平在前字位置变调为曲折 213，但在阴去调 213 前则读为 21/221，这是受到后字相同调型调值异化的结果，跟普通上上相连时第一个上声字变为 21 同理。

别，以音位的观点来看，阴上、阴去、阴入只分别变为35、53、5（以揭阳为例），这些调受后面的非高调值影响而略微降低调值。问题在于同时还有一条变调规则起作用：阴上调在阴上、阴去和阴入三调后由高降调变为低降调。两条变调规则一起就使"阴上+阴上"的变调结果为（以澄海澄城为例）：51+51→35+31。杨秀芳（1982）认为"上字的变调与下字的变调在规则上是有先后次序的"，也就是前字变调的规则先起作用，在此基础上后字变调的规则再发生作用，我们总结音变过程如下：

$$51+51\to 35+51\to 35+31$$

综上，杨说能够较好地解释上述第一个问题：为什么阴上、阴去和阴入的前变调会产生分化？阴上、阴去、阴入的基准前变调分别为调值高的那个，并且有这么一条变调规律：八个单字调的前字变调中，调值达到高调的便受后字非高调调值影响而降低调值，后字如果同为高调调值，前调便保持原来的变调不变。在这一变调规律作用下，就会产生揭阳类方言的变调结果。如果反过来认为阴上、阴去、阴入的基准前变调分别为34、32、32（以澄海为例），那就难以解释为什么它们受后字的高调调值影响提高了调值，而其他调却没有因此提高调值。

关于第三个问题：为什么阴上出现在阴上、阴去和阴入前变调后面时要变为低降调？杨秀芳（1982）认为"下字的变调可能是降调的一种异化作用"，林伦伦、陈小枫（1996）也注意到这一现象，并尝试解释上述第三个问题：阴上发生变调是因为前字为降调，受到同化作用阴上也由高降调变成为低降调。"同化说"不能解释以下现象：阳去调在澄海澄城（31）、潮州湘桥（21）和潮州文祠（221）也都是降调，为什么阴上调在阳去调后面却不变低降调？从调值来看，阴上、阴去和阴入的前变调都为高调，在高调的后面同为高调的阴上降低调值，而在其他非高调的前变调后则不变。杨秀芳认为这是一种异化作用是合理的。

揭阳类方言前变调分化是发展出来的新貌，还是纯属保留旧貌呢？联系陆丰甲子的情况，似乎前变调分化属于存留现象：发展快的方言所有发生分化的调类都合并了，前字变调分化现象已无迹可寻；甲子方言合并的步伐稍微慢一点，还剩一个调（阴去）保留前变调分化现象，揭阳类方言合并速度慢，仍有三个调保留变调分化现象。不过，这一说法会碰到难以解释的问题，揭阳类各方言如揭阳榕城、潮州湘桥、澄海澄城都属于粤东政治、文化的分中心，一般来说，政治文化中心地区由于人口流动性大、跟外界接触较为频繁，语言也会变得更快。如果说这几个点的前变调分化现象属于历史存留，于理有悖。因此，我们认为揭阳类方言前变调分化现象是这几个方言新产生的音变，这几个方言点之间距离近，关系较为紧密，政治分中心的地位使得他们之间更容易互相影响，形成一致的变化。

二　不稳定型

不稳定型方言大体只有七个声调，但是把它们从七调型方言分离出来，理由有二：一是从共时的声调系统中还可以窥探到它们从八调到七调的演变轨迹；二是虽然它们跟七调型方言一样，结果是只剩下七个声调，但演变途径迥异。所以把它跟七调型分开来更能体现粤东闽语声调系统的格局和演变趋势。

不稳定型方言包括：汕头达濠、潮阳棉北、潮阳海门、惠来惠城、惠来葵潭、普宁占陇等点，都属于粤东闽语潮普片方言。这一片方言从汕头达濠到揭阳惠来，地域相连、关系密切，它们之间语音面貌高度一致，而在粤东闽语中独树一帜，且目前语音变化快，比如：自发新生了一套唇齿音声母，声调系统从八调变为七调。

表 S-5-2-5　　　　　　　不稳定型方言的声调系统

声调 方言点		平			上			去			入		
		清	次浊	全浊	清	次浊	全浊	清	次浊	全浊	清	次浊	全浊
汕头达濠	单字调	阴平 21	阳平 33		上声 24			阴去 52	阳去 31 阴去 52		阴入 3	阳入 <u>45</u>	

续表

声调 方言点		平			上			去			入		
		清	次浊	全浊	清	次浊	全浊	清	次浊	全浊	清	次浊	全浊
汕头 达濠	前变调	21	33		52		33	21	21		3	45	
									33				
潮阳 棉城①	单字调	阴平 33	阳平 55		阴上 53		阳上 313	阴去 31	阳去 11		阴入 11	阳入 55	
									阳上 313				
	前变调	33	11		31		33	55	313		55	11	
									33				
潮阳 海门	单字调	阳上 31	平声 44		阴上 451		阳上 31	阴去 51	阳去 441		阴入 43	阳入 45	
									阳上 31				
	前变调	33	44		41		33	44	33		54	43	
潮阳 棉北	单字调	阴平 21	阳平 33		阴上 45		阳上 52	阴去 41	阳去 32		阴入 2	阳入 5	
									阳上 52				
	前变调	21	32		52		32	32	21		5	3	
									32				
惠来 惠城	单字调	阴平 24	阳平 44		阴上 552		阳上 213	阴阳去 31	阴阳去 31		阴入32	阳入54	
									阳上 213				
	前变调	33	31		24		22	44	22		54	32	
普宁 占陇	单字调	阴平 22	阳平 44		阴上 52		阳上 24	阴阳去 31	阴阳去 31		阴入 2	阳入 5	
									阳上 24				
	前变调	33	22		21		33	55	33		5	2	
惠来 葵潭	单字调	阴平 35	阳平 55		上声 52		阳去 213	阴去 31	阳去 213		阴入 32	阳入 54	
	单字调	33	31		24		33	55	33		54	32	

汕头达濠阳上和阴去调合并为 52，但它们的前字变调却有别，分别为：21 和 33。从上表可以看到，浊上、清去和浊去字都有读阴去调的，

---

① 表中"潮阳棉城"指的是张盛裕（1981）所发表的潮阳声调系统；"潮阳棉北"指的是 2003 年我们调查的潮阳棉城声调系统，都属于原潮阳棉城镇。张盛裕（1981：39）在《潮阳方言的语音系统》中说明：阳上的调值为 323，曲折度不大，但为了调型清楚起见，写成 313 调。同样，阴去、阳去调值分别为 32 和 21，阴入、阳入分别是短调 22 和 44，但为了使调形清楚起见，分别调整记为 31、11 和短调 11、55。

这是因为达濠方言发生了粤东闽语普遍发生的"浊去归上"音变，而全浊上又跟阴去调合并，因此去声浊声母字中读归阳上的那部分也跟着全浊上声合并到阴去调了。可以肯定的是全浊上声字读归阴去的音变发生在"浊去归上"之后，属于晚近的演变。

2003年调查的时候，潮阳棉北的阴去和阳上两调已经基本上合并了，只有部分人的发音还保留它们音值上细微的高低之别，但这种差别说话者不一定能意识到，这是调值混同的重要步骤：说话者在听觉上把这两个调混同了，然后扩展到发音上把它们发成相同的调值，最后完成从听到说的合并过程。少部分人在某些词汇中可以勉强将它们区分开来，说明合并的过程还没有完全结束，音变的词汇扩散还没有彻底完成。

调查过程中，调查人设计"鱼刺 [ₑhɯ tsʰi⁼]"和"鱼市 [ₑhɯ ₑtsʰi]"两词让两位发音人做听辨实验：在纸上随机写出"鱼刺"或"鱼市"共5个，让A发音人读，结果B发音人只说对了两个；然后又在纸上随机写出"鱼刺"或"鱼市"共6个，让B发音人读，结果A发音人说对了3个。B发音人口语和听力都还能分辨阳上调和阴去调，A发音人则完全混同了，两位发音人年龄都在60以上，可见潮阳棉北的阳上调和阴去调已经基本合并。上表分别记为52和41，是为了凸显它们趋同的演变过程，同时也能更直观地看出它们演变的动因是调值相近导致了调类合并。

张盛裕（1979、1980、1981）调查的时候，潮阳方言的单字调存在新老派之别，老派的阳上和阴去两调无论单字调还是连读变调都有分别；而新派的阳上和阴去调单字调已经合并，但连读变调仍然有别。本书的材料跟张盛裕的潮阳声调系统[①]在调型调值上有些差别，可能由于调查时间不同和发音人口音差异导致，但总的不影响潮阳声调系统的整体格局和特点，我们还可以从这些差异当中得到启发。

潮阳海门的阴平和阳上两调合并。惠来惠城、普宁占陇的阴去和阳去两调合并。

---

① 下文分别用"潮阳棉北"和"潮阳（张）"代表本书的系统和张盛裕的系统。

惠来葵潭的声调系统看起来属于"浊上归去"音变的结果，似乎跟下文将要谈到的七调型方言有相同的音变模式。但是，鉴于它各调类的调型、调值情况，如：阴平为升调、阳平为高平调，跟惠城、占陇一致而跟七调型相去甚远；以及它所处的地域跟不稳定型方言连成一片，因此我们认为它的"浊上归去"音变结果是一种巧合，其发生音变的动因跟其他不稳定型方言一样，是由于声调本身系统的不稳定、各调的调型调值分布不够合理导致的调类合并。

三 七调型

七调型指的是发生"全浊上归去"音变的方言，全浊上声字跟浊去字读同一声调，只有七个单字调，跟福建本土的闽南语一致。包括的方言点有南澳的云澳和深澳、海丰平东、陆丰东海，不多且地理上比较分散。

表 S-5-2-6　　　　　七调型方言的声调系统

方言点	声调	平 清 诗纷	平 浊 时云	上 清 死粉	上 次浊 米午	上 浊 是混	去 清 四奋	去 浊 示份	入 清 薛忽	入 浊 蚀佛
南澳云澳	单字调	阴平 44	阳平 35	阴上 53		阳去 33	阴去 212	阳去 33	阴入 3	阳入 334
	前变调	33	21	35		21	44/53①	21	334	3
南澳深澳	单字调	阴平 44	阳平 35	阴上 53		阳去 33	阴去 212	阳去 33	阴入 3	阳入 34
	前变调	33	22	25		22	44	22	34	3
海丰平东	单字调	阴平 44	阳平 24	阴上 52		阳去 33	阴去 212	阳去 33	阴入 3	阳入 5
	前变调	33	22	24		32	55	32	5	3
陆丰东海	单字调	阴平 44	阳平 25	阴上 55		阳去 33	阴去 22	阳去 33	阴入 3	阳入 5
	前变调	33	22	25		42	44	42	5	3

①　云澳阴去前变调在阴平、阴上前调值为44；在阴入、阳平、阳上、阳去和阳入前调值为53。

七调型方言对应调的调型跟八调方言有明显差别,而七调型内部方言相当一致,表现为:阴平调稍高(八调方言通常为中平调);阳平调为高升调(八调方言基本上是高平调)。陆丰东海的单字调比较特别,一共有四个平调,没有降调和曲折调,阴上和阴去的调型跟其他三个点不同,但这两个调的前变调却跟其他三个点高度一致。

七调型方言的云澳和深澳都在南澳县,关系密切,但南澳跟平东、东海之间在地理位置上都相距甚远,不存在相互影响的可能性。它们之间在调型调值上高度一致,而跟其他粤东闽语方言相异,显得不可思议。

南澳云澳的语音面貌跟福建省内的闽南话很接近,其七调格局正是福建闽南话的特点之一。林伦伦、林春雨(2005、2006)曾专门讨论南澳方言,将云澳方言跟汕头、厦门两方言作对比,下图摘自林伦伦、林春雨(2006)的比较表①,他们所记录的汕头、云澳的调值跟本书的调查材料有些差异,但总的不影响整体特征和相互之间的比较。

调类	比较点	阴平	阳平	阴上	阳上	阴去	阳去	阴入	阳入
单字调	汕头	[˧]33	[˥]55	[˥˧]53	[˧˥]35	[˨˩˧]213	[˩]11	[˨]2	[˥]5
	云澳	[˦]44	[˧˥]35	[˥˨]52		[˨˩˩]211	[˩]11	[˨˩]21	[˦˥]45
	厦门	[˦]44	[˧˥]35	[˥˧]53		[˨˩]21	[˨˨]22	[˧˨]32	[˦]4
连读变调	汕头	不变	[˩]11	[˧˥]35	[˨˩]21	[˥˥]55	不变	[˥]5	[˨]2
	云澳	[˧]33		[˧˥]35		[˥˥]55	不变	[˦˥]45	[˨˩]21
	厦门	不变	[˦]44	[˥˥]55		[˦˨]42	不变	[˦]4	[˧]3

林伦伦、林春雨(2006)比较的结果是:云澳话和厦门话上声都只有阴上一类,全浊上声字读归阳去,次浊上声读归阴上。汕头话全浊上声读阳上调,次浊上大部分读阴上调,有一些字读阳上调。云澳、厦门话古浊去字都读阳去调,而汕头则有一部分读阳上调(即"浊去归阳上")。调值上,云澳话也跟厦门话接近,因此在听觉上云澳话和厦门话很接近,而跟汕头话区别较大。

南澳是广东省唯一的海岛县,据南澳象山1993出土的细石器考证,

---

① 林伦伦、林春雨:《粤东的一个福建闽南方言点:云澳方言语音研究》,《方言》2006年第1期。

早在 8 千年前岛上就有人类生活。西汉元鼎 6 年（前 111 年）南澳始入版图，归南海郡揭阳县管辖。明成化二十一年（1369 年）置饶平县，南澳改属饶平县；明万历三年（1575 年）设南澳副总兵，分广东、福建两营，南澳开始了广东和福建两省分治的历史；其中深澳、隆澳（现在的后宅）属广东潮州府，云澳、青澳属福建漳州府，因此，后宅镇的居民大都是原来饶平、澄海一带的移民，云澳则多数为福建移民，这就是造成它们现在语音面貌的根本原因。直到民国元年（1912 年）设南澳县，并于 1914 年全县划归广东省管辖，1927 年，县城从深澳移至隆澳（后宅）。

深澳跟云澳出于同样的原因，南澳设广东、福建两营分管南澳岛的时候，现在的深澳被一分为二，一半属广东管，一半属福建管，造成深澳话也表现出两种不同的面貌，本书调查的发音人语音面貌跟云澳相似。

表 S-5-2-7　　　　汕头、后宅和云澳声调的比较

方言点	声调	阴平 诗	阳平 时	阴上 死	阳上 是	阴去 四	阳去 示	阴入 薛	阳入 蚀
汕头市区	单字调	33	55	53	35	213	31	21	43
	前变调	33	31	31	31	55	31	53	32
南澳后宅	单字调	44	55	52	22	212	33	2	54
	前变调	33	32	24	33	44	32	54	2
南澳云澳	单字调	44	35	53		212	33	3	334
	前变调	33	21	35		44/53	21	334	3

从上表可以看到，后宅跟汕头的声调系统接近，云澳跟厦门的声调系统较一致。但是由于彼此之间相互影响，后宅的声调也体现出跟汕头不同而接近于云澳的特点，例如阴平调较高、阳上调为平调而非升调型。

海丰平东和陆丰东海跟云澳、深澳不一样，并非行政区划的历史归属所致。平东镇位于海丰县东北部，毗邻陆丰、陆河，1974 年从公平镇分出来建镇，辖 89 个自然村。东海镇是陆丰市委、市政府驻地，北靠河图岭，东边连着城东、河东两镇，西依螺河与河西、潭西、上英三镇相

接。海丰县建于东晋咸和六年,据史志记载,畬民和疍民在秦汉以前原是海丰的土著居民,后来大批中原人南下占据这些地方,土著居民渐渐被迫上山下海:上山为畬,下海为疍。唐武德五年(622年),从海丰县划出东部地区建立安陆县,就是后来的陆丰县。唐贞观元年(627年),陆丰并入海丰县。但是,据海丰史志载,直到明朝中叶,海丰县人口还不到两万,绝大部分居民的祖先是明清以后才从福建南部迁徙过来的。因此,现在海陆丰闽语的语音面貌比较接近闽南漳、厦方言,其居民也习惯称自己所说的话为"福佬话"。

明清时期,海陆丰一直作为"卫所"地,卫所中有数千军卒,他们来自全国各地,包括鄂、皖、赣、浙、闽、粤、桂各省,所以海丰北部的平东和陆丰北部的大安有官话的方言岛;同时,这一带(海丰县、陆丰市北部,跟客话区陆河县接壤)的福佬话跟海陆丰南部的福佬话有明显的差别,突出的特点就是只有七个声调("浊上归去"),跟闽南厦、泉方言一致。可见,这一带的居民从闽南地迁来的时间更晚,已在"浊上归去"音变发生之后,平东和东海的七调方言系统大概就是直接从福建带过来的。

四 总结

综上分析,可以看出粤东闽语声调的格局,也可以理出粤东闽语声调系统演变的脉络和趋势。八调型黄冈类代表典型的粤东闽语声调系统,汕头类则是这一轮演变的开始,主要特征是阴去调从曲折调型变为非曲折调型,但依然保留八调格局(除汕头市区外)。由于八个调类之间有的调型调值相近,区别特征不够明显,容易导致调类合并,不稳定型声调系统就是这一阶段的体现,演变结果是只剩下七个声调。

黄冈类→汕头类→不稳定型

汕头市区方言是沟通汕头类和不稳定型两阶段的桥梁,从汕头市区方言既可以看到阴去调从曲折调型变为非曲折调型,也可以看到调类合并现象,一步跨越声调简化最常见的两种方式:调类合并和调型简化。可见,粤东闽语的八调格局正在发生变化,这是汉语方言趋简去繁的发展大势所趋。汕头方言之所以会率先在汕头类方言中发生声调合并,与其跟不稳定型方言在地理上紧邻相关,受到了不稳定型方言的影响和诱发。

　　揭阳类是目前粤东闽语八调系统中最为守旧的，有两个特点：一、产生前变调分化现象；二、前变调中存在曲折调型。不过也可以看到揭阳类没有跳脱粤东闽语声调发展的趋势，潮州湘桥和文祠前变调中的曲折调正变为非曲折调型，这跟单字调的演变方向一致。

第 六 章

粤东闽语的文白异读

第一节 文白异读概述

一 汉语方言的文白异读

文白异读普遍存在于汉语方言中，是汉语方言一个重要的语言现象，罗常培（1931）首先提出文白异读的概念之后，文白异读现象就得到了方言学者们的持续关注，很多学者在这方面作了深入研究，同时对文白异读本身的理解、界定也加以讨论和分析，例如：李荣（1965）、张琨（1984）、徐通锵（1991）、李如龙（1996、1999a、1999b、1999c）、王洪君（1987、1992、2006）、陈忠敏（1997、2003）、丁邦新（2002）等等。早期的研究通常认为，白读音用于口语交际，称为说话音，而文读音则用于书面表达，因此又称为读书音。但是，随着对文白异读研究的深入，学界越来越形成共识：文读音不等于读书音，白读音也并不等同于说话音。因为，有的文读音已经口语化，在日常口语中经常使用，同时，有的白读音也应用于书面语中，"异读是语词在不同时空所发展出的不同形式，而不再完全因文白场合之异而异读"[①]，汉语方言的文白读混杂使用，这在粤东闽语表现得非常突出。

有的方言文白系统比较简单，有的方言则相对复杂，例如闽南方言。闽南方言文白异读的复杂性，方言学者们早就认识到了，"每一个方言都有文白读音的分歧，但是在这方面没有一个方言赶得上闽南话的。闽南

[①] 杨秀芳：《论文白异读》，《王叔岷先生八十寿庆论文集》，台北：大安出版社1989年版，第2页。

话读书音和白话音几乎各自形成了一个语音系统"[①]。闽方言普遍存在文白异读现象，文白异读既是语音现象，也是词汇现象，在方言研究中具有重要地位，因此，研究闽方言不可能不涉及文白异读，正如李如龙先生（1996）所说"文白异读是闽方言的重要特点，研究文白异读是了解闽方言的钥匙"[②]。对闽南方言各点的文白异读系统作过研究的有李如龙（1963、1996）、杨秀芳（1989）、周长楫（1983）、林连通（1993）、张振兴（1989、1992）、欧阳忆耘（1998）等等，主要涉及厦、漳、泉等地方言。作为闽南方言分支的粤东闽语，同样有较繁复的文白异读系统，已经有学者对粤东单点或小片方言的文白读系统作了研究，如张盛裕（1979）、林伦伦（1991、1996、2007）、潘家懿（1991）等，分别描写了潮阳、汕头、澄海、云澳、海丰诸点的文白读系统，并总结特征和规律。

二 文白异读的确认

从严格意义上来说，文读音是跟口语音对立的读书音。文读音的产生主要有两个途径：一是通过文教，方言产生一套跟《切韵》系统严整对应的文读音；二是权威方言对地方方言施加影响，地方方言因此产生一套跟方言本身读音系统不同的文读音。文读音一开始总是用于书面语，随着书面语的口语化、以及文读系统势力的不断发展，它会通过词汇扩散的方式一步步取代白读音，这个过程中，通常会有一个文白读音共存的阶段。

文白竞争的结果，也可能是白读音挤掉文读音，成为胜利者。粤东闽语相对于福建本土的闽南方言，文读音缺失严重（海陆丰跟福建闽语比较接近，文读音保留得比较完整），很多字只剩下白读音，说明在粤东闽语中，白读音占据了强有力的优势。李竹青、李如龙（1994）通过研究1847年传教士用教会罗马字编写出版的潮州音字典，归纳出潮州方言在150年间语音的变化情况，其中"文白读的变动"部分所罗列的材料说明，潮州方言在短短100多年时间里丢失了不少文读音，很多原来具有

[①] 袁家骅：《汉语方言概要》（第二版），语文出版社1960年版，第250页。
[②] 李如龙：《论闽方言的文白异读》，《方言与音韵论集》，香港：香港中文大学中国文化研究所吴多泰中国语文研究中心1996年版，第52页。

文白两读的字只剩下白读音,而相反的情况,即丢失白读音、保留下文读音的情况则非常少。

文读音在粤东闽语的衰落,跟近几十年来国家大力推广普通话有很大关系。由于实施普通话教学,学生失去了接触文读音的机会、更谈不上从课堂习得文读音,当他们遇到书面语词时,就只能用口语白读音去念,口语由此侵蚀了文读音的地盘,逐渐地把许多字的文读音挤出方言语音系统。与此同时,部分特别书面化、无法在口语中找到对应读音、或者用口语音念起来非常别扭的字,就照着普通话读音仿造一个新读音,由此又产生了新的文读音,这种文读音非常接近普通话,因为它就是从普通话"音译"过来的。

整理文白系统,首先要剔除那些非"文白"性质的异读,针对粤东闽语,主要有以下几种情况:

(一) 训读或避讳造成的异读

训读指用方言口语常用词的读音去读意义相同或相近的字。汉语方言不乏训读的例子,最早关注到训读现象的是詹伯慧(1957),他重点讨论海南方言的训读现象;张振兴(2002)也讨论了闽语的训读情况。粤东闽语同样有丰富的训读现象,张盛裕(1984)曾具体描写和讨论潮阳方言的训读字,并对训读作了界定,认为训读字可以作为闽语(包括粤东闽语)区别于非闽语的一个显著特征;林伦伦(1986)研究粤东闽语的训读字,指出训读字跟文白异读、一字多音多义、因字形类化而造成的误读、误写同音别字现象的区别,并详细举例分析两种训读类型以及粤东闽语特殊的训读类型:互为训读。刘新中(2007)重点讨论训读的性质、训读跟其他借用方法的联系和区别、训读产生的原因、以及训读这一现象的作用和对语言(方言)系统的影响。

从学者们的论述中可以看到学界对于训读有一致的看法,那就是训读跟方言的文白异读现象不同,因此,在讨论文白系统之前,先要甄别出训读字的训读音来。下表我们举例说明粤东闽语共有的训读字音,这些字除了训读音之外通常还有文读音(或白读音),容易跟文白异读相混。

粤东闽语训读字举例

表 S-6-1-1

方言点 例字	湘桥	凤凰	黄冈	揭阳	云澳	海门	达濠	惠来	东海	海城
代	to² 白，世～｜ ᶜtʰoi⁾ 训 "替"	同湘桥	to² 白｜tai ᶜ 文，交～｜ tʰoi⁾ 训 "替"	同湘桥	te² 白｜tʰoi⁾ 训	同湘桥	to² 白，世～｜ ᶜtʰoi 训 "替"	to⁾ 白｜tʰ oi⁾ 训	te² 白｜ tai² 文	te² 白｜ ᶜtai 文
企	ᶜki～业｜ kʰia～鹅，训 "倚"	同湘桥	同湘桥	同湘桥	ki²～业｜kʰia² ～鹅，训 "倚"	ᶜki～业｜ ia～鹅，"倚"	同湘桥	同湘桥	ᶜkʰia～业， ～鹅，"倚"	同湘桥
在	ᶜtsai 文，实 ～｜ᶜto，训	同湘桥	同湘桥	同湘桥	tsai²文｜te² 训	ᶜtsai 文｜ᶜto 训	同湘桥	同湘桥	tsai²文｜ te² 训	ᶜtsai 文｜ te² 训
會	ᶜoi 训 "解"｜ ᶜhue 文，开～	同湘桥	同湘桥	同湘桥	oi²訓｜ᶜhue² 文	ᶜoi 训｜ᶜhue 文	同湘桥	同湘桥	ei²训｜ hue² 文	ᶜei 训｜ hue 文
歪	ᶜtsʰua 訓｜ᶜ uai ～风邪气	同湘桥	同湘桥	同湘桥	同湘桥	同湘桥	ᶜtsʰua ｜ᶜuai ～风邪气	同湘桥	同湘桥	同湘桥

续表

方言点 例字	湘桥	凤凰	黄冈	揭阳	云澳	海门	达濠	惠来	东海	海城
二	$_⊂$dzi｜$_⊂$nõ 训 "两"	同湘桥	同湘桥	同湘桥	dzi$^⊃$ 第 ～｜nõ$^⊃$ 训	$_⊂$dzi 第 ～｜$_⊂$nõ 训	同湘桥	同湘桥	dzi$^⊃$ 第 ～｜nõ$^⊃$ 训	同湘桥
稻	$_⊂$tau 文，水～｜$_⊂$tiu 训 "釉"	同湘桥	同湘桥	同湘桥	tau$^⊃$ 文，水～｜tiu$^⊃$ 训 "釉"	$_⊂$tau 文｜$_⊂$tiu 训	同湘桥	同湘桥	tau$^⊃$ 文｜tiu$^⊃$ 训	同湘桥
看	$_⊂$tʰoi 训 "睇"｜kʰuã$^⊃$～命｜kʰaŋ$^⊃$～详	同湘桥	同湘桥	同湘桥	同湘桥	同湘桥	$_⊂$tʰoi 训 "睇"｜kʰuã$^⊃$～命｜kʰaŋ$^⊃$～详	同湘桥	kʰuã$^⊃$～命｜kʰaŋ$^⊃$～见	kʰuã$^⊃$～命｜kʰaŋ$^⊃$～见
烟	$_⊂$huŋ 训 "薰"｜$_⊂$iŋ 文，～火	$_⊂$huŋ 训｜$_⊂$in 文	同湘桥	$_⊂$huŋ 训｜$_⊂$eŋ	$_⊂$huŋ 训｜$_⊂$iaŋ	同云澳	同云澳	同云澳	同云澳	同云澳
脚	$_⊂$kʰa 训 "骹"｜kieʔ$_⊃$ 文，～本	kʰa 训｜kioʔ 文	同凤凰	同凤凰	同凤凰	同凤凰	同凤凰	同凤凰	同凤凰	同凤凰

第六章　粤东闽语的文白异读

续表

方言点\例字	湘桥	凤凰	黄冈	揭阳	云澳	海门	达濠	惠来	东海	海城
一	ik₀, 第~丨tsek₂, 训"蜀"	it₀, 第~丨tsek₂, 训	同湘桥	同湘桥	it₀, 第~丨tsek₂, 训	同湘桥	同湘桥	同湘桥	同湘桥	it₀, 第~丨tsek₂, 训
痛	tʰia⁰训"疼"丨tʰoŋ⁰文, ~苦	同湘桥	同湘桥	同湘桥	同湘桥	同湘桥	tʰia⁰训"疼", tʰoŋ⁰文, ~苦	同湘桥	同湘桥	同湘桥
样	₅ioŋ 文, 人名丨₅iã 训"样"	₅ioŋ 文丨₅iõ 训	同凤凰	同凤凰	同凤凰	同凤凰	同凤凰	同凤凰	同凤凰	同凤凰

(二) 词汇扩散式音变造成的异读

并不是所有通过词汇扩散方式实现的音变结果，都属于我们这里所讨论的"词汇扩散式音变造成的异读音类"，本书在"研究方法"部分已经有明确的阐述。词汇扩散式音变造成的异读音类之间，没有层次的差异，只是新旧形式的不同，跟由接触引起的异读音类有本质的区别。例如粤东闽语有部分非鼻音声母的阴声韵字读鼻化韵，是本方言内部发生语音演变的结果，由对应的非鼻化韵母通过发音机制扩散、词汇扩散发展而来，它们之间有音变关系，但没有层次对立，属于这里所要讨论的词汇扩散式音变造成的异读音类。

另一个词汇扩散式音变造成的异读的例子是声母 n - 和 l - 的混淆。n -、l - 混淆主要发生在咸、深两摄泥（娘）、来母的 - m 尾韵字中。以下例字注音以饶平黄冈音为例，词汇扩散式音变造成的异读音之间用"丨"隔开，有文白异读的字只列出跟 n、l 混淆相关的读音。

蓝文，~色淋白，~油 [ᴄnam丨ᴄlam]；览揽榄文，乌~缆文，~绳 [ᴄnam丨ᴄlam]；滥 [ᶜlam丨ᶜnam]；拈文，~轻怕重 [ᴄniam丨ᴄliam]；黏廉镰簾鲇粘 [ᴄniam丨ᴄliam]；敛殓 [ᶜniam丨ᶜliam]；念文，思~ [ᶜniam丨ᶜliam]，念白，数~ [niam˧丨liam˧]；林文，树~淋文，~浴臨 [ᴄlim丨ᴄnim]

上述例字的声母发生 n -、l - 混淆，源于鼻音韵尾 - m 对声母 l - 的同化。其过程大致如下：由于 - m 尾的同化作用，来母字 l - 声母变读为 n -，n -、l - 的混淆首先出现在来母字中；当音变发生到一定程度之后，就拉动泥（娘）母 n - 声母字也开始发生混淆。现阶段这部分字的读音比较混乱，同一个字在临近方言里，读 n - 或 l - 非常不一致。例如"脸"字，在各方言点的读音如下：

表 S - 6 - 1 - 2　　　　粤东闽语各点的"脸"字读音

	湘桥	凤凰	黄冈	三饶	海山	澄海	云澳	潮阳	海门	惠来	流沙	揭阳	东海	海城
脸	ᶜliam	ᶜlien	ᶜliam文　ᶜliaŋ白	ᶜleŋ	ᶜniaŋ丨ᶜliaŋ白	ᶜliaŋ	ᶜliaŋ	ᶜliaŋ	ᶜliaŋ	ᶜniãm	ᶜliaŋ	ᶜliaŋ	ᶜliam	ᶜliaŋ

音变的发生往往首先表现在说话人听感上产生混淆，目前粤东闽语使用者在听感上对这部分字的声母读 n- 和 l- 都可以接受，觉得不区分任何意义；但使用者本身读 n- 或读 l- 在一定程度上能区分地方口音，也就是说，在同一方言里某个字的声母读 n- 或读 l- 还比较一致。例如上举例字，饶平的黄冈多数读 l-，而海山则多读为 n-，所以，这部分字在两地的口音上有一定的区别性。

目前来说，n-、l- 声母的混淆还处在词汇扩散阶段，其他韵摄的泥（娘）、来母字也已经参与到这一读音演变中，例如：

表 S-6-1-3　　　　粤东闽语各点的"哪"字读音

	湘桥	凤凰	黄冈	三饶	汕头	澄海	云澳	潮阳	海门	惠来	流沙	揭阳	东海	海城
哪	₅la ~ 咤｜₅nã ~ 里	同湘桥	同湘桥	同湘桥	₅nã ~ 咤｜₅nã ~ 里	同湘桥	₅lo ~ 咤｜₅nã ~ 里	₅nõ ~ 咤｜₅nã ~ 里	同云澳	la² ~ 咤｜₅nã ~ 里	la² ~ 咤｜₅nã ~ 里	₅nã ~ 咤｜₅nã ~ 里	同云澳	₅nã

"哪"在"~咤"一词中的读法各方言很不一致，声母有的读 n-，有的读 l-，n- 和 l- 在这里也开始混淆了。

（三）错读、误读或读半边等原因造成的异读

由于上述原因，文读音日渐衰落，方言使用者丢失文读音的现象越来越严重，当遇到方言口语不用的字，只能根据大致对应关系类推读音，所以容易错读、误读或读半边。在调查的时候可能会问出一个以上的不同的读音，这些读音之间既非层次的区别，也不是词汇扩散音变的结果。

第六章　粤东闽语的文白异读 / 209

表 S-6-1-4　粤东闽语的错读、误读或读半边字举例

	湘桥	凤凰	黄冈	三饶	汕头	澄海	云澳	潮阳	海门	惠来	流沙	揭阳	东海	海城
洒	saᵋ˧ 丨 saiᵋ˧ 又	saᵋ˧ 丨 saiᵋ˧ 又	saiᵋ˧	saᵋ˧ 丨 saiᵋ˧ 又	saᵋ˧ 丨 saiᵋ˧ 又	saᵋ˧ 丨 saiᵋ˧ 又	saᵋ˧ 丨 saiᵋ˧ 又	saᵋ˧ 丨 saiᵋ˧ 又	saiᵋ˧	saᵋ˧ 丨 saiᵋ˧ 又	saᵋ˧ 丨 saiᵋ˧ 又	saᵋ˧ 丨 saiᵋ˧ 又	saiᵋ˧ 丨	ᵋsai
堆	ᵋtu	ᵋtu	ᵋtu 丨 tuŋᵋ 又	ᵋtu	ᵋtu 丨 tuiᵋ 又	ᵋtu 丨 tuŋᵋ 又	ᵋtui 丨 tuiᵋ 又	ᵋtuŋ	ᵋtuŋ	ᵋtui	ᵋtui 丨 tuŋᵋ 又	ᵋtu 丨 tuiᵋ 又	ᵋtui 丨 ᵋtuŋ	ᵋtui 丨 ᵋtuŋ
弥	ᵋnĩ 丨 n ĩᵋ 又	ᵋnĩ 丨 nĩᵋ 又	ᵋnĩ 丨 nĩᵋ 又	ᵋn ĩᵋ 丨 n ĩᵋ 又	ᵋnĩ 丨 n ĩᵋ 又	ᵋnĩ 丨 n ĩᵋ 又	ᵋnĩ	ᵋnĩ 丨 nĩᵋ	ᵋnĩ	ᵋnĩ	ᵋnĩ	ᵋnĩ	ᵋnĩ	ᵋnĩ 阿~陀 佛丨ᵋmĩ 欲 盖~彰
挖	ᵋuai 丨 ueᵋ 又	ᵋue	ᵋuai 丨 ueᵋ 又	ᵋuei 丨 ᵋueĩ 又	ᵋuai	ᵋuai	ᵋuãi 丨 ᵋua 又	ᵋuai	ᵋuai	ᵋuai	ᵋuai	ᵋua 丨 uaiᵋ 又	0uaʔᵋ	uakᵋ 丨 ᵋuẽ 又

（四）同形异音字

张振兴先生（1989）在《漳平永福方言的文白异读一》一文中指出"有些字形体相同，意义相关，但来历不同，即在《切韵》系统里音韵地位不同，这类同形异音字，严格来说是不同的字，不是文白异读"，这一类字也是需要仔细甄别并严格剔除出文白异读系统的，否则容易导致错误的分析，或者产生迷惑性。下举粤东闽语同形异音字的例子，以黄冈话读音为例。

表 S-6-1-5　　　　粤东闽语的同形异音字举例

例字	《广韵》所属音韵地位	今读音	备注
使	止摄开口三等支韵，生母，上声	ˬsai ~用	
	止摄开口三等支韵，生母，去声	saiˀ 大~	
长	宕摄开口三等阳韵，澄母，平声	ˬtsʰiaŋ 文，~期/ˬtɯŋ 白，~短	
	宕摄开口三等阳韵，知母，上声	ˬtsiaŋ ~辈	
兴	曾摄开口三等蒸韵，晓母，平声	ˬheŋ ~旺	
	曾摄开口三等蒸韵，晓母，去声	heŋˀ 高~	
应	曾摄开口三等蒸韵，影母，平声	ˬeŋ ~该	
	曾摄开口三等蒸韵，影母，去声	eŋˀ ~用	
中	通摄合口三等东韵，知母，平声	ˬtoŋ 文，~央/ˬtaŋ 白	
	通摄合口三等东韵，知母，去声	toŋˀ 射~	
重	通摄合口三等锺韵，澄母，平声	ˬteŋ ~复	
	通摄合口三等锺韵，澄母，上声	ˬtoŋ 文，~量/ˬtaŋ 白，有~	
虹	通摄合口一等东韵，匣母，平声	ˬhoŋ 彩~	
	江摄开口二等江韵，见母，去声		
	《集韵》胡贡切，去送，匣母	ˬkʰeŋ 一条~	
研	山摄开口四等先韵，疑母，平声	ˬŋiaŋ ~究	√
	山摄开口四等先韵，疑母，去声	ˬŋõi ~槽	
土	遇摄合口一等模韵，透母，上声	ˬtʰou ~地	√
	遇摄合口一等模韵，定母，上声	ˬtou ~粪（垃圾）；~隐ˬuŋ（蚯蚓）；~猴（土狗）	
吐	遇摄合口一等模韵，透母，上声	ˬtʰou（故意）~掉，~舌	
	遇摄合口一等模韵，透母，去声	tʰouˀ 呕~	√

续表

例字	《广韵》所属音韵地位	今读音	备注
刺	止摄开口三等支韵，清母，去声	tsʰiˀ³ 鱼~	√
	梗摄开口三等昔韵，清母，入声	tsʰiaʔ₃ ~网	

上举例字中，"使、长、兴、应、中、重"在《方言调查字表》中两个音韵地位的字都出现了，所以一般不会引起误解而把属于两个不同音韵地位的读音看成文白异读。而"研、土、吐、刺"等字在《方言调查字表》中只出现其中一个音韵地位的字（上表中打"√"表示出现的音韵地位），这种情况容易引起误解，但只要观察读音与音韵地位之间是否匹配，还是能够发现问题的。李新魁、林伦伦（1992）认为"ᶜtou ~ 粪（垃圾）、~ 隐ᶜuŋ（蚯蚓）"的本字是"地"字，但"地"为止摄脂韵定母去声字，脂韵字没有读 – ou 韵的例字；"吐ᶜtʰou"一读只有饶平保留，在口语中经常使用，指故意把嘴里的东西吐掉，小孩子吐舌头也是"~ ᶜtʰou 舌"。"虹"字比较特殊，《方言调查字表》出现了两个音韵地位的字，而且粤东闽语今读也有两个读音，但只有一个能够对号入座，另一个读音"ᶜkʰeŋ"跟两个音韵地位都不合，在《广韵》中找不到对应的本字，但我们在《集韵》中找到了。

通过上举例字/读音的分析，可以看到，甄别同形异音字是分析文白异读系统的重要前提工作，在此基础上才能顺利归纳文白异读系统。

第二节　粤东闽语的文白异读

本节将讨论今粤东闽语声、韵、调各音类的文白性质，根据异读字的读音分化考察某一音类的文白倾向，而对异读字读音性质的判断标准是词汇的语体色彩和音类的时间层次。然而，判断文白性质的这两个标准在今粤东闽语时常会产生矛盾，即语体色彩反映出来的文白性质跟音类的时间层次之间并不对应，甚至是颠倒的，例如："积"有 tsek 和 tseʔ 两读，从词汇色彩判断，tsek 只出现在口语词中，tseʔ 则用于比较书面化的词语，但是，从音类的性质判断，– ek 要晚于 – eʔ，像这样两个标准相互矛盾的时候，我们以音类为准，即首要依据的是声部、韵部或调类的分化大流，而个别字词的语体色彩不影响判断结果。例如：宕摄开口三等字的读音分化大流是文读为 -iaŋ、白读为 -iõ，其中"洋"字在"洋洋得意"一词中读 -iaŋ，在"平洋"一词中读 -iõ，其词汇的色彩跟音类的性质相对应，但在"太平洋"一词中读 -iõ，则是书面化词语用了白读音类，这种情况不会影响我们对 -iaŋ、-iõ 两音类的性质判断。可见，今读音类的分化只是历史层次的一种折射，可以作为考察历史层次的一个参照物，但不可能完全表达历史层次原来的样子。因此，本节所列的文白异读反映的是今粤东闽语读音的性质，是现今读音在词汇里的表现，可以大致看出其为方言口语固有的读音还是借入文读之后的样子，但无法完全反映出读音的时间层次来。

一 声母的文白系统

表 S-6-2-1 　　　　　　粤东闽语声母的文白异读（一）

方言点	文：白	例字	中古音	文：白	例字	中古音
汕头市区	p：p pʰ：p	菠（~菜：~菱） 把（~守：~门） 表（~格：~兄） 斑（~点：生~） 变（改~：~面） 丙（人名：甲乙~）	幫	pʰ：pʰ	抛（~弃：~网）判（~断：~分）	滂
澄海澄城	^	^	^	^	^	^
南澳云澳	^	^	^	^	^	^
潮州湘桥	^	^	^	^	^	^
潮州凤凰	^	^	^	^	^	^
潮州文祠	^	^	^	^	^	^
饶平三饶	^	^	^	^	^	^
饶平海山	^	^	^	^	^	^
饶平黄冈	^	^	^	^	^	^
揭阳榕城	^	^	^	^	^	^
汕头达濠	p/pf：p/pf pʰ：p	pʰ：p 标（~准：招~）	^	pʰ/pfʰ：pʰ/pfʰ	^	^
潮阳棉城	^	^	^	^	^	^
潮阳海门	^	^	^	^	^	^
惠来惠城	^	^	^	^	^	^
流沙新安	^	^	^	^	^	^
陆丰甲子	^	^	^	^	^	^

续表

方言点	文：白	例字	中古音	文：白	例字	中古音
陆丰东海	p：p pʰ：p	菠（~菜：~菱） 把（~守：~门） 表（~格：~兄） 斑（~点：生~） 变（改~：~面） 丙（人名：甲乙~）	帮	pʰ：pʰ	抛（~弃：~网）判（~断：~分）	滂
陆丰谭头						
海丰海城						
海丰联安						
海丰平东						
汕尾捷胜		pʰ：p 标（~准：招~）				

表 S-6-2-1　粤东闽语声母的文白异读（二）

方言点	文：白	例字	中古音	文：白	例字	中古音
南澳云澳				b：m	云澳"命、名、密"文读 b-声母，其他与下同	
汕头市区	p：p p：pʰ pʰ：p pʰ：pʰ	p：p 拔（~河：~刺） 别（告~：~人） p：pʰ 被（~动：~棉） pʰ：p 平（和~：~头） 盘（锁~：~碗） 脾（~气：胃） pʰ：pʰ 皮（调~：~肤）	并	m：m m：b	m：m 毛（~重：头~）棉（~城：~花）命（~令：性~）名（英~：姓~）	明
澄海澄城						
潮州湘桥						
潮州凤凰						
潮州文祠						
饶平三饶						
饶平海山						
饶平黄冈						
揭阳榕城						
汕头达濠	p/pf：p/pf p/pf：pʰ/pfʰ pʰ/pfʰ：p/pf pʰ/pfʰ：pʰ/pfʰ			m：b 模（~型：鞋~） m/m̥：m/m̥ m/m̥：b/bv		
潮阳棉城						
潮阳海门						
惠来惠城						
流沙新安						
陆丰甲子						

方言点	文:白	例字	中古音	文:白	例字	中古音
陆丰谭头	p: p p: pʰ pʰ: p pʰ: pʰ	拔（~河：~刺） 别（告~：~人） p: pʰ 被（~动：~棉） pʰ: p 平（和~：~头） 盘（领~：~碗） 脾（~气：~胃） pʰ: pʰ 皮（调~：~肤）	並	m: m m: b b: m	m: m 毛（~重：头~）棉（~城：~花）命（~令：性~）名（英~：姓~） m: b 模（~型：鞋~）密（秘~：~集 tsak₂） 东海"命、密"文读b-声母，其他与上同	明
海丰海城	^	^	^	^	^	^
海丰联安	^	^	^	^	^	^
海丰平东	^	^	^	^	^	^
汕尾捷胜	^	^	^	^	^	^
陆丰东海	^	^	^	^	^	^

表 S-6-2-1　　粤东闽语声母的文白异读（三）

方言点	文:白	例字	中古音	文:白	例字	中古音
汕头市区	h: p	夫（~人：丈꜀ta~）飞（人名用字：~机）反（相~：~面）分（~数：钱）放（解~：~屎）父（夸~：老~）妇（~女：新꜀sim~）饭（吃~：食~）	非奉	h: pʰ	泛（广~：~心）芳（人名用字：米~）纺（读书时用：~线）芙（人名用字：~蓉）	敷奉
澄海澄城	^	^	^	^	^	^
南澳云澳	^	^	^	^	^	^
潮州湘桥	^	^	^	^	^	^
潮州凤凰	^	^	^	^	^	^
潮州文祠	^	^	^	^	^	^
饶平三饶	^	^	^	^	^	^
饶平海山	^	^	^	^	^	^
饶平黄冈	^	^	^	^	^	^
揭阳榕城	^	^	^	^	^	^

续表

方言点	文：白	例字	中古音	文：白	例字	中古音
汕头达濠 潮阳棉城 潮阳海门 惠来惠城 流沙新安 陆丰甲子	h/ɸ：p/pf	夫（~人：丈ₔta~）飞（人名用字：~机）反（相~：~面）分（~数：~钱）放（解~：~屎）父（夸~：老~）妇（~女：新ₔsim~）饭（吃~：食~）	非奉	h/ɸ：pʰ	泛（广~：~心）芳（人名用字：米~）纺（读书时用：线）芙（人名用字：~蓉）	敷奉
陆丰东海 陆丰谭头 海丰海城 海丰联安 海丰平东 汕尾捷胜	h：p			h：pʰ		

表 S-6-2-1　　粤东闽语声母的文白异读（四）

方言点	文：白	例字	中古音	文：白	例字	中古音	文：白	例字	中古音
粤东各点	t：t	抵（~挡：~手）丹（~心：牡~）旦（元~：花~）典（~礼：~当）顿（停~：一~）冻（冰~：凝ₔkuŋ~）	端	tʰ：tʰ tʰ：t tʰ：tʰ	替（代~：~补）挑（~剔：~刺）添（~丁：~饭）天（~空：~顶）贴（粘~：~胶布）	透	t：t tʰ：tʰ t：t tʰ：tʰ t：t tʰ：t	断（决~：拗~）荡（扫~：~喙）锭（一~：银~）动（运~：□ₔtiŋ~）涂（糊~：~糕粿）苔（~藓：青~）桐（梧~：~油）图（企~：画~）堂（~~：礼~）唐（~人街：~山）庭（家~：灰~）同（~仁堂：~学）	定

表 S-6-2-1　　粤东闽语声母的文白异读（五）

方言点	文：白	例字	中古音	文：白	例字	中古音	文：白	例字	中古音
粤东各点	n：n n：l	n：n 拈（~轻怕重：~□nueʔ˳） n：l 脑（猪~：樟~）恼（~怒：烦ᴄhuaŋ~）	泥	l：l l：n/l n/l：n	l：l 黎（~明：姓）流（~动：~走）留（~级：~落来）鳞（~片：鱼~） l：n/l 烂（灿~：糜~）淋（~漓：~水）郎（姓：~舅）量（丈~：~尺） n/l：n 蓝（~色：姓）	來	ts：ts tsʰ：ts	ts：ts 姐（大~：翁~）蕉（芭：米~）接（嫁~：~待）节（~约：做~）作（工~：种~）精（~神：~肉） tsʰ：ts 雀（~斑：麻~）	精

表 S-6-2-1　　粤东闽语声母的文白异读（六）

方言点	文：白	例字	中古音	文：白	例字	中古音	文：白	例字	中古音
粤东各点	tsʰ：tsʰ	草（~稿：青~）仓（~促：~库）	清	tsʰ：ts	tsʰ：ts 齐（~国：~头）情（感~：亲~）全（~部：~ᴄtsɯŋ 个是）	從	s：s s：h s：tsʰ	s：s 西（~瓜：~爿）三（~国：~年）先（~生：~前）相（~同：~互帮忙）想（思~：法）鬆（~动：轻~） s：h 岁（~月：年~） s：tsʰ 腥（~味：臭~气 kuiᴐ）	心

表 S-6-2-1　　粤东闽语声母的文白异读（七）

方言点	文：白	例字	中古音	文：白	例字	中古音	文：白	例字	中古音
粤东各点	s：s s：tsʰ s：ts	s：s 辞（~典：相~）松（~树：~香） s：tsʰ 席（酒~：一~）象（气~：~牙） s：ts 谢（~ ~：姓）	邪	t：t ts：t	t：t 昼（白~：中~）中（~$_c$ toŋ 央$_c$iaŋ：~$_c$ tã 央$_c$ŋ） 罩（面~：蚊~）转（移：~来）张（铺~：姓）胀（膨~：肚）征（长~：~求）	知	t：t tsʰ：t ts：t tʰ：t	t：t 尘（灰~：□$_c$ eŋ ~）值（价~：~日）重（~要：轻~） tsʰ：t 长（~期：~短）肠（衷~：~胃）场（排~：~地）陈（老宋~：姓） ts：t 丈（~夫：~人／一~） tʰ：t 陈（~列：姓）	澄

表 S-6-2-1　　粤东闽语声母的文白异读（八）

方言点	文：白	例字	中古音	文：白	例字	中古音	文：白	例字	中古音
粤东各点	ts：t	滓（渣~：尿~）	莊	tsʰ：tsʰ	初（~中：~一）插（~喙：~花）	初	ts：ts tsʰ：t	状（~态：告~） 锄（~禾日当午：~头）	崇

表 S-6-2-1　　粤东闽语声母的文白异读（九）

方言点	文：白	例字	中古音	文：白	例字	中古音	文：白	例字	中古音
粤东各点	s：s s：tsʰ s：tʰ	s：s 数（~落：~学） 师（~父：老~） 生（学~：~产） s：tsʰ 生（学~：~分） s：tʰ 筛（~选：米~）	生	ts：ts ts：k	ts：ts 赘（累~：鱼鳞~） 招（~待：~生） 章（规~：文~） 樟（~木：~脑） ts：k 支（~部：一~） 指（~示：用手~）	章	tsʰ：tsʰ	穿（~戴：~针）唱（~歌$_c$ ko：~歌$_c$ kua）	昌

表 S-6-2-1　　粤东闽语声母的文白异读（十）

方言点	文：白	例字	中古音	文：白	例字	中古音	文：白	例字	中古音
粤东各点	s：ts	实（~在：~肉）食（伙~：饮~）	船	s：s s：ts s：ts^h	黍（读书音：~囝_{小米}） 水（"美"ᶜsui 泉~） 伸（~展：长ᶜtɯŋ）	書	s：s s：ts s：ts^h	常（反~：经~）尚（高~：和~）成（~就：~数） 誓（发~：咒~）成（~就：~人） 树（~立：~木）	

表 S-6-2-1　　粤东闽语声母的文白异读（十一）

方言点	文：白	例字	中古音	文：白	例字	中古音	文：白	例字	中古音
粤东各点	dz：dz dz：n dz：l dz：h	dz：dz 饶（富~：上~_{饶平地名}） 热（~量：天时~） dz：n 染（沾~：~色） dz：l 忍（~受：吞~）汝（读书音："你"） dz：h 耳（~朵：单用）	日	k：k k^h：k	歌（唱~：唱 ts^{h}ioᶜ~）加（~减：~少）瓜（~分：西~）计（~划：伙~）糕（糟~：~点）告（~诉：~状）夹（~心饼干：~紧） k^h：k 挂（牵~：~纸）	見	k^h：k^h	开（~始：~会）丘（陵：一~塍）宽（~容：行）糠（糟米~：米~）刻（~意：~字）克（千~：相~）空（虚：~壳）	溪

表 S-6-2-1　　粤东闽语声母的文白异读（十二）

方言点	文：白	例字	中古音	文：白	例字	中古音	文：白	例字	中古音
粤东各点	kʰ：kʰ kʰ：k k：k k：kʰ	kʰ：kʰ 钳（~子：~团）擒（~拿：~紧）葵（向日~：~扇） kʰ：k 穷（贫~：~依） k：k 健（~康：轻~） k：kʰ 忌（禁~：做~）	羣	ŋ/g：ŋ/g ŋ：h ŋ：Ø Ø：h	ŋ/g：ŋ/g 藕（读书音：口语）蜈（~蚣ₑkoŋ：~蚣ₑkaŋ） ŋ：h 蚁（蚂~：狗~） ŋ：Ø 艾（姓：~草）岸（人名用字：塍~） Ø：h 瓦（~片：~饼） ŋ：Ø 迎（~接：~神）	疑	Ø：Ø	挨（~打：~倚ᶜua）倚（~仗：~墙）淹（~没：~掉）饮（~酒：糜~）晏（~子：日~）恶（~意："难"）秧（~歌舞：插~）约（大~："猜"）翁（富~：~姐 tsi-a 夫妻）	影

表 S-6-2-1　　粤东闽语声母的文白异读（十三）

方言点	文：白	例字	中古音	文：白	例字	中古音	文：白	例字	中古音
粤东各点	h：h h：kʰ	h：h 灰（~色：火~）孝（~顺：带~）喝（~水：大声~）荒（~凉：地~）烘（~干：~焦ₑta） h：kʰ 呼（~吸：~猪）许（~多：姓）	晓	h：h h：k h：Ø	h：h 下（~定：~神）狐（读书音：口语音）合（~喙：~伙）焊（铁~：~铁锅）还（~原：~钱）眩（~晕：头~） h：k 含（包~：~糖）寒（~冷：~天时）汗（~牛充栋：流~）悬（~挂："高"） h：Ø 陷（~饼：豆~）狭（~隘：~唐）学（~生：~话）洪（~水：姓）	匣	Ø：h Ø：Ø Ø：s Ø：t Ø：s Ø：t	远（遥~：~路）王（大~：姓）雨（谷~：落~） 摇（~摆：单用）洋（~~得意海~）杨（白~：姓）阳（太~：揭地名）养（饲~：~性命）药（芍~：西~）浴（沐~：洗~） 翼（羽~：鸡~） 液（~体：手~） 淫（浸~："湿"）	云 以

一 韵母的文白系统

表 S-6-2-2　　粤东闽语韵母的文白异读（一）

方言点	文：白	例字	中古音	文：白	例字	中古音	文：白	例字	中古音
粤东各点	o：ua o：ue o：ai ai：ua	o：ua 歌（~曲：唱~）婆（姨~：婶~）柯（文：白） o：ue 菠（~菜：~薐）和（~□so?˨哄：~尚）锅（铁~：水~）① o：ai 个（~性：一~） ai：ua 大（~意：~人）	果摄	ia：e a：e a：ua ua：ue ua：ia/iã	ia：e 加（~减："多"）假（~设：真~）姐（翁~：大~）下（~降：~神） a：e 把（一~：~门）马（~上：骑~）差（~别：公~） a：ua 沙（~~响：~塗） ua：ue 瓜（~分：西~）花（~~绿绿：开~） ua：ia/iã 瓦（~解：厝~）	假摄	u/i：ou u：iau u：iu u：ɯ/i/u o：ou o：iu o：ɯ/i/u	u/i：ou 图（企~：~画）夫（~人：丈~）呼（~吸：~猪）雨（谷~：落~） u：iau 数（~落：~字）鹭（白~：~鸶） u：iu 珠（~宝：目~） u：ɯ/i/u 黍（读书音：团）树（~立：种~） ɯ：ou 舒（~服：~开） o：ou 模（~型：印~） o：iu 初（~中：一~） o：ɯ/i/u 锄（读书音：~头）	遇摄

---

① "锅"的文白异读只在海丰、陆丰、云澳保存，东部各点都没有调查到。

表 S-6-2-2　　　　粤东闽语韵母的文白异读（二）

方言点	文：白	例字	中古音	文：白	例字	中古音
粤东各点	i：oi i：ua i：ai ai：ua ai：i ai：oi ai：ui ui：ue ue：i uai：ue ui：o/e	i：oi 替（代~：~补）齐（整~：~头）底（到~：~片）礼（少~：~貌）黎（~明：姓） i：ua 誓（~言：咒~） i：ai 西（~瓜：东~） ai：ua 大（~夫：~黄）盖（~世：锅~） ai：i 赖（无~：倚~） ai：oi 戴（爱~：~帽）苔（~藓：青~） ai：oi 挨（~打：~倚） ai：ui 开（~始：~门） ui：ue 灰（~色：石~）赘（累~：鱼鳞~） ue：i 背（~部：~条） uai：ue 怪（责~：~是） ui：o/e 推（~翻：~辞⊆si）	蟹摄	i：ue i：ui i：ai i：ua ɯ/u：i ɯ/u：ai	i：ue 皮（调~：~肤）被（~动：~棉）糜（~烂："粥"） i：ui 机（~器：布~）衣（~服：胞~）几（~个：~个 表疑问） i：ai 知（~识：唔~）利（~益：~ 锋利）里（~面：厝~） i：ua 倚（~仗：~墙）几（~个：~个 不定量） ɯ/u：i 肆（放~："四"）辞（~赋：相~）思（~想：相~树） ɯ/u：ai 师（~生：~父）	止摄开口

表 S-6-2-2　　粤东闽语韵母的文白异读（三）

方言点	文：白	例字	中古音	文：白	例字	中古音
粤东闽语	ui：ue	飞（张～：～机）	止摄合口	au：o au：a iau：io/ie	au：o 毛（～重：头～）草（青～：～书）告（～诉：～状）糕（糟～：～点）靠（依～：～腰）保（太～：～护） au：a 抛（～弃：～网）罩（面～：虻～） iau：io/ie 标（～准：招～）表（～格：～兄）蕉（芭～：芎香蕉）小（大～：～姐）苗（培～：虾～）摇（～摆：用手～）	效摄

表 S-6-2-2　　粤东闽语韵母的文白异读（四）

方言点	文：白	例字	中古音	文：白	例字	中古音
粤东各点	ou：au iu：au iu：au iu：u au：a	ou：au 斗（～争：～墟）侯（诸～：姓）够（足～：有～） iu：au 流（～动：～走）留（～级：扣～）昼（～夜：中～中午）九（～龙地名：第～） iu：u 丘（～陵：一～塍）有（人名用字：～无） au：a 扣（～押：～钱）	流摄	am：ã im：ĩ iam：im ap：aʔ iap：aʔ iap：oiʔ iap：iʔ iak：iʔ	am：ã 蓝（～色：姓）三（～国：数字）衔（军～：～走）馅（～饼：豆～） iam：ĩ 染（沾～：～色）钳（～子：～团）添（～丁：～饭）拈（～轻怕重：～□nueʔ⌐欺负） iam：im 淹（～没：～死） ap：aʔ 合（～喙：～伙）合（～药：～骸）插（～喙：～花） iap：aʔ 贴（粘～：～胶布）叠（～悬叠高：一～） iap：oiʔ 夹（～心：～紧）狭（～隘：～厝）挟（～住：～菜） iap：iʔ 接（～嫁：～迎～） iak：iʔ 跌（～倒：倒～）	咸摄

表 S-6-2-2　　粤东闽语韵母的文白异读（五）

方言点	文：白	例字	中古音	文：白	例字	中古音
粤东闽语	im：am im：ĩ im：ã ip：oiʔ	im：am 饮（~酒：糜~）淋（~浴：~油）淫（~乱："湿"） im：ĩ 擒（~拿：~紧） im：ã 林（姓：刺~） ip：oiʔ 笠（读书音：□kueʔ₂ ~斗笠）	深摄	aŋ：õi aŋ/an：uã iaŋ：ĩ iaŋ：õi/eŋ iŋ/eŋ：õi/ãi iak：ak iak：ik iak：uaʔ uak：oiʔ/eʔ ak：uaʔ ak：oiʔ/eʔ ak：ik （限于汕头市区以东各点）	aŋ：õi 间（中~：房~）板（黑~：球~） aŋ/an：uã 丹（~心：牡~）旦（元~：花~）寒（~冷：天时~）安（公~：~全） iaŋ：ĩ 变（~化：~面）边（~防：~头）天（~空：~时）见（~习：~面） iaŋ：õi/eŋ 典（~型：~当）楝（读书音：苦~） iaŋ：iŋ 遍（普~：~埠）便（方~：~成 易现成） iŋ/eŋ：õi/ãi 先（~生：~慢） iak：ak 别（分~：~人） iak：ik 列（队~：一~） iak：uaʔ 热（~闹：天时~） uak：oiʔ/eʔ 拔（~河：~刺） ak：uaʔ 喝（~水：大声~） ak：oiʔ/eʔ 节（~约：过~） ak：ik 结（~婚：~疤）	山摄开口

表 S-6-2-2　　粤东闽语韵母的文白异读（六）

方言点	文：白	例字	中古音	文：白	例字	中古音
粤东各点	uaŋ：uã uaŋ：ɯŋ/ũi uaŋ/uam：uŋ/un iaŋ：ɯ̃ iaŋ：iŋ iaŋ：ũi/uãi uak：uaʔ uaʔ：ueʔ ueʔ：iʔ	uaŋ：uã 盘（领~：~碗）判（~断：~分） 换（金不~：~米）宽（~广：~行） uaŋ：ɯŋ/ũi 断（决~：折~）管（~理：气~） 段（姓：~落）全（~部：~个） uaŋ/uam：uŋ/un 饭（吃~：食~） iaŋ：ɯ̃ 远（遥~：~路） iaŋ：iŋ 眩（~晕：~车） iaŋ：ũi/uãi 悬（~挂："高"） uak：uaʔ 沫（读书音：泡~） uaʔ：ueʔ 刮（搜~：~毛） ueʔ：iʔ 缺（~少：~喙）	山摄合口	uŋ：ɯŋ/ũ i/ʊ iŋ/im：uŋ iŋ：aŋ iŋ：eŋ iaŋ：aŋ ik：ak ek：ik	uŋ：ɯŋ/ũi/ʊ 顿（停~：一~）孙（囝~：姓）昏（黄~：暝~，ᶜhʊ晚上） iŋ/im：uŋ 伸（~展：~长手） 忍（~ᶜdzim受：吞~） iŋ：aŋ 陈（~述：姓）鳞（~片：鱼~） iŋ：eŋ 尘（~土：烟~灰尘） iaŋ：aŋ 趁（~机：~钱挣钱） ik：ak 实（~在：~肉） ek：ik 逸（安~：走~走漏）	臻摄

表 S-6-2-2　　粤东闽语韵母的文白异读（七）

方言点	文：白	例字	中古音	文：白	例字	中古音
粤东各点	iaŋ：iõ/iẽ iaŋ：ɲ́/ɯŋ uaŋ：ɯŋ aŋ：ɯŋ iak：ioʔ iak：iaʔ ak：oʔ ok：uaʔ oʔ：auʔ ioʔ：iok	iaŋ：iõ/iẽ 张（铺~：姓）扬（~弃：~粟） 香（~港：上~）上（~海：~山） iaŋ：ɲ́ 央（~求：中~中间）秧（~歌舞：插~） iaŋ：ɲ́/ɯŋ 状（~态：告~） aŋ：ɯŋ 郎（姓：~舅）仓（~促：~库） iak：ioʔ 药（芍~：西~）约（大~：~会） iak：iaʔ 雀（书面语：口语） ak：oʔ 恶（罪~："难"）作（~为：种~耕种） ok：uaʔ 烙（炮~：蚝~） oʔ：auʔ 落（~实：□c ka ~掉下） ioʔ：iok 约（~会："猜"）	宕摄开口	uaŋ：ɯŋ/ ũi/ɲ́ uaŋ：aŋ uaŋ：eŋ uaŋ：ɯŋ/ɯŋ uaŋ：ŋ̍	uaŋ：ɯŋ/ũi/ɲ́ 光（~明：天~） 广（~告：~东） 荒（北大~：开~） uaŋ：aŋ 方（~向：四~） 放（解~：~尿） 芳（芬~："香"） uaŋ：eŋ 王（大~：姓） uaŋ：ɯŋ/ɯŋ 方（~向：姓） uaŋ：ŋ̍ 方（~向：地~）	宕摄合口

表 S-6-2-2　　粤东闽语韵母的文白异读（八）

方言点	文：白	例字	中古音	文：白	例字	中古音
粤东闽语	aŋ：ɯŋ ak：oʔ	aŋ：ɯŋ 扛（读书音：~轿） ak：oʔ 学（~习：~样）	江摄	eŋ：aŋ eŋ：iŋ ek：ak ek：ik iok：ak ik：iaʔ	eŋ：aŋ 曾（~加：姓）等（~于：~人） eŋ：iŋ 应（答~：~承答应）承（~担：~水） eŋ：ɯŋ 凝（~结：~冻） ek：ak 刻（~录：~字） ek：ik 熄（~灭：~灯）翼（羽~：鸡~） iok：ak 克（千~：相~） ik：iaʔ 食（伙~：~物）	曾摄

表 S-6-2-2　　粤东闽语韵母的文白异读（九）

方言点	文:白	例字	中古音	文:白	例字	中古音
粤东各点	eŋ:ẽ eŋ:iã ek:eʔ eʔ:aʔ ek:oʔ ek:ok ek:iaʔ ik:iaʔ iaʔ:ioʔ ek:ioʔ	eŋ:ẽ 腥（~味:臭~）平（~常:~头）生（学~:~产）牲（三~:畜~） eŋ:iã 命（使~:性~）经（~常:~典）庭（家~:灰~）情（感~:亲~亲戚） ek:eʔ 积（~钱:食~） eʔ:aʔ 历（日~:~日 日历） ek:oʔ 劈（~开ₒkʰai:~开ₒkʰui） ek:ok 剔（挑~:~齿） ek:iaʔ 易（交~:~经） ik:iaʔ 脊（~椎:背~） iaʔ:ioʔ 席（酒~:毛主~） ek:ioʔ 液（~体:手~）	梗摄	oŋ:aŋ ioŋ/oŋ:eŋ （"松陇"在汕头以东各点大都没有i介音） oŋ:ɯŋ oŋ:uaŋ iok:ek ok:ek ok:ak	oŋ:aŋ 冻（冰~:~手）通（~常:~风）公（~司:~母）重（~要:体~） ioŋ/oŋ:eŋ 松（~鼠:柏~）陇（~海回 地名:东~地名）穷（贫~:~依）雄（英~:鸭~）涌（汹~:"浪"） oŋ:ɯŋ 捅（~破:用手~） oŋ:uaŋ 封（信~:~药） iok/ok:ek 浴（沐~:洗~）曲（~折:歌~）畜（牲~:~牲）陆（~续:~地） ok:ak 目/木（读书音:口语）	通摄

三 声调的文白异读

表 S-6-2-3　　粤东闽语声调的文白异读（一）

方言点	文：白	例字	中古音	文：白	例字	中古音
汕头市区	阴上：阳上	父（夸~：老~）旱（干~：大~）	全浊上	阴上：阳上	雨（谷~：落~）奶（二~：食~）蚁（读书音：狗~）耳（~朵：单用）远（遥~：~路）两（三三~~：~个）	次浊上
澄海澄城	^	^	^	^	^	^
潮州湘桥	^	^	^	^	^	^
潮州凤凰	^	^	^	^	^	^
潮州文祠	^	^	^	^	^	^
饶平三饶	^	^	^	^	^	^
饶平海山	^	^	^	^	^	^
饶平黄冈	^	^	^	^	^	^
揭阳榕城	^	^	^	^	^	^
流沙新安	^	^	^	^	^	^
陆丰谭头	^	^	^	^	^	^
陆丰甲子	^	^	^	^	^	^
海丰海城	^	^	^	^	^	^
海丰联安	^	^	^	^	^	^
汕尾捷胜	^	^	^	^	^	^
潮阳海门	^	^	^	^	^	^
惠来惠城	^	^	^	^	^	^
汕头达濠	阴上：阴去	^	^	阴上：阴去	^	^
潮阳棉城	^	^	^	^	^	^
南澳云澳	阴上：阳上去	^	^	阴上：阳上去	^	^
陆丰东海	^	^	^	^	^	^
海丰平东	^	^	^	^	^	^

表 S-6-2-3　　粤东闽语声调的文白异读（二）

方言点	文：白	例字	中古音	文：白	例字	中古音
汕头市区	阳上：阴去	赘（累~：鱼鳞~）顿（停~：一~）昼（~暝：日~）	全清去	阳上：阳去	赖（依~：倚~）念（思~：数~）烂（灿~：糜~）望（威~：无~）命（~令：性~）	次浊去
澄海澄城	^	^	^	^	^	^
潮州湘桥	^	^	^	^	^	^
潮州凤凰	^	^	^	^	^	^
潮州文祠	^	^	^	^	^	^
饶平三饶	^	^	^	^	^	^
饶平海山	^	^	^	^	^	^
饶平黄冈	^	^	^	^	^	^
揭阳榕城	^	^	^	^	^	^
流沙新安	^	^	^	^	^	^
陆丰谭头	^	^	^	^	^	^
陆丰甲子	^	^	^	^	^	^
海丰海城	^	^	^	^	^	^
海丰联安	^	^	^	^	^	^
汕尾捷胜	^	^	^	^	^	^
潮阳海门	^	^	^	^	^	^
汕头达濠	无对立					
潮阳棉城	无对立					
惠来惠城	阳上：去声			阳上：去声		
南澳云澳						
陆丰东海	阳上去：阴去			无对立		
海丰平东						

表 S-6-2-3　　粤东闽语声调的文白异读（三）

方言点	文：白	例字	中古音	文：白	例字	中古音
汕头市区	阳上：阳去	忌（禁~：做~）段（姓~：~落）饭（吃~：食~）状（~态：告~）健（~康：轻~）树（~立：种~）	全浊去	阴上：阳去	汗（大~淋漓：流~）焊（焊接：~铁壶）	全浊去
澄海澄城	^	^	^	^	^	^
潮州湘桥	^	^	^	^	^	^
潮州凤凰	^	^	^	^	^	^
潮州文祠	^	^	^	^	^	^
饶平三饶	^	^	^	^	^	^

续表

方言点	文：白	例字	中古音	文：白	例字	中古音
饶平海山	阳上：阳去	忌（禁~：做~）段（姓：~落）饭（吃~：食~）状（~态：告~）健（~康：轻~）树（~立：种~）	全浊去	阴上：阳去	汗（大~淋漓：流~）焊（焊接：~铁壶）	全浊去
饶平黄冈						
揭阳榕城						
流沙新安						
陆丰谭头						
陆丰甲子						
海丰海城						
海丰联安						
汕尾捷胜						
潮阳海门						
汕头达濠						
潮阳棉城						
惠来惠城	阳上：去声			阴上：去声		
南澳云澳						
陆丰东海	无对立			阴上：阳上去		
海丰平东						

第三节　粤东闽语文白异读分析

　　上文以表格的形式直观地呈现出粤东闽语今读的文白倾向，罗列古声、韵、调在今粤东闽语具有文白对立的音类。由于读音的分化大体上具有系统性，也即会有一批字有相同的分化情况，所以，这种文、白的区分基本上符合语言事实，但其缺点也是明显的，体现为：第一、对跨声、跨韵、跨调的音类没有梳理、合并，缺乏系统性，例如：章、见、群、匣母都有白读 k - 声母的例字，歌韵和遇摄部分声组字文读都为 - o 韵母等等；第二、同一音类在相同的古声、韵、调中同时具有文、白性质的，没有分析具体情况，例如：帮母字不论文白大都读为 p - 声母，端母字不管文白大都读为 t - 声母，山摄开口 -iŋ 既有作为文读的例字、也有作为白读的例字；第三、上文说过，文白异读的区分要具体到音类，异读字不同读音之间的差异可能只有声、韵、调其中的一项或两项，那么没有区别的那一项或两项该如何看待，形式相同的音类是否也有层次之别，没有论及，例如：把 ᶜpa 文，~守/ᶜpe 白，~门，其文白读音之间的差异只在韵母上，声母和声调形式相同、但是否有层次之别则不详；第四、层次的分析只区分到文和白，但同属"文"系统或"白"系统的不同音类之间，可能属于不同的层次，都笼统地冠以"文"或"白"之名，抹煞了它们之间的区别，结果是把属于不同时间层次的音类混杂在了一起，没能体现出粤东闽语语音的复杂性，例如：山摄的 iŋ、õi 都有作为白读音的例子，但事实上两个读音分属不同的时间层次，它们之间也形成文白对立，须分置在两个不同的层次里。

　　本节将尽量弥补上述的这些缺陷，首先要解决最根本的问题：文白两个层次区分的标准。以往区分文白读基本上都是词汇色彩，至于具体的时间界限则不设标准，但为了解决上述这些问题，文白两个系统各自管辖的大致界线还是要划定的。李如龙先生（1963）曾对厦门的文白异读系统作了细致的梳理，他把厦门方言的文读系统跟《切韵》韵母、诗韵韵母和唐人合韵作对比，得到"厦门话的文读韵母系统正是最接近于唐人作诗用韵的情况"①的结论，粤东闽语的情况跟厦门大致相同，这一时间界线基本上符合包括粤东闽语在内的闽南方言的实际情况。因此，本书把文白两个系统的时间界限大致划在唐代中期，之前的为白读系统，之后的为文读系统。

　　文白两个系统各自还能分出不同的层次来，有的异读字有三、四个不同的读音，例如：下 ᶜhe 白，~老爷｜ᶜhia 文，~面｜ᶜe 白，下爿｜ᶜke 白，悬~，戴 taiᶜ 文，爱~｜toᶜ 姓｜tiᶜ 白，~帽，灰 ₍hue 文，石~｜₍hu 白，火~｜₍hui 文，~色，具有三种以上不同音类对立的大都是韵母，声、调比较简单，极少有三种以上对立的音类，"下"是极少数例子之一。这是比较直观的依据，但这样的例子相对较少且不成系统，甚至有时是错误的。举梗摄读音为例，保留 -n/t 尾的方言点相应地收 -n/t 尾，不再赘述。

---

① 李如龙：《厦门话的文白异读》，《厦门大学学报》（哲学社会科学版）1963 年第 2 期。

	ek	eʔ	aʔ
积	tsek˧ (海陆丰无)	tseʔ˧	
客		kʰeʔ˧	kʰaʔ˧
拍	pʰek˧ (海丰)		pʰaʔ˧
柏	pek˧ (海丰)	peʔ˧	
伯		peʔ˧	paʔ˧ (海丰)
迫	pek˧		

在粤东东部各点，"积"有两个读音，tseʔ˧一音无论在书面语还是口语都广泛使用，而 tsek˧ 只用在"~钱攒钱、久~习惯性扭伤、骨折等病痛、疳~"等词，已经没有造词能力，但从"土人感"判断，"积钱"和"久积"属于口语说法，那么，tsek˧一读应该属于白读音，而 tseʔ˧ 属于文读音。但从系统看，–ek 属于梗开二三四等共用的文读音，而 –eʔ 主要是梗开二等字的白读音，三等只有"积"一个例字，观察梗摄其他例字的情况，可以发现上举这些例字读音在海丰各点可以找到几个 – ek 为文读而 – eʔ 为白读的例子，事实说明，粤东东部各点关于"积"读音的词汇色彩判断是错误的。"久积"一词为疾病的称法，一般医学用语都采用文读音，可见 tsek˧一读更可能是文读音，而 – eʔ 是早于 – ek 的读音。当然，从其他例字读音分析， – eʔ 的时间也不会太早，只能算文读系统里的白读，即旧文读层。

可见，随着社会的变迁，根据词汇色彩推断层次不一定准确，还是要结合古声、韵的不同读音之间的关系来确定，举山摄读音为例，保留 – n/t 尾的方言点相应地收 – n/t 尾，不再赘述。

	iak	ak	ik	eʔ/oiʔ	uk
结	kiak˧ (海陆丰)	kak˧	kik˧ (其他点)		
节	tsiak˧ (海陆丰)	tsak˧ (其他点)		tseʔ (海陆丰) / tsoiʔ˧ (其他点)	
屑	siak˧				suk˧

山摄开口四等字，"结"在海陆丰各点有 -iak 和 -ak 两读，在其他点则有 -ak 和 -ik 两读；"节"在海丰有 -iak 和 -eʔ 两读，在其他点有 -ak 和 -oiʔ 两读，其中 -eʔ 和 -oiʔ 是不同方言点之间的音值差异，没有层次的区别，也没有层次之别。-iak 和 -ak 都属于文读系统没有争议，它们可以区分为两个不同的层次也基本上没有异议，因为它们在海陆丰有对立的例子。可以确定 -eʔ/oiʔ 属于白读系统，它们分别跟阳声韵的 -õi/ãi 对应；-uk 和 -ik 的层次不好确定，例字太少或找不到对立的例字，只能从别的途径分析。-uk 跟臻摄合口字读同，它跟 -iak 对立为白读音，但严格来说只是属于文读系统中的"白"读音，也就是通常所说的旧文读层。山摄三四等阳声韵有 -iŋ 韵，跟 -iaŋ 对立为白读音，跟 -õi/ãi 对立则为文读音，上文韵母一章已经分析过，这是介于早晚之间的层次，根据阳入对应，我们把 -ik 也归入这一中间层，但究竟是属于白读系统的"新白读"还是文读系统的"旧文读"，还是没法判断。福建本土的闽南方言都找不到这一层次读音，阳声韵全部归入 -iaŋ 韵，使我们不得不怀疑，粤东闽语这一层次读音是否由 -iaŋ 丢失主要元音而来？但根据粤东闽语的异读字分析，-iŋ 跟 -iaŋ 肯定不属同一时间层次，有一个系统依据可以帮助判断，那就是粤东闽语的白读层（排除所谓的旧文读层）倾向于读鼻化韵/喉塞尾，保留阳声韵尾/入声韵尾的读音层，即使跟新文读层有对立，也通常是切韵之后的读音，应该归入文读系统，称为旧文读层，因此我们把 -iŋ/ik 归入这一层次当中。

最难判断的是夹在中间的读音层，即在异读字中表现为白读音但跟其他音类相比却不是最早的层次，或在异读字中表现为文读音但跟其他音类相比却不是最晚的层次，这些音类该归入哪一时间层次，不容易判断。而且，读音层本身的时间界限通常只能推测个大概，要把这些中间读音层都精确地摆放在恰当的位置，实现起来很难。但我们还是要尽量利用各种材料和方法，以期更加接近事实，方言比较是很好的方法。举豪韵字为例，豪韵在粤东闽语的读音比较整齐，有不少异读字显示文读 -au 韵，白读 -o 韵，例如：恼 ᶜnau 文, ~怒/ᶜlo 白, 烦~, 糕 ₋kau 文, 糟~/₋ko 白, 绿豆~, 告 kauᵓ 文, ~诉/koᵓ 白, ~状, 但是，详细分析其他例字会发现，有些 -o 读音字比较书面化，有些 -au 读音字又显得非常口语化，例如"草"字，一读 $^c\text{ts}^\text{h}\text{au}$，用于"青~，花~"等词，指植物的草；一读 $^c\text{ts}^\text{h}\text{o}$，用于"~书，~稿"等词，为引申义，大概是从"草书"一称发展而来。按照文白系统（au 文：o 白）归纳的话，"草"字的 $^c\text{ts}^\text{h}\text{au}$ 是文读音而 $^c\text{ts}^\text{h}\text{o}$ 是白读音，但是，一个由引申义发展而来的读音早于基本义的词汇读音，这是很让人怀疑的。联系福建本土的闽南方言，厦门和漳州的情况是 -o 韵母有大量例字，而 -au 韵母只有少数例字且为白读音，泉州方言则保留大量的异读字，能够帮助我们看清粤东闽语读音的关系。泉州方言豪韵主要有 -o、-ɔ 和 -au 三个读音，其中 -au 跟厦门、漳州一样，例字不多但属于白读音；-o、-ɔ 两韵则是有一大批异读字的对立读音，-o 白读、-ɔ 文读，例如"草"字，泉州有三个读音：$^c\text{ts}^\text{h}\text{ɔ}$ 文，~~、$^c\text{ts}^\text{h}\text{o}$ 白，~书、$^c\text{ts}^\text{h}\text{au}$ 白，青~。可见，粤东闽语豪韵的 -au 读音既属于白读又属于文读，-o 则属于文读系统中的白读，即旧文读层。根据两地词汇及其读音的对应关系，可以理出粤东闽语豪韵三个主要读音层来：

读音 例字	文读系统		白读系统
	新文读层	旧文读层	白读层
	au	o	au
草		$^c\text{ts}^\text{h}\text{o}$	$^c\text{ts}^\text{h}\text{au}$
薅			$^c\text{k}^\text{h}\text{au}$ ~草
毛	$_\subset\text{mau}$ ~病	$_\subset\text{mo}$ 头~	
倒	^ctau 颠~	^cto ~落去	

综上，首先确立下文归纳的原则和方法。原则：一、关于文白异读，用"文读系统"和"白读系统"，两个系统内部还可以继续区分小层次；二、文白两个系统的界线划定在中唐，晚于切韵的为文读系统，跟切韵对应的读音层归属白读系统。分析方法：首先，根据词汇色彩来初步归纳文白系统；其次，分析古声、韵、调今读各音类的层次，并将分析的结果应用到根据词汇色彩归纳出来的文白系统中，一方面借以区分两大系统中的细分层次，另一方面也是对前期归纳的文白系统的检验；再次，方言比较，主要是跟其他闽南方言进行比较，当词汇色彩和音类系统两

种判断结果产生冲突时，方言比较是行之有效的方法。

此外，关于相同音类在同一古声、韵、调中具有文白两种性质的情况，这种情况非常常见，具体可能有如下几种：第一，在其他音韵项区分文白而本项不区分，例如上文所举的"草"字，声、调两项都不区分层次，只有韵母区分，这种情况下，声、调都不需要区分层次；第二，文白两种形式合流了，例如上文所举豪韵字的新文读层和白读层，两层读音在今粤东闽语合流了，但在泉州方言却是有别的，这种情况是需要剖析出不同层次来的；第三，文、白中的一方受到另一方的整合，例如全浊声母清化之后送气与否，福建本土的闽南方言跟粤东闽语白读层高度一致，而文读层则参差不齐，粤东闽语文读层表现出"平送仄不送"的官话清化类型，这是直接移植官话的结果，而福建本土的文读倾向于跟白读保持一致，这就是文读层受到白读层整合的结果，这种情况没法区分文白。

	例字	厦门	黄冈	例字	厦门	黄冈
文	平	₋piŋ	₋pʰeŋ	穷	₋kiɔŋ	₋kʰioŋ
白		₋pĩ	₋pẽ		₋kiŋ	₋keŋ
文	盘	₋puan	₋pʰuaŋ	葵	₋kui	₋kʰui
白		₋puã	₋puã		₋kui	
文	谈	₋tam	₋tʰam	求	₋kiu	₋kʰiu
白		₋tã				
文	童	₋tɔŋ	₋tʰoŋ	强	kiɔŋ⁼	₋kʰiaŋ
白		₋taŋ			kiũ⁼	

以下是我们根据上文所阐述的原则和方法归纳出来的粤东闽语的文白系统表，分声、韵、调整理，其中，声母系统比较简单，所以文白两个系统下不再细分小层次；韵母比较复杂，因此可供参考的信息也多很多，所以韵母在文白两大系统下继续分小层次；声调也尽量区分小层次。文读系统下分旧文读层和新文读层，大致的时间界线分别为：中唐至宋元为旧文读层，宋元以后为新文读层，白读系统下分早白读层和晚白读层，晚白读层指通常所说的中古层，即魏晋至中唐时期，大致相当于

《切韵》时代，早白读层为通常意义的上古音。但是并不是所有韵母音类都能精确地区分小层次，不能区分的仍只到文白两大系统为止，表格中括号内是补充说明该读音出现的音韵条件和出现的方言点。声、韵、调表不管文白系统都设"少数例外"一栏，说明该音类在该韵只有极少数例字。列表不具体区分保留 -n/t 韵尾的方言点；阴声韵字读鼻化的，全部归入相应的非鼻化读音中，不再另外设鼻化读音；有音无字的音类不加以讨论。

表 S-6-3-1　　　　　粤东闽语声母的文白系统

音类	文读系统		白读系统	
	主体	少数例外	主体	少数例外
p/pf	幫並滂		幫並非奉敷	
p^h/pf^h	滂並		滂並敷	幫
b/bv			明微	
m/ɱ	明微		明	
t	端定		端定透知澄	来莊崇船
t^h	透定		透定徹澄初	初崇曉（海陆丰缺）
l	泥（娘）来		泥（娘）来日	
n	娘		来娘日	
ts	精從知澄莊崇章	心	精從船書禪	
ts^h	清從徹澄初崇昌	精	清從心邪書禪	
s	心邪崇船書禪		心以	
dz	日以			
k	见群溪		见群匣章昌曉	
k^h	溪群见		溪群	
g	疑			
ŋ	疑			
h/ɸ	曉匣非敷奉	心影以	疑影	日
∅	影云以		影匣	

表 S-6-3-2　　　　粤东闽语韵母的文白系统

音类	文读系统			白读系统		
	新文读	旧文读	少数例外	晚白读	早白读	少数例外
a		假开二	歌	效开二		歌
ai		蟹开一二		止开，蟹开四		歌
ak		宕开一 山开一二四，咸开一二（澄海）	宕合一三	深（澄海） 江摄、通摄、质		山开三
am（澄海除外）		咸开一二		深		
ap（澄海除外）		咸开一二		深		
au		效开一二，侯（甲子），尤（庄，甲子）		侯尤		效开一
aʔ				咸开一二		梗开二四，咸开三四
aŋ		山开一二，宕开一，宕开三（庄），咸开一二（澄海）	咸开一	通，真，宕合三，曾开一，深（澄海）		山开四
			江摄			
e		蟹开二（庄）		假开二，哈灰（端，海陆丰）		遇摄
ek		山开三四（三饶），梗开二三四，曾开		東三，鍾	東一	
eʔ				梗开二三四	山开二四（海陆丰）	深（海陆丰），咸（海陆丰）
eŋ		山开三四（三饶），梗开二三四，曾开	梗合三	東三，鍾	東一	江（庄）
i	止开 鱼（海陆丰），之开（海陆丰），蟹开三四	止开		鱼（云澳，海陆丰，甲子除外），哈		
ia	假开二三	假开三	戈合		止开	假合二

续表

音类	文读系统			白读系统		
	新文读	旧文读	少数例外	晚白读	早白读	少数例外
iak	臻开三，曾开三		深（澄海），咸开三四			
	山开三四（三饶除外），宕开三，咸开二三四（澄海）					
iam	深（澄海除外）		咸开一二			
	咸开二三四					
iap	深（澄海除外）					
	咸开二三四					
iau	效开二					
	效开三四				虞、模	
iaʔ				梗开二三四		
iaŋ/ian	臻开三		深（澄海）			
	山开三四（三饶除外），宕开三，咸开二三四（澄海）					
ik/it	臻开三，深（澄海）		曾梗（-it 海丰，云澳）	曾开三（揭阳除外）	曾开一（揭阳除外）	
im（澄海除外）	深		真		盐	
io			戈开	效开三四		
iok	屋三、烛（海陆丰多数）		曾			
ioʔ				宕开三，昔开		
ioŋ	梗合三四（汕头以东）					
	东三，锺					
ip（澄海除外）	深					
iu	流开三			鱼、虞		
iʔ				山开三四，咸开三四		山合四

续表

音类	文读系统			白读系统		
	新文读	旧文读	少数例外	晚白读	早白读	少数例外
iŋ/in		山三四	深，曾梗（-in 海丰，云澳）	曾开三（揭阳除外）		曾开一（揭阳除外）
	臻开三，深（澄海）					
iõ/iẽ				阳开		東三，江
iã				山开二三，宕开三，梗开三四		梗合三，登开，麻泰
o		效开一		效开一，哈灰（端，海陆丰除外）		虞
	歌，遇摄					
oi				蟹开（海陆丰除外）		
ei				蟹开（海陆丰）		
oiʔ（陆海丰除外）				山开二四，咸开二四		深
ok	通摄，江摄，宕开一，曾合					
om		深（庄）				
ou	模，侯（甲子除外），尤（庄，甲子除外）			模		
oʔ				江摄，宕开一		
oŋ	通摄					
u	止开（潮普陆海，精庄）	鱼		鱼（潮普片，陆丰甲子），虞	尤	灰
	遇摄					
ua				假开二三	歌开	止开
	假合二			泰、祭、佳		
uai	蟹合一二					
uak	山合一三四（海丰无四等字）			江摄（知、庄）		
uam	凡（汕头、澄海除外）					

续表

音类	文读系统			白读系统		
	新文读	旧文读	少数例外	晚白读	早白读	少数例外
uap			乏（汕头、澄海除外）			
uaʔ		山合二		山开二三，山合一		
uaŋ		凡（汕头、澄海），宕合一三，宕开三（庄）	庚，江摄（知、庄）			
uaŋ/uan	山合一二三					
ue		止合		微（合），歌合		假合二
	蟹合一二			蟹合二三		
ueʔ		山合二三四	鐸麥			
ueŋ	梗合，梗开三（汕头以西）					
ui		止合		微（合）		
	蟹合一三四			蟹开一		
uk/ut		臻开，屑开，曷合，黠合				
uŋ/un		臻开		臻合		寒合，仙合
uã				山一二三		
uẽ						删合，庚合
ŋ̍				元合，魂，唐合		
ɯ	止摄（潮汕、精庄）			鱼（潮汕）		
	遇摄（潮汕）					
ɯk				迄（海陆丰除外）		
ɯŋ		臻开（海丰除外）		臻合一（海丰除外）		東一、江摄
				宕开一三，宕合一（海丰除外）		
ĩ				山开三四，山合一三，咸开三四		深
õi/ãi					山开二四	删合，元合
ã				咸开一二		深，咸开三四

续表

音类	文读系统			白读系统		
	新文读	旧文读	少数例外	晚白读	早白读	少数例外
ẽ				梗开二三四		
ũi				臻合一（海丰）	山合一三（海丰），山合二四	
				宕合一（海丰）		

表 S-6-3-3　　　　粤东闽语声调的文白系统

音类	文读系统			白读系统		
	新文读	旧文读	少数例外	晚白读	早白读	少数例外
阴平	清平，全浊上、浊去（海门）		次浊平	清平，全浊上、次浊上（海门）		全浊平
阳平	浊平		全清去	浊平		
阴上	清上，次浊上		全浊上，清去，浊去	清上，次浊上		
阳上（海门、云澳、东海、平东除外）	全浊上，浊去，清去（达濠、海门）			全浊上，清去（达濠、海门）		
					次浊上	
阴去（达濠、潮阳除外）	清去		浊去	清去，浊去（惠城）		全浊去
阳去（惠城除外）	全浊上、浊去（云澳、东海、平东）			浊去，全浊上、次浊上（云澳、东海、平东）		
阴入	清入			清入		
阳入	浊入			浊入		

下 篇

引　言

一　语言研究的理论和方法

语言是一种非常复杂的现象,体现了多种矛盾的对立统一。语言系统本身极其繁复,可以想象,如此繁复的语言系统所发生的演变,自然是一个庞杂的、头绪万千的复杂过程。因此,研究和解释语言及其发展演变的角度和方法应该是多角度、多途径的,既可以从语言系统本身入手,也可以从语言的使用者入手,还可以从社会、环境对语言的影响入手。

语言学理论跟语言本身的发展一样,也经历了一个发展演变的过程,从十九世纪的历史比较语言学,到二十世纪的结构主义语言学、生成语言学,都是建立在语言分化演变的理论基础之上,而具有现代意义上的汉语历史语言学研究,就是在西方这些语言学理论的启发下进行的。高本汉最早把历史比较的方法引进到汉语方言的研究中,这对传统的汉语研究具有强大的冲击力,一开始也显示出了极大的威力和作用。然而,这种只关注语言的分化而完全置"语言的接触和整合"不顾的理论和方法,把现时语言中的所有成分都摆放在同一平面上进行讨论,对于相互接触频繁、相互影响剧烈的汉语方言来说,很快就显示出其局限性来。

语言演变的一个重要途径是"扩散",即语言演变从这一地区到那一地区的传播,"波浪说"理论和语言地理学都是基于这样的理论基础建立起来的,目的在于弥补历史比较法理论框架和谱系树模型的不足,着眼点在于语言间的相互影响、在于语言的渐进性扩散。词汇扩散理论认为,语音的变化表现在词汇中的扩散是渐变的、连续的,而语音本身的扩散却是突然的、离散的,这跟提倡"每一个词都有它自己的历史"的青年语法学派的观点正好相反,青年语法学派认为,语音的变化是连续的、渐变的,而表现在词汇中却是离散的、突变的。"词汇扩散理论"研究离散式的语音变化,突破了之前语言理论认为的音变过程无法观察的局限,揭示语音变化过程中的参差性,这是音系中一项重要的差异,甚至还"可以从这些差异中理出语音演变的事件层次了。"①

随着语言研究的深入,随着更多的语言事实被揭示,学界对语言本质的认识不断深入,语言的变异理论应运而生。作为一种新的语言理论模型,跟"同质说"语言观分庭抗礼。语言变异理论认为,语言是一种有序异质的结构;语言是充满变异的,而这种变异是有序的,语言在这种有序的变异中不断地改进自身的结构。语言变异理论着眼于正在进行中的音变,跟之前众多的"研究历史上已经完成了的音变的理论迥然不同"(徐通锵,1991)。

尽管不同的语言学理论在研究的角度和方法上迥异,但对于语言研究来说,各有所长;无论是已经完成了的音变,还是正在进行着的音变,都是语言演变必不可少的方面,对这两方面的研究也都是必要的。不同的理论之间不应该是对立的,而应该在语言研究中相互补充、相互促进。

二　历史层次分析

随着有序异质理论不断被学界所接受,面对汉语方言语音的层次芜杂,学者们越来越多地关注共时平面上的层次问题。历史层次分析法正是在这样的语言观上应运而生的,它的整个理论都是基于"层次"这一核心概念建立起来的。语音无时无刻存在着变异,局部的、个别的变异经过语言整体的整合,融入到语言系统之中,成为语言系统的一部分;语言(方言)的变异是连续不间断的,因此"就决定了各种方言的语音系统和前代语音的对应都是不整齐的"(李如龙 2001)。"任何方言都不可能在三年五载之间形成,总要经过相当的历史时期才得以定型。定型之后,在不同的年代还会受到共同语的制约性的影响和邻近方言的渗透性的影响,因此,现今的方言系统总是历史积累的结果,都可以看到不同历史层次的语言特点的叠置。"(李如龙 1994)共时的方言语音系统大

---

① 徐通锵:《历史语言学》(第一版),商务印书馆 1991 年版,第 223、251、258 页。

都存在层次叠置的情况，需要进行历史层次分析之后才能作古今音或方音之间的比较研究。历史层次分析就是要理清方言系统中存在的不同音类的层次关系，跟古音类比照对应，从而为构拟方言的古音乃至共同语的古音奠定基础。

关于"层次"的定义，学界还存在一些分歧，以陈忠敏（2003）为代表，只承认由于语言接触造成的变异为层次，而由训读、误读、避讳、形态音变、滞后音变等其他原因造成的变异则统统排除在层次讨论的范围之外；王福堂（2003）、王洪君（2006）、潘悟云（2004）等先生则倾向于一种更为广义的"层次"定义，他们认为，叠置在共时系统中的异时、异地的系统，也应该包含在层次之内。本书采用广义的层次定义。

刘泽民（2004）对客赣方言的语音做了历史层次分析，作者据此提出一套分析程序，我们将其罗列如下，并作为本书实践的参考。

1. 以中古音音系（切韵音系）的古音类为单位，确定目标音类存在几个读音类型，所谓读音类型，指的是方言共时音系中相同音类的不同音值，也可以叫"今音类"。

2. 经过分析，将不属于语音层次的零星读音如连读音变、构形音变和因文字影响造成的误读、冒读和训读等剔除出去。

3. 如果该音类存在两个或两个以上的读音类型，确定这些读音类型是否存在互补分布特征。如果存在互补分布特征，可以将互补分布的读音类型归为同一层次。

4. 确定每个读音类型对应哪一个或哪几个古音类，建立目标音类的今古音类对应格局。

5. 将建立的今古音类对应格局与参照方言（或方言群）的相应格局进行比较，显示其同异。也要对今音类的辖字情况与参照方言群进行比较。比较参照系最好是方言群，因为参照视野越大，今古音类对应格局和就越明晰，对层次的判断也就越准确。

6. 梳理相关的历史音系资料，整理出不同历史阶段音系的音类分合格局，理清音类历史演变源流。如果历史音系资料有不同来源，且同一时代的不同来源资料显示的音类分合格局互有差异，应对差异作出解释，对资料作出取舍。

7. 对古今音类分合格局进行比较，确定目标音类中读音类型的历史层次。

8. 在同一历史层次上对目标方言与参照方言群进行比较，构拟出共同的早期形式，并与汉语史上相应历史时期的构拟比较，看是否相合。然后对其演变作出语音解释。

9. 对于无法作出合理的演变解释的读音类型，参证移民史、民族史的资料作语言系统外部的解释，解释应符合语言接触的基本规律。

关于方言层次分析所涉及的概念和类型名称，有文读层和白读层的对应，也有上古层、中古层（前中古层和后中古）、近代层等时间序列；虽然它们都可以用来描绘方言语音的层次面貌，但由于概念本身在定义和辖域上不够明确，不同名称之间还有重叠的地方，就如同方言语音本身的层次一样，所以使用起来略显粗糙，偶尔还会造成混乱。本书借鉴潘悟云（1994、2004、2010）关于历史层次的几个概念，以便说明粤东闽语语音系统中的不同层次读音，他认为"历史层次有几种类型，一种是音变滞后层，另一种是外来借用层。这两个层次以外是主体层"，首先要区分方言本身的读音层和外来借用层，方言本身的读音包括了方言主体层、方言滞后层和超前层，外来借用层主要包括了语言接触造成的层次和词汇扩散造成的层次。可以简单用下图表示：

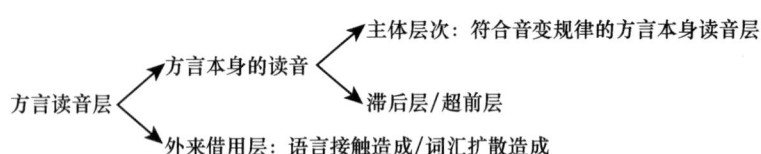

他用"主体层次"来描述非语言接触或词汇扩散造成的、方言本身符合音变规律的读音层次，它是方言连续的音变结果。与"方言本身的读音"相对立的是"外来借用层"，它们属于两种不同性质的读音，"外来借用层"专指由于语言接触或词汇扩散造成的层次。需要说明的是，他这里所说的"词汇扩散造成"的层次，指的应该是狭义的"词汇扩散"

音变，专指本书在上篇第一章第四节"研究方法"中所阐述的"词汇扩散式音变造成的异读音类"所产生的读音，而广义的"词汇扩散"指的是具有普遍意义上的语音演变得以实现的方式和途径，不管是语言接触造成的音变，还是方言本身的音变，都可能经由词汇扩散得以完成。

所谓的方言主体层，就是方言最早的读音层次，也即主体层出现的时间最早，可以说它是跟方言语音同时产生的，其它的层次不管是中古层、近代层还是中古前期层，都是在主体层的基础上从外方言借入的，都属于外来借用层。但是，在具体分析方言语音的时候，我们会发现，有时候要确定方言主体层是比较困难的，困难大致来自两个方面：第一是方言主体层和方言滞后层/超前层之间要怎么区分、以什么尺度区分，实际操作起来并不容易；第二是如果方言本身的读音层全部或绝大部分被外来借用层覆盖了，那就没有所谓的方言主体层了。在这种情况下，我们是不是可以把现时方言中最早的读音层定为方言的主体层？这都涉及到"方言主体层"概念的界定和阐释。当然，具体的名称和概念并不是最重要的，离析出来的各个读音层次该怎么命名也可以再商榷；重要的事情是分清叠置在方言语音中的各个读音层次，并尽量追溯它们产生的年代，具体可以分为三个步骤：首先，离析出方言语音系统中纷繁复杂的读音层；其次，理清这些读音层之间的时间先后顺序；最后，追溯各个读音层的确切年代。

受"方言主体层"概念启发，笔者认为还应该增加"主体读音"的概念，用来指各历史层次读音的主要音类。因为叠置在方言语音系统中的各历史层次，不一定只有一种读音类，多半会有两种或两种以上的音类，然而，其中总会有一种音类占主要地位，也就是辖有的例字最多，而其他的音类则例字较少、或者只有个别例字，处于从属的地位。因此，同一历史层次如果有多个读音类，一般是可以确定其中的主体读音的，用"主体读音"说明各层次的主要读音类，能够使分析的过程更加明晰和简洁。本书在分析过程中用到"主体读音"这一概念。

此外，"外来借用层"的时间该怎么界定，是指它们借入方言的时间，还是应该追溯到它们在源方言的发生时间？本书认为，既然作为"外来借用层"，那自然应该从它们借入方言的时候算起，否则要追溯到源方言的话，那多半可能都要跑到上古时期去了，又或者这些"外来借用层"读音已经经过了多个中转站,到底回溯到哪个才算是"源方言",实在不好确定。

再者,关于"跨层次音类"的界定。"跨层次音类"是本书给出的概念,所谓"跨层次音类",指的是一个读音类在同一中古韵摄中分属两个(或以上)的层次,其中"音类"具体指声母、韵母或声调。例如:遇摄鱼韵的"與ᶜɯ"和"鋤ᵧtɯ"在汕头等方言都是 -ɯ 音类,但它们性质不同,分属于两个不同的历史层次,"鋤"读 -ɯ 是方言的白读音, -ɯ 属于中古"鱼虞有别"层,而"與"读 -ɯ 却是晚近的文读音, -ɯ 属于近古层。这正是王洪君(2006)所说的"文白杂配"现象所造成的,因为汉语方言的文白异读"虽然与词汇层次有密切的关系,但从根本性质来看,是属于音韵层次的"[①]。这种音类的"跨层次"现象在粤东闽语很常见,"跨层次音类"现象非常复杂,涉及到词本身的层次性质,以及声、韵、调各自的层次性质,其文白组合方式可以有 16 种之多,因此,不同的音类"跨层次"可能是由不同的原因造成的。通过分析粤东闽语语音的历史层次,我们大致可以看到这么几种可能的成因:a. 文读层进入方言的时候,或者由于白读音势力强大,或者由于找不到对应的音类,所以选择白读层音类作为自己对应的音类;b. 文读层进入方言之后,部分音类势力发展直至起主导地位,导致白读层读音在发展演变的过程中自觉向文读音靠拢;c. 文白两个层次的读音类在语音发展演变的过程中合流了。上述只是可能的成因,或者还有其他的成因,需要我们继续努力探索去寻求答案。

如何理清不同读音之间的关系,区分层次关系和音变关系,梳理历史层次脉络,我们主要参考了梅祖麟(1995)、潘悟云(1995)、陈忠敏(2003)等人的意见,确立以下几条原则:第一,利用文白异读来区分一个方言的层次;第二,借助古音类的分合鉴别不同的层次;第三,在分布上互补的应该是同一层次上的不同变体,而存在对立的音属于不同的层次;第四,早期层次所残留的字在邻近或同类方言里大致是一致的(陈忠敏 2003)。

[①] 王洪君:《文白异读、音韵层次与历史语言学》,《北京大学学报》(哲学社会科学版)2006 年第 2 期。

文白异读是语言的叠置,其本质就是语音的不同历史层次,然而,随着对汉语方言文白异读现象研究的深入,学界越来越形成共识:文读音不等于读书音,白读音也并不等同于说话音,有的文读音已经口语化,在日常口语中经常使用,有的白读音也用于书面语中,"异读的是语词在不同时空所发展出的不同形式,而不再完全因文白场合之异而异读"①。文白读音混杂使用的现象,在粤东闽语也多有表现,所以,我们要把握的是'文读层'、'白读层',而不只是'文读音'和'白读音'。尽管如此,文白异读仍是我们区分不同读音层次的重要依据,是方言语音历史层次分析不可脱离的信息。本书在分析历史层次的过程中,仍然离不开"文读音/白读音"和"文读层/白读层"这两对名称和概念,主要针对有明确文白对立信息的读音而言,同时也用来指称层次之间的先后顺序,文读层/文读音通常指中古(切韵)之后的读音层次,白读层/白读音指中古(切韵时代)或之前的读音层次,且都可能包含一个或以上的时间层次。

本书下篇"粤东闽语遇摄字的历史层次分析"和"粤东闽语止摄字的历史层次分析"两章是历史层次分析方法的尝试。

三 扩散理论

波浪说的创始人施密特是谱系树理论的创始人施莱哈尔的学生,他发现用谱系树理论难以解释印欧语系的某一语支跟其它语支之间存在的特殊相似之处,所以在1872年提出了波浪说语言扩散理论,用来解释这些现象,可以说,波浪说是踩着谱系树理论的缺陷和不足建立起来的,从一开始,它就企图屹立在谱系树理论的对立面。谱系树理论顺着时间纵线,研究语言的分化、着眼于语言突发性的分化;波浪说则着眼于地理空间横轴,研究语言之间的相互影响、着眼于语言的渐进性扩散,它的语言扩散图能够较好的说明语言之间的相互关系及其相互影响,正好弥补了谱系树理论的不足。语言的发展是多面的,有不同的模式和途径,波浪说和谱系树理论之间的不同在于,它们所研究的是不同的语言发展

---

① 杨秀芳:《论文白异读》,《王叔岷先生八十寿庆论文集》,台北:大安出版社1989年版,第2页。

类型，并各自得出重要的结论，因此，波浪说跟谱系树理论不应该是对立的，它们在研究语言的发展上正好互补不足。

方言地理学兴起于19世纪70年代，德国语言学家g. 温克尔（1852—1911）企图根据青年语法学派所提出的"语音规律无例外"假说来确定高地德语与低地德语的边界线，所以，他在1881年绘制了第一组方言地图，共6张，包括了30个调查项目，他用这份调查表对杜塞尔多夫地区的方言进行了邮寄调查。然而，得到的结果跟他调查的初衷恰好相反，方言地图解释了青年语法学派"语音规律无例外"假说的片面性，展现了语言演变完全不同的另一个侧面。方言地理学重点研究语言特点的地理分布，并将这些特点的分布情况绘成地图以直观的形式显示出来。方言地理学出现的初衷是为了证明"语音规律无例外"论断的正确性，但结果却跟波浪说走在一起，证实了青年语法学派理论的缺陷，可以说，它跟波浪说殊途同归。

词汇扩散理论的确立，要归功于王士元（Wang-Cheng1970），他注意到汉语是缺乏形态变化的语言，汉语不象印欧语那样语音变化的规则性经常受到形态类推作用的影响，因此，汉语是检验新语法学派理论的理想材料。1968年，王士元和他的同事把《汉语方言词汇》中各方言以及中古音、日本吴音、汉音等材料输入到电子计算机进行分析，通过对材料的分析，结果表明很多音变并不是总会影响到相同语音条件下的所有词，常常是有些词已经变了，有些词还没有变，有些词正在变化过程中，因而造成异读的形式，这就是词汇渐变的过程。大量剩余形式（residue）使他们得出结论："大部分（不必是全部）音韵变化的类型是语音上突变、词汇上渐变的。这个音变观念就是词汇扩散理论。"[①]

词汇扩散理论是在研究汉语方言材料的基础之上总结出来的理论方法，具有语言学的普遍意义，尤其适用于汉语方言的语音研究，具有很强的解释力。然而，只要是理论就不可能完美无瑕、所向无敌，词汇扩散理论也有它的不足之处，徐通锵（1991）在深入研究了词汇扩散理论之后，提出：一，词汇扩散偏重于音变在词汇中的扩散过程，而有否定音变规律性的倾向；二，词汇扩散理论把文白异读与离散式音变这两种

[①] 潘悟云：《词汇扩散理论评介》，《温州师专学报》（哲学社会科学版）1985年第3期。

不同性质的音变混为一谈。因此,徐通锵、王洪君等从词汇扩散理论的不足处出发,深入地研究汉语方言的文白异读现象,并提出叠置式音变理论,这是对词汇扩散理论的重要补充。

本书所说的"扩散"理论包括了"波浪说"、方言地理学和词汇扩散理论,这几个出现时间不同、初衷各异的理论,不约而同地强调了"扩散"这一语言演变的传播方式。青年语法学派认为语音的变化是连续的、渐变的,并提出"语音规律无例外"的著名口号,他们关注的是语言在时间纵轴上从前一阶段发展到后一阶段的演变。扩散理论则强调语言变化的横向扩散,波浪说强调空间的扩散,即音变从一个地区到另一个地区的扩散;方言地理学进一步发展了语言演变在地理上的扩散这一语言扩散观点;词汇扩散理论则强调音变在语言系统内部的词与词之间的扩散。针对语言演变而言,"扩散"(diffusion)是一种传播方式,是音变得以传播开来的重要途径;"扩散"既然是一种传播的方式,就需要借助一定的介质来完成传播过程,其介质包括语言的使用者——人和语言的载体——词。

波浪说和方言地理学着眼于语言(音变)在地理上的扩散过程,其传播的介质是语言使用者,这一传播属于语言系统外部的扩散;词汇扩散理论则着眼于语言(音变)在语言系统本身的扩散过程,属于语言系统内部的扩散。"扩散理论"研究离散式的语音变化,着眼于语言(或音变)的渐进式扩散,揭示语音变化过程中的参差性,这无论对于已经完成的历史音变,还是现时正在发生变化的音变现象,都是重要的理论和研究方法的指导。

目前的研究,或是沿用方言地理学理论探讨语言特点在地理上的分布,或是透过词汇扩散理论研究音变在语言系统内部的变化过程,很少将两者统一起来考虑;其实,它们本质一致、在具体方法的阐述上互为补充,如果将它们融合在一起应用到研究中,可以使"扩散理论"更加全面、深入,并具有更为广泛的适用性。在探讨方言语音及其演变现象的基础上,本书认识到:语音变化本身音韵单位在词汇中的扩散,以及语音变化在方言者中间的扩散过程,是"扩散"两个重要的、不可或缺的组成部分。

如果着眼于"扩散"这一传播方式,那么,作为这一方式和途径的传播介质并不局限于人和词，还可以有其它的物质，由此，我们引申出"扩散介质"的概念，不管是什么，一旦作为音变的传播介质，就会与"人"和"词"这两个介质一起完成音变。不同的是，"人"和"词"始终是音变扩散必不可少的因素，也就是说，在音变过程中，"人"和"词"是必然参与的，而其他的"扩散介质"则具有选择性，是可有可无、可此可彼的。本书下篇"粤东闽语非鼻音声母阴声韵字今读鼻化韵分析"一章有"发音机制的扩散"的讨论，把"鼻化"这一音变所涉及的"发音机制"看作在音变中起作用的扩散介质之一。我们希望"扩散介质"的观点能够有效补充"扩散理论"。

需要特别指出的是，以往的研究通常把词汇扩散理论的研究对象局限于语言自身通过"变化"所引发的音变，即徐通锵（1991）在《历史语言学》中所说的扩散式音变，与通过"竞争"方式所引发的音变相区别，并将它们严格对立起来。由于"竞争"音变产生的是汉语方言中普遍存在的文白异读，因此，词汇扩散也就跟汉语方言中的文白异读现象无干。本书所提倡的扩散理论有别于此，"扩散"作为音变的传播方式，不管是语言系统自身的演变、还是不同方言（或语言）相互接触所引发的音变，都需要通过扩散来完成音变过程，也就是说，汉语方言普遍存在的文白异读，也可以通过词汇扩散来得以实现的。

下篇"粤东闽语非鼻音声母阴声韵字今读鼻化韵分析"和"达濠话古全浊上、浊去字的声调演变模式"是结合扩散理论进行研究的尝试。

本书下篇是专题研究。准确、细致的平面描写是方言语音研究的基础，但方言中有许多语音现象错综复杂、不容易看清其本质及来龙去脉，需要深入探讨，下篇的专题研究就是为了更加深入地探讨粤东闽语语音的一些复杂现象。

第一章

粤东闽语遇摄字的历史层次分析①

鱼虞两韵的分混是切韵时代南北方言的重要差异之一，现在南方方言还多保留"鱼虞有别"这一层次读音。最早指出闽方言中鱼虞仍然有别的是董同龢（1959）；之后，郑张尚芳（1999）、梅祖麟（2001）、潘悟云（2001）、陈忠敏（2002）等相继研究了鱼虞两韵在吴、闽以及客、赣等南方方言中的历史层次，阐述"鱼虞有别"层在这些方言中的具体表现。

粤东闽语存在"鱼虞有别"层，这一层次读音在区内不同方言点有不同的表现。此外，由于受外来方言的不断影响，粤东闽语各韵摄内部的读音往往不止一个层次，即鱼、虞两韵除了"鱼虞有别"层之外，还有其它层次读音。一般来说，不同层次的读音多表现为不同的音类，而同一层次的读音则表现为相同的音类；但相反的情况也很多，即不同层次读音表现为相同的音类，而同一层次读音反而表现为不同的音类。下文我们将仔细对其进行梳理。

以下三表为遇摄鱼、虞、模三韵在粤东闽语中的读音情况。其中下加单横线的为该字白读音，下加双横线的为该字的文读音。

表一说明：

类型一的特点是"鱼虞有别"层鱼韵字韵母为 -ɯ，包括如下方言点：汕头市区、澄海澄城，潮州湘桥、凤凰、文祠，饶平县黄冈、三饶、海山，揭阳市榕城等。其中，"苧、初、梳、疏、黍"等字在饶平三饶韵

---

① 本章曾以《鱼虞有别——粤东闽语遇摄字的历史层次分析》为题载于《开篇》2014 年第 33 卷，略有改动。

母为 -eu，其它点都为 -iu，属同一层次读音。此外，"旅、於"韵母为 -i，属于例外情况。

表 X-1-0-1　　　　　　　　粤东闽语鱼韵字读音

鱼韵字	音类	F1	F2	F3	F4	F5	F6
	例字	豬除箸鋤舒魚	著處如舒庐茅庐暑	初楚所助鋤疏	苎初梳疏黍	庐庐山許姓	女
方言点	类型一	ɯ/i	u	o	iu	ou	ɯŋ
					eu		
方言点	类型二	i	u	o	iu	ou	ɯŋ
							i
	类型三	u	o		iu	ou	ɯŋ

类型二的特点是"鱼虞有别"层鱼韵字韵母为 -i，包括如下方言点：南澳云澳，海丰联安、平东、海城，汕尾市捷胜，陆丰东海、谭头等。其中，海丰海城、汕尾捷胜、陆丰潭头"滤"字韵母为 -e，其它点都为 -i，南澳云澳、陆丰潭头"女"字韵母为 -ɯŋ，其它点都为 -i。

类型三的特点是"鱼虞有别"层鱼韵字韵母为 -u，包括如下方言点：汕头的达濠、潮阳棉城、潮阳海门，惠来惠城、流沙新安，陆丰甲子。其中，潮阳棉城、流沙新安的"旅、於"字韵母为 -i，跟类型一的方言点一致，类型三其它点都为 -u。陆丰甲子"滤"字韵母为 -e，跟类型二的海丰海城、汕尾捷胜一致，类型三其它点都为 -u。

表 X-1-0-2　　　　　　　　粤东闽语虞韵字读音

虞韵字	音类	f1	f2	f3	f4	f5	f6
	例字	夫傅数珠取树乳区雨孵舞输输赢/运输霧蚨	无遇愚寓虞	夫麸斧甫杜甫脯肉干傅姓（厨）雨芋	鬚取珠树黍	数柱	父
方言点	类型一	u	o	ou	iu	iau	e
	类型二	u	o	ou	iu	iau	e
		i					

表二说明：

1. 关于读音 -o：海丰海城、平东、联安只有"斧姆无"读 -o；陆丰东海、潭头、甲子以及潮阳棉城只有"无"读 -o；潮阳海门有"无愚"读 -o；所列例字在其它点都读 -o。

2. 关于读音 -ou：饶平三饶还有"拘驹"、潮阳海门还有"虞"、潮州凤凰还有"驹"也读 -ou。

3. 关于读音 -iu："住"在汕头市区、达濠、潮州湘桥、文祠、惠来惠城等点也读 -iu。

表 X-1-0-3　　　　　　粤东闽语模韵字读音

模韵字	音类	1	2	3
	例字	模铺塗圖乌五呼鬍狐呼	怖蒲捕途塗圖顧五故固	梧悟做怒模墓暮慕募
读音类		ou	u	o

一　鱼韵字读音的历史层次分析

（一）-ɯ/i/u 音类

古音类的分合是鉴定层次的重要依据，切韵时代"金陵音系"鱼虞有别，而"邺下音系"则不分，根据这个音韵特点，我们大致可以判定，鱼虞有别的层次是中古或中古以前的层次，鱼虞相混的层次是中古以后的层次（梅祖麟1995、陈忠敏2003）。

鱼韵字 F1 音类（*-ɯ 类）在粤东闽语各点有三种不同的音值：（1）*-ɯ 读音（2）*-u 读音；（3）*-i 读音，这是粤东闽语鱼韵字的主体层读音。类型一方言点鱼韵字主体层读音为 *-ɯ，而虞韵字的主体层（f1）不读这一音类，借此可以初步断定 *-ɯ 是鱼韵的中古层读音。此外，我们还有其它的依据：（一）这一层次读音大部分属于方言白读音（部分字属于文读音，下文有进一步的解释）；（二）各点辖字一致。潘悟云（2000）通过比较闽语的鱼韵字，指出闽语各方言的现代读音大体上有共同的来源 -ɯ。陈忠敏（2003）也认为 -ɯ 是它们的共同来源。他们都认为 *-ɯ 是鱼韵的中古读音，跟虞韵有别，汕头、潮州、揭阳等方言点的 *-ɯ 与此拟音正好相吻合。

此外，鱼韵 F1 音类在类型二方言点读 *-i，在类型三方言点读 *-u，跟类型一方言点的 *-ɯ 属于同一层次的音类变体，-i 和 -u 都由 -ɯ 演变而来。发生音变的主要原因在于 ɯ 是一个非正则元音，它本身要求朝着正则元音变化，对它来说，变为正则元音有两种可能：一是保持后高的舌位不变，只变唇形，即由不圆唇变为圆唇，这一变化的结果是成为 u；二是保持不圆唇的特征，而前移舌位变作 i。这两种可能的演变方式分别在粤东闽语不同的方言点得以实现，加上部分点保持 ɯ 不变，鱼韵字在粤东闽语的中古读音层表现出三足鼎立的局面，就是我们现今看到的：-ɯ、-u、-i。

潘悟云（2000：201）指出吴语鱼韵中古层有两大类读音：-e/-i 类与 -ɯ 类，它们属于同一个历史层次，-e/-i 从 -ɯ 变化而来。他列举了多方面的事实作为依据，非常有说服力。另外，陈忠敏（2003）也对此作了推测和论证：我们估计在南部沿海吴语、北部吴语、赣语、闽南语里这一层次的读音也是来自 -ɯ，只不过以后的演变是 ɯ＞i，如泉州话和厦门话之间就有这种关系。所以我们说 B 层次和 C 层次最早的读音形式应该都是 -ɯ，以后的演变分两组，第一组是浙西南的吴语，包括吴语处衢片和周围的其他吴语，这些地方这一层的读音还停留在 -ɯ 和 -ɯ 低化或裂化的音变阶段；其它吴语和赣语、大部分徽语 -ɯ 则进一步演变成 -i。陈忠敏所讨论的 B、C 两个层次是鱼韵的白读层，都是"鱼虞有别"层。

不过，F1 音类内部有分歧，部分字读 -ɯ 属于文读音。例如"许"字，在粤东闽语最早只作为姓氏使用，后来才引入"许可、同意"等意义，像"允许、许可"都是书面化的文读词，应该是晚近才从官话借入的，借入的时候官话方言已经产生撮口韵，鱼韵字韵母变成撮口呼，同时见组声母三等介音前也分化出了舌面音。因此，表"允许"义的"许"字进入粤东闽语时，其撮口韵母就被折合成方言鱼韵字的主体层读音 *-ɯ/i/u（粤东闽语没有撮口韵），声母也相应地折合成 h-（粤东闽语见组声母未分化）。可见，-ɯ/i/u 类读音所辖的字不全是来自中古的"鱼虞有别"层，有小部分晚近才借入的，这是由于 *-ɯ/i/u 类读音在方言鱼韵字中占主流地位，所以后来的一些文读音借入方言时就被整合到 *-ɯ/i/u 类读音里了。

"旅於"在汕头（F1 读 *-ɯ）和潮阳（F1 读 *-u）等点读 *-i，

应该是晚近从官话方言借入之后折合而成的读音。跟"许"字一样，传入粤东地区的时候，它们在官话方言中已经读为撮口韵，但是粤东闽语没有对应的撮口韵，所以折合成跟 -y 发音部位一致的 -i 或发音方法相同的 -u，成为鱼韵字特殊的音类。虽然折合成的读音不同，但是"许旅於"同属一个层次，都是比较晚近才进入方言的。

海陆丰和云澳的"滤"字韵母为 * -e，读同假摄开口二等白读，只有一个字。我们可以把"滤"字读 -e 看作是前高元音 -i 的低化，也即"滤"的音变走得比较快，如果这一假设成立的话，那将预示着其它的 -i 韵字也可能产生低化音变，但从目前的情况看来，并没有这样的趋势，而且这些方言的音系中都有 /e/ 音位，并不存在填补空缺的可能性，所以这一假设不太合理。虞韵"父 ᶜpe"、模韵"蜈 ᶜge"也读 -e，"滤父蜈"都来自上古鱼部，后来才分散到鱼、虞、模三韵中，且今读音跟福建本土的闽南方言一致，极可能是早期层次的遗留，但我们暂时没有更多的材料来证明它们的性质。

综上，F1 音类 -ɯ/i/u 应该分为两个不同的读音层次，中古鱼虞有别层 -ɯ/i/u^白和文读层 -ɯ/i/u^文。

(二) -o/u 音类

从材料分析，F2 和 F3 两类读音应该同属一个层次，因为它们在分布上互补。F3：-o 类所辖都是庄组字，庄组字由于声母的缘故，往往具有特殊的演变；而 F2 没有庄组字。假定这一层次读音进入方言的时候读 -o 或还没后高化到 -o，在随后的发展过程中，庄组字到 -o 就停滞不前了，其他声组的字则继续高化为 -u。

陈忠敏（2003）讨论了闽南方言泉州话鱼韵字的读音层次：泉州话鱼韵韵母有一种文读形式是 -u，它的读音跟虞韵韵母的文读音是相同的，所以是属于鱼虞相混层的读音，我们称为文读 1……鱼韵文读韵母 -u 或 -ɔ 都是鱼虞相混层的读音，而且出现的环境是互补的，-ɔ 出现在庄组声母后，而 -u 出现在其他声母后。根据这些情况我们认为它们是同一层次上的不同变异：

  * -u →ɔ/庄组声母＿＿

  →u/其他声母＿＿

258 / 下 篇

　　粤东闽语跟泉州话同属于闽南方言，在语音面貌上多有一致的地方，它们在鱼韵字的文读层（鱼虞相混层）读音方面表现出高度的一致性。有鉴于此，我们有理由相信粤东闽语 F2 和 F3 是同一层次的读音。

　　另外，-o/u 读音跟"鱼虞有别"层 -ɯ/i/u^{白}读音形成文白读对立，例如（以汕头读音为例）：舒$_⊂$tsʰɯ 白/$_⊂$su 文，书母字，白读声母 tsʰ-，文读声母 s-。书母字在粤东闽语白读层为塞擦音，文读层读擦音，"舒"字文白读的声韵都符合层次的特点。锄$_⊂$tɯ 白/$_⊂$tsʰo 文，"锄"是崇母字，白读舌头塞音 t-，比较特殊。

　　中古以后读音层的韵母多因声组不同而产生分化。从文白读对立及声组分化互补情况看，-o 和 -u 同属晚近的文读音，即中古以后的鱼虞相混层。这一层次读音鱼、虞两韵字相同，由于声母不同而产生分化的现象也一致，虞韵字的情况下文再详细讨论。

　　-ɯ/i/u^{文}跟 -o/u 同属于中古以后的"鱼虞相混"层，由于声组不同导致具体音值分化。粤东闽语这一读音层共有 -ɯ/i/u/o 四个读音变体，其中，类型一方言点四个变体全部具备，类型二方言点有 -i/u/o 三个，而类型三方言点只有两个 -u/o。音类 F1、2、3（包括鱼虞有别层和鱼虞相混层）在各点的辖字情况大致如下：类型一方言点各层次读音的辖字相当一致，所以下表四统一列出，不再分具体的点；类型三方言点各层次辖字也非常一致，表 X-1-1-1 中读 -ɯ 和读 -u 的字全部读 -u，F3 音类的辖字也跟表 X-1-1-1 一致，因此不再重复列出。类型二方言点较为参差，所以表 X-1-1-2 分别列出各个点 -u、-o 读音的辖字。

表 X-1-1-1　　　　类型一方言点 F1、2、3 读音例字表

	F1		F2		F3
读音	例字	读音	例字	读音	例字
ɯ	驢吕廬濾徐豬除箸鋤煮舒書鼠薯汝居車$_{車馬炮}$翠據鋸墟去渠巨拒距魚漁語御禦虛噓許淤余餘與譽預豫嶼	u	廬咀壻序叙緒著儲諸處舒暑黍庶恕署如	o	阻初楚礎鋤助蔬所疏

表 X-1-1-2　　　　　类型三方言点 F1、2、3 读音例字表

方言点	读音	辖字	读音	辖字
南澳云澳	u	驢蛆絮序叙绪褚儲諸處書舒暑黍庶恕署如	o	阻初楚礎鋤蔬所疏
陆丰东海		絮緒著褚儲諸書舒暑庶恕如鋸嶼		阻初楚助鋤所蔬疏
陆丰谭头		廬茅廬呂蛆絮著褚儲敘緒著除煮諸處書舒暑庶恕黍白鼠薯署如鋸嶼		阻初楚助鋤所蔬疏
汕尾捷胜		廬茅廬蛆絮煮諸處書黍鼠薯庶恕鋸嶼		阻初楚礎鋤助梳疏
海丰海城、联安、平东		廬茅廬驢絮除處庶恕鋸嶼		阻初楚礎鋤助梳蔬所疏

（三）-ou 音类

*-ou 音类除了陆丰甲子读 -au 之外，其他点都读 -ou；除了云澳和陆丰东海有"助"字，其他各点都只有"许姓ᶜkʰou、庐庐山ᴄlou"两个例字。"庐"在"庐山"一词中白读ᴄlou，在"茅庐"一词中文读ᴄlu，读 -ou 韵属于早期层次。"许"用于姓氏，各方言点非常统一，从声母方面看，"许"是晓母字，潘悟云（1997）认为晓母字在上古当为 qh-，后来才演变为 h-，粤东闽语"许姓"读 kʰ- 应该属于上古层；韵母方面，粤东闽语读 -ou 的主要是一等模韵字，鱼韵 -ou 读音辖字非常少，这是早期读音层的一个特点。鱼韵元音在上古是 *-a，而 *-ou 的音值跟 *-a 相去甚远，则是经过历时演变的结果，其过程大致如下：a > o > u > ou（> au）。

根据梅祖麟（2001）的研究，闽语有三个时间层次：秦汉，南朝，晚唐。秦汉层次是从吴越地区迁来的，南朝层次也是从吴越地区迁来的，后者反映江东方言，也就是《切韵》中的金陵音。粤东闽语鱼韵字的 -ou 音类应该是来自上古时期的层次，属于方言本身的滞后层次。在粤东闽语，读 -ou 的主要是遇摄合口一等模韵字和流摄开口一等侯韵字，侯韵字读 -ou 属于文读音，但模韵字读 -ou 则属于白读音，鱼韵"许姓庐庐山"读 -ou，是由于音变滞后使它并入到一等模韵里了。

"助"在云澳和东海读为 -ou，但是层次跟"许姓"读 -ou 不同，属于晚近的文读音，因为"助"只用于书面语词，大概跟 -o/u 同一时间层次，属于个别例外情况。

(四) -iu 音类

鱼韵 F4 音类 * -iu 是早于 F1 音类的层次,所辖字都是方言白读音。这一读音层辖字不多但各方言点比较一致,除了"梳"在汕尾的几个方言点读 * -o 外,其他字都相同,这是方言早期读音层的特点。关于这一读音层,梅祖麟(2001)有这样的论述:

> "箸"、"苎"都是澄母鱼语御韵的字,它们的韵母在闽语里演变规律不同,说明"苎、初、疏、梳"属于一个时间层次,"鼠、锯、箸、鱼、汝"属于另一个时间层次。问题在于孰先孰后。
>
> 本书认为"鼠、锯"等在先,绝对年代是秦汉;"苎、初"等在后,绝对年代是南朝。第一,"鼠、锯、鱼、汝、箸、书"都是基本词汇,"苎、初、梳、疏"不都是基本词汇。一般的情形是前者比后者早。尤其是第二人称代词"汝"。闽语的第一人称代词"我"字,韵母*[uai](参看罗杰瑞,1981:50"我、麻、破、大"项下),是歌部在秦汉层次的语音。"汝"字也该属于秦汉层次。第二,南朝时代浙东以及浙西新安郡盛产苎麻,诸暨有"苎萝山"这个地名,是有名出产苎麻的地方。南朝侯景之乱后浙东有大量人民迁移到广东、福建(刘淑芬,1992:209,217)。假设浙江的移民把苎麻带到闽地,也把"苎"字带到闽地,就可以解释为什么"箸"属于秦汉层次,"苎"属于南朝层次。

我们同意这是两个不同层次的观点,但不同意关于它们绝对年代的意见。"鼠、锯"等读为 -ɯ 当为中古读音层,上文已经论述过了,"苎、初"读 -iu 则还要早于 -ɯ 音类,是中古以前的层次。

中古的鱼韵来源于上古鱼部三等字,本书采纳郑张尚芳、潘悟云的意见(郑张尚芳1996,潘悟云2000),他们认为上古三等字没有 -i- 介音,韵母是短元音,在上古与中古之间短元音前产生出 -ɯ- 介音。潘悟云(2000)认为三等介音的增生发生在北朝晚期,朱晓农(2003)则把这个事件提前到"至少北朝前期"。ɯ 是不正则元音,要向着正则元音 i 发展,发展途径大致如此:ɯu > ʉu > iu,这一音变过程有方言事实为证,下面我们举刘泽民(2002)的研究作为佐证:"赣语万安话中'猪'读

tui1，全南客家话"鼠"读 sui3，联系上面所引陈忠敏 2003 对吴闽语的论述，我们可以确定这个字属于上古层。它的音变过程和闽语福州话相同，只不过比福州多走了一步：*ɯa→ua→ue→ui。并且"猪"正好是南部吴语中保留上古层读音的少数几个字之一。"

粤东闽语的 -iu 读音层跟陈忠敏、刘泽民所讨论的福州话、万安话的上古层相对应，它们层次相同，只是具体音变方向有所不同。按照潘悟云、朱晓农关于三等介音的观点，粤东闽语 -iu 读音层产生的时间在南北朝或之后。"上古层"的说法只表明其跟其他各层次之间的先后顺序，并不是十分确切的时间。

那么，同为早于中古的读音层，*-ou 和 *-iu 两音类孰先孰后？

相对于 -ou 读音层，-iu 的辖字较多；从分布的情况看，-ou 只有见系字，-iu 是知、庄组字，没有对立存在；如果从较大的时间范围"中古前"来讨论，-ou 和 -iu 可以看作同一层次的变体。实际上，陈忠敏（2003）就是这样处理的，他在讨论闽南方言泉州话时，认为泉州话的白读音 -ue（对应粤东闽语的 -iu）和 -ɔ 出现的环境是互补的：-ɔ（"许"ᶜkʰɔ、"与"hɔ²）出现在见系声母后，-ue 则出现在非见系声母后。

这样的解释完全能说得通。三等韵长化之后增生 ɯ 介音，一方面它向着正则元音发展，另一方面它也可能脱落："二等字中古带 -ɯ- 介音（潘悟云 2000），在北方话中二等字的 -ɯ- 介音变成了 -i- 介音，但在许多南方方言中二等字不带介音，可见 ɯ 介音脱落是不乏其例的。"（刘泽民，2004）针对粤东闽语的实际情况，如果认为鱼韵字三等介音 -ɯ-增生之后变成 -i-，那么就不好解释怎么会变成今天的 -ou 和 -iu。假设鱼韵字增生 ɯ 介音之后又脱落了，然后朝着后高化的方向发展并复元音化，在见组声母后面增生 -o-，在其它声组后面增生 -i-，这样的解释更加合理。

三饶、凤凰两方言点 F4 为 *-eu，这是高元音的低化，介音 i 低化为 e：iu > eu。饶平县是典型的汉语双方言区：中部和南部通行粤东闽语，使用人口占全县人口的四分之三；北部统称上饶地区，是客家方言区，使用人口占全县的四分之一。三饶位于饶平县的东北部，地理上正处在饶平客家话（北部）和粤东闽语（南部）的交界处。历史上，三饶镇位于饶平县中北部的中心,明成化十三年(公元 1477 年),饶平在此置建县城,三饶成为饶平县的政治、经济、文化中心。直至公元 1952 年县人民政府南迁黄岗后,三饶才随之改为区、镇。三饶居民主要说的是粤东闽语,但同时受到邻近客家话的影响,饶平客家话有 -eu 韵,三饶的 -eu 可能是受到客家话影响的结果。凤凰跟三饶的地理位置接近,语言环境相似,所以有相同的音变。

(五) 小结

陈忠敏(2003)研究了吴、闽等方言的鱼韵字,并总结鱼韵字在这些方言中存在的层次、各层次之间的先后顺序以及各层次读音的大概时间:

鱼虞有别层　　第一层次,来源于 *ua(吴语处衢片、闽语)
(鱼韵白读层)
　　　　　　　第二层次,来源于 *ɯ(吴语、徽语、闽语、赣语、江淮官话)
鱼虞相混层　　第三层次,来源于 *i(吴语、闽语、赣语)
　　　　　　　第四层次,来源于 *y(吴语、闽语、徽语、赣语、江淮官话)

鱼韵的最早读音层保留在吴语处衢片和闽语里。

吴语处衢片在浙南跟北部闽语交接的地方,潘悟云(1995)等学者的研究表明,处衢片的语音面貌跟闽语有很多一致的地方,从陈的结论也可以看到,处衢片跟闽语一样具有最早期的层次(第一层次)。但是并不是所有闽语方言点都具备以上四个层次读音,陈忠敏在同文中分析了闽南泉州话的读音层次,得出泉州话鱼韵韵母读音可以分为三个层次:

第一层(最早):-ue(ɔ)
第二层(其次):-ɯ
第三层(最晚):-u(ɔ)

其中,第一层和第二层都是"鱼虞有别"层读音,第三层是"鱼虞相混"

层的读音。

上文的分析表明，粤东闽语鱼韵字存在三个读音层次，跟陈忠敏对泉州话的分析结果一致。我们用"一、二、三"来表明各层次之间的时间先后顺序。

表 X-1-1-3　　　　粤东闽语鱼韵字的读音层次

层次		读音	例字
第一层	中古前读音层	ou	许_姓_
		iu	初_初一黍_
第二层	鱼虞有别层	ɯ/i/u_白_	锄舒
第三层	鱼虞相混层	ɯ/i/u_文_/o	许_允许_舒初_初级_旅

二　虞韵字读音的历史层次分析

从上表 X-1-0-2 可以看到，粤东闽语虞韵字共有 7 个读音类，具体到各个方言点则是 6 或 7 个不等。下表 X-1-2-1 是对表 X-1-0-2 的补充，表中例字在各方言点的具体读音有分歧，无法在表 X-1-0-2 中体现出来。

表 X-1-2-1　　　　粤东闽语各点虞韵例字的读音对照

方言点	于_于是_ 矩瞿	雨_文_区取具
云澳	i	u
汕尾捷胜、海丰海城、联安、平东、陆丰东海、潭头	i	
达濠、海门、棉城、惠城、流沙、陆丰甲子	i	u
澄城	ɯ	u
汕头、揭阳、潮州湘桥、文祠、饶平黄冈、海山、三饶、凤凰	i ɯ	u

*ɯ 音类只在鱼韵字 F1 音类为 -ɯ 的方言点才有，且只有三个例字"矩瞿于（"于"字读 -ɯ 只限于澄海）"，这几个字在其他方言点读为 -i（主要为粤东西部海城等方言点，这些方言点鱼韵字不读 -ɯ，有一批虞韵字读 -i）或 -u（主要为粤东中部潮阳等方言点，这些点鱼韵字不读 -ɯ，且虞韵字只有"于"字读 -i）。需要说明的是，云澳虽然跟海

城等点一样，"矩瞿于"都读 –i 韵母，但表 X–1–2–1 没有把它们放在一起，因为它们在虞韵字的读音上有明显差异，云澳有且只有"矩瞿于"这三个字读 –i 韵母，而海城等方言点则还有一批虞韵字读 –i 韵母。捷胜、联安、平东、潭头各点读 –i 的例字有些差别，潭头最少、海城最多，自东往西呈递增趋势，但总的区别不大，举陆丰东海、海丰海城两个点为例。

陆丰东海：

趨 tsʰi⁴⁴ 取 tsʰi⁵⁵ 娶 tsi³³ 趣 tsʰi²¹² 聚 tsi³³ 須 si⁴⁴ 需 si⁴⁴ 樞 kʰi⁴⁴ 豎 si³³ 拘 kʰi⁴⁴ 駒 ki⁴⁴ 俱 ki³³ 矩 ki³³ 矩 ki⁵⁵ 區 kʰi⁴⁴ 驅 kʰi⁴⁴ 瞿 kʰi⁴⁴ 具 ki³³ 懼 ki³³ 愚 gi²⁴ 虞 i²⁴ 娛 gi²⁴ 遇 gi³³ 寓 gi²⁴ 迂 i⁴⁴ 于 i⁴⁴ 盂 i²⁴ 榆 dzi²⁴ 逾 dzi²⁴ 愉 dzi²⁴ 愈 dzi⁵⁵ 喻 dzi³³

海丰海城：

于 i³³ 趨 tsʰi³³ 取 tsʰi⁵² 娶 tsʰi⁵² 趣 tsʰi²¹³ 聚 tsi²⁵ 須 si³³ 需 si³³ 厨 ti⁵⁵ 住 tsi²⁵ 雛 tsʰi³³ 主 tsi⁵² 樞 kʰi³³ 輸 si³³ 輸 si³³ 殊 si⁵⁵ 豎 si²⁵ 樹 si²⁵ 儒 dzi⁵⁵ 乳 dzi⁵² 拘 kʰi³³ 駒 kʰi³³ 俱 ki²⁵ 矩 ki²⁵ 矩 ki⁵² 區 kʰi³³ 驅 kʰi³³ 瞿 kʰi⁵⁵ 具 ki²⁵ 懼 ki²⁵ 愚 gi⁵⁵ 虞 gi⁵⁵ 娛 gi⁵⁵ 遇 gi²⁵ 寓 gi²⁵ 吁 i³³ 迂 i³³ 于 i³³ 于 i³³ 盂 i³³ 雨 i⁵² 宇 i⁵² 禹 i⁵² 羽 i⁵² 榆 dzi⁵⁵ 逾 dzi⁵⁵ 愉 dzi⁵⁵ 愈 dzi⁵² 喻 dzi²⁵

关于这几个读音之间的关系，下文还会再详细讨论。

（一） –u白 音类

f1 音类：u 音类应该分为先后两个层次，一是跟鱼韵 F1 音类相对应的中古"鱼虞有别"层，记为 u白；一是晚近的文读层，记为 u文。在粤东闽语里，表示"运输"义的"输"是个文读字，在粤东东部大部分方言点都读为 ₋su，跟"输赢"的"输"同音，但是粤东西部的海丰几个方言点"运输"的"输"读 ₋si，跟"输赢"的"输"不同音，可见，两个"输"的韵母来源不同。另外，"于"作姓氏时读 ₋u，而用在"于是"等书面词语时读 ₋i（下文将论述 u文 和 –i 实属同一层次读音），姓氏读音通常属于白读层。这两个例子说明把粤东闽语虞韵字的 –u 音类分为早晚两个不同层次是合理的。

表 X-1-2-2　　　　粤东闽语虞韵字读 -u 韵母的情况

方言点	u^白	u^文
云澳	孵_训舞雾输_{输赢}蛀	夫_文膚府傅_文赴符_文扶父_文腐附取_文趣聚鬚_文樹_文註住_文朱珠_文主乳_文句區瞿懼具雨_文羽愈
汕头、榕城、湘桥、澄海、黄冈、海山、三饶、榕城、惠城、流沙		夫_文膚府傅_文赴符_文扶父_文腐附取_文趣聚鬚_文樹_文註住_文朱珠_文主乳_文句區懼具雨_文羽愈
海门		夫_文膚府傅_文赴符_文扶父_文腐附取_文趣聚鬚_文樹_文註住_文朱珠_文主乳_文句區瞿懼具愚雨_文羽愈
棉城		夫_文膚府傅_文赴符_文扶父_文腐附取_文趣聚鬚_文樹_文註住_文朱珠_文主乳_文句區瞿懼具遇愚寓虞雨_文羽愈
东海		夫_文膚府傅_文赴符_文扶腐附取_文註住_文朱珠_文主樹_文句
甲子		夫_文膚府傅_文赴符_文扶腐附取趣聚註住_文朱珠_文主樹_文句具
潭头		夫_文膚府傅_文赴符_文扶腐附取_文趣聚註住_文朱珠_文主樹_文句遇
海城、联安、平东		夫_文膚府傅_文赴符_文扶父_文腐附註柱朱珠_文乳_文句愈
捷胜		夫_文膚府傅_文赴符_文扶父_文腐附註廚柱住_文朱珠_文主乳_文句愈

梅祖麟（2001）在讨论吴语鱼虞韵层次的时候，提到闽语的情况，他论证了闽语虞韵字的两个层次，其中闽南方言（他举厦门和揭阳作为代表方言点）的 *u 音类属于南朝时期（第Ⅱ层，iu 读音为第Ⅰ层）的层次："'运输'义的'输'先秦已经有了。'输赢'的'输'是个后起义，最早出现于《世说新语》'桓宣武少家贫，戏大输，债主敦求甚切'（任诞）。'厨主输_{输赢}'演变相同，同属南朝层次。"

我们暂不管所分出来的两个层次是否确切，而先借助他的研究来帮助讨论 u^白 读音的层次。在粤东闽语里，"输赢"的"输"是一个口语常用字，作为动词表示"赢"的反面义，例如：伊昨日输掉 500 银去。（他昨天输了 500 块钱。）；在有的句子里"输"表现出形容词性，是动词用法的延伸，例如：伊只个囝□iau³⁵输。（她这个儿子比较差。）；同时，可以用于差比句，大致相当于"不如"，例如：

(1) 汝爱只只就输过爱许只。（你要这一只就不如要那一只。）
(2) 只个星期输过来去白云山。（这个周末不如去白云山吧。）

可见，相对于普通话"输"在粤东闽语用得比较广泛，除了可以作动词表示"输赢"之外，还表现出形容词性，大致表示"差、不好"的意义，此外，还可以充当差比句的标志，表示"不如、比不过"。相应地，在粤东闽语"赢"也可以用于差比句，表示"优于、比…好"。

由此可见，表示"输赢"的"输"在粤东闽语是一个相当常用的口语字，词义和用法扩大，它应该是较早时期进入粤东闽语的。那么，-u^白读音层究竟在什么时候就已经进入粤东闽语了？我们认为应该不早于中古时期，进入方言的时候模韵字已经从-u复化为-ou，虞韵字另外一个更早的读音层-ou就是跟着模韵一起演变的结果，而"鱼虞有别"层-u^白进入粤东闽语的时候，没有赶上这一高化音变，也即没有同那些虞韵字一起跟着模韵字复化为-ou，因此保持着-u音值，直到后来方言又进驻新的文读层读音，与"鱼虞有别"层的-u音值相同，新旧直接合二为一。

庄初升（2005）有专门的文章讨论汉语表示"禽鸟孵卵化生雏儿"的不同说法，各方言之间主要有来自"伏"或来自"孚"的区别，他认为"从先秦到西汉时期，汉语中的'伏'与'孚'是幽部的同源词。到了东汉时期，汉语中有些方言的'孚'演变成了宵部的'抱'，'伏'与'抱'构成了方言的差异，而这种差异一直延续到唐宋以至于今天。"因此"粤北土话以及吴、闽、客、徽等南方方言说"伏"是直接承先秦至西汉的汉语而来的，而粤、赣、湘、官、平等方言说"菢"，乃是由"抱"转变而来的，属于比较晚的一个历史层次"。参照他的研究，粤东闽语"孵"字读pu^{2}应该是训读为"伏"了："伏"《广韵》去声宥韵扶富切："鸟菢子，又音服。""孵"《广韵》平声虞韵芳无切："孵，卵化。"粤东地区表示"禽鸟孵卵"时说pu^2，声韵调都跟"伏"相符，而跟"孵"义合音不合，所以，粤东闽语"孵"读pu^{2}实是训读为"伏"。根据庄初升的研究，"伏"表示"禽鸟孵卵化生雏儿"是直接来自先秦乃至西汉的层次，这指的是它的发源时间，而它经由吴语、福建闽语传入粤东闽语的时间，要晚得多，就如上文所分析的"输输赢"的读音层次一样，应该不早于中古。

（二）-u^文/i/o/ɯ 音类

上文鱼韵字部分已经讨论了"鱼虞相混"层读音，在这一层次里，鱼、虞两韵读音相同，主体读音都是 -u，同时因声母不同而导致分化的情况也一致，鱼韵庄组声母字读 -o，虞韵字也有 -o 读音，主要为疑母字。虞韵字读 -o 的情况详见下表。

表 X-1-2-3　　粤东闽语虞韵字读 -o 韵母的情况

方言点	无	愚	虞	遇	寓	娱	斧	数
汕头、云澳、榕城、湘桥、澄海、黄冈、海山、三饶			o			(∅) u		
流沙			o	ou 公~				
				o ~言				
惠城			o	ou 公~		(ŋ) o	ou	u
				o ~言				
达濠	o	u		o		(ŋ) u		
海门		o	ou	o				
棉城			u					
海城、联安、平东、捷胜、东海			i			(g) i	o（捷胜和东海不读 -o，读同汕头）	
潭头			u			(∅) u	ou	u
甲子			o					

除了"无"，其他都是疑母字，且这些字都比较书面化，声母为 ŋ-，属于晚近的文读层。从声母的对立和词汇本身的色彩看，"无"字是较早期读音层次的遗留，因此 -o 音类也应分为两个不同的层次。上表中这些读 -o 的疑母字，因为声母的缘故促使韵母由 -u 低化成为 -o，跟 -u^文 形成互补，所以可以判定它们为同一层次读音。汕头等方言点"娱"字例外，读 -u，因为"娱"在这些方言点是零声母，所以没有跟着一起变，这是疑母字本身的分化导致韵母分化的现象，更加有力地证明了 -o 跟 -u^文 是同属一个历史层次的读音。

当然，粤东闽语各方言点的具体情况还存在差异，上述分化在有的点还没有全部完成，如达濠，声母都是 ŋ-，但是韵母既有 -o，也有 -u̅ᵡ；有的点则还完全停留在 -u 阶段，如棉城、潭头。海城等点读 -i，且声母为 g-，所以不存在分化的语音条件。惠城的情况特殊，由于受声母 ŋ- 所影响，韵母发音部位由舌面前移到舌尖，实际音值接近 -ɿ，这是新的音变方向，鱼韵字也有所表现，不过，由于 -ɿ 和 -o 没有音位对立，所以本书全部处理为 -o。惠城、流沙两点的"寓"字在"公寓"一词中都读为 -ou，应该是误读所致，读同了一等模韵，因为"公寓"是新近才出现的词语，进入方言的时间很短，不可能是跟"夫"等字读 -ou 同属一层次。

除了澄海，其他点都有 -i 读音，但是辖字多少差别很大，整个粤东闽语可以分成两种类型：东部潮汕片不超过"矩瞿于"三个，西部海陆丰则有一批字读 -i。这里将具体列出海陆丰各点读 -i 的例字，便于比较说明。

表 X-1-2-4　　　　粤东闽语虞韵字读 -i 韵母的情况

方言点	读音	例字
海丰海城、联安、平东	i	毆趣聚鬚廚住主输运输樹乳矩瞿區具遇愚寓虞雨羽愈
陆丰东海	i	毆趣聚鬚输运输乳矩瞿區具遇愚寓虞雨羽愈
汕尾捷胜	i	毆趣聚鬚樹输运输矩瞿區具遇愚寓虞雨羽愈
陆丰潭头	i	毆矩區瞿具雨

从上表可以看到，海陆丰几个点 -i 读音的辖字不完全相同，但从各个点都有的辖字来看，是比较整齐的。这些 -i 读音字在别的方言对应 -u 和 -o，跟虞韵其他读音形成文白对立，所以，-i 也是晚于中古"鱼虞有别"层的读音。那么，同属晚于中古的读音层，-i 跟 -u̅ᵡ 之间的关系如何？

海陆丰几个点既有 -i 又有 -u（专指 -u̅ᵡ），-i 跟 -u̅ᵡ 之间表现出互补分布的格局，举海城为例，读 -u 的为非、敷、微、知、章母字，只有三个字例外：輸输赢 su^{33}，書母字；句 ku^{213}，見母字；裕 dzu^{25}，以母字。

读 -i 的为：清、従、心、澄、崇、昌、書、禪、日、見、溪、群、疑、曉、影、云、以母字，只有一个字例外：主 tsi⁵²，章组字。根据上文分析，"输赢"的"输"是早期层次，不属于 -i 跟 -uˣ 的层次，所以书母字的对立可以排除，"句、裕"两字没法确定它们是否早期层次读音，只能暂时作例外处理。陆丰几个点的情况跟海丰有差异，读 -i 的字减少、读 -u 的字增多，也即跟 -u 相配的声母比海丰多，以东海为例，除了非、敷、微、知、章、见、以等声母外，还有澄、崇、禪、日、见、云母，但 -i 和 -u 基本上还是保持互补，对立的只有以下四个例字：句 ku²¹²，见母字；于 i⁴⁴，云母字；盂 i²⁴，云母字；裕 dzu³³，以母字。见、以母字基本都读 -i，"句"字和"裕"字是例外；云母字大部分读 -u，"于、盂"两字例外。根据上文的材料反映，-i 和 -u 都是晚近的读音层次，呈互补分布，可以判断它们是同一层次的音类变体。

之所以其他方言点没有发生 -i/u 分化现象，而在海陆丰各点发生了，究其原因跟这些点的鱼韵"鱼虞有别"层读 -i 密切相关。虞韵字文读层读音 -i/uˣ 借入粤东闽语的时候音值大概为 -y 或接近 -y，由于粤东闽语没有撮口韵，所以就被折合成近似的读音 -u，这就是我们今天所看到的粤东闽语"鱼虞相混"层的主体读音 -uˣ。然而，这一层次的读音并非一下子整齐地进入方言，而是经过一个词汇扩散的过程，其间会受到各种因素的影响。试想当"鱼虞相混"层读音以词汇扩散的方式进入粤东闽语时，粤东闽语本方言的鱼、虞韵字还是分而不混的，那么这些已经相混淆的鱼、虞韵字在选择方言读音时，既可能跑到鱼韵字里，也可能选择虞韵字读音，结果是：鱼韵字"鱼虞有别"层读 -ɯ 的点，就有"矩瞿于"等字跑到鱼韵 -ɯ 读音去了；鱼韵字"鱼虞有别"层读 -u 的方言点，全部都读为 -u；而鱼虞有别层鱼韵字读 -i 的方言点，很多虞韵字就跟着鱼韵读为 -i。

我们不能笼统地说：虞韵字"鱼虞相混"层分读 -i/uˣ 读音是由于声母不同而导致的，因为：一，这没有说明为什么声母的不同只在海陆丰等方言点造成分化，而没有在其他方言点造成读音分化；二，找不到跟 -i 相配的声母的共同特点；三，作为第二点的补充，跟 -i 相配的声母在海陆丰各点各不相同，这就更加说明这些声母的共同点无法概括。因此，我们说：虞韵字"鱼虞有别"层分读 -i、-uˣ 是由于词汇扩散过程中受到其他因素的影响而造成的，"其他因素"指的是各点鱼韵字"鱼虞有别"层的主体读音；另外，具体哪些字读 – i，哪些字读 – u^{χ}，声母的影响也是"其他因素"之一，词汇扩散过程虽然有很多不确定因素，但总的还是有方向性和选择性的，由于声、韵之间相互影响、相互制约，所以，当扩散点为韵母时，声母通常起限制作用，声母相同的字倾向于朝相同的方向变化，也即选择相同的韵母音类，因此，海陆丰等点虞韵字"鱼虞相混"层的 – i、– u^{χ} 读音才会表现出声母互补的局面，看起来就像是由于声母发音不同而导致的韵母分化。

综上所述，粤东闽语虞韵字"鱼虞相混"层读音包括了如下几种变体：$u^{\chi}/o/i/ɯ$。

（三） – ou 音类

– ou 在各方言点的辖字相当一致，且都是方言的白读音，属于比较早期的层次。– ou 多和 – u^{χ} 构成文白异读，例如："夫"文读 $_{\subset}$hu，用于书面语词"妇人、丈夫"等；白读 $_{\subset}$pou，用于口语的"丈夫（意为男人）、轿夫"等词。文读声母 h – 来自中古以后已经轻唇化了的声母，粤东闽语至今还没有轻唇音声母，所以轻唇音声母通常被折合成 h –。白读声母则是重唇音 p –，保留中古以前"古无轻唇音"的特点。"傅$_{姓}$"作为姓氏时读 pou$^{\supset}$，而在书面语"师傅"等词中读 hu$^{\supset}$，情况正和"夫"一样。"雨"文读 $_{\subset}$u/$_{\subset}$i，白读 $_{\subset}$hou，按照潘悟云（1997）的构拟，云母上古来自匣母的 g –，到中古才演变成为云母 ɦ –，"晓、匣的中古音有拟作 h –、ɦ – 者，也有拟作 x –、ɣ – 者。但是，上古的 *q – 既然后化作中古的 ʔ –，晓、匣也应该从 *qh –、*g – 后化作 h –、ɦ –，而不应该是前化作 x –、ɣ –。""雨"为云母字，声母白读 h –，粤东闽语云母的 h – 是 ɦ – 的清化，发音部位比普通话的 x – 声母靠后，属于喉音，正好与潘的构拟吻合。"甫"口语不说，只用在"杜甫"的名字中，读 $^{\subset}$p^{h}ou，声母跟中古音不对应，"甫"是非母字，如果保留"古无轻唇音"特点的话，应该读不送气 p –，所以它读为送气的 – p^h 可能读同"浦"了。"麸、斧、芋"都是口语常用字，作为方言较早层次读音的例字都没有问题。三饶的"拘、驹"和凤凰的"驹"韵母都为 – ou，这可能跟语言接触有关，具体讨论跟鱼韵的 – ou 音同。

因此，-ou 应该是方言本身虞韵字读音后高化演变的结果，演变的过程大致如下：a＞ɒ＞ɑ＞ɔ＞o＞ʊ＞u，"模韵和虞韵显然是受这条规则（作者按：元音后高化规则）影响的"（潘悟云，2000），潘悟云在列举了梵汉对音材料之后认为"虞韵在舌根音后面接近于 -o，在舌尖音后面则接近于 -u。可见当时的虞韵可能是一个 -ʊ，在不同的声母后面音色稍有变化。虞韵在上古有两个来源，一是上古的侯部＊-o；一是上古鱼部合口音＊-wa，后来发生中和变化，成了 -o。所以元音后高化规则对虞韵同样起作用，从＊-o 变成＊-ʊ，再变成 -u"（潘悟云 2000）。元音后高化到 -u 并不是终点，它还可能进一步复化成为 -ou，粤东闽语虞韵字的 -ou 读音就是这样通过后高化、复化发展而来的。

在粤东闽语，读 -ou 的还有模韵字，也都是方言的白读音。周法高（1948a）"在鱼虞不混的南北朝诗文韵例中，和模韵通用的都是虞韵，而不是鱼韵。"可见，虞韵字向来跟模韵字相近，彼此都有合口特征，所以它们容易趋同，并最终走向合并。

张琨（1991）曾探讨闽语这个读音层"鱼虞韵＊iu 在厦门、潮阳两个方言中读成 u，表示介音＊i 消失。有少数字＊i 介音消失的比较早，这几个字先读成＊u，参加模韵字的演变，在厦门方言中读为ɔ，在潮阳方言中读为 ou"，本书的分析显然跟这种观点不同。可以看到，张文的语料与目前粤东闽语的情况不符，属于粤东闽语的潮阳话，同时具备 -u（早期读音层 -u^白）和 -ou、-iu 三类读音，而且前者跟后两者之间都存在对立，所以它们绝不是简单的更替关系，而属于不同的读音层次。戴黎刚（2005）也不同意张琨的观点，他说"遇摄读为 iu、u、ou 音类的字当属不同的历史层次，它们之间不是音变的关系，而是不同历史层次之间相互竞争的关系。所以不能用＊iu→u→ou 来解释遇摄的演变过程"，但是他认为"iu/iau/u 为白读层，ou 为旧文读层，u/y 为新文读层。"本书不同意 -ou 是比 -u^白还要晚的"旧文读层"。

（四）-iu 音类

-iu 在各点的辖字比较一致，基本上包括了"鬚取珠树黍"几个字，少数点还有"住"字。"胡鬚"的"鬚"为心母字，文读 ₋su，白读 ₋tsʰiu，粤东闽语心母字早期读音层多为塞擦音。"树"白读 tsʰiu²，单用于口语，表示植物的"树木"，文读ᶜsu，只用在书面词语"树立"等，文白两读声韵调全都不同。"树"为禅母字，粤东闽语禅母字早期读音层多为塞擦音，跟心母字相似；声调方面文读为阳去调（部分方言点全浊上声字读归别的调，"树"文读声调也归相应的调），白读阳去。粤东闽语普遍发生了全浊去声读归阳上调的音变，如果一个字存在文白读，且文白两读分布为阳上调和阳去调的话，阳去调一定属于白读音（早期的层次）。

-iu 属于白读层读音，跟文读层 -u^文 音类形成文白对立。从与之相配的声母看，-iu 主要是精章母字（锐音），-ou 主要是非云母字（钝音）、没有精章组字，如果不是 -ou 读音有"厨"字，-iu 音类读音在部分点有"住"字，那么这两个读音完全可以归为同一层次的变体。

把这两个读音放在同一层次的障碍是"厨"和"住"，都是澄母字，它们的分布有对立，然而，它们之间的对立是可以消除的。在粤东闽语，"厨"字只用"厨房、厨师"等词，"厨房"粤东闽语口语说"火食"或"火食间"，"厨房"是新近传入的文雅说法，"厨师"也一样（旧说"火头军"），可见"厨"字传入粤东地区的时间不会很久，也就是说，"厨"字读 -ou 属中古之后的文读音，跟其它字读 -ou 性质完全不同。同时，"厨"在联安、平东读为ᶜti，在捷胜读ᶜtu，都是晚近的文读音，因此，我们完全有理由相信"厨"字读 -ou 也是文读音。另外，"厨"在闽南地区普遍读ᶜtu，这也是重要的旁证。所以，"厨"字读 -ou 跟 -u^文/o/i/ɯ 属同一层次读音，我们推测，"厨"字在一些方言点读 -ou，跟惠城、流沙的"寓"字在"公寓"一词中都读为 -ou 音一样，是误读为一等模韵所致。

把"厨"字剔除出早期读音层 -ou 之后，已经可以把 -ou 跟 -iu 归入同一层次了。剩下的问题是：它们跟 u^白 读音之间的关系如何？如果属于不同的历史层次，那它们之间孰早孰晚？

李如龙（1996）认为虞韵读 -ou 的字来自上古的鱼部，读 -iu 来自上古的侯部，-ou 和 -iu 两读音反映了上古韵类的分和，也即肯定了 -ou 和 -iu 都属于上古的读音层次。本书同意梅祖麟（如上所述）认为 -u^白 音类属于南朝层次的观点，也就是 -u^白 属于中古前期"鱼虞有别"

的层次，跟鱼韵的 -ɯ 音类对应。-ou/iu 跟 -u^{白}属于两个不同的读音层次，-ou/iu 当在 -u^{白}之前，不晚于南北朝时期。

（五）-iau 音类

-iau 辖字很少，只有"数、柱"两个例字。"数"字有文白读对立，做动词"计数"或名词"数字"时读 siau$^⊃$，口语化；在书面词语中读 su$^⊃$，例如：数落、无数。-iau 音类跟 -u^{文}音类有对立，属于两个不同层次读音。

虞韵字上古来自鱼部和侯部，与"数"谐声的有虞韵字和侯韵字，没有非虞韵的鱼部字，可以断定"数"在上古属于侯部，读 -iau 是早期层次的遗留。粤东闽语读 -iau 的主要是效摄字，但 -iau 在效摄属于文读音，跟它在虞韵里的层次不同，也即效摄的 -iau 不是早期侯部读音的遗留。

张琨（1985）把虞韵的 -iau 音类和 -iu 音类合并，但没有很充分的理由证明这种做法的合理性。戴黎刚（2006）对 -iau、-ou、-iu 读音之间的层次有如下看法"虞韵的 iu 音类的层次比 ou 音类的层次要早。虞韵的 iau 音类也比 ou 音类要早"，本书同意 -iau 属于早期的读音层次（白读层）。因为闽方言普遍有这个读音层，且辖字一致，或"数"或"柱"或两字兼有，如此大范围的一致性说明这是早期闽语的一个读音层。

从现有的例字看来，-iau 跟 -ou/iu 之间没有对立，它们分别与不同的声母相配，因此，暂时可以把它们放在同一历史层次里，属于中古之前的读音层。

（六）-o（无）的读音层次

"无"在粤东闽语既可以用在名词或名词性短语前作动词，表示事物不存在；也可以用在动词或动词性短语前作否定副词，表示动作或行为没有发生，兼有动词和副词两种性质，跟普通话的"没有"相似。例如：

（1）阮内无骹车。（我家里没有自行车。）

（2）伊无挈汝个书。（她没有拿你的书。）

（3）昨日去银行无挈钱。（昨天去银行没有拿钱。）

(4) 昨日去银行挈无钱。(昨天去银行拿不到钱。)

(5) 许日我去工地睇着无□ᶜlo 作。(那天我去工地看到没有在干活。)

"无"的使用频率非常高,因为它不单是词汇现象,还是一个语法现象,在口语中无法避免,无可替代。我们知道,在语言三个层面:语音、词汇和语法中,语法层面是比较稳定的,一个语法现象从萌芽、发展到定型,所需要的时间相对较长,而一旦形成之后,也不容易改变。"无"在上古汉语中,跟"毋"通用,"毋"也就是"无",鱼部字,王力(1990)拟音 miua,表示单纯否定的概念,也可用于表禁止。这两种场合其他文献都有写作'毋'"(太田辰夫 1987)的例子。关于"无"和"毋"两词的分合关系,以及它们在汉语发展史上具体意义、用法的变更,本书不深入讨论。可以肯定的是,早在上古时期,"无"就作为否定词在汉语里使用,且一直沿用到今天,至今仍然活跃在汉语的方言中。

潘悟云(1999b)指出,闽语的鱼韵除了属于中古层次的 ɯ 以外,还有一个读入歌韵的上古层次。因为在上古汉语,鱼部是 – a,歌部为 – al,它们都以元音后高化的方式向中古变化:

鱼 a→ɑ→ɔ→o
歌 al→ai→ɑ→ɔ→o

语言中有些高频词(口语中使用频率高的词)往往发生音变滞后的现象。闽语中少数读入歌韵的鱼部字,就是因为在口语中频繁使用而出现音变滞后的情况,当别的鱼部字已经往后高方向迈进一大步之后,它们仍然保持原来的读音,结果就跟后面赶上来的歌部字合流了。比如人称代词"他",是中古歌韵字,当歌韵从 – ɑ 变到 – ɔ 的时候,"他"还滞留在 ɑ 的阶段,于是就和麻韵合流了。

根据上文从语法、语音两方面的分析,"无"读 – o 属于音变滞后现象,反映了早期鱼部虞韵的面貌。由于"无"在语法上有不可或缺的地位、同时高频率地出现在口语里,因此它的读音一直稳若泰山。当然,不能绝对地说"无"一进入粤东闽语就已经读 – o 了,有可能它也经过了后高化的演变，只不过它发生变化的时间比较晚，跟之后赶上来的豪韵白读音、以及后来借入方言的歌部字文读音合流了。"无"读-o属于粤东闽语早期的读音层次，它跟-iu/ou和-iau之间是否有层次上的差异，哪个在先、哪个在后，暂时不好确定，但把它们放入中古前这一大的历史层次之中，是没有问题的。

（七）-e音类

-e读音只有"父"一个例字。表示"父亲"的"父"属于方言的固有词，很早就存在了，主要用于背称、他称，也用在"父囝、父辈"等词，相当口语化，毋庸置疑，它是口语中使用较为频繁的一个词。所以，"父"读-e当属于较早期的读音层次，跟"无"字读-o一样，属于高频词读音滞后的现象。粤东闽语麻韵字也读-e，属于白读音，例如：马 ᶜbe_{白,骑~}/ᶜma_{文,~上}、假 ᶜke_{白,真~}/ᶜkia_{文,放假}、下_{白,顶}ᶜe/ᶜhia_{文,~面}。"父"混入麻韵字之后，就随着麻韵字一同发展，变成现在的-e读音。海陆丰白读层读-e的还有果摄的"锣胸坐"和蟹摄的"胎苔代袋"等，证明这一层次读音的时间比较早。福建本土的厦门方言则有更多的韵摄、更多的例字白读-e，例如：灰韵"推、背"、支韵"糜"等、微韵"飞、尾、未"等、戈韵"和、火"等，白读都是-e，这是更大层面上的白读层合流了。

（八）小结

根据上文对粤东闽语虞韵字读音及其历史层次的分析，我们试将各读音类梳理如下，并放入相应的层次中。

表 X-1-2-5　　　　　粤东闽语虞韵字的读音层次

层次			读音	例字
白	中古前滞后层		e	父
			o	无
			iau	数柱
	中古前主体层	锐音	iu	鬏珠
		钝音	ou	夫傅_{姓}
	鱼虞有别层		u白	孵_{训}輸_{输赢}

续表

层次		读音		例字
文	鱼虞相混层	非疑母	u^文/i/ɯ	夫傅
		疑母	o	遇愚

三　模韵字读音的历史层次分析

相对于鱼虞韵，模韵字在今粤东闽语的读音比较简单，主要有 -ou、-u 和 -o 三个音类，为使行文更加紧凑以及便于进行音类之间的比较，故不再分音类讨论。

如果单从韵母角度看，-ou、-u 和 -o 都有相对应的鼻化韵母，但是 -ũ、-õ 只出现在鼻音声母后边，是声母顺同化的结果，所以不作鼻化标示。-õu 韵的"虎"读 ₌hõu，是来自非鼻音声母的古阴声韵字，这类鼻化韵跟对应的非鼻化韵虽然有对立，但是没有层次区别，属于方言语音自身比较特殊的演变，对于这一类鼻化韵有专门的章节分析，此处不多讨论。

-ou 读音包含不同的层次，跟 -o/u 形成文白读对立的，都属于白读层的 -ou^白，下面举饶平黄冈的读音为例：

图：₌tou ~画、₌thu 企~

塗：₌thou ~糕糜、₌thu 糊~

五：₌ŋou 数字、₌u 二一添作~

呼：₌khou ~猪、₌hu 称~

顧：kouᵓ 相~、kuᵓ ~客

雇：kouᵓ ~钱、kuᵓ ~佣

胡：₌ou 姓、₌hu 二~

糊：₌kou 米~、₌hu ~涂

狐：₌hou ~狸₌lai、₌hu ~狸₌li

模：₌bou 鞋~、₌mo ~范

素：souᵓ 味~、suᵓ 朴~

上面所列举的例字都有文白两个读音，其中韵母为 -ou 的属于白读音，而韵母为 -u/o 的属于文读音。有些例字除了韵母，声母、声调也有相应的对立关系，例如："五"白读 ŋ-声母、阳上调，文读则为零声母、阴上调；"胡"为匣母字，白读零声母，文读为 h-声母；"糊"白读 k-声母，文读 h-声母；"模"为明母字，白读 b-声母，文读 m-声母；"呼"是晓母字，白读 ᶜkʰou，上文讨论鱼韵字"许ᶜkʰou"时说过，晓母字读 kʰ-属于上古层次，可见，这些 -ou 属于早期的历史层次，主要是钝音声母字。

不过，模韵 -ou 读音不全属于白读层，文读层的 -ou 可以通过不同方言点之间的读音差异来甄别。下表所列例字在陆丰东海和饶平黄冈分别读 -ou 和 -o/u，可见粤东闽语模韵字 -ou 读音除了上述的早期层次，还有比较晚期的层次。在所调查的粤东各点中，东海读 -ou 的例字最多，详见下表。从整个粤东闽语来看，-ou文 所包括的例字还不止表中所列的，至少还包括（以黄冈读音为例）：浦 pʰou⁵²、蒲~松龄pʰou⁵²、妒 kou²¹³、土 tʰou⁵²、屠 tou⁵⁵、渡 tou³¹、镀 tou³¹、蘆 lou⁵⁵、鷺 lou⁵⁵、露~水lou³¹、租 tsou³³、蜈文gou⁵⁵，这些字都用在比较书面化的词语中，当属晚近的层次。

表 X-1-3-1　　　　粤东闽语模韵字 -ou 文读音对照表

方言点	例字读音
东海	模 mõu²⁴ 摹 mõu²⁴ 努 lõu²⁴ 怒 lõu³³ 佈公~ pou²¹² 怖 pou²¹² 蒲蒲公英 pou²⁴ 捕 pou²¹² 鲁 lou⁵⁵ 橹 lou⁵⁵ 组 tsou⁴⁴ 措 tshou²¹² 诉 sou²¹² 故 kou²¹² 固 kou²¹² 锢 kou²¹² 顾文,照顾kou²¹² 吾 gou²⁴ 梧 gou²⁴ 悟 gou²⁴ 呼文,称~ hou⁴⁴ 滸 hou⁵⁵ 鬍文 hou²⁴ 互 hou³³
黄冈	模 mõ⁵⁵ 摹 mõ⁵⁵ 努 nõ²¹³ 怒 nõ²¹³ 佈公~ pu²¹³ 怖 pu²¹³ 蒲~公英pʰu⁵⁵ 捕 pu³³ 鲁 lu⁵² 橹 lu⁵² 组 tsu³³ 措措施tsʰu²¹³ 诉 su²¹³ 故 ku²¹³ 固 ku²¹³ 锢 ku²¹³ 顾文,照~ ku²¹³ 吾 u⁵⁵ 梧 ŋõ⁵⁵ 呼文,~吸u³³ 滸 hu⁵² 鬍文 hu⁵⁵ 互 hu²⁵

综上所分析，把 -ou 分为两个不同的读音层次：中古前的 -ou白 和中古后的 -ou文 是完全合理的。

上文在讨论 -ou白 读音时已经说过，-o/u 两读音都跟 -ou白 有文白对立关系，因此可以初步判定 -o/u 属于比较晚近的读音层次。读 -u 的例字有"佈怖菩堵赌徒途塗鲁橹房赂组措素诉五呼虎滸胡狐乎沪互瓠污恶"等，属于文读音，-u 读音的例字比较多，声组分布范围也比较广。

在粤东闽语，同读 -u 读音的还有鱼虞韵字（鱼虞相混层）以及流摄尤韵字。晚唐五代时期，尤侯唇音字的大部分（如"部、妇"）转入了鱼模（王力，1985），-u 读音反映的正是这一历史语音事实，另外，尤韵字读 -u 的除了唇音声母字，还有喉牙音字，例如"久丘臼舅舊牛有"，是更早时期的读音层，它们跟唇音声母字读 -u 性质不同，属两个不同的历史层次，详细情况本节不深入讨论。回到模韵字的 -u 读音，从它跟尤韵字合流这一事实看，这至少是晚唐五代以后产生的读音层次。

读 -o 的例字有"模_文摹暮慕墓募努怒做错梧吾"等，都是读书音，包括的声母只有明母、泥母、精组以及疑母，-o 跟 -u 大体上形成互补分布，只在少数声母有对立，产生对立的例字不多、且各点有所不同，大致情况如下表，表中 -ou 韵母都是 -ou^文。

表 X－1－3－2　　粤东闽语模韵字的 -o/u 读音例字表

声母 例字	并		明		精组			泥母		疑母		
	菩	捕	暮慕 墓募	模_范 摹	做错	组	措	努	怒	梧	悟	吾
黄冈	u		(m) o		u	o～手 不及	u～ 施	(n/ŋ) o				
云澳	o	u	o		u			o		u		
惠城	o	u	o		u			o	u	u 孙～ 空	o 领～	u
东海	u	ou	ou		o	ou	o	(l/g) ou				
海城	u				o			(g) ou				

前文已经讨论了鱼、虞两韵的读音层次，它们都有 -o 音类，且 -o 都属于中古之后鱼虞相混层读音，但不是"鱼虞相混"层的主体读音，而属于受特殊声母影响从主体读音分化出来的少数派，模韵的 -o 读音情况与此相似，与韵母 -o 相配的大部分是鼻音声母，海城、东海的"梧、悟、吾"不像其他点那样读 -o，是因为它们的声母是 g- 而不是 ŋ-，东海的"努、怒"读 -ou，也是因为声母读 l- 而不读 ŋ-。粤东闽语读 -o 韵母的还有果摄一等歌韵字和效摄一等豪韵字，即所谓的"歌豪不

分"，但事实上它们分属文白两个不同的历史层次，而模韵字读-o同于果摄歌韵字，都是文读层读音。

综上分析，可以把-o/u/ou三个读音统一在中古后这一历史层次中，虽然它们之间互有对立，但这对于晚近的文读层读音而言，是很常见的现象。因为一个层次的读音借入方言，往往并非一时一地就能完成，其间会受到多种因素影响，产生很多不可预见的变数，所以，进入方言之后的读音无法保证绝对地整齐划一，特别是中古之后的晚近层次，各摄各韵的读音在源方言（或通语）可能就已经产生分化，例如上表X-1-3-2的"做"和"组"字，它们在通语的韵母也不同，分别为-o和-u，因此我们不能要求这些已经分化了的读音借入方言之后反而变得整齐统一。导致这一层次读音分化为-o/u/ou三种不同音类的原因有多种，部分是因为声母的影响、部分是受到方言其它层次读音的影响，有些则是受声旁或形近字诱导所致，还有些是在源方言就已经产生了分化，总之，导致它们分化的原因不一而足，其分化的结果显得杂乱也就没什么奇怪的。

综上，模韵字的读音层次可以梳理如下：

表 X-1-3-3　　　　粤东闽语模韵字读音的历史层次

层次	读音	例字
第一层	ou白	图塗呼糊胡狐模
第二层	-o/u/ou文	暮慕努怒做措
		佈徒塗鲁素胡狐

四　总结

表 X-1-4-1　　　　粤东闽语遇摄字读音的历史层次

层次			鱼韵	虞韵	模韵
第一层	中古前（上古）	滞后层	e/iu/ou	e/o/iau	
		主体层		iu/ou	

续表

层次			鱼韵	虞韵	模韵
第二层	中古（魏晋至中唐）	鱼虞有别层	ɯ/i/u^白	u^白	ou^白
第三层	近古（中唐之后）	鱼虞相混层	ɯ/i/u^文/o	u^文/i/ɯ/o	o/u/ou^文

第 二 章

粤东闽语止摄字的历史层次分析

中古的止摄只有三等韵，其中微、支、脂三韵（按：举平以赅上去，下同）都包括了开合口，而之韵目只有开口没有合口，开合口共有7个韵目。止摄的上古来源比较复杂，之韵来自上古之部 *ə，支韵来自上古支部 *e，脂韵来源于上古脂部 *ei，微韵上古属微部 *əi（根据王力：1980 的拟音）。郑张尚芳拟音为 *ɯ、e、i/il、ɯl/ul *。这四个韵部本身内部的演变纷繁错杂，很多学者讨论过其历史演变情况，下文略举一些主要的研究成果。

王力（1980）研究认为，汉代支部范围扩大，原来属于歌部的部分字转入支部；魏晋南北朝时期，之、支、微三部范围缩小，部分字转入其他部。

切韵时代止摄四韵分立，潘悟云的拟音分别是：支，i^e，支$_{重三}$，ɯi^e，脂，i，脂$_{重三}$，ɯi，之，ɨ，微，ɨi。

王力（1980）整理了唐玄应反切音系，证明支之脂混切，三部合并为脂部 *i；其中之脂合流比较早，南北朝时期就已经开始了。周祖谟（1982）作唐五代韵系时，根据当时的诗文押韵归纳出 23 个韵部，其中之部包括之支脂微齐祭废诸韵，拟作 *i、ui、iei、iuei，齐韵多独用，间或与皆相押。史存直认为：南北朝时候之、脂两韵开始相混；唐代支与之脂同用，三韵都相混了，而之脂支转化为蟹齐止三摄，至迟在唐代就已经完成了。

麦耘（2002）对止摄从中唐到宋的演变作了如下概括："中唐（766 年开始），止摄 4 韵全部合流。北宋（960 年开始），止摄与蟹摄部分字合流。止摄与蟹摄部分字合流，包括两方面：a、蟹摄三、四等韵（祭齐）与止摄合流；b、蟹摄一等合口字（灰）与止摄合口字合流。"

以上研究成果将是本书立论的重要依据。

以下两表分别为止摄开、合口字在粤东闽语中的读音情况。其中下加单横线的为该字的白读音，下加双横线的为该字的文读音，没加的表明该字不存在对立读音。

表 X-2-0-1　　　　　粤东闽语止摄开口字读音

止摄开口字	音类	F1	F2	F3	F4	F5	F6	F7
	例字	奇奇数 寄岐～山 企骑倚站立蟻	徙纸 倚幾	皮被 糜粥	机几 氣衣	利师獅 狸知篩	自私師 磁辭思	治狸氣皮 辭思
方言点	类型一	ia	ua	ue	ui	ai	u	i
	类型二	ia	ua	ue	ui	ai	ɯ	i

表 X-2-0-1 说明：止摄开口字在粤东闽语各点读音一致，不但各个读音层整齐，而且辖字也基本相同。其不同之处在于 F6 音类的具体音值类型一和类型二不同。类型一包括如下方言点：汕头达濠、潮阳棉城、潮阳海门、南澳云澳、惠来惠城、流沙新安、海丰联安、平东、海城，汕尾市捷胜、陆丰东海、谭头、甲子等。类型二包括如下方言点：汕头市区、澄海澄城、潮州湘桥、凤凰、文祠、饶平县黄冈、三饶、海山，揭阳市榕城等。

表 X-2-0-2　　　　　粤东闽语止摄合口字读音

止摄合口字	音类	f1	f2	f3
		ui（ŭi）	ue	i
	例字	跪危偽毁水櫃匪微魏畏	飛尾未髓吹衰	未天干味

一　粤东闽语止摄开口字读音的历史层次分析

（一）-ia 音类

粤东闽语止摄开口字有 -ia 读音，都是支韵字，且都属于方言白读音，跟 -i 音类形成文白对立。-ia 读音虽然辖字不多，但是各方言点的情况非常一致，这是早期读音层的特点。下表列出具体的例字及其文白读音，空白的地方说明读音缺失。

表 X-2-1-1　　　　粤东闽语止摄开口 -ia 读音例字表

例字/中古声母	寄见	奇奇数群	岐山群	骑群	徛站立群	蟻疑
白读音	kia⁔	꜀kʰia	꜀kʰia	꜀kʰia	꜁kʰia	꜁hia
文读音			꜀kʰi			꜁ŋĩ

有的点"蟻"字读鼻化的 -iā，这是粤东闽语常见的非鼻音声母古阴声韵字今读鼻化韵现象，这一鼻化现象跟层次没有关系，是方言内部语音自我演变的结果，至于演变的动因和具体演变途径，有专文讨论，这里不再赘述。

上古的歌部到中古分化为果、假两摄，部分字归并到止摄支韵中，上表例字中"寄奇骑徛"属于上古歌部，其韵母主要元音 -a 保留了上古歌部的特征。"企岐蟻"来自上古支部，跟来自歌部的字合流之后共同发展，韵母为 -ia。有意思的是，来自歌部的没有异读，而来自支部的有文白异读，不知是今读的巧合，还是跟来源相关，此处存疑。这一层次读音早于支脂之合流，时间上不晚于魏晋南北朝时期。

止摄开口 -ia 读音只出现在见组声母，可以推测这一层次读音还存在别的音类，造成分化的条件是声母。

（二） -ua 音类

粤东闽语止摄开口字 -ua 读音，在各方言点的音值和辖字都相当一致，这是早期读音层次的重要特点。

表 X-2-1-2　　　　粤东闽语止摄开口 -ua 读音例字表

例字	声	韵	白读音	文读音	例字	声	韵	白读音	文读音
徙	心	支	꜀sua		纸	章	支	꜀tsua	
幾	见	微	꜀kua	꜀ki	倚	影	支	꜀ua	꜀i (꜀ĩ)

止摄"幾"字有几个反切：居履切，脂韵开口重纽三等见母上声；

居依切，微韵开口三等见母平声；居之切，之韵开口三等见母平声。"幾"字在粤东闽语的今读音也比较复杂，多者有四个读音，少者也有两三个读音，结合"幾"字的音韵地位及其粤东闽语的今读看，读 ᶜkua 表示"约数"应该是来自居履切，属于脂韵见母上声字。

－ua 读音的例字除了"幾"属于脂韵，其他都是支韵字。脂部跟支部合流至少在唐代以后，但是止摄－ua 音类的层次不太可能是中古以后，这可以从以下几个方面分析：首先，其他闽语相同层次读音的印证。无论是粤西闽语、海南岛闽语还是福建本土的闽语，大都有－ua 类读音，辖字不多但比较一致，可见这一读音层早在闽南方言分化之前就已经产生了。其次，例字比较少，如果说这是支微合流以后的层次，那辖字应该比较多才对，像这样分布广泛但只保留少数例字的读音，通常都是早期层次的遗留。再次，读－ua 的还有果、蟹摄字（以饶平黄冈读音为例）：

表 X－2－1－3　　粤东闽语果、蟹摄字－ua 读音例字表

例字	声	韵	读音 白读音	读音 文读音	字	声	韵	读音 白读音	读音 文读音
拖	透	歌	₌tʰua		帶	端	泰	tua⁼	
舵	定	歌	₌tua		賴	來	泰	lua⁼	₌nai
大	定	歌	tua⁼	₌tai	蔡	清	泰	tsʰua⁼	
籮	來	歌	₌lua	₌lo	蓋	見	泰	kua⁼	kai⁼
歌	見	歌	₌kua	₌ko	誓	禪	祭	tsua⁼	si⁼
柯	見	歌	₌kua	₌kʰo	外	疑	泰	gua⁼	
我	疑	歌	ᶜua		掛	見	佳	kua⁼	kʰua⁼
婆	並	戈	₌pʰua	₌po					
破	滂	戈	pʰua⁼						
磨	明	戈	₌bua	bo⁼					

果、蟹摄中还有个别其它字读－ua，如"和、祸"等，都是书面词语，属于晚近的层次，不在这里讨论。史存直（1981）研究认为，之脂支转化为蟹齐止三摄，至迟在唐代就已经完成了，而－ua 读音体现的是

蟹止分化之前的情况，所以，它应该是唐代以前的层次。按照王力（1980）对汉语语音史的研究，魏晋南北朝时期支部的部分字转入泰韵，由无韵尾变成有韵尾，粤东闽语蟹摄 - ua 读音的辖字几乎都是泰韵字，正是转入泰韵的上古支部字，由此可见，- ua 读音不晚于魏晋南北朝时期，是支脂合流之前的层次。

那么，同属于中古之前的语音层次，止摄开口字的 - ua 读音和 - ia 读音之间是否具有层次对立？通过分析两读音的例字可知道，- ia 只有见组声母字，而 - ua 没有见组声母字，它们之间形成互补分布，可以看作同一层次读音的变体。为了进一步论证这一结论，我们考察其他闽语方言的情况。

表 X-2-1-4　　　闽方言止摄字 -ia/ua 读音层比较表

方言点	读音	例字	方言点	读音	例字
惠东	ua	纸倚	泉州	ua	徙纸倚
	ia	寄骑徛蚁		ia/a	骑徛/寄蚁
海口	ua	徙纸倚	漳州	ua	徙纸施倚
	ia	臂寄骑徛蚁		ia	寄奇骑徛蚁
海康	ua	徙纸倚	厦门	ua	徙纸施倚
	ia	臂寄骑徛蚁易		ia	刺寄骑徛蚁
电白	ua	徙纸倚	大田	ua	徙纸倚
	ia	枝寄骑徛蚁		ia	避刺寄徛蚁倚_文指
鹿港	ua	纸倚	平南	ua	纸倚
	ia	寄骑徛蚁		ia	寄骑徛蚁
苍南	ua	徙纸倚	龙岩	ua	徙纸
	ia	寄奇骑岐徛蚁		iua	徛倚
乐东	uə	纸倚，皮被糜飞尾	福州	e/ie	徙尼/臂寄徛蚁
	ie	寄骑徛蚁		ia	骑欺
福鼎	e	徙尼	宁德	ie	臂刺施寄岐徛蚁
	ia	纸寄岐徛利		ei	奇骑
紫湖	ia	寄骑徛蚁	尤溪	ia	刺纸寄徛蚁
建瓯	ye	纸寄奇骑徛蚁	建阳	ye	纸徛蚁
永安	ya	纸寄蚁	沙县	ya	寄徛蚁

续表

方言点	读音	例字	方言点	读音	例字
石陂	ye	徙纸徛蚁，饥髓吹炊飞	莆田	yo	徙纸施寄骑岐徛蚁
菲律宾	ua	徙纸倚	马来西亚	ua	纸倚
	ia	寄骑蚁		ia	寄骑徛蚁
泰国	ia	奇骑徛蚁			

说明：1. 福州方言 –ia/ie 读音的例字还包括粤东闽语读 –i 和 –ui 的字，宁德方言 –ie/ei 两个读音还包括粤东闽语读 –i 和少数读 –ai 的字，表中没有一一列举；

2. 本书重点在于讨论粤东闽语语音的历史层次，使用其他闽语材料只是为了帮助分析，所以对其他闽语的情况不作论述，非分析需要也不作具体说明。

从上表可以看到，这一层次读音在闽南方言内部比较统一，无论是福建本土、粤东、粤西还是海南的闽南方言，基本上都分成两个音类，音值相同，辖字一致。境外的闽语与此保持很高的一致性，例如菲律宾和马来西亚，说明这些地方的闽语来自闽南方言区。龙岩方言止摄对应粤东闽语 –ia 读音的是 –iua，这将是我们厘清不同音类之间关系的关键，其假摄相应的层次跟粤东闽语一样，读 –ia。

福州的 –e 似乎对应闽南的 –ua，但是无法确定，因为只有一个"徙"字；粤东闽语的 –ia 对应福州两个读音 –ia 和 –ie，这两个读音都包含很多文读词，说明有晚近的新读音层覆盖了旧的读音层。福鼎的读音跟福州一样，但是它的新旧层读音不同，–ia 读音只有白读层例字。宁德、尤溪、建瓯、建阳、永安、沙县、石陂、紫湖、莆田等点都只保留一个音类，且都是撮口韵。石陂、莆田的读音比较特别，–yo 读音包括了粤东闽语 –ia 和 –ua 两个读音的例字，莆田话是莆仙方言的代表点，按照一般的看法，莆仙话是在闽南话的基础上受福州话（闽东方言）的影响形成的，它的音读现象可以给我们一些启发。

根据以上各闽语方言点的材料，我们完全有理由认为，–ia 和 –ua 属同一层次读音，后来由于声组的不同产生了分化。罗杰瑞为这一读音层次构拟的古音为 *iai，本书构拟为 *ɯɛ，以便能更好地解释它在闽语不同方言中的演变，*ɯ 是三等韵在向中古发展的过程中所产生的介音，三等介音产生的时候，支部已经由上古的 *e 变成 *ɛ，后来读音继续发展，*ɯ 向正则元音 *i 演变，这一层次读音的音变过程大致如下：

$$\text{ɯɛ} > \text{ɯ}^ə\text{ɛ} > \text{ɯɜɛ} > \text{ɯua} > \text{iua}（龙岩徛倚）\begin{cases} \nearrow \text{ya}（沙县、永安等纸寄徛蚁）\rightarrow \text{yo}（莆田徙纸徛蚁）\\ \rightarrow \text{ua}（龙岩徙纸、闽南徙纸施倚）\\ \searrow \text{ia}（闽南寄奇徛蚁、尤溪等刺纸徛蚁）\end{cases}$$

这一层次读音在闽南方言中保留例字较多，莆仙方言 -yo 读音包括了闽南方言两音类的辖字，正是承继了闽南方言的特点。后来这一读音层在闽南方言中发生分化，舌根音声母后变成 -ia，而其他声母后则变成 -ua；闽南方言发生分化的时候，莆仙方言已经离开闽南方言的音变圈，走了其它的演变路径，变成撮口韵。其他闽语则一直没有分化，可能因为辖字比较少，缺少分化的条件。我们推测，莆田等地 yo/ye/ya 等撮口韵来源于三等介音 -i 和 -u 的融合，即它原来也经过相当于龙岩 -iua 读音的阶段，后来 *i 和 *u 融合成为撮口的 -y。

（三） -ue 音类

止摄开口读 -ue 的字为数不多，只有"皮被縻溦"，都属于支韵，且都是口语词，-ue 为白读音。止摄其他韵开口没有读 -ue 的例字。在粤东闽语，同读为 -ue 且属于白读音的还有果摄合口一等戈韵字、假摄二等麻韵字，举饶平黄冈为例：菠白,~菱 pue^{33}、鍋 ue^{33}、果 kue^{53}、餜 kue^{53}、過 kue$^{213}_{文,~去}$/ue$^{213}_{白,"传染"}$、火 hue^{53}、夥 hue^{53}、貨 hue^{213}、科 k^{h}ue^{33}、窠 k^{h}ue^{33}、課 k^{h}ue^{213}、和~尚 hue^{55}、瘸 k^{h}ue^{55}、椏白 ue^{33}、瓜白 kue^{33}、花 hue^{33}、化 hue^{213}。海陆丰方言点该音类的例字相对较少，但性质一致，举海丰海城为例：菠 pue$^{33}_{白}$、過 kue^{212}/白 ue^{212}、果 kue^{52}、餜 kue^{52}、課 k^{h}ue^{212}、火 hue^{52}、伙 hue^{52}、貨 hue^{212}、和 hue^{55}、瘸 k^{h}ue^{55}、椏白 ue^{33}、瓜 kue$^{33}_{白,西~}$、花 hue^{33}、化 hue^{212}。

上古歌部分化为中古的果、假两摄以及止摄支韵，分化时间不晚于魏晋，粤东闽语戈、麻、支韵同读为 -ue，正是体现了上古歌部分化之前的情况，因此，止摄开口 -ue 读音属于支跟之、脂合流之前的历史层次，至迟不晚于魏晋。也就是说，止摄开口的 -ue 跟 -ia/ua 属于同一层次读音，它们之间产生分化同样是受声母的影响。-ue 读音都是帮组声母字，唇音声母容易产生 -u 介音。从表 X-2-1-4 可以看到，在海南的乐东，"皮被糜"跟"纸倚"一样都读 -uə，可以作为粤东闽语 -ue 和 -ua/ia 属于同一层次读音的旁证。

除了支韵开口，止摄读 -ue 的还有合口字，且涵盖了几个小韵，具体情况下文再述。

（四） -ui 音类

止摄开口 -ui 包括了之、脂、微三韵，但例字不太多，具体情况如下表。只举几个代表方言点的读音为例，空白表示该字在该方言点不读 -ui。

表 X-2-1-5　　　　　粤东闽语止摄开口 -ui 读音例字表

例字	声	韵	汕头	黄冈	云澳	海门	东海	海丰
卑	幫	支	pui^{33}	pui^{33}	pui^{44}			
悲	幫	脂	pui^{33}	pui^{33}	pui^{44}	$pfui^{31}$	pui^{44}	
屁	滂	脂	p^hui^{212}	p^hui^{213}	p^hui^{212}	pf^hui^{51}	p^hui^{212}	p^hui^{213}
美	明	脂	mui^{51}	mui^{52}	mui^{53}			
醫	影	之	ui^{33}	ui^{33}	ui^{44}	ui^{31}		
機	見	微	kui^{33}	kui^{33}	kui^{44}		kui^{44}	kui^{31}
幾	見	微	kui^{51}	kui^{33}	kui^{53}	kui^{51}		kui^{52}
氣	溪	微	k^hui^{212}	k^hui^{52}	k^hui^{212}	k^hui^{51}	k^hui^{212}	k^hui^{213}
衣	影	微	ui^{33}	ui^{33}	ui^{44}	ui^{31}	ui^{44}	

粤东闽语各点辖字比较一致，但这里边应该分成两个不同的层次，微韵的"機幾氣衣"都是白读音，有对立的文读音，且文读都是 -i 韵母。微韵 -ui 读音属于白读层（下文记为 -ui^白），应该是微母跟支之脂三韵合流之前的读音，止摄四部合流的时间晚于中唐，所以 -ui 应该是中唐之前的层次。从现存的例字看，微母开口读 -ui 的都是喉牙音声母字。微部跟其他三部合流之前，三等介音就已经产生了，假设它来自切韵的 *öi，*ö 后来演变成 -u- 介音。

脂、之韵的"卑悲美医"等大都是书面化的词语，读 -ui 为文读音

（下文记为 -ui$^\text{文}$），"美"在联安读 -i，而"卑"在有的方言点可读 -ui 也可读 -i，这都是很好的例证。-ui$^\text{文}$在已讨论的音类中层次最晚，属于止摄的近古层。-ui$^\text{文}$开口韵读同合口、有 -u 介音，源于"卑悲屁美"都是唇音声母字，唇音声母字经常打破开合口的界限，这是因为唇音声母容易孳生 -u 介音，所以唇音声母字不管开口韵还是合口韵，大都跟着合口字跑。"医"是影母字，也同唇音声母字一样跟着合口字跑，属于个别现象，跟层次无关：首先，"医"在粤东闽语属于比较书面化的词语，不可能是早期的读音层次；其次，粤东闽语并非所有的点"医"都读 -ui，海丰联安、平东、汕尾捷胜、陆丰东海等点都读 -i，正是同一层次读音。

止摄字读 -ui 的还有合口字，辖字比较多，属于晚近的文读音层，且留待下文讨论。

（五） -ai 音类

止摄开口 -ai 包括支、之、脂三韵，没有微韵字，可见应该是支之脂三部合为脂韵之后、而脂韵尚未与微部合流的读音层次，时间上晚于 -ia/ua 读音。-ai 读音只有开口字，大部分为庄组声母字、少数知组字和来母字，没有合口字。-ai 读音在粤东各方言中辖字一致，下表以饶平黄冈音为例，有对应文读音的一同列出。

表 X-2-1-6　　　粤东闽语止摄开口 -ai 读音例字表

例字	声	韵	读音 白读	读音 文读	例字	声	韵	读音 白读	读音 文读	例字	声	韵	读音 白读	读音 文读
知	知	支	tsai^{33}	ti^{33}	利	來	脂	lai^{31}	li^{25}	滓	莊	之	tai^{52}	tsai^{52}
箄	生	支	tʰai^{33}	sai^{33}	師	生	脂	sai^{33}	sɯ^{33}	柿	崇	之	sai^{25}	
眉	明	脂	bai^{55}		獅	生	脂	sai^{33}		使	生	之	sai^{52}	
楣	明	脂	bai^{55}		屎	書	脂	sai^{52}		駛	生	之	sai^{52}	
梨	來	脂	lai^{55}		狸	来	之	lai^{55}	li^{55}					

从上表可以看到，支韵字相比脂、之韵字要少得多，可能因为支韵字有自己独有的音类，如 -ia/ua。这一层次读音虽然比 -ia/ua 晚，但相

对于 -i/ɯ（u）音类却又是白读音，例如："知"白读 ₋tsai，用于口语，表示知道；文读 ₋ti，只用在"知县"一词。"利"白读 lai⁼，口语词，表锋利；文读 ᶜli，多用在"吉利、利害"等较书面化的词语或用于人名。"师"白读 ₋sai，用于"师父、木工师"等口语词，文读 ₋sɯ，用在"老师、师傅"等比较书面化的词语，当然，随着时代发展，"老师"一词也进入口语常用词的行列。"滓"字文读 -ai 韵母是读半边的结果，因为"宰"在该方言读 ᶜtsai。麦耘（2002）概括了止摄从中唐到宋代的演变，他认为中唐（766 年开始）止摄 4 韵就全部合流了，由此可以推测，止摄开口 -ai 音类不会晚于中唐时期，也即它的时间层次大致处于魏晋到中唐之间。

（六） -i 和 -ɯ（u）音类

-i 和 -ɯ（u）都是开口韵读音，-i 辖字多，而且支、之、脂、微四韵都有。-i 和 -ɯ（u）都跟 -ua/ui/ai 有文白对立的例子，-i 和 -ɯ（u）属于文读音，例如（以黄冈音为例）：师 sɯ³³文/sai³³白、倚 ua⁵²文/i（i）⁵²白、机 ki³³文/kui³³白。粤东闽语读 -i 且属于文读音的除了止摄开口字之外，还有蟹摄祭、齐韵字，邵雍（1011—1077）《声音唱和图》反映的音系，止摄四韵合流且齐祭废亦与止摄开口合流，粤东闽语止摄四韵跟蟹摄齐祭废同读 -i 读音，反映的正是这一历史事实。-ɯ 和 -u 属于不同方言点之间的音值差别，-ɯ 是粤东东部方言点的读音，即上表 X-2-0-1 中的类型二方言；-u 主要是潮普片和海陆丰片的读音，即上表一中的类型一方言。止摄 -i 和 -ɯ（u）读音在类型一和类型二方言中对应关系稍显纷繁，下面用三个表将它们之间的对应关系表现出来。

表 X-2-1-7　类型一方言读 -u 而类型二方言读 -i 的例字表

例字/声韵	读音		例字/声韵	读音	
	黄冈	海丰		黄冈	海丰
紫精支	tsi⁵²	tsu⁵²	思白,相~树心之	si³³	su³³
刺清支	tsʰi²¹³	tsʰu²¹³	辭邪之	si⁵⁵	su⁵⁵
司心之	si³³	su³³	飼邪之	tsʰi³¹	su³¹

表 X-2-1-8　类型一方言读 -i 而类型二方言读 -ɯ 的例字表

例字/声韵	读音 黄冈	读音 海丰	例字/声韵	读音 黄冈	读音 海丰
撕心支	sɯ³³	si³³	伺心之	sɯ²⁵	si³³
爾日支	dzɯ⁵²	dzi⁵²	辭文,~典 邪之	sɯ⁵⁵	si⁵⁵
膩娘脂	dzɯ²⁵	dzi²⁵	始書之	sɯ⁵²	si⁵²
肆心脂	sɯ²¹³	si²¹³	而日之	zɯ⁵⁵	zi⁵⁵
字文從之	dzɯ²⁵	dzi³¹	耳文,~目 日之	zɯ⁵²	zi⁵²
			餌日之	zɯ⁵²	zi⁵²

表 X-2-1-9　类型一方言读 -u 而类型二方言读 -ɯ 的例字表

例字	黄冈	海丰	例字	黄冈	海丰	例字	黄冈	海丰
雌	tsʰɯ⁵⁵	tsʰu⁵⁵	咨	tsɯ³³	tsu³³			
此	tsʰɯ⁵²	tsʰu⁵²	次	tsʰɯ²¹³	tsʰu²¹³	詞	sɯ⁵⁵	su⁵⁵
疵	tsʰɯ³³	tsʰu⁵⁵	瓷	tsʰɯ⁵⁵	tsʰu⁵⁵	祠	sɯ⁵⁵	su⁵⁵
斯	sɯ³³	su³³	之	tsɯ³³	tsu³³	似	sɯ²⁵	su²⁵
厮	sɯ³³	su³³	芝	tsɯ³³	tsu³³	祀	sɯ²⁵	su²⁵
撕	sɯ³³	su³³	兹	tsɯ³³	tsu³³	嗣	sɯ⁵⁵	su⁵⁵
赐	sɯ²¹³	su²¹³	滋	tsɯ³³	tsu³³	士	sɯ²⁵	su²⁵
自	tsɯ²⁵	tsu³³	子	tsɯ⁵²	tsu⁵²	仕	sɯ²⁵	su²⁵
私	sɯ³³	su³³	梓	tsɯ⁵²	tsu⁵²	事	sɯ³¹	su²⁵
師文,老~	sɯ³³	su³³	慈	tsʰɯ⁵⁵	tsʰu⁵⁵	史	sɯ⁵²	su⁵²
資	tsɯ³³	tsu³³	磁	tsʰɯ⁵⁵	tsʰu⁵⁵	侍	sɯ²⁵	su²⁵
姿	tsɯ³³	tsu³³	思文,~念	sɯ³³	su³³			

　　两类型方言都读 -i 的例字最多,这里不详细列出。-ɯ(u) 跟 -i 相比,辖字比较少,而且没有微韵字,这是否说明 -ɯ(u) 读音跟 -ai 一样,属于支之脂三部合流之后、而跟微部合流之前的读音? 其实不然,-ɯ(u) 跟 -i 之间也存在文白对立的例子,-ɯ(u) 属于文读音,而 -i 是白读音,以黄冈的读音为例:思 ₋sɯ文/₋si白、字 ⁼dzɯ文/dzi⁼白、辞 ₋si白/₋sɯ文、耳 ⁼dzɯ文/⁼hĩ白。可见,-ɯ(u) 音类不早于 -i 音类。

除此之外，止摄开口 -i 读音本身也有文白分层的例子，如：忌ᶜki 文,妒~/kʰi²白,做~、己ᶜki 文,自~/ki²白,家~、指ᶜtsi 文,~示/ᶜki 白,用手指、支ᴄtsĩ 文,~部/ᴄki 白,量词。可见，-i 读音本身应该分成两个不同的层次，下文分别用 -i白 和 -i文 标示。-i白 跟 -i文/ɯ (u) 有对立关系的例字包括：思（脂韵，心母）、字（之韵，从母）、辞（之韵，邪）、耳（之韵，日母）、支（支韵，章母）、指（脂韵，章母）、己（之韵，见母）、忌（之韵，群母），分布在支、脂、之三韵中，但是没有微韵字，可以推测，-i白 出现的时间不早于支脂之合流，大概在支脂之合流之后、而与微合流之前，如果分布上有没有对立的话，它跟 -ai 可以放在同一层次。上文提到，-ai 读音主要是庄组声母字，还有少数知组和来母字，而 -i白 正好没有庄组、知组和来母字，至少从现有的材料看它们是互补的，因此，把它们处理为同一层次读音是合理的。

剩下 -i文 和 -ɯ (u) 之间的层次问题。毫无疑问，它们都属于止摄四韵全部合流之后的读音层，时间上不早于唐朝中期，是粤东闽语止摄开口字出现最晚的两个读音，它们之间是否为同一层次的互补音类，要看它们的分布情况。下表列出 -i文 和 -ɯ (u) 在饶平黄冈和海丰海城两个点的分布情况。

表 X-2-1-10　　止摄开口字 -i文、-ɯ (u) 读音的分布

	黄冈		海丰	
	i	ɯ	i	u
支	幫、滂、並、明、來、精、知、澄、章、昌、船、書、禪、日、溪、群、曉、影、以	清、心、書、日	帮、滂、並、明、来、精、清、知、澄、章、昌、書、禪、日、溪、群、曉、影、以	精、清、從、心
脂	幫、滂、並、明、定、來、精、心、知、澄、娘、章、船、書、禪、日、見、溪、群、影、以	娘、精、清、從、心、生	幫、滂、並、明、定、娘、來、精、心、知、澄、章、船、書、禪、日、見、溪、群、影、以	精、清、從、心、生

续表

	黄冈		海丰	
	i	ɯ	i	u
之	來、從、心、邪、知、徹、澄、章、昌、書、禪、見、溪、群、疑、曉、影、云、以	娘、精、從、心、邪、莊、崇、生、章、書、禪、日	來、從、心、邪、知、徹、澄、章、昌、書、禪、見、溪、群、疑、曉、影、云、以	精、從、心、邪、莊、崇、生、章、禪
微	見、溪、群、疑、曉、影		見、溪、群、疑、曉、影	

根据杨耐思（1981）研究《中原音韵》的成果，止摄开口部分字入齐微韵读 -i；庄组字、章组大部分字和知组小部分字入支思韵，读为 -ï 韵母（即现代普通话的 -ə），章组小部分字和知组大部分字读 -i 韵母；唇音字跟合口一样读 -uei。合口字入齐微韵，读 -uei，但是非组字例外，读非合口 -i。郑张尚芳（2002b）研究认为，《蒙古字韵》止摄四韵在《切韵》之后合并，合并之后又一起继续演变，并依据声母的不同而产生读音分化，分化结果是：见系声母字读 iɿ，精庄组字读 ɨ，其他声母后仍读 i，而唇音字跟合口一样读 ue；合口字大体读 ue，但庄组声母字读 waj，见系声母字读 iue。粤东闽语止摄开口读 -ɯ（u）的主体是精、庄组字，以及少数章组字，大体上反映了中原音韵入支思韵部分，因为粤东闽语没有相对应的 -ï 韵，所以就用音色相近的 -ɯ（u）来替代；微韵在通语中没有读为 -ï 的例字，所以粤东闽语止摄 -ɯ（u）读音没有微韵字。虽然，-i^x/ɯ（u）读音的声母分布存在少数对立的情况，但是，从止摄整体的读音分布格局看，-i^x 和 -ɯ（u）作为止摄开口同一层次读音是没有问题的。

粤东闽语读 -i^x/ɯ（u）且性质相同的还有遇摄鱼、虞韵字和蟹摄祭、齐韵字。南宋吴棫在《韵补》（1124-1154）中讲述止摄精庄组字："古'士'有二读，一与语韵相叶者，声如今读；一与纸韵相叶者，声当如'始'不当如今读。……事，事本仕吏切，古有一音如今世俗所读，与御、迓相叶。"可见，当时吴棫所接触的方言止摄精庄组已经跟鱼韵字读同了，这一特点至今还保留在包括粤东闽语在内的闽南方言中。吴棫原籍是福建建安（即今建瓯），幼年时随祖上迁居到同安，根据他所记录的语音特点可以推测，他所说的方言今应该属于闽南方言。至此可以推断，闽南方言止摄开口 $-i^{\text{文}}/ɯ$（u）读音所代表的层次至迟在南宋就已经存在了，至于进入粤东闽语的具体时间，粤东各方言点之间可能也有早晚之别。

$-i^{\text{文}}/ɯ$（u）跟 $-ui^{\text{文}}$ 都属于止摄四韵合流之后的读音，且分布互补，因此把它们处理为同一层次读音，为止摄开口最晚的读音层：近古层。

（七）其他读音的历史层次分析

其他读音有 $-õi$、$-e$ 和 $-ɯŋ$，由于例字特别少，不好确定其性质，这里只是尝试着分析并作适当推测。

$-õi$ 读音有"指_{手指}、荔_{荔果}"两字，大部分点还有"易_{容易}"字读相应的非鼻化韵 $-oi$，指 ᶜtsõi、荔 nõi⁼、易 g/koi⁼ 都属于口语常用的白读音。有所区别的是，"指荔"在类型一方言点中读 $-ãi$，跟山摄相同音类平行，而"易"在所有存在这一读音的方言点都读 $-oi$。经过考量，我们把 $-õi$（$ãi$）放在上文所讨论的 $-ai$ 读音层里边，鼻化成分是由于方言自身语音演变而后加的，在有些点读 $-õi$ 则是 $-ai$ 被鼻化之后，读同了阳声韵的弱化形式，于是跟着阳声韵一起变化，成了 $-õi$。如果把目光扩展到整个闽南方言，就可以更清楚地看出 $-õi$（$ãi$）和 $-ai$ 本属同一层次读音。在大部分闽南方言点中，"指荔"读音一致，漳州、厦门鼻化 $-ãi$，泉州读相应的 $-ũi$ 音，惠东、海康、海口等地读不鼻化 $-ai$，不管鼻化与否，都显示着它们属于 $-ai$ 读音层。粤东之外的其他闽南方言大部分没有"易"读 $-oi$ 这一现象。

$-ɯŋ$ 读音只有"刺指"两个字，"刺"tsʰɯŋ⁼，动词，常单用；"指"ᶜtsɯŋ，用在"指甲、指头公"等词，表示指甲，不能单用，相对于"指_{指示}"ᶜtsi 是白读音。$-ɯŋ$ 有鼻音韵尾，作为古阴声韵字而读鼻音尾韵母，其性质暂时存疑。

$-e$ 读音在粤东闽语中只有"厕"一字，比较其他闽南语方言点的情况，惠东、电白都没有 $-e$ 读音，"厕"读文读音 $-i$，漳州读 $-e$ 有"荔地梨厕"，泉州有"地梨厕"，基本上都对应潮州方言的文读音 $-i$，因此，粤东闽语的"厕"读-e应该是文读层读音的例外，可能是"厕"在通语中读为-ɔ而不是-i或-ɿ，因此进入方言的时候就用假摄白读音-e来对应。

二 粤东闽语止摄合口字读音的历史层次分析

止摄合口只有微、支、脂三韵，相对于开口韵读音类少了许多，层次关系也比较简单。下文主要讲-ui、-ue和-i三个读音。

（一）-ui 音类

合口-ui读音辖字广，包括止摄合口三个韵，是止摄四部合流之后的层次。在粤东闽语，读-ui的还有蟹摄合口咍、灰、废、齐等韵，属于文读音。根据王力（1982）研究，在十世纪的朱翱反切中就发现部分脂微韵合口字混同灰泰韵合口，在《蒙古字韵》和《中原音韵》中，止摄合口字已经完全跟灰泰祭废齐等韵的合口字合并，根据这一历史音韵事实，结合-ui读音的辖字情况看，把-ui作为止摄合口的近古层读音是完全合理的，跟开口韵-i$^\text{文}$/ɯ(u)/ui$^\text{文}$读音层次相同。

止摄合口还有少部分字读-ũi，以黄冈为例，有"诡跪危伪毁水櫃匪微魏畏"，其他各点辖字跟黄冈相比多寡不一，总的自东往西呈减少趋势，东部汕头、潮州各方言点跟黄冈大致相同，中部潮普片稍微减少，例如潮阳棉城有"危伪毁櫃位匪魏畏"，而到海陆丰各方言点则几乎没有，例如：汕尾捷胜只有"危痱"、东海只有"危櫃"，海丰海城只有"位"。-ũi读音跟-ui属同一层次读音，产生鼻化或者由于受声母同化、或者是由于鼻化的发音机制泛化而使非鼻音声母古阴声韵字带上鼻化色彩，总之，都跟层次无关。

（二）-ue 音类

表 X-2-2-1　　粤东闽语止摄合口-ue 读音例字表

例字	声	韵	东海	海丰	惠城	海门	湘桥	云澳	三饶
髓	心	支	tsʰue55	tsʰue52	tsʰue52	tsʰue551	tsʰue51	tsʰue53	tsʰuei52
吹	昌	支	tsʰue44	tsʰue33	tsʰue24	tsʰue31	tsʰue33	tsʰue44	tsʰuei224
炊	昌	支	tsʰue44	tsʰue33	tsʰue24	tsʰue31	tsʰue33	tsʰue44	tsʰuei224

续表

例字	声	韵	东海	海丰	惠城	海门	湘桥	云澳	三饶
垂	禅	支		sue⁵⁵					
衰	生	脂	sue⁴⁴	sue³³	sue²⁴	sue³¹	sue³³	sue⁴⁴	suei²²⁴
帅	生	脂	sue²¹²	sue²¹³	sue³¹	sue⁵¹	sue²¹³	sue²¹²	suei²¹³
葵	群	脂	kue²⁴		kue⁴⁴	kʰue⁴⁴	kʰue⁵⁵	kʰue³⁵	kʰuei⁵⁵
飞	非	微	pue⁴⁴	pue³³	pfue²⁴	pfue³¹	pue³³	pue⁴⁴	puei²²⁴
尾	微	微	bue⁵⁵	bue⁵²	bvue⁵²	bvue⁵⁵¹	bue⁵¹	bue⁵³	buei⁵²
未	微	微	bue³³	bue²⁵	bvue³¹	bvue⁴¹	bue²¹	bue³³	buei²²
慰	影	微	ue²¹²		ue³¹	ue⁵¹	ue²¹³	ue²¹²	uei²¹³
谓	云	微				ue²¹³			
胃	云	微							uei²⁵
彙	云	微	hue³³			hue³¹	hue²⁵		huei²⁵

  止摄合口-ue音类包括支脂微韵字，属于文读音。蟹摄字也有-ue读音，包括泰灰佳祭等韵，止蟹合流，这是宋元以后的读音层次。这一读音层在粤东闽语各点辖字比较一致，饶平三饶为-uei，增生了*i韵尾，性质跟其他方言一致。

  值得注意的是，上表中微韵唇音字"飞尾未"读-ue属于白读音：飞ꞓpue白,~走/ꞓhui文,人名用字；尾ꞓbue白,鱼~（没有相应的文读音）；未ꞓbue白,还~/biꞌ文,天干。各方言点辖字相当一致，应该是微母跟其他三韵合流之前的读音层次，跟其他例字-ue读音层次不同，而跟上文讨论的微韵开口-ui音类属同一层次读音。学界有共识，切韵时代的唇音字不存在开合对立，从《切韵》的反切下字看，有些韵类的唇音好像是带有非音位性的合口成分的，如元韵的唇音只用合口字作反切下字（潘悟云，1995）。粤东闽语止摄唇音字的读音往往跟其他声组字不同，唇音字的开、合不以介音-u的有无为区别，这也证明了切韵及之前的时代，唇音字开合口不分或者界限不明显。厦门相对应的字全部读-e，辖字跟粤东闽语-ue读音非常一致，很好地佐证了这一音类的性质。

  （三）-i音类

  止摄合口也有-i读音，只出现在微韵，例字很少，只有"未天干地支、味",都读为 bi²。根据"未"字的文白读分别为 -i 和 -ue,可以推测止摄合口 -i 读音晚于 -ue 读音。止摄合口晚于 -ue 读音的还有 -ui,但是,如果把 -i 跟 -ui 放在同一层次,那将会遇到无法解决的难题。首先,如果 -i 跟 -ui 属同一层次读音的话,那么将无法解释为什么微韵合口唇音字会在同一历史层次里分化为两种不同的读音,且它们之间找不到分化的条件。其次,它们的声母都是 b-,微母读 b- 的层次通常早于近古层文读音。综上,把微韵合口 -i 读音处理为中古层,而微韵合口 -ue 和开口 -ui^白 读音处理为上古层,是比较合理的。

三 结语

综上分析,粤东闽语止摄字各读音类的历史层次大致如下表所示:

表 X-2-3-1　　粤东闽语止摄字读音的历史层次

止摄	中古韵类	历史层次					
		中古前(上古)		中古(魏晋至中唐)		近古(中唐之后)	
开口	支	唇音声母	ue	庄组和少数知、来母	ai	唇音声母	ui
		见组声母	ia				
		其他声母	ua	支脂之 其他声母	i	庄组和部分章、知、来母	ɯ (u)
	脂	ua					
	之					其他声母	i
	微	ui						
合口	支					ue, ui (ũi)	
	脂						
	之						
	微	唇音声母	ue	唇音声母	i		

第 三 章

粤东闽语非鼻音声母阴声韵字今读鼻化韵分析[①]

粤东闽语的鼻化韵母比较多，以汕头话为例，鼻化韵母共有26个，占总数88个韵母的约30%。粤东闽语的鼻化韵母有四种来源：一是阳声韵的弱化形式，主要集中在中古的咸、山、宕、梗几摄，其他阳声韵摄也有少数读鼻化韵母；二是鼻音声母后的韵母都带鼻化，粤东闽语的鼻音声母包括m-、n-、ŋ-（m-声母主要是中古的明母和微母字，n-声母主要是泥母、来母和少数日母字，ŋ-声母主要是疑母字），出现在这些声母后面的韵母，都受声母同化变成鼻化韵（阳声韵和入声韵韵母的主要元音也会带上鼻化色彩）；三是少数非m-、n-、ŋ-声母的入声字，其韵母主要元音带鼻化，可简单称为鼻化入声韵；四是部分阴声韵且声母不是m-、n-、ŋ-的韵母，也读鼻化。

第一、二种来源的鼻化韵的成因都有语音条件可循。古阳声韵弱化变成鼻化韵，这在汉语方言中很常见，粤东闽语的鼻化韵主要是由此而来；鼻音声母同化后面的韵母使其带上鼻化色彩，这在音理上也容易理解。第三种来源的鼻化韵母为入声韵，全部收喉塞-ʔ韵尾，且都是一些有音无字的方言词，来源难考，本书不做讨论。第四种来源的鼻化韵由古阴声韵变化而来，其形成机制和原因目前尚无合理的解释，本书就此拟作探讨。

学界至今鲜有讨论粤东闽语古阴声韵字读鼻化韵的文章，讨论福建

[①] 本章曾以《粤东闽语鼻化韵的扩散现象》为题载于《广西师范大学学报》2017年第5期。

本土闽南方言相关问题的文章也不多。后者如戴黎刚先生（2005）讨论闽南方言古阳声韵弱化为鼻化韵现象时，顺带提出关于古阴声韵字读鼻化现象的看法，认为该现象可能和声母的送气成分有关，因为读鼻化这部分阴声韵字的声母大多是 h、k^h、t^h、ts^h，声母的强送气特征使得发音时口腔、鼻腔一起送气，于是韵母就变成了鼻化韵。

这样的解释看似有理，但难以统一概括粤东闽语的情况。因为粤东闽语读鼻化韵的古阴声韵字中，相当一部分是零声母和不送气声母字，正如杨秀芳先生（1982：150 - 151）所言，它们不能从声母系统寻求答案，也不能从韵母系统找到合理的解释，她在分析厦门话的文白系统时指出，这是类化的结果——"厦门鼻化韵丰富，常常影响非鼻化韵字也类化成带鼻化成分……从鼻化成分的可有可无看来，它是一个后加的不稳定的成分。"我们大体上赞同她的观点，同时对她的观点有所修正和补充。我们认为，这部分鼻化韵母是在类化的基础上发生词汇扩散的结果——一开始后加的鼻化成分不稳定，加鼻化成分音节跟不加鼻化成分音节共存。经过一段时间共存之后，加鼻化成分音节就取代非鼻化音节而固定下来，例如"虎 hõu^{53}、瓦$_{瓦饼}$hiã^{35}、爱 ãi^{213}、鼻 p^{h}ĩ^{22}、椅 ĩ^{53}、休 hiũ^{33}、好$_{爱好}$hãu^{213}"，在粤东的饶平海山方言里都只读鼻化，但有些字则不稳定，鼻化不鼻化两可，如"移 i^{55}/ĩ^{55}、耻 ts^{h}i^{53}/ts^{h}ĩ^{53}、匪 hui^{53}/huĩ^{53}"。通常，常用字的读音比较固定。

本书认为，可以通过两个步骤来解释第四种鼻化韵母的成因：（一）发音机制扩散导致一些非鼻音声母阴声韵字产生鼻化特征；（二）在发音机制扩散的基础上，进一步发生词汇扩散，使更多的非鼻音声母阴声韵字读为鼻化韵，形成一类来源特殊的鼻化韵母。

一 鼻化韵与发音机制扩散

下表列出粤东闽语若干代表方言点第四类鼻化韵母的例字。例字按中古韵放在一起，字右边下标为注释，说明文白异读或又读（又读指的是该字还有一个非鼻化韵读音），非下标楷体的是该例字的中古音声母代表字；相同声母的字并排，不同声母的字之间用顿号隔开。

表 X-3-1-1　粤东闽语代表方言点第四类鼻化韵母例字表（1）

中古摄	止摄				遇摄		蟹摄			
韵	支	脂	之	微	模	鱼	咍	皆	佳	齐	泰
汕头市区	支文肢章、毁晓、倚文椅影、移又以	鼻並、稚脂澄章、嗜禅、櫃群	耳白日、已以以	匪非、畏白影	虎晓		宰載精、彩採清、眯清、愛影	稗白並		第定、擠精、臍又從	蓋白見
澄海澄城	支文肢章、佗昌、致又禅、跪群、毁戲晓、倚文椅影、移又以	鼻並、稚脂旨章、嗜禅、櫃群	耻徹、耳日、矣云、已以以	匪非、畏影、謂云	虎晓		宰精、彩清、愛影	稗白並		第定、齊從、擠精	蓋見
南澳云澳	支文佗昌、致禅、跪群、毁晓、椅影	鼻並、稚脂澄章、嗜禅、櫃群	耳白日、已以異以	匪非、畏影	虎晓	與譽以	宰載精、愛影			擠精	
潮阳棉城	譬滂、支文肢章、毁晓、椅影、移以	鼻並、雉稚澄脂章、嗜禅、櫃群、位云	耳白日、飴已以以	匪非、畏影	虎白晓		宰精、彩採眯清、愛影	稗白並		第臍從、擠濟精	蓋白見
潮州湘桥	支文肢章、致又禅、跪群、毁晓、倚文椅影、移又以	鼻並、稚脂澄章、嗜禅、櫃群	耳白日、矣云、已以以	匪非	虎白晓		宰精、愛影	楷溪	稗白並	抵白端、體透、第定、齊白從、擠精	

续表

中古摄	止摄				遇摄		蟹摄				
韵	支	脂	之	微	模	鱼	咍	皆	佳	齐	泰
饶平三饶	支_{文,~部}肢章、跛_又禅、跪群、毁晓、倚_文椅影、移_又以	鼻并、稚澄、脂章、嗜禅、	耻徹、耳_{白,耳朵}日、已以、以以、柜群	匪非、榧非	虎_白晓		埃_{尘~}爱影、	楷_又溪	稗_白并	递定、挤精、底抵_白端、第定、齐_白从	
揭阳榕城	支_文肢章、毁晓、倚_文椅影	鼻并、稚澄、脂章、柜群	耳_白日、已以以	匪非	虎_白晓		彩採採清、爱影			挤精	盖_白见
惠来惠城	譬滂、支_文肢章、毁晓、倚_文椅影、移以	鼻并、稚澄、脂章	耳_白日、矣云、已以以	匪痱非	虎_白晓		彩採睬採清、爱影	楷溪		挤精	盖_白见
陆丰东海	譬滂、支_文肢章、跛禅、椅影	鼻并、稚澄、脂章、嗜禅	寺邪、痔澄、耳日、已以以		虎_白晓		爱影			递定、挤精	盖_白见

表 X-3-1-1　粤东闽语代表方言点第四类鼻化韵母例字表（2）

中古摄	效				假	果	流		
韵	豪	肴	宵	萧	麻	歌	尤		幽
汕头市区	好_{喜~}晓、懊ãu²¹²/ɔ̃²¹²影、奥影		潮赵澄	钓端	怕滂、些心、假寡见、且清	颇滂、惰定、果见	否非、臭_文昌、休朽嗅晓、悠以		幽幼影

续表

中古摄	效				假	果	流	
韵	豪	肴	宵	萧	麻	歌	尤	幽
澄海澄城	好_{喜~}晓		醮精、赵澄	钓端	把_白攊帮、怕滂、且清、诈榨炸庄、乍崇、纱生、些心、寡副假见	惰定、果粿见、卧疑	否非、臭_文昌、朽晓、嗅晓	幽影、幼影
南澳云澳	好_{喜~}晓				怕滂、诈榨炸庄、攊帮、架寡见、且清	惰定、荷匣、讹疑、跛影	否非、臭_文昌、朽晓、嗅晓、悠以	幽影、幼影
潮阳棉城	好_{喜~}晓、懊_{懊澳}影		潮赵澄	钓端	怕滂、寡副见、些心、且清	惰定、果见、卧疑	否非、臭_文昌、朽嗅晓、優影、祐云、悠莠誘釉以	幽影
潮州湘桥	好_{喜~}晓	酵见		钓端	把_白攊帮、怕滂、且清、炸榨乍崇、些心、寡副见、瓦疑	惰定	否非、臭_文昌、朽嗅晓、悠以	幽幼影
饶平三饶	好_{喜~}晓	孝晓			怕滂、攊帮、架见、且清	颇滂、惰定、跛影	否非、臭_文昌、休朽嗅晓、悠以	幽影
揭阳榕城	好_{喜~}晓、奥_澳影				怕滂、攊帮、且清	颇滂、惰定、果见	否非、臭_文昌、休朽嗅晓、悠以	幽幼影

续表

中古摄	效				假	果	流	
韵	豪	肴	宵	萧	麻	歌	尤	幽
惠来惠城					怕滂、副驾见、且清	颇滂、惰定、果见	否非、臭文昌、休朽嗅晓、悠以	幽幼影
陆丰东海					怕滂、炸庄、且清、些心、假副寡见	颇滂、惰定、果见、卧疑	臭文昌、休朽嗅晓、悠以	幽影

为了便于观察，下面表二列出代表性方言点潮州湘桥第四种鼻化韵母例字的具体读音。

表 X-3-1-2　　　潮州湘桥第四类鼻化韵母例字读音表

声母	例字
p	把 pẽ⁵¹ 欄 pẽ²¹³
pʰ	怕 pʰã²¹³ 鼻 pʰĩ²¹ 稗 pʰõi²¹
t	钓 tiẽ²¹³ 抵 tõi⁵¹ 第 tõi²⁵ 惰 tuã²⁵
tʰ	體 tʰõi⁵¹
ts	支 tsĩ³³ 肢 tsĩ³³ 脂 tsĩ³³ 稚 tsĩ⁵¹ 擠 tsĩ²¹³ 榨 tsã²¹³ 炸 tsã²¹³ 乍 tsã²¹³ 宰 tsãi⁵¹ 齊 tsõi⁵⁵
tsʰ	嗜 tsʰĩ³³ 且 tsʰiã51
s	豉 sĩ²¹ 些 sẽ³³
k	酵 kã²¹³ 楷 kãi⁵¹ 寡 kuã⁵¹ 副 kuã⁵¹ 櫃 kũi²¹
h	耳 hĩ²⁵ 瓦 hiã²⁵ 好爱好 hãu²¹³ 虎 hõu⁵¹ 否 hõu⁵¹ 臭 hĩu²¹³ 休 hĩu³³ 朽 hĩu⁵¹ 嗅 hĩu²¹³ 悠 hĩu³³ 幽 hĩu³³
零声母	倚 ĩ⁵¹ 椅 ĩ⁵¹ 移 ĩ⁵⁵ 矣 ĩ²¹ 已 ĩ⁵¹ 以 ĩ⁵¹ 爱 ãi²¹³ 幼 ĩu²¹³

从上表一（1、2）可以看到，粤东闽语各点读鼻化韵的阴声韵字分布在各个声组中，包括帮组、端组、知组、章庄组、见组，以及影晓匣喻各母，其出现不以古声组为条件；从表 X-3-1-2 潮州湘桥的例

字读音表可以看到（粤东闽语各点声母的读音比较一致），读鼻化韵的阴声韵字既有送气声母，也有不送气声母，还有零声母，虽然读送气声母的例字比读不送气声母的多，但并没有严格的声组类别或者声母发音条件的制约。

既然不是音类或者声母发音条件所造成的，那么这部分鼻化韵是否为某一历史层次的特征呢？从表 X-3-1-1 可以看到，读鼻化韵的阴声韵字在粤东闽语各点之间存在差异，具体分析这些差异可以发现，相同辖字的读音大都属于白读音层，例如"惰 ᶜtuā、稗 phõi²、挤 tsĩ²、第 ᶜtōi、鼻 phĩ²、椅 ᶜĩ、耳 ᶜhĩ、钓 tiõ²"等，而各点之间参差不齐的辖字，其鼻化韵读音多属文读层。由此可见，这些鼻化韵读音分别属于不同的层次，也就是说，非鼻音声母古阴声韵字读鼻化并非某个历史层次的特征。

另外，从整个闽南方言片观察，上述第四种鼻化韵在各个方言点虽存在一致的辖字，但不一样的辖字也不在少数。福建闽南方言几个代表点以及惠东的情况如下：

厦门：鼻 pʰĩ² 指 ᶜtsāi 考 ᶜkʰɔ̃ 舀 ᶜiũ 寡 ᶜkuā 火 ᶜhɔ̃ 他 ᶜtʰā 凄 ᶜtsĩ 打 ᶜtā 酵 kā² 舐 tsĩ² 豉 sĩ² 恶 ɔ̃²

漳州：栀 ᶜkĩ 易 ĩ² 鼻 pʰĩ² 尼 ≤lĩ 姨 ≤ĩ 异 ĩ² 快 kʰũi² 哑 ᶜɛ̃ 火 ᶜhɔ̃ 凄 ᶜtsĩ 打 ᶜtā 酵 kā² 豉 sĩ²

泉州：指 ᶜtsuĩ 快 kʰuĩ² 好 ᶜhɔ̃ 考 ᶜkʰɔ̃ 惰 ≤tuā 他 ᶜtʰā 凄 ᶜtsĩ 打 ᶜtā 酵 kā² 恶 ɔ̃²

惠东：豉 sĩ² 椅 ᶜĩ 倚 ᶜĩ 鼻 pʰĩ² 耳 hĩ² 以 ᶜĩ 猜 ᶜtsʰāi 爱 āi² 潮 ≤tiõ 赵 tiõ² 舀 ᶜiõ 寡 ᶜkuẽ

粤东闽语跟福建闽南片之间，相同的辖字很少，这至少说明，大部分鼻化韵字形成的时间不会很早，至少是在粤东闽语从闽南本土方言中独立出来之后才产生。我们可以看看一百年前的潮州方言古阴声韵字读鼻化韵的例字情况，以助我们判断这类读音的性质。

表 X-3-1-3　一百年前的潮州方言第四类鼻化韵母例字读音表

声母	例字
pʰ	鼻 Pⁿi、秕 Pⁿio、稗 Pⁿio
t	钓 Tⁿie、惰 Tⁿoa
ts	支 Chⁿi、挤 Chⁿi
k	酵 Kⁿa、匼櫃 Kⁿui
h	復 Hⁿiu、耳 Hⁿi、朽臭嗅 Hⁿiu、虎否 Hⁿo
零声母	已以苡矣倚椅 Iⁿ、圉幼 Iⁿu

上表是从1883年出版的《A Chinese and English Vocabulary in the Tie-Chiu Dialect》中整理出来的鼻化韵字，该书是由北美浸信会（American Presbyterian Mission）在上海出版的，是北美浸信会传教士 Josiah Goddard（1813—1854，中文名简称高德）于1883年再版的语料，出版地为上海。标音中上标的"ⁿ"表示韵母鼻化，通常标在声母后头，零声母字则标在第一个元音之后。

从上表可以看到，上述第四种鼻化韵字在过去的一百年间数量增加不少。当然也有少数例字原来读鼻化韵，而今没有出现在第四类鼻化韵母例字表中，包括：秕、匼、復、苡、圉。其中，"復"是个入声字，在今粤东闽语都读入声，读 hĩu 比较特殊。"薏仁"在潮州湘桥叫"□米" ĩ²¹³⁻⁵² bi²¹，其中"□ĩ²¹³"为阴去调，跟"苡"的声调不完全符合。"苡"中古属于止摄三等开口之韵以母上声字，大概高德是将"苡"作为 ĩ²¹³ 读音的本字了，如果是这样的话，跟今潮州方言是一致的。"秕、圉"今方言不常用，读音待考。"匼"今方言读音没有鼻化。

王力（1987：671）认为阴声韵读鼻化的现象是阴阳对转的枢纽。他分析潮州的鼻化韵并指出：（潮州的）鼻化元音由阳声韵（-m，-n，-ŋ尾）转来的占多数，由阴声韵转来的占少数。这是阴阳对转的枢纽：阳声韵由鼻化元音过渡到阴声韵 [aŋ→ã→a]，阴声韵由鼻化元音过渡到阳声韵 [a→ã→aŋ]。对转当然也可以停留在鼻化元音阶段，如现代潮州方言。

潮州方言至今仍没有古阴声韵演变为阳声韵的例子，也即王力先生所假设的 [a→ã→aŋ]，只能见到第一阶段 [a→ã] 的变化，而始终没有

出现第二阶段 ã→aŋ 的变化，这使我们不得不重新思考第一阶段变化的性质。此外，王力先生的观点也没有解释发生第一阶段变化的动因，而这是我们所关注的。

从上文的分析可知，阴声韵读鼻化或者非鼻化，并非不同声组或者不同韵摄的区别，也找不到历史层次的原因，可以说，鼻化韵与非鼻化韵之间没有明确的分化条件。而且，这一类鼻化韵字产生的时间比较晚，在过去的一百多年间仍然处于演变当中。既然找不到这一类鼻化韵产生的音韵条件，那只能从生理发音方面找原因，"鼻化元音是带有鼻音音色的元音，它是发口元音的同时下降软腭，打开鼻咽通道，引入鼻腔共鸣所产生的一种元音"（吴宗济、林茂灿主编 1989：103）。闽南方言古阳声韵弱化成鼻化韵之后，发鼻化韵时口鼻同时共鸣的发音机制被操闽南方言者所习得，并在日久之后成为一种发音习惯。因此，闽南方言鼻音声母后边的韵母很容易被声母顺同化，带上较强的鼻化色彩，形成上文所说的第二类鼻化韵。这样一来，闽南方言就有更多的韵母带上鼻化色彩。也就是说，操闽南方言者更经常地使用口鼻同时共鸣的发音方法，于是又进一步增强了发音时鼻腔出气的习惯。几乎可以说，"鼻化"是闽南方言重要的发音特点，操闽南语者发音时习惯从鼻腔漏气，口鼻同时共鸣。这从闽南人说普通话时总是带着浓重的鼻音（即鼻化色彩）可以得到证明，比如绝大部分的闽南人说普通话，都会把"椅子"说成 ĩ$^{214-21}$ tsi，费很大力气也学不会韵母不带鼻化色彩的"妈" ma^{55}、"马" ma^{214}。既然闽南人说普通话可以带着浓厚的鼻音，那么在说母语时偶尔给一些口元音韵母额外附上鼻化色彩就不足为奇了，这种偶然为之如果经常发生，就会逐渐替换旧的发音并固定下来，也即非鼻化韵变成了鼻化韵，因此形成一批找不到音韵分化条件的鼻化韵字。

如果我们以上的设想成立，即这些鼻化韵字原本是读非鼻化的，只是由于母语者的发音习惯偶然读成了鼻化韵，当这种偶然行为越来越经常地发生，就使得这个鼻化韵读音固定了下来，并最终取代原来的非鼻化韵母；那么可以想见，在新的读音（鼻化韵读音）固定下来之前，新旧读音会有一个共存的阶段，即读鼻化和非鼻化两可的情况，如果能找到这样的例子，那将会使上文的分析更有说服力。

笔者在自己的母语（饶平方言）中找到了例证，一些来自中古阴声韵的字，有时读鼻化有时读不鼻化，没有区分的条件，属于自由变体。例如"第_第一_ ᶜtõi/ᶜtoi、孝_行孝_ hāu⁼/hau⁼、休 ᶜhĩu/ᶜhiu"；"蔡 tsuã⁼/tsua⁼、豉 si⁼/sĩ⁼"在饶平海山的不同村里，读鼻化韵与否不尽相同，有的是明显的口音差异。某些字的读音带鼻化还是不带鼻化，不同的发音人之间有所不同，例如"脐 ᶜtsai/ᶜtsãi、宰 ᶜtsai/ᶜtsãi、彩 ᶜtsai/ᶜtsãi、底 ᶜtoi/ᶜtõi、齿 ᶜkʰi/ᶜkʰĩ、位 ᶜui/ᶜuĩ"这几个字，2003 年我们在黄冈镇调查的发音人施慧群全部读鼻化，而 2009 年调查的发音人陈景林则全部读不鼻化。总之，古阴声韵字读鼻化韵的情况，在个人之间都可能存在差异，其参差不齐的现状是语音演变的必经阶段，是不同音类之间相互竞争的过程，也是"鼻化"这一发音机制企图取代旧的发音机制的较量过程。

竞争的结果会怎么样？很难预料，"鼻化"不是强势音变，所以很难说上述第四类鼻化韵的例字范围会不断扩大。据徐睿渊（2008）的研究可以看到，从西洋传教士 1873 年编著的《厦英大辞典》到现今的厦门音，阴声韵字读鼻化的情况有以下几种变化：第一，《厦英大辞典》与今音同，例如"寡、凄、打、酵"都读鼻化韵；第二，《厦英大辞典》读鼻化，而今鼻化脱落，例如"异、扰、丑、□_破～；破锣嗓子_、□_发皱，皱纹_"；第三，《厦英大辞典》读不鼻化，而今变为鼻化，例如"舔、他"；第四，《厦英大辞典》读鼻化和不鼻化皆可，现今厦门音倾向读鼻化，例如"豉、恶"。厦门方言一百多年来的语音变化情况表明，上述第四种鼻化韵一方面产生了新的例字，另一方面一些原本读鼻化的例字转而变成非鼻化韵，两者皆有可能，所以，未来的情况会怎么样，很难下结论。

二 鼻化韵与词汇扩散

上文从发音机制方面解释粤东闽语第四种鼻化韵的成因，但对音变的过程、以及粤东闽语非鼻音声母古阴声韵字读鼻化韵现状的分析，仍不全面。之所以形成这类鼻化韵，以及这类鼻化韵之所以形成目前的分布状况，其中还有词汇扩散机制在起作用。当"发口元音的同时下降软腭，打开鼻咽通道，引入鼻腔共鸣"这样的发音机制形成之后，它还要作用于具体的词来得以实现，通过词汇扩散，使更多的词纳入这一发音机制的作用范围。从理论上说，所有口元音韵母都有可能在这一发音机制的主导下，通过词汇扩散演变成鼻化韵。

目前，上述第四类鼻化韵字还是少数，其重要的原因在于"鼻化"这一机制的扩散力量不够强大，因为它的随机性太强，没有明确的音韵或者其他条件限制，因此也就缺乏一个系统性的推动力来推动音变发展，音变只是零散地在个别词中渗透，所以很难像其他音变那样，一旦启动音变机制，就会成系统地展开词汇扩散。

因此，这类鼻化韵的扩散有自己的特点：一，不以某些音韵条件为扩散依据；二，不成系统；三，扩散速度比较慢。但尽管如此，粤东闽语非鼻音声母阴声韵字变读鼻化韵这一音变，仍然经历着它的词汇扩散过程。

如上所述，粤东闽语非鼻音声母阴声韵字带上鼻化色彩是发音机制扩散的结果，它的音变没有严格的声组类别或者声母发音条件限制。但是，发音机制扩散首先在哪些声母开始？不同的声母是不是有所区别？从表 X-3-1-2 潮州湘桥的例字读音表可以看到，读鼻化韵的阴声韵字在 ts-、h- 和零声母后面出现得最多，那是否说明"鼻化"发音机制最容易在这三个声母中扩散，即第四种鼻化韵对声母具有选择性？

答案是否定的。首先，这三个声母在发音上找不到共同之处，ts 是舌尖前不送气塞擦音，h 属于喉擦音，零声母就是声母的零位，但粤东闽语的零声母音节前带有轻微的喉塞色彩。总之，这几个声母谈不上"相同的发音条件"。其次，仔细观察表二可以发现，ts-、h- 和零声母的大部分例字韵母相同：ts-声母有 11 个例字，其中"支 tsĩ^{33} 肢 tsĩ^{33} 脂 tsĩ^{33} 稚 tsĩ^{51} 挤 tsĩ^{51}" 5 个同为 -ĩ 韵母，"支 tsĩ^{33} 肢 tsĩ^{33} 脂 tsĩ^{33}" 的韵母和声调都相同，"榨 tsã^{213} 炸 tsã^{213} 乍 tsã^{213}" 同为 -ã 韵母；h-声母也有 11 个例字，其中"榨 tsã^{213} 炸 tsã^{213} 乍 tsã^{213}" 同为 -ã 韵母，"臭 hĩu^{213} 休 hĩu^{33} 朽 hĩu^{51} 嗅 hĩu^{213} 悠 hĩu^{33} 幽 hĩu^{33}" 6 个有相同的韵母 -ĩu，"虎 hõu^{51} 否 hõu^{51}" 韵母都为 -õu；零声母共 8 个例字，其中有 6 个为 -ĩ 韵母字。很明显，非鼻音声母古阴声韵字带上鼻化色彩这一音变倾向于在读音相近的字之间进行词汇扩散。所谓"读音相近"，指的是在带上鼻化色彩之前，这些字的读音相同或接近。

再看其他几个代表点（上举潮州湘桥代表粤东闽语东部潮汕小片的

情况，下表潮阳、惠来两点代表中部潮普小片情况，陆丰、海丰两点代表西部汕尾小片的情况），跟潮州湘桥的情况一致：

表 X-3-2-1　粤东闽语几个代表方言点第四类鼻化韵例字读音表

声母	潮阳棉城	惠来惠城	陆丰东海	海丰海城
p				比 pĩ⁵² 秕 pĩ⁵²
pʰ	譬 pʰĩ⁵² 鼻 pʰĩ⁴¹ 秤 pʰãi³³ 怕 pʰã⁵²	譬 pʰĩ³¹ 怕 pʰã³¹ 鼻 pʰĩ³¹ 颇 pʰuã⁵²	譬 pʰĩ²¹² 鼻 pʰĩ³³ 怕 pʰã²¹²	鼻 pʰĩ²² 怕 pʰã²¹³
t	惰 tuã⁵² 第 tãi⁵² 潮 tiõ²² 赵 tiõ²²/tiõ⁵² 钓 tiõ⁵²	惰 tuã²¹³	递 tĩ³³ 惰 tuã³³	第 tãi²⁵ 惰 tuã²⁵
tʰ	讨 tʰõ³⁵			
ts	支 tsĩ³¹ 肢 tsĩ³¹ 舐 tsĩ³¹ 稚 tsĩ⁵⁵¹ 脂 tsĩ³¹ 已 tsĩ³¹ 脐 tsãi²² 挤 tsãi³¹ 济 tsãi³¹	稚 tsĩ⁵² 脂 tsĩ²⁴ 支 tsĩ²⁴ 肢 tsĩ²⁴	支 tsĩ⁴⁴ 肢 tsĩ⁴⁴ tsĩ⁴⁴ 稚 tsĩ⁵⁵ 寺 tsĩ³³ 痔 tsĩ³³ 挤 tsĩ²¹² 炸 tsã²¹²	支 tsĩ³³ 肢 tsĩ³³ 舐 tsĩ²⁵ 稚 tsĩ⁵¹ 脂 tsĩ³³ 寺 tsĩ³¹ 载 tsãi⁵¹ 詐 tsã²¹³ 榨 tsã²¹³ 炸 tsã²¹³ 乍 tsã²¹³ 脐 tsãi⁵⁵ 脐 tsãi⁴⁴
tsʰ	彩 tsʰãi³⁵ 採 tsʰãi³⁵ 睬 tsʰãi³⁵ 睬 tsʰãi³⁵ 且 tsʰia³⁵ 嗜 tsʰĩ⁴⁴	彩 tsʰãi⁵² 採 tsʰãi⁵² 睬 tsʰãi⁵² 採 tsʰãi⁵² 且 tsʰia⁵²	嗜 tsʰĩ³⁵ 且 tsʰia⁵⁵	嗜 tsʰĩ³³ 猜 tsʰãi³³ 彩 tsʰãi⁵² 採 tsʰãi⁵² 睬 tsʰãi⁵²
s	些 sẽ³¹		弛 sĩ³³ 些 sẽ⁴⁴	弛 sĩ²²
k	岐 kĩ⁴⁴ 果 kuẽ³⁵ 柜 kũĩ³³ 剐 kuã³⁵ 寡 kuã³⁵	剐 kuã⁵² 驾 kẽ³¹ 果 kuẽ⁵²	假 kẽ⁵⁵ 剐 kuã⁵³ 寡 kuẽ⁵⁵ 果 kuẽ⁵³ 肢 kĩ⁴⁴	指 kĩ⁵¹ 盖 kãi²¹³
kʰ	盖 kʰãi⁵²	盖 kʰãi³¹ 楷 kʰãi⁵²	盖 kʰãi²¹²	
h	毁 hũĩ³⁵ 匪 hũĩ³⁵ 虎 hõu³⁵ 耳 hĩ³¹ 好 hãu⁵²	虎 hõu⁵² 耳 hĩ²¹³ 毁 ɸũĩ⁵² 匪 ɸũĩ⁵²	虎 hõu⁵³ 耳 hĩ³³	耳 hĩ²⁴ 荷 hõ²¹³
零声母	椅 ĩ⁵⁵¹ 移 ĩ⁴⁴ 已 ĩ⁵⁵¹ 以 ĩ⁵⁵¹ 偎 ũĩ⁵² 位 ũĩ³³ 畏 ũĩ⁵² 懊 õ⁵² 奥 õ⁵² 懊 õ⁵² 澳 õ⁵² 卧 õ⁵² 爱 ãi⁵²	倚 ĩ⁵² 倚 ĩ²¹³ 椅 ĩ⁵² 移 ĩ⁴⁴ 爱 ãi³¹ 矣 ĩ²⁴ 已 ĩ⁵² 以 ĩ⁵²	椅 ĩ⁵⁵ 已 ĩ⁵⁵ 以 ĩ⁵⁵ 爱 ãi²¹²	倚 ĩ⁵¹ 椅 ĩ⁵¹ 移 ĩ⁴⁴ 矣 ĩ²² 飴 ĩ²² 已 ĩ⁵¹ 以 ĩ⁵¹ 爱 ãi²¹³

这一音变倾向于在读音相同或相近的字之间扩散，原因就是这类音变不受特定的音韵或者其他条件限制，没有系统性，以至于它的词汇扩散有点"盲目"，该怎么扩散、向哪里扩散，"读音相同或相近"成了它的选择。可以说，这一音变的动因是发音习惯，是将"口腔鼻腔同时共鸣"的发音习惯作用于读音相同或相近的字之上。因此，粤东闽语非鼻音声母古阴声韵字变读鼻化韵这一音变，基本上就是遵循"读音相同或相近"这个方向进行词汇扩散的。

也有例外的情况，即别的原因造成了非鼻音声母阴声韵字读鼻化韵。例如"势"通常只读 si⁻，但在"惯势"一词中，文读 kuaŋ⁻ si⁻/白读 kũi⁻ sĩ⁻（以饶平黄冈音为例），表示"习惯某一种状态或习惯做某事"，"势"只在"惯势"一词的口语用法时读鼻化韵，其读音早已跟文字脱节，而且没有生命力，除此一词一义之外，再没有别的情况读为鼻化韵。因此，我们认为"势"读鼻化韵是受到前字"惯 kũi⁻"的韵母同化而变读为鼻化韵。此外，上文提到饶平方言"孝"在"行孝_孝顺_"一词中读鼻化与非鼻化两可：hãu²¹³/hau²¹³，目前鼻化读音占绝对优势，但"孝"单用或组成其他词时都读不鼻化 hau²¹³，我们认为"孝"在"行孝"一词中读鼻化也是由于前字"行 kiã⁵⁵"的同化所致，跟"势"情况一样。

"势、孝"读鼻化属于特殊情况。但不可否认，它们之所以会在特定的语境里读为鼻化韵，也是因为其方言系统中存在鼻化韵，而且非鼻音声母古阴声韵字有读为鼻化韵的语音机制。

第四章

声母的鼻化音变和去鼻化音变

今粤东闽语鼻音声母 m/n/ŋ - 后的韵母（包括元音韵母、鼻韵尾韵母和入声韵尾韵母）元音全部带上鼻化色彩①，这是受鼻音声母 m/n/ŋ - 顺同化的结果。同时，部分古次浊声母字在今粤东闽语中读 b/l/g - 声母，这是鼻音声母 m/n/ŋ - 受到后面口元音韵母的逆同化、逐渐失去鼻音色彩而来②，"去鼻化音变"也称为"鼻音塞化音变"。去鼻化和鼻化两种音变的发展方向完全相反，但在今粤东闽语都能够看到其发生作用所产生的结果。

古次浊声母指鼻音、边音和半元音，包括古"明（微）泥（娘）疑喻来日"母，本书只讨论与鼻音声母去鼻化音变、口元音鼻化音变相关的"明（微）泥（娘）来日疑"母。今粤东闽语的声母系统中有 m/n/ŋ - 三个鼻音声母和 b/g - 两个浊塞音声母，读 b/m - 的主要是古明、微母字；n - 来自古泥、娘母和部分来、日母，l - 来自古来母和部分泥（娘）、日母；读 g/ŋ - 的主要是疑母字。相应地，古明、微两母主要读 b/m - 声母，古泥（娘）、来母主要读 n/l - 声母，古疑母字主要读 ŋ/g - 声母。

n - 、l - 声母之间的关系跟 m - 和 b - 、ŋ - 和 g - 之间的关系并不完全相同，古次浊来母字在粤东闽语中主要读 l - 声母，泥（娘）母主要读 n - 声母，它们之间是互相平行的，不是分化的结果；今粤东闽语部分来

---

① 徐宇航（2018b：706 - 708）通过实验证明粤东闽语鼻音声母后的元音跟鼻化韵中的鼻化元音鼻化度一致，没有区别。粤东闽语一般是整个韵母所有元音都鼻化，但书写上为了方便，通常只在主要元音上标鼻化符号，本书标号处理与此同。

② 来自古泥（娘）日母的 l - 声母是经由鼻音塞化而来。

母字读 n-、部分泥（娘）母读 l-，这跟语音的历史层次和 n、l 趋向相混有关，不全是鼻化和去鼻化音变的结果。而古次浊声母明（微）、疑母字本来不读 b-、g- 声母，后来发生了"去鼻化"音变，才分别从 m-、ŋ- 声母分化出 b-、g- 声母来，b、g 和 m、ŋ 都来自古次浊声母明（微）、疑母，它们是方言语音自我发展演变的结果。

下文将详细分析古次浊声母"明（微）泥（娘）疑来日"母今读 m/n/ŋ 和 b/l/g 的情况，在此基础上阐释鼻音声母去鼻化音变与口元音鼻化音变在粤东闽语可以互不干扰地发挥作用的原因在于音变具有时效性。并且进一步探讨鼻音声母去鼻化、口元音鼻化、全浊声母清化和阳声韵韵尾弱化这几种相关音变在粤东闽语中发挥作用的先后时间顺序。

一 古次浊声母"明（微）泥（娘）疑来日"母今读 m/n/ŋ 和 b/l/g 分析

（一）明/微母和 m/b 声母

粤东闽语明母字今读主要为 m- 和 b- 声母，b- 和 m- 都既有白读、也有文读。微母字今读主要为 b/bv- 和 m/ɱ- 声母。粤东闽语白读层没有经历"重唇轻化"音变，但发生了"鼻音声母塞化"音变，所以，白读层微母跟明母一样主要读 b-。参看下面海丰海城的例字读音。

馬 ᶜmã 文,~上 / ᶜbe 白,骑~

模 ᶜmõ 文,~范 / ᶜbou 白,鞋

苗 ᶜmiãu 文,培~ / ᶜbio 白,虾

描 ᶜmiãu 文,~画 / ᶜbio 白,~写

密 miãk₂ 文,秘~ / bak₂ 白,~实

木 mõk₂ 文,十年树~ / bak₂ 白,红~

未 muãk₂ 文,~尾 / buaʔ₂ 白,粉~

未 ᶜmĩ 文,~来 / ᶜbue 白,还~ / biᶜ 天干

粤东闽语各点情况大致相同，海丰保留比较多的文白异读。从上面的例字可以看到，m/b- 形成文白对立的读音，b- 声母读音属于白读层，早于 m- 声母读音。文读 m- 声母是后来进入粤东闽语的，这时候已经发生了"鼻音声母塞化"音变，明/微母 m- 读音变成 b-，新借

进来的明母不再发生鼻音塞化音变,保持 m - 不变,跟原有的 b - 形成文白对立。

但从粤东闽语明/微母的今读来看,m - 声母也有属于白读的情况,跟 b - 一个层次。具体参看下表 X－4－1－1 粤东闽语饶平三饶方言古明/微母字的读音情况,异读音类的性质在例字右下角标明。

表 X－4－1－1　　　　饶平三饶明微母字读 m/b 声母的情况

方言点		饶平三饶		海丰海城
古声母		明	微	微
今读音类	m	魔摩饝麻痲蟆媽~~媽~祖 馬文~上 馬文~虎 駡模文~范 摹暮慕慕文 墓募埋 邁迷謎每妹阿~妹姊 昧糜~烂糜白粥 摩 美文媚寐毛文毛白 冒茅錨貌苗文 描藐 渺秒妙某茂貿謀繆彎慢綿白綿 棉 棉文免白娩緬澠面減眠麵瞞瞒文 饅滿 漫末 沫閩民憫敏抿密 門没忙芒茫 莽蟒莫膜幕寞摸芒默盲白盲文 盲虹猛 孟陌萌脈鳴明盟皿命白命文名白銘 覓蒙~古蒙文~天~懵蠓夢目穆牧	微尾排行最小 晚挽蔓 吻刎問物網輞望白	務霧微未文 晚挽萬 蔓吻刎問物勿網妄
	b	磨~刀磨石~ 馬白 碼模白~做 買賣米梅枚 媒煤眉楣帽卯苗白 描白 廟畝牡母妻子 母父~ 拇戊抹免白 末白 蔑抹密蜜悶墨 麥木	無文無白巫誣武舞 侮鵡務霧尾尾巴未 未文未地支 昧萬紋 蚊聞亡忘妄望文	無巫誣武舞侮鵡微 尾未~未地支 昧襪文 紋蚊聞問亡忘望文 望白妄又

说明:上表例字右下角所标的"文读"或"白读"只是针对有异读音类的字标明其不同音类之间的关系,并不代表整个声组的层次关系。所以,不同例字的"白读"不一定属同一层次,而不同的例字之间有可能"文读"和"白读"属同一层次。下文所举例字情况与此相同。

从三饶方言有文白异读的例字看,早期白读层 m - 读音的例字"绵白ĩ、棉白ĩ、盲白ẽ、命白iã、名iã、望 mõ白"韵母大都为鼻化韵,声母没有发生塞化在于韵母主要元音已经鼻化,这些古阳声韵字已经发生韵尾弱化变成为鼻化韵,声母失去了塞化的条件,所以这一层次读音分为两种情况：

明/微母白读①b +（韵母元音）非鼻化韵母
②m +（韵母元音）鼻化韵母

从粤东闽语今读来看，后来进入粤东闽语的文读层重唇音已经分化出轻唇音，明母和微母字读音不同。借入粤东闽语时明母字仍然读 m - 声母，跟粤东闽语白读层读音②相同，且鼻音声母塞化音变不再起作用，而微母字读音跟粤东闽语白读层两个读音都不同，于是受到白读层读音的调整，跟着读 b - 声母。这就是微母字今读 b - 声母的字占多数的原因。这一层次读音我们暂且称为旧文读，明/微母读音如下：

明母旧文读 m + 所有韵母
微母旧文读 b + 所有韵母

且随后发生了鼻化音变，这一层次的 m - 声母同化韵母中的口元音使其变成鼻化韵，包括阴声韵、阳声韵和入声韵，具体音变如下：

m + 非鼻化韵母 > m + 鼻化韵（来自古阴声韵：糜_{白,粥}uẽ、毛_{白}õ）

／鼻化阳声韵（来自古阳声韵：棉_{文}iãŋ、門_{文}ũŋ、芒 ãŋ）

／鼻化入声韵（来自古入声韵：目 ãk）

最晚进入粤东闽语的文读音（暂且称为新文读），其明母字全部读 m -，微母字 m/b - 两读都有，且不同点读音不完全一致，可见这一层次微母字进入粤东闽语时因与原有的 m/b - 读音均不同，所以在读音选择上比较随意，但总的不违背方言已形成的"b + 非鼻化韵母/m + 鼻化韵母"这一规则。目前，粤东闽语古微母字的新文读层读音不稳定，尤其是阳声韵字，例如"萬_{文}紋蚊聞亡忘妄望_{文}"等字，在饶平内部各点存在分歧，饶平黄冈倾向于读为 m - 声母，饶平海山倾向于读为 b - 声母，而三饶见上表 X - 4 - 1 - 1。

（二）泥（娘）/来母和 n/l 声母

粤东闽语泥、娘母读 n - 声母，来母读 l - 声母，两者在阴声韵和入声韵中基本保持不混，但在阳声韵中已经开始混淆，泥、娘母有读 l - 声母的例字，来母也有读 n - 声母的例字。具体参看下文饶平三饶方言的情况，如果一字文白读声母相同，用"/"隔开。

饶平三饶

泥（娘）母：恼_白_ᶜlo、南_ₓ_lam、男_ₓ_lam、鲇_ₓ_liam、念_文_ᶜliam/念_白_ liam⁼、撑_ᶜliŋ、暖_ᶜluaŋ、嫩 luŋ⁼、囊_ₓ_laŋ、能_ₓ_leŋ、宁_ₓ_leŋ、佞_ᶜleŋ、农_ₓ_loŋ、脓_文_loŋ/脓_白_laŋ、侬_文_loŋ，奶_白_ᶜleŋ、赁_ᶜleŋ、浓_ₓ_loŋ

来母：赖_姓_⁼nãi、蓝_姓,姓_ₓ_nã、篮_ₓ_nã、榄_ᶜnã、敛_ᶜniam、林_白,ₓ_nã、拦_白_nuã⁼、烂_白_nuã⁼、莲_ₓ_nõi、楝_白_nõi⁼、卵_白_ᶜnɯŋ、郎_白,ₓ_nɯŋ、量_白,ₓ_niõ、粮_ₓ_niõ、梁_ₓ_niõ、梁_ₓ_niõ、两_白,~个_ᶜnõ、两_白,斤~_ᶜniõ、冷_ᶜnẽ、领_ᶜniã、岭_ᶜniã

可以看到，饶平三饶泥（娘）母字读l-声母基本上都是阳声韵字，来母字读n-声母也大都为阳声韵字。不同的是泥（娘）母字读l-声母多为文读音，而来母读n-声母大部分为白读音。读n/l-声母的除了泥（娘）来母之外，还有少数日母字，且属于日母的白读音，具体例字参看三饶方言，如下：

饶平三饶

汝_白_ᶜlɯ、蕊_ᶜlui、忍_白_ᶜluŋ ‖ 饵_白_ᶜnĩ、染_白_ᶜnĩ、软_ᶜnũŋ、让 niõ⁼、肉 nẽk̚

汉语语音史上有"娘日二纽归泥"说，"泥娘"不分已经不成问题；"日"母是否也从"泥"母分出来还有些分歧，但从粤东闽语乃至整个闽南方言来看，是支持"日母归娘"的。粤东闽语部分日母字白读n/l-声母，可能就是日母从泥母中分出来之前的读音层次，这一层次读音涉及的地域范围广，整个闽南方言都有类似的情况。粤东闽语其他方言的情况如下：

南澳云澳：汝_白_ᶜli、蕊_ᶜlui、忍_白_ᶜlun/饵_文_ᶜnĩ、染_白_ᶜnĩ、软_ᶜnũŋ、瓢_ₓ_nũŋ、让 niõ⁼、肉 nẽk̚

潮阳海门：蕊_ᶜlui、忍_白_ᶜluŋ/染_白_ᶜnĩ、软_ᶜnũŋ、瓢_ₓ_nũŋ、让_ᶜniõ、肉 nẽk̚

惠来惠城：汝_ᶜlu、忍_白_ᶜluŋ/染_白_ᶜnĩ、软_ᶜnũŋ、瓢_ₓ_nũŋ、让 niõ⁼、肉 nẽk̚

陆丰东海：汝_白_ᶜli、蕊_ᶜlui、忍_白_ᶜluŋ、闰 luŋ⁼/染_白_ᶜnĩ、软_ᶜnũŋ、瓢_ₓ_nũŋ、让 niõ⁼、肉 niõk̚

海丰海城：汝ᶜli、蕊ᶜlui、閏ᶜlun/染₍白₎nĩ、軟ᶜnũi、忍ᶜnũn、瓢₍白₎nũŋ、讓nioᶾ、肉niok₎

其他闽南方言的具体情况如下：

泉州：耳₍文₎ᶜnĩ、染₍白₎ᶜnĩ、瓢₍白₎ᶜnŋ̍、讓₍白₎niũᶾ

厦门：耳₍文₎ᶜnĩ、染₍白₎ᶜnĩ、軟ᶜnŋ̍、瓢₍白₎ᶜnŋ̍、讓₍白₎niũᶾ

漳州：蕊ᶜlui、染₍白₎ᶜlĩ/₍文₎ᶜdziam、軟₍白₎ᶜluĩ/₍文₎ᶜdzuan、潤₍白₎lunᶾ/₍文₎dzunᶾ、閏₍白₎lunᶾ/₍文₎dzunᶾ、瓢₍白₎ᶜlŋ̍/₍文₎ᶜdziaŋ、讓₍白₎liõᶾ/₍文₎dziaŋ

惠东：乳ᶜneŋ、軟ᶜnəŋ、讓nioᶾ、肉nek₎、蕊ᶜlui、忍ᶜlun、閏lunᶾ

电白：染ᶜni、軟ᶜnui、忍ᶜnuŋ、潤nuŋ、瓢ᶜnəŋ、兒ᶜlu、閏ᶜluŋ

海康：潤ᶜnuŋ、瓢ᶜniaŋ、壤ᶜniaŋ、嚷ᶜniaŋ、軟ᶜnui、閏ᶜnuŋ、讓ᶜniaŋ、忍ᶜnuŋ、兒ᶜlu、蕊ᶜlui

现在的问题是，来母部分字白读–n声母，而泥（娘）母读–l声母的则大多为文读音，它们各自的性质如何？

汉语史上，来母作为单辅音几乎没怎么变过，它跟泥（娘）、日母没有交集。但是，从粤东闽语乃至整个闽南方言普遍存在来母字白读n–声母、泥（娘）日母字白读n/l–声母的情况看，闽南方言的泥（娘）、日母和来母曾在某个历史时期有过混淆，混淆的范围至少遍及整个阳声韵。从今读的情况以及闽南方言普遍发生的鼻音声母去鼻化音变来看，泥（娘）日母和来母相混的起因就是闽南方言普遍发生的去鼻化音变。由于去鼻化音变发生，读n–声母的泥（娘）日母字演变成l–声母（n>d>l），如"惱₍白₎lo、膿₍白₎laŋ、汝₍白₎lɯ、忍₍白₎luŋ、蕊lui"等，而韵尾已经弱化、韵母主要元音鼻化的阳声韵字则保持n–读音，因为没有发生去鼻化音变的条件了，如"年nĩ、餌₍白₎nĩ"。因此，部分泥（娘）日母字读同来母。阳声韵韵尾弱化变为鼻化韵和鼻音声母去鼻化两个音变启动之后，一方面来母字声母与韵母的组合可总结为：

来母①l +（韵母元音）非鼻化韵母
②l +（韵母元音）鼻化韵母

来母字有了一部分l声母+鼻化韵母组合；另一方面泥（娘）日母字发生去鼻化音变，分化为：

泥（娘）日母①l＋（韵母元音）非鼻化韵母
②n＋（韵母元音）鼻化韵母

使得音系组合有了"鼻音声母＋鼻化韵母/非鼻音声母＋非鼻化韵母"的规则。在这一规则的制约下，加上"泥（娘）日母字混入来母"趋势的拉动下，来母"②l＋（韵母元音）鼻化韵母"组合中的l－变成n－，混入泥（娘）日母字。这就是粤东闽语来母字白读n－声母且韵母都为鼻化韵的原因，属于早期层次：一是泥（娘）、日母尚未分离；二是粤东闽语今读都属于白读音。

其它泥（娘）母字读l－声母则属于文读音，跟上文分析的来母字读n－声母性质不同，相应地也称为旧文读。从粤东闽语今读分析，后来进入方言的文读音，泥（娘）母读n－（日母已经分化出去，这一读音层的n－声母跟日母字没有关系），来母读l－，进入粤东闽语之后泾渭分明，且n－声母跟非鼻化韵组合时没有发生去鼻化音变，而是导致韵母发生口元音鼻化音变，n－声母同化后面口元音使其带上鼻化色彩，所以粤东闽语今读有泥（娘）母如"耐 nāi、尼 nĩ、林ₓ nĩm、儂 nāŋ、肉 nẽk"这样的声韵组合，其韵母主要元音鼻化，音变过程如下：

n＋非鼻化韵母＞n＋鼻化韵（来自古阴声韵）
/鼻化阳声韵（来自古阳声韵）
/鼻化入声韵（来自古入声韵）

"去鼻化音变"不再发挥作用，"鼻音声母同化后面的口元音使之鼻化"音变起作用，这是音变规则更迭的最好例子，很好地诠释了音变具有时效性这一原理。

方言之间的接触和自身的演化没有停止，粤东闽语目前又出现新的情况。文读层 n/l－声母开始相混，从阳声韵（尤其是－m 尾韵母表现得更加明显）开始，"南、男、念、黏"等－m 尾韵字在粤东闽语中开始变读为 l－声母，看似去鼻化音变二次发挥作用，实则韵尾对声母的异化作用起着更重要的作用，这就是为什么混同首先出现在－m 尾韵字的原因。目前粤东闽语各点的具体情况不太一致，最晚近的音变（n＞l）有的发生有的还没发生，发生音变的各点具体辖字多寡不一，可见音变正处于扩散的阶段，个体方言内部词汇扩散，不同方言之间音变扩散。各点的例字读音详见下文：

南澳云澳

泥娘母：哪~吒⊂lo、恼白⊂lo、南⊂lam、男⊂lam、鲇⊂liam、拈文⊂liam、念liam⊃、难⊂laŋ、难laŋ⊃、撵文⊂liŋ/撵白⊂leŋ、暖⊂luan、嫩luŋ⊃、囊⊂laŋ、能⊂leŋ、宁⊂leŋ、农⊂loŋ、脓文⊂loŋ/脓白⊂laŋ、侬文⊂loŋ、黏⊂liam、浓⊂loŋ

来母：赖文nãi⊃、癞⊂nãi、蓝白⊂nã、篮⊂nã、榄白⊂nã、林白⊂nã、拦白nuã⊃、烂白nuã⊃、莲⊂nõi、卵白nuɯŋ⊃、郎白⊂nuɯŋ、量白niõ、粮⊂niõ、梁⊂niõ、梁⊂niõ、两白,~个nõ⊃、两斤~⊂niõ、冷⊂nẽ、领⊂niã、岭⊂niã

惠来惠城

泥娘母：恼白⊂lo、仑⊂luŋ、囊⊂laŋ、宁⊂leŋ、佞⊂leŋ、农⊂loŋ、脓文⊂loŋ/脓白⊂laŋ、侬文⊂loŋ，浓⊂loŋ

来母：赖文⊂nãi、癞⊂nãi、柳n ĩu⊃、溜⊂n ĩu、蓝白⊂nã、篮⊂nã、榄白nã⊃、廉⊂niam、镰⊂niam、帘⊂niam、敛 niam⊃、殓 niam⊃、林白⊂nã、拦⊂nuã、烂白nuã⊃、莲⊂nãi、楝白⊂nãi、卵⊂nuɯŋ、郎白⊂nuɯŋ、量白niõ、粮⊂niõ、梁⊂niõ、梁白,高~液niõ、两白,~个⊂nõ、两斤~⊂niõ、冷⊂nẽ、领niã⊃、岭niã⊃

陆丰东海

泥娘母：哪~吒⊂lo、恼⊂lo、南⊂lam、男⊂lam、鲇⊂liam、拈⊂liam、念liam⊃、难⊂laŋ、难laŋ⊃、撵⊂leŋ、暖⊂luan、嫩luŋ⊃、囊⊂loŋ、能⊂leŋ、宁⊂leŋ、农⊂loŋ、脓文⊂loŋ、脓白⊂laŋ、侬⊂laŋ，黏⊂liam、赁leŋ⊃、浓⊂loŋ

来母：赖文nãi⊃、癞⊂nãi、蓝白⊂nã、篮⊂nã、榄白⊂nã、林白⊂nã、烂白nuã⊃、莲⊂nãi、卵n ũ ŋ⊃、郎白⊂n ũ ŋ、量⊂niõ⊃、粮⊂niõ、梁⊂niõ、两白,~个nõ⊃、两⊂niõ、领⊂niã、岭⊂niã

海丰海城

泥娘母：恼⊂lo、撵⊂liaŋ、仑⊂lun、囊⊂laŋ、佞⊂leŋ、农⊂loŋ、脓loŋ，浓⊂loŋ

来母：赖文⊂nãi、荔白⊂nãi、篮⊂nã、榄白⊂nã、缆白nã⊃、敛⊂niãm、殓⊂niãm、林白⊂nã、林文⊂n ĩm、拦白⊂nuã、莲⊂nãi、楝白nãi⊃、卵白n ũi、卵文⊂nuãŋ、郎白⊂n ũi、量白⊂niõ、粮⊂niõ、梁⊂niõ、梁⊂niõ、两白,~个⊂nõ、

两₍斤₎niõ、辆₍下₎niõ、领 ⁽niã、岭 ⁽niã、弄 ⁽nõŋ

（三）疑母和 ŋ/g 声母

粤东闽语疑母字今读除 ŋ/g-声母，还有 h-和零声母。其中 h-最早，可称为旧白读，例字都是方言常用字且整个闽南方言高度一致。零声母大都是晚近文读音，但也存在几个白读音，因此零声母可分为白读 Ø₍白₎-和 Ø₍文₎-。具体例字读音参看饶平三饶方言，如下：

饶平三饶

ŋ-声母：蛾 ŋõ、俄 ŋõ、雅 ŋiã、呆 ŋai、午 ŋou、遇 ŋõ、艾₍文₎ŋai、涯 ŋai、宜 ŋĩ、蚁₍文₎ŋĩ、义 ŋĩ、议 ŋĩ、拟 ŋĩ、危 ŋuĩ、熬 ŋau、藕₍文₎ŋou、藕₍白₎ŋau、岩 ŋam、岸 ŋai、眼 ŋaŋ、颜₍文₎ŋuaŋ、颜₍文又₎ŋaŋ、雁 ŋaŋ、谚 ŋaŋ、言 ŋaŋ、研 ŋiaŋ、玩 ŋuaŋ、顽 ŋuaŋ、元 ŋuaŋ、阮 ŋuaŋ、愿 ŋuaŋ、银 ŋɯŋ、鄂 ŋak、狱 ŋak、凝 ŋeŋ、硬 ŋẽ、迎₍文₎ŋeŋ、逆 ŋek、狱₍文₎ŋek、尧 ŋiau、验 ŋiam、严 ŋiam、业 ŋiap、吟 ŋĩm、孽 ŋiak、仰 ŋiaŋ、虐 ŋiak

g-声母：鹅 go、饿 go、牙 ge、芽 ge、衔 ge、伢 gia、吴 gou、蜈₍文₎gou、蜈₍白₎ge、误 gou、语 gɯ、御 gɯ、碍 gai、艺 goi、刈 goi、倪 goi、外 gua、疑 gi、牛 gu、月 gueiʔ、玉 gek、狱₍又₎gek

零声母：我 ua、卧 o、瓦₍文₎ua、吾 u、五 ₍二一添作～₎u、娱 u、桅 ui、砚 ĩ、迎₍白₎iã

h-声母：瓦₍白₎hia、鱼 hɯ、渔 hɯ、艾₍白₎hia、蚁 hia、岸₍白₎hia、颜₍姓₎hia、额 hiaʔ

h-和零声母 Ø₍文₎-形成文白对立，如"瓦"，也和 ŋ-形成文白对立，如"艾、蚁、岸、颜"。零声母和 ŋ-也形成文白对立，如"五：ŋ-₍白₎/Ø₍文₎-"、"迎：Ø-₍白₎/ŋ₍文₎-"，Ø-₍白₎我们归入旧白读层，其性质和来源另文再讨论。找不到 ŋ-和 g-形成文白对立的例子，这跟明微母和泥（娘）母的 m/b-声母和 n/l-声母表现有所不同。根据上文分析，次浊声母疑母 g-读音也是发生了"鼻音声母去鼻化"音变所致，这一层次 ŋ/g-读音互补，我们称为新白读层，两者跟韵母的搭配有如下关系：

疑母白读 ①g +（韵母元音）非鼻化韵母
②ŋ +（韵母元音）鼻化韵母

第一，这一层次跟 ŋ-组合的鼻化韵母来自韵尾弱化变为鼻化韵的阳声韵字，但粤东闽语几乎找不到例字，饶平三饶只有"岸"字。第二，这一层次跟 g-声母搭配的非鼻化韵母包括阴声韵字、韵尾未弱化的阳声韵字和入声韵字，但基本上找不到来自"韵尾未弱化的阳声韵"例字。疑母这一层次缺失古阳声韵字，可能跟早期声韵搭配规则有关，也可能跟疑母已经有白读音 h- 和少数零声母有关。

后来进入粤东闽语的疑母旧文读音，因为鼻音声母去鼻化音变已经结束，所以这一层次疑母读 ŋ-，且 ŋ-声母在"鼻化音变"规则的作用下，同化其后的口元音使其鼻化，包括鼻化阴声韵字、鼻化阳声韵字和鼻化入声韵字，如下：

疑母旧文读 ŋ + 非鼻化韵母 > ŋ + 鼻化韵（来自古阴声韵）

／鼻化阳声韵（来自古阳声韵）

／鼻化入声韵（来自古入声韵）

在我们调查的 22 个方言点中，只有南澳云澳和陆丰东海表现不同，这两个方言来自古阳声韵的鼻音尾韵母字全部跟 g-搭配，表现跟福建厦门一致。这两个点因其历史渊源，跟福建闽南方言关系密切，语音面貌表现得更接近福建闽南方言，其疑母旧文读层进入方言之后，去鼻化音变依然起作用，即：

疑母旧文读 ŋ > ①g +（韵母元音）非鼻化韵母

②ŋ +（韵母元音）鼻化韵母

这就是造成差异的原因。其 m/b- 和 n/l-声母的情况跟 ŋ/g-声母一致，跟上述粤东闽语其他方言的情况有别。

疑母的文读零声母应该对应明微泥（娘）来母的新文读音，这一层次疑母字进入粤东闽语的时候即为零声母。

二 几种音变规则在粤东闽语发生作用的先后顺序

几种音变规则包括：鼻音声母去鼻化、口元音鼻化、全浊声母清化和阳声韵韵尾弱化，这几种音变模式都曾在粤东闽语发生，并能够有条不紊地进行，究其原因就在于音变的时效性。演变方向相反的不同音变模式发生的时间彼此错开，音变的条件各异，所以可以互不干扰。而且，音变启动之后不会一直持续下去，音变规则发挥作用具有时效性；当音变结束之后，相同条件下音变规则也不再起作用。然而，在音变已经结束的今天看来，不同时期、不同规则的音变结果叠加在一个方言系统中，表现得错综复杂。因此需要把不同音变造成的结果离析出来，理清历史音变的先后顺序和今读各音类的层次，方能看清楚共时方言语音的面貌。

首先，古全浊声母清化音变发生在鼻音声母去鼻化音变之前。

今粤东闽语古全浊声母已经全部清化为同部位的清声母，而古次浊声母部分字却读浊塞音，假如鼻音声母去鼻化音变发生在先、全浊声母清化音变在后，那么变读为浊塞音声母的那部分次浊声母字，就读同了古全浊声母字，并会在随后跟着全浊声母字一起清化。如果是这样的话，那我们现在看到的古次浊"明（微）泥（娘）疑来"母字的读音应该是：部分读 m/n/ŋ - 声母，部分读 p/t/k - 或 pʰ/tʰ/kʰ - 声母。

其次，阳声韵韵尾弱化为鼻化韵这一音变也早于鼻音声母塞化音变。

根据上文分析，由于发生阳声韵韵尾弱化为鼻化韵音变，已经发生弱化音变的阳声韵字韵母由口元音 + 鼻音韵尾变为 + 鼻化元音，不具备发生"塞化"音变的条件，所以这部分古明（微）、泥（娘）、日、疑母字仍保留 m/n/ŋ - 声母，属于比较早的白读音。假设阳声韵弱化为鼻化韵音变在后，那么鼻音声母将全部塞化，就不会留下这一层次的鼻音声母。

最后，鼻音声母去鼻化音变早于鼻化音变，鼻化音变最晚发生。

鼻音声母同化其后的韵母元音（包括元音韵母、鼻韵尾韵母和入声韵尾韵母）使其全部带上鼻化色彩，这一音变晚于鼻音去鼻化音变，上文已有充分的讨论，此处再说明两点：一、如果"鼻化"音变早于"去鼻化"音变，鼻音声母把后面的韵母全部变成鼻化韵，那就没有发生"去鼻化"音变的条件了，如果没有发生去鼻化音变，也就没有古次浊声母字今读浊音声母的情况出现。有人提出闽南方言古次浊声母字读浊塞音声母是底层遗留、或者是跟别的方言接触之后借入的，但绝大多数的研究更倾向于这是方言自身演变的结果，无论是胡方提出的"去鼻化音变"，还是朱晓农提出的"清浊音变圈"，都肯定了这种方言自我演变的力量；而且这两种研究互相补充，清浊音变圈阐释语音演变的方向性和可能性，"去鼻化音变"则具体解释这一音变发生的机制和条件。本书也认为粤东闽语古次浊声母字读浊音声母是方言自身发生去鼻化音变的结果。二、鼻化音变至今仍在发挥作用。鼻化音变首先发生在鼻音声母字中，鼻音声母 m/n/ŋ - 同化后面的口元音使其变成鼻化元音，所有跟鼻音声母相配的韵母都成为鼻化韵，没有例外。加上从古阳声韵弱化而来的鼻化韵母，粤东闽语今读的鼻化元音相对较多。发鼻化元音时，气流同时兼由口鼻出来，这种"气流同时兼由口鼻出来"的发音方式成为一种发音习惯之后，"鼻化"机制甚至泛化了，其结果是在包括粤东闽语在内的闽南方言内部形成了一批找不到音变条件的来自非鼻音声母阴声韵字的鼻化韵，这种"泛鼻化"音变至今还在粤东闽语以缓慢的速度渗透着。

第 五 章

达濠方言古全浊上、浊去字的声调演变模式[①]

本章内容将以达濠方言为例，结合扩散理论的视角和方法，剖析粤东闽语不稳定型声调系统的成因及其演变的动态过程。

达濠属于汕头市濠江区所管辖的一个街道。达濠街道位于濠江区中部，东连广澳街道，西至深汕高速公路达濠路段，南临濠江，北接汕头海湾大桥，总面积98平方千米。

古达濠是粤东南一近陆岛屿，宋前就有人在此捕鱼煮盐，渐成村落。宋代元丰年间，分属潮阳县奉恩乡，明洪武十四年（1381年）废乡团改"都"，属潮阳县奉恩乡的招收都。明嘉靖年间在岛中心地域筑三寨以御海盗。清康熙实行"禁海"、"斥地"的政策，郑成功的部将占据达濠（1666年至1680年），开埠集货，称达头埠（亦称"达埠"）。清朝于康熙五十六年（1717年）派员来达头建城，始称达濠。民国期间属潮阳县第三、四区，1949年后称达濠区。之后，达濠行政归属又几经变更，时属潮阳，时属汕头。

1983年汕头地市合并。从1984年至2002年，达濠一直是汕头市的一个市辖区，下辖达濠、马滘、青篮、礐石四个街道办事处和14个乡政府。2003年1月29日，汕头市撤销河浦区、达濠区，设立汕头市濠江区，以原达濠区（不含礐石街道的浔洄居委会）和河浦区的行政区域为濠江区的行政区域。

---

① 本章原载于《中国语文研究》2007年第1期，略有改动。

达濠居民日常所使用的交际口语为粤东闽语。达濠虽然作为汕头市辖下的一个街道，但是跟汕头市其他行政区①所通行的口音（下文统称为汕头话）差别明显，所以我们把原达濠区这一片居民所使用的方言称为达濠话，以示区别。

一 达濠方言浊上、浊去字的声调演变模式
（一）浊上字、浊去字的读音考察

达濠声调的白读层浊上归入阴去，也就是全浊上读同清去，调值都记为52。

根据中国社科院语言研究所的《方言调查字表》，达濠话读为阴去调的全浊上声字共有110个（一字多音而都读为阴去调的算一个），即：

舵 tuã˨/tai˨舵手、惰 tuã˨、坐 tso˨、祸 hua˨、下 e˨底下/ke˨悬下、社 sia˨、部 pou˨、簿 pʰou˨、杜 tou˨、户 hou˨、苎 tiu˨、序 su˨、叙 su˨、屿 su˨、巨 ku˨、拒 ku˨、距 ku˨、父 pe˨、釜 pou˨、聚 tsu˨、柱 tʰiau˨、竖 su˨、待 tʰai˨、怠 tai˨、在 tsai˨、亥 hai˨、罢 pa5、解 oi˨晓也、蟹 hoi˨、弟 ti˨、陛 pi˨、倍 pfue˨、罪 tsue˨、汇 hue˨、被 pfʰue˨被子、婢 pi˨、舐 tsi˨、是 si˨、氏 si˨、恃 kʰia˨、技 ki˨、妓 ki˨、似 su˨、巳 tsi˨、痔 tʰi˨、士 su˨、仕 su˨、柿 sai˨、市 tsʰi˨、跪 kui˨、抱 pʰo˨、道 tau˨、稻 tau˨、皂 tsau˨、造 tsau˨、鳔 pʰio˨、赵 tio˨、兆 tiau˨、绍 siau˨、後 au˨、厚 kau˨、后 hou˨、负 hu˨、妇 hu˨/pfu˨、纣 tiu˨、受 siu˨、臼 kʰu˨、舅 ku˨、咎 kiu˨、淡 tã˨、渐 tsiam˨、俭 kʰiam˨、范 huam˨、範 huam˨、犯 huam˨、甚 sim˨、旱 uã˨、限 haŋ˨、辨 piaŋ˨、辩 piaŋ˨、善 siaŋ˨、件 kiã˨、键 kiaŋ˨、伴 pfʰuã˨、拌 pfʰuã˨、断 tɯŋ˨/tuaŋ˨、篆 tuaŋ˨、尽 tsiŋ˨、肾 siaŋ˨、近 kiŋ˨、混 huŋ˨、愤 huŋ˨、荡 taŋ˨、象 tsʰiõ˨、像 tsʰiõ˨、丈 tiõ˨丈人/tsiaŋ˨丈量/tɯŋ˨量词、仗 tsʰiaŋ˨、杖 tsʰiaŋ˨、上 tsiõ˨上面、棒 paŋ˨、项 haŋ˨、杏 heŋ˨、幸 heŋ˨、静 tsẽ˨、靖 tseŋ˨、并 peŋ˨、动 toŋ˨/taŋ˨、汞 koŋ˨、奉 hoŋ˨、重 toŋ˨/taŋ˨。

少数全浊上声字读为其他调，共28个（一字多音且不同音之间声调

---

① 主要指龙湖区和金平区（2003年将金园区和升平区合并为金平区）。

不同者算两个)。即：

夏_姓 he⁼、厦_厦门 he⁼、肚_腹肚 ꜂tu、绪 ꜂su、腐_豆腐 hu⁼、腐_腐败 hu⁼、辅 hu⁼、殆 tai⁼、骇 ꜂hai、浩 ꜂hau、鲍 pau⁼、阜 po⁼、舰 ꜂nam、诞 taŋ、践 ꜂tsiaŋ、辨 ꜂pĩ、缓 ꜂huaŋ、缓 maŋ⁼、皖 ꜂uaŋ、圈_猪圈 ꜂kʰuaŋ、很 ꜂hiŋ、笨 ꜂pɯŋ、盾_矛盾、赵盾 ꜂tuŋ、菌 ꜂kʰuŋ、强_勉强 ꜂kʰiaŋ、晃_晃眼 ꜂huaŋ、蚌 ꜂hoŋ、艇 ꜂tʰeŋ

其中，读为阳去调的字有：夏_姓、厦_厦门、腐_豆腐、辅、殆、鲍、阜、缓，这是因为中古以后普遍发生"浊上归去"音变，达濠话中也有少数全浊上声字读同全浊去声；"缓 maŋ⁼"乃是"慢"的训读。读为上声调的字有：肚_腹肚 ꜂tu、绪 ꜂su、浩、舰、诞、践、缓、皖、很、笨、盾、菌、强、晃、蚌、艇，"肚"读如"猪肚"的"肚"了；其他基本上都是方言中的非口语字，上声读法为读书音，即使读错也无从辨别真伪。"腐_腐败"也是非口语字，读为阴平可能是错读。"圈_猪圈"粤东闽语不说"猪圈"，所以这个"圈"读同了"圆圈"的"圈"；又因为"圈_圆圈"白读 ꜂kʰou、训读为"箍"，文读 ꜂kʰuaŋ、照搬白读的阴平调，于是"圈_猪圈"有了" ꜂kʰuaŋ"的读法。"骇"也是非口语字，读为阳平调应该是错读同"孩"了。

还有一些非常用字在方言口语中不说，共18个，即：梾、解_姓、滬、荠、雉、祀、俟、恃、撼、簟、甚、撰、囤、沌、窘、忿、橡、迥。

以上所列全浊上声字共156个，其中读为阴去调110个，占70.5%；如果不算方言口语不说的非常用字以及训读字、错读字，那全浊上声字读为阴去调的占79.7%。读为非阴去调的字28个，只占20.3%，其中大部分读为阴上调或阳去调。

达濠话的清上字读归上声，调值为24，次浊上字绝大部分跟清上字一起读为上声调。少部分次浊上字跟全浊上一起读为阴去调，例如：瓦 hia⁼、五 ŋou⁼、雨 hou⁼、愈 dzu⁼、奶 ne⁼、蚁 hia⁼、耳 hĩ⁼、卤_动词 lou⁼、老 lau⁼、咬 ka⁼、有 u⁼、卵 nɯŋ⁼、远 hŋ⁼、两_两个 no⁼、痒 tsiõ⁼、網 maŋ⁼。

归阴去调的次浊上字如果有两读，读为阴去调的一般是方言的白读层，相应的文读音为上声调，例如：瓦 ꜂ua、五 ꜂ŋou、雨 ꜂u、奶 ꜂nai、蟻ᶜŋi、耳ᶜdzu、遠ᶜiaŋ、兩两个ᶜliaŋ。

除了清去和全浊上，达濠还有将近一半的去声浊声母字（包括全浊和次浊）读为阴去调，根据《方言调查字表》，下面把读为阴去调的浊声母去声字罗列如下：

a. 次浊声母字，共95个：暮 mo꜄、慕 mo꜄、墓 mo꜄、募 mo꜄、怒 nou꜄、赂 lu꜄、露 lou甚露/lau꜄、悟 ŋo觉悟꜄、虑 lu꜄、滤 lu꜄、誉 u꜄、务 bvu꜄、寓 ŋo꜄、喻 dzu꜄、裕 dzu꜄、耐 nai꜄、遇 ŋo꜄、奈 nai꜄、癞 nai꜄、赖 nai꜄、艾 ŋai꜄、迈 mai꜄、厉 li꜄、励 li꜄、丽 li꜄、谜 mi꜄、隶 li꜄、妹单用mue꜄、昧 mue꜄、内 lai꜄、芮 dzue꜄、荔 li꜄、义 ŋi꜄、易 i꜄、媚 mi꜄、寐 mue꜄、腻 dzu꜄、利 li꜄、痢 li꜄、二 no基数꜄/dzi序数꜄、贰 no基数꜄/dzi序数꜄、吏 li꜄、异 i꜄、毅毅力ŋi꜄、伪 ŋu꜄、类 lui꜄、谓 ui꜄、汇 hue꜄、冒 mau꜄、傲 ŋau꜄、貌 mau꜄、闹 nau꜄、妙 miau꜄、耀 iau꜄、尥 liau꜄、茂 mou꜄、贸 mou꜄、陋 lou꜄、溜灵活liu꜄、馏 liu꜄、又 iu꜄、右 iu꜄、佑 iu꜄、谬 miu꜄、滥 nam꜄、念 niam꜄、赁 leŋ꜄、任 dzim꜄、烂 laŋ꜄、岸 ŋai꜄、雁 ŋaŋ꜄、美 iaŋ꜄、谚 ŋaŋ꜄、漫 maŋ꜄、慢 maŋ꜄、乱 luaŋ꜄、愿 ŋuaŋ꜄、吝 liaŋ꜄、嫩 luŋ꜄、论 luŋ꜄、润 dzuŋ꜄、闰 dzuŋ꜄、浪 laŋ꜄、亮 liaŋ꜄、谅 liaŋ꜄、量数量liaŋ꜄、让 dziaŋ꜄、望 bvuaŋ꜄、旺 uaŋ꜄、硬 ŋe꜄、命 meŋ꜄、令 leŋ꜄、另 leŋ꜄、泳 ioŋ꜄、弄 loŋ꜄。

b. 全浊声母字，共113个：座 tso꜄、乍 tsa꜄、下下降hia꜄、藉藉故tsia꜄、桦 hua꜄、捕 pu꜄、互 hu꜄、护 hu꜄、助 tso꜄、附 hu꜄、住 tsu꜄、树 su꜄、具 ku꜄、惧 ku꜄、代 tʰoi꜄、大大黄tai꜄、械 hai꜄、敝 pi꜄、幣 pi꜄、毕 bi꜄、滞 tʰi꜄、逝 si꜄、第 toi门第꜄、递 ti꜄、剂 tsi꜄、系 hi꜄、繫 hi꜄、係 hi꜄、佩 pʰue꜄、背背誦pfue꜄、焙 pfue꜄、溃溃膿kʰui꜄、兑 tue꜄、會會議hue꜄、會會不會oi꜄、繪 kuai꜄、坏 huai꜄、惠 hui꜄、慧 hui꜄、備 pi꜄、篦 pi꜄、視 si꜄、嗜 si꜄、治 ti꜄、侍 su꜄、忌 ki妒忌꜄、睡 sui꜄、瑞 sui꜄、翡 hūĩ꜄、暴 pau꜄、盜 tao꜄、導 tau꜄、校上校ka꜄、校學校hau꜄、召 tiau꜄、邵 siau꜄、就 tsiu꜄、袖 siu꜄、宙 tiu꜄、聚 tsou꜄、授 siu꜄、柩 kiu꜄、憾 ham꜄、暫 tsiam꜄、鏨 tsam꜄、賺訓tʰaŋ꜄、站 tsam꜄、妗 kim꜄、蛋 taŋ꜄、瓣 paŋ꜄、棧 tsaŋ꜄、汴 piaŋ꜄、便方便piaŋ꜄、羨 iaŋ꜄、膳 siaŋ꜄、單 siaŋ꜄、腱 kiaŋ꜄、健 kiaŋ꜄、電 tiaŋ꜄、奠 tiaŋ꜄、墊 tiaŋ꜄、叛 pfʰuaŋ꜄、段 tuaŋ姓꜄、

换 huaŋ˧、幻 huaŋ˧、患 huaŋ˧、宦 huaŋ˧、傳_傳記_tuaŋ˧、倦 kuaŋ˧、飯 huaŋ˧、恨 hiŋ˧、鈍_鈍角_tuŋ˧、遁 tuŋ˧、順 suŋ˧、份 huŋ˧、郡 kuŋ˧、藏_西藏_tsaŋ˧、臟 tsaŋ˧、尚 siaŋ˧、上_上面_siaŋ˧、撞 tsuaŋ˧、鄧 teŋ˧、瞪 teŋ˧、行_品行_heŋ˧、競 keŋ˧、淨 tseŋ˧、盛_繁盛_seŋ˧、鳳 hoŋ˧、仲 toŋ˧、俸 hoŋ˧、誦 soŋ˧、頌 soŋ˧、訟 soŋ˧。

浊声母去声字共 455 个（一个字如果有阴去和非阴去不同读音的，算两个字），读为阴去调的有 208 个，比率为 45.7%，占了将近一半。

粤东闽语的浊声母去声字普遍读为阳调，为什么达濠的去声浊声母字却一反常态，有近半字归并到阴调中呢？

（二）浊声母去声字读归阴去调的原因

粤东闽语的八调系统中，各调的归并大致是：平声和入声严格按照清浊各分阴阳，即中古的清声母字读为阴调（包括全清和次清），中古的浊声母字读为阳调（包括全浊和次浊）；上声清声母字读阴上调，全浊声母字读为阳上，次浊声母字绝大部分跟着清声母读为阴上调，少数字跟着全浊声母字读为阳上调；去声清声母字读为阴去调，全浊声母字读阳调（阳上/阳去），次浊声母字跟着全浊跑，也读阳调（阳上/阳去）。

重点要说明浊去字的归调。粤东闽语大部分八调方言点都有全浊去声字读归阳上调的现象，这跟中古以后普遍发生的"浊上归去"正好相反。不仅如此，阳上和阳去的前变调和后变调在大多数方言点中也相同。"浊去归上"以及阳上、阳去变调相同，使得有些不常单用的阳去字读音混淆，读为阳上调或阳去调都可以，或者分不清读为阳去还是阳上，特别是经常出现在连调组前字位置的字，还原回单字调时往往不知道是阳上还是阳去。

去声的次浊字读同全浊字，所以有部分次浊去字也读为阳上调，根据林伦伦的统计，《方言调查字表》中全浊去和次浊去在汕头话中读阳上调的有 194 个，而读阳去调的只有 147 个，比率是 1.32∶1。达濠话读归阴去调的次浊去声字跟汕头读归阳上调的次浊去声字大致相同，只有个别字的归调有差别。

现在可以解答上面的疑问了：为什么达濠有近半的去声浊声母字读归阴调。

因为达濠话也发生了潮汕闽语普遍的"浊去归上"的音变；同时，达濠话的全浊上读归阴去调，所以去声浊声母字中读归阳上的那部分字，也跟着全浊上变入阴去调了。可以肯定地说，达濠话全浊上声字读归阴去调的音变现象发生在"浊去归上"音变之后，应该是比较晚近的事实。综上分析，达濠话中浊声母去声字读为阴去调经历了这样一个演变过程：阳去调→阳上调→阴去调。

读为阴去调的去声浊声母字中，也有部分不是经由阳去到阳上而来，例如"怒、毅、贸、溜_{灵活}、馏、嫩、泳、乍、滞、幻、袖、赚_训、蛋、代_{代替}"等字，汕头话也读为阴去调，大都是非口语常用字，应该是经由普通话的去声折合而来的。

（三）浊上字读归阴去调的原因

现在剩下的问题是：什么原因造成达濠话的全浊上归并到阴去里呢？我们从达濠的声调系统出发，结合其周围的方言进行考察。

达濠的全浊上声字读同阴去调，但是发生前字变调之后却有区别，分别变为：21 和 33，也就是说它们的前变调并不混同，原本是两个不同的调。丁邦新（1984）早就提出"变调"即"本调"的观点，他认为将单字调叫做"本调"有可能被误以为是"本来的调"，而"变调"也有被认为是"不是本来的调"或"一定后起的意思"的可能，导致产生纷扰。因此，他强调在使用"本调"和"变调"来说明方言的声调系统时，必须明确这些名称只是用来说明现时平面的现象，不含指示时间先后的因素。在此基础上，他还提出"基调"和"原调"的概念。此后，有的研究把方言的连读变调系统作为"底层调"，旨在于说明"变调"属于方言本来的声调系统，而现时的"单字调"是后来的变化所形成的。曹德和（1987）通过研究巴里坤汉语的声调系统，认为：汉语声调的合流是经由"单字调分；连读调分→单字调合；连读调分→单字调合；连读调合"的过程实现的。目前达濠的全浊上字跟清去字正处在"单字调合；连读调分"的阶段。

下面再看看与达濠相邻的海门、棉城、潮阳[①]（张盛裕，1981）的声

[①] 表中"潮阳"指的是张盛裕（1981）的潮阳声调系统；"棉城"指的是 2003 年我们调查的潮阳棉城声调系统。

第五章 达濠方言古全浊上、浊去字的声调演变模式

调系统，并跟达濠作比较。

表 X-5-1-1 达濠与海门、棉城、潮阳（张盛裕，1981）声调比较表

方言点	声调	平 清	平 次浊	平 全浊	上 清	上 次浊	上 全浊	去 清	去 次浊	去 全浊	入 清	入 次浊	入 全浊
达濠	单字调	阴平 21	阳平 33		上声 24		阴去 52	阳去 31	阴去 52		阴入 3	阳入 <u>45</u>	
潮阳	单字调	阴平 33	阳平 55		阴上 53	阳上 313	阴去 31	阳去 11	阳上 313		阴入 <u>11</u>	阳入 <u>55</u>	
海门	单字调	阳上 31	平声 44		阴上 451	阳上 31	阴去 51	阳去 441	阳上 31		阴入 <u>43</u>	阳入 <u>45</u>	
棉城	单字调	阴平 21	阳平 33		阴上 45	阳上 52	阴去 41	阳去 32	阳上 52		阴入 2	阳入 5	

从上表可以看到，尽管达濠、潮阳、海门三点在各调的具体调值上不尽相同，但整个声调系统格局基本一致。

潮阳的阳上 313 是个曲折调，曲折调型后面的上升部分在语流中很容易丢失，例如普通话的上声调 214，在非上声调前，调值都变为低降调 21，在这是发音的省力原则造成的，所以 313 很容易变成 31。

海门的阳上调和阴去调都是降调，分别为低降和高降，声调的终点一致，都是最低点"1"，只有起点的高低不同，如果发音稍为懒散，起点降低，51 就容易跟 31 混同。

棉城的阳上 52 和阴去 41 也相当接近，调型一致，阳上的起点和终点都比阴去稍高，整个调长一样，这也容易导致调类合并。

由此可以推测，达濠的阳上和阳去调在成为同一个调之前，也有相当接近的调值，由于调值相近最终导致调类混同，阳上调跟阴去调变成同一个调。但是，它们的前变调至今保持区别，仍然是两个不同的调，一个低降 21，一个平调 33。

这是我们对达濠全浊上字读为阳去调的原因的推测，有一个证据可以佐证这种推测。张盛裕（1979）在研究潮阳方言的连读变调的时候提到过"潮阳话有八个调类。独用调（单字成句的单字调）分新老两派，

老派阳上和阴去独用调（本调）和连读变调都有分别；新派阳上和阴去独用调（本调）相同，而连读变调仍有分别。本书依据老派的读法。"由于他研究潮阳方言的时候依据的都是老派的声调系统，也就是阳上和阴去分别作两个独立的调，所以大家很少注意到潮阳方言的阳上调和阴去调在六七十年代的时候就已经开始混同了。

综上说明，达濠的阳上调读同阴去调，并不是特殊的演变规律所造成，而是由于调值相近所导致的调类合并。

二 语音演变探讨

像达濠话阳上调读归阴去调这样的语音变化模式，并不罕见，粤东闽语区不少方言点曾经发生过、或正在发生这样的音变，只是有些被注意到并记录了下来，如下文将要提及的汕头话阳平前变调调值混同于阳去单字调的音变事实；而有些却没被注意到、已经悄然完成其音变全过程，但仍留下些音变的痕迹让研究者加以追索；还有一些正在进行中的音变，能够为研究提供有力的方言材料事实，并能帮助研究者追溯已经完成了的音变过程。

施其生（1989）曾调查汕头话阳平前变调调值 22 混同于阳去单字调 31 的情况。汕头话的阳平前变调不同的人有不同的读法，有的读为 22，不同于任何单字调；有的读为 31，跟阳去的单字调相同。作者根据对不同年龄段的调查统计，得出结论是：汕头话的阳平前变调的调值原先是 22，和任何单字调都不同，后来才逐渐跟与其接近的阳去单字调调值 31 混同。文章详细说明其混同的过程：首先是听觉上不区别 22 和 31 而说话仍有区别；然后才将阳平的前变调说为 31，变成跟阳去调一样，也即听、说全混了，这时才完成了两种调值的混同。这种混同并不是一下子所有的人一起发生的，而是语言使用者中开始出现部分人将 22 调混同于 31 调，渐渐地这部分人所占的比例越来越大，最后所有的人都将 22 读成了 31。

我们也可以把这一过程称为音变扩散过程，也即音变在方言者中扩散的过程，作为词汇扩散理论的补充。所以，扩散理论应该包括两个方面，即语音变化本身音韵单位在词汇中的扩散，以及音变在语者中间的扩散。关于音变扩散的两个方面：音变单位在词汇中的扩散和音变在方言者中间的扩散，在下一章"粤东闽语甲子话的变异"中会有更加充分的体现。

潮阳的阳上和阴去调（单字调）由老派的区别到新派的混同，正是经历着类似汕头阳平前变调混同于阳去单字调的过程。

我们完全可以推测，达濠的阳上调跟阴去调混同也有类似的过程，但这在已经完成音变过程的达濠话中无法进行考察。本书通过对相邻方言点的观察和比较，通过语言的空间联系，来窥探语言的发展演变过程，并做出合理推测。

达濠方言的声调演变模式具有类型意义，在粤东的汕头以西潮阳至惠来一带（即传统分区的潮普片）的方言，普遍存在调类合并现象，且合并的原因大都是调型、调值的相近所导致，这是方言自我演变的一种趋势和结果。

第六章

陆丰甲子方言重唇合口字的轻唇化[①]

近年来，粤东闽语陆续发现了唇齿音声母（潘家懿2009），包括唇齿塞擦音 pf/pfʰ/bv 和唇齿鼻音 ɱ，都是来自合口呼韵母前的唇音声母，即来自古帮系字。本书将以陆丰市甲子方言为例，描写粤东闽语自发新生一套唇齿音声母的方言事实。甲子方言的事实表明，合口重唇的轻化经由唇齿塞擦音的阶段，这一事实可作为语音史相关观点的旁证。

一 现代方言中唇齿塞擦音声母的类型

大部分观点同意，汉语史上轻唇音从重唇音中独立出来首先经过了唇齿塞擦音这一阶段，但也有不同意见。例如周祖谟（2001：302）指出，在唐五代，"重唇音在北方有的方言如秦音已开始分化为重唇、轻唇两类，由［pf］、［pfh］、［bv］进而读为［f］、［fh］、［v］，鼻音［m］没有变。"这是说非敷奉先从帮滂并中分化出来，明微母分化的时间要来得晚一些。但也有研究者并不同意这一观点。如史存直（1981：145）就认为："推测从重唇音［p］［ph］［m］变为轻唇音［f］［v］，可能要经过［pf］［pfh］［ɱ］阶段，这一意见看来只是主观的猜想，因为在域外译音和国内的方音中都找不到这样的例证。西安话、兰州话中虽有［pf］［pfh］音，却不是由唇音'帮（非）、滂（敷）'变来的，而是由'照（知）、穿（彻）'变来的。"

现代汉语方言中可以见到不少唇齿塞擦音声母的例子，主要分布在

[①] 本章曾以《粤东闽语甲子方言唇合口字的轻唇化》为题载于《中国语文》2012年第2期，略有改动。

山西、陕西、甘肃、山东的一些方言中，湖北、湖南、江西、广东也有一些方言存在唇齿塞擦音声母。①根据其来源的不同，这些唇齿塞擦音声母可以分为两种类型：

（一）来自古知系字的唇齿塞擦音。根据已有的方言调查材料，来自古知系字的唇齿塞擦音声母在汉语方言中分布较广。根据陈荣泽（2007：88），古知系字今读 pf 类声母的方言集中分布在中原官话的关中片和汾河片，散见于晋语并州片和吕梁片、兰银官话金城片和河西片以及中原官话秦陇片和郑曹片。这些唇齿塞擦音声母所出现的音韵条件跟中古重唇合口的轻唇化不同。这一类型材料，不足以证明历史上的重唇轻化曾经历过唇齿塞擦音阶段，因为它们不是中古的唇音字。这就难怪史存直先生怀疑了。

（二）来自古帮系字的唇齿塞擦音。这部分唇齿塞擦音声母的分布范围比来自古知系字的要小得多，主要集中在陕西关中一带。（陈荣泽2007）由于这类唇齿塞擦音声母跟中古轻化的重唇声母一样，都来自古帮系字，因此其音变现象和音变机理值得关注。张维佳（1998：61）认为，关中方言帮系字读唇齿塞擦音"至少说明两个问题：（1）双唇音的唇齿化与其后的 u 息息相关，双唇音后紧接着是一个舌面后高的圆唇音，舌位在向后迅速回收时会影响前面双唇形状，使声母出现唇齿化趋向；（2）帮组的唇齿化现象主要分布在以 u（或 ʋ）为主元音的音节中，u 韵因其圆唇化也会增生一个过渡音，发成 ʋo，从而使双唇音发生唇齿化的倾向"。张文主要利用现代关中方言古帮、知两系字的今读产生唇齿塞擦音声母的音变机理，来证明汉语史上合口三等韵前重唇声母的轻化经过了唇齿塞擦音阶段。

二　粤东闽语甲子方言的唇齿音声母

甲子镇现今的口语方言正在发生变化，年轻人（新派）的口音跟中老年人（老派）有别，表现在三个方面：②

（一）唇齿音声母的有无，即老派原来没有唇齿音声母，而新派从双唇音声母中分出一套唇齿音声母来；

（二）-k 韵尾的存变，老派还保留比较完整的 -k 尾韵，新派则已经没有 -k 韵尾，-k 尾韵全部变入喉塞尾 -ʔ；

（三）－uei/uẽi/ueiʔ 韵母字是否变读为－oi/õi/oiʔ 韵母，即老派读－uei/uẽi/ueiʔ 韵母的字，新派已经渐渐混入－oi/õi/oiʔ 韵母中，但程度各有不同。

本书着重讨论第一点。甲子方言新生的唇齿音声母只出现在合口呼韵母前，主要分布在中古戈、模、虞、灰、废、微、支、尤、桓、元、魂、文、阳等 13 个韵中。其中，尤为开口三等韵、支为开合口三等韵，其它都是合口韵。以下是根据《方言调查字表》调查所得的唇齿音声母字，共 99 个（同一个字的不同读音记为两个）：

捕₋ pfu、妇⁼ pfu、富 pfuʔ、孵 pfuʔ、簸 pfua、飞～机₋ pfuei、菠₋ pfuei、杯₋ pfuei、培₋ pfuei、赔₋ pfuei、裴₋ pfuei、倍⁼ pfuei、佩ₓ名用字⁼ pfuei、贝 pfueiʔ、辈 pfueiʔ、背文,～部 pfueiʔ、背文,～通 pfueiʔ、焙 pfueiʔ、悲₋ pfui、肥₋ pfui、吠 pfuiʔ、搬₋ pfuã、盘白,～囝₋ pfuã、半 pfuãʔ、分白,～家₋ pfuŋ、笨⁼ pfuŋ、粪 pfuŋ、钵 pfuaʔ₋、勃 pfuaʔ₋、拔 pfuaʔ₋、不 pfuʔ₋、芙芙蓉₋ pfʰu、蒲₋ pfʰu、菩₋ pfʰu、浮₋ pfʰu、婆婶～,公～₋ pfʰua、破 pfʰuaʔ、胚₋ pfʰuei、坯₋ pfʰuei、陪₋ pfʰuei、皮白,树～₋ pfʰuei、佩～服⁼ pf-huei、被被子⁼ pfʰuei、配 pfʰuei、屁白 pfʰui、般₋ pfʰuã、潘₋ pfʰuã、颇 pfʰuã、伴⁼ pfʰuã、拌⁼ pfʰuã、绊 pfʰuã、盘文,～腿₋ pfʰuaŋ、判 pfʰuaŋ、奔₋ pfʰuŋ、盆₋ pfʰuŋ、喷₋ pfʰuŋ、喷 pfʰuŋ、泼 pfʰuaʔ、泼 pfʰuaʔ、沫白,泡沫 pfʰueiʔ₋、巫₋ bvu、诬₋ bvu、武⁼ bvu、舞⁼ bvu、侮⁼ bvu、鹉⁼ bvu、磨～刀₋ bvua、梅₋ bvuei、枚₋ bvuei、媒₋ bvuei、煤₋ bvuei、尾⁼ bvuei、未 bvueiʔ、亡₋ bvuaŋ、忘₋ bvuaŋ、妄⁼ bvuaŋ、望威～⁼ bvuaŋ、蚊₋ bvuŋ、纹₋ bvuŋ、文₋ bvuŋ、闻⁼ bvuŋ、抹 bvuaʔ、吻 bvuʔ、幔⁼ ɱuã、麻₋ ɱuã、痲₋ ɱuã、瞒₋ ɱuã、满⁼ ɱuã、糜粥₋ ɱuei、每⁼ ɱuei、寐⁼ ɱuei、妹阿～⁼ ɱuei、妹姐～ ɱueiʔ、昧 ɱueiʔ、微₋ ɱ̃ ũi、痱 ɱ̃ ũiʔ、问 ɱuŋʔ、末 ɱuãʔ、物 ɱu ĩʔ。

甲子方言从双唇音声母中分化出来的这一套声母，从发音部位来说属于唇齿音，包括清不送气塞擦音 pf、清送气塞擦音 pfʰ、浊不送气塞擦音 [bv] 和鼻音 [ɱ]。这一套声母和对应的双唇音声母之间的区别表现为：

（一）发音部位不同，分别为唇齿和双唇，这从发音人的发音动作可以清晰地看到；

（二）发音方法不同，pf/pfʰ/bv 属于塞擦音，其特点是先塞后擦，无论是从听感，还是从语图上均可看到它们跟与之对应的双唇音声母的区别，见下图 1-8。

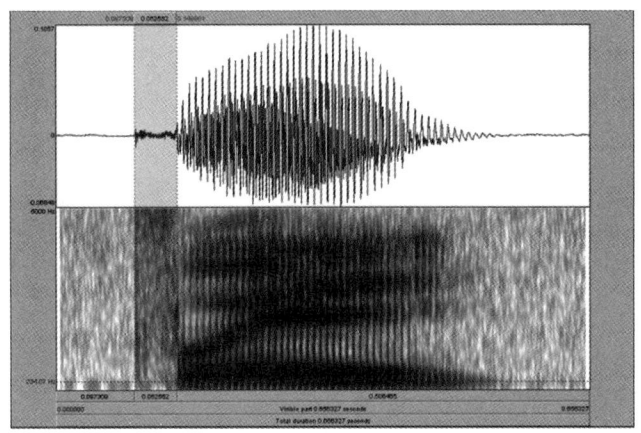

图1 肥 [˗pfui]

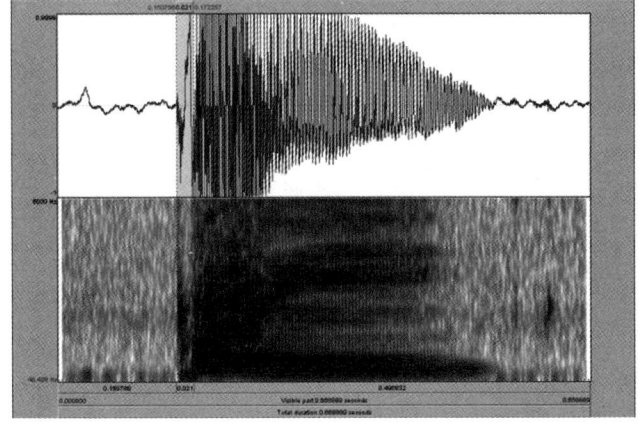

图2 肥 [˗pui]

ŋ 和 m 都属于鼻音，但它们之间的差异也是明显的，发 m 时口腔完全闭塞，气流从鼻腔逸出，因此听感上有较强的鼻音色彩，表现在语图上为低频能量区很强、有清晰的鼻音共振峰（见下图 10、12）；发 ŋ 时

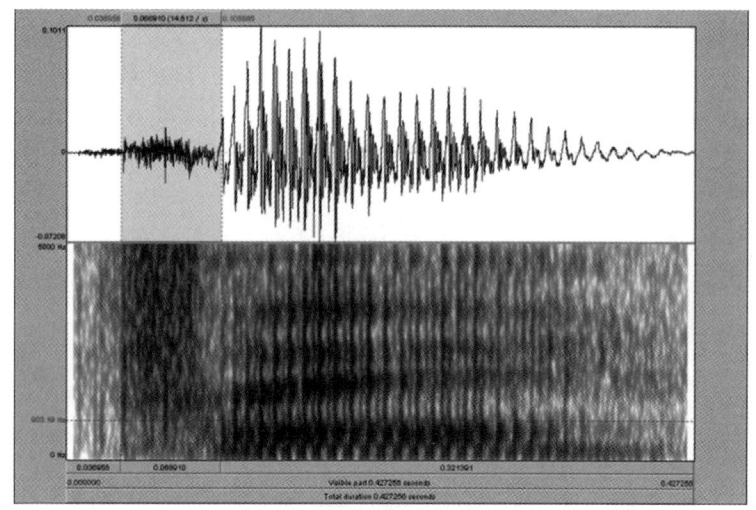

图 3　配［pfhuei˧］

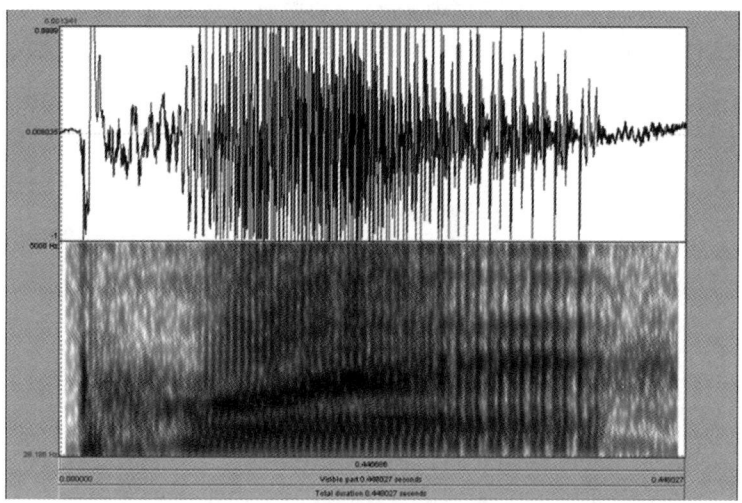

图 4　配［phue˧］

口腔有空隙，部分气流从口腔逸出，因此听感上鼻音色彩比较弱，表现在语图上是低频能量区弱，鼻音共振峰没有那么明显（见下图 9、11）。

下面是调查录音的语图，每组例字都有新（唇齿音）老（双唇音）派的发音对举，以便比较两组声母的差异。

塞擦音 pf 在语图上表现为冲直条加上一段乱纹，它的除阻段时长要比塞音［p］（语图上只表现为冲直条，后直接接上元音）长得多。

　　pfʰ 和 pʰ 都是送气音，由于都有送气特征，所以发音时长上没有太大区别。但 pfʰ 先塞后擦的特点，表现在语图上为冲直条之后的乱纹前段比较整齐，同时我们在图 3 中可以看到两条冲直条，这是塞擦音有两次成阻造成的。

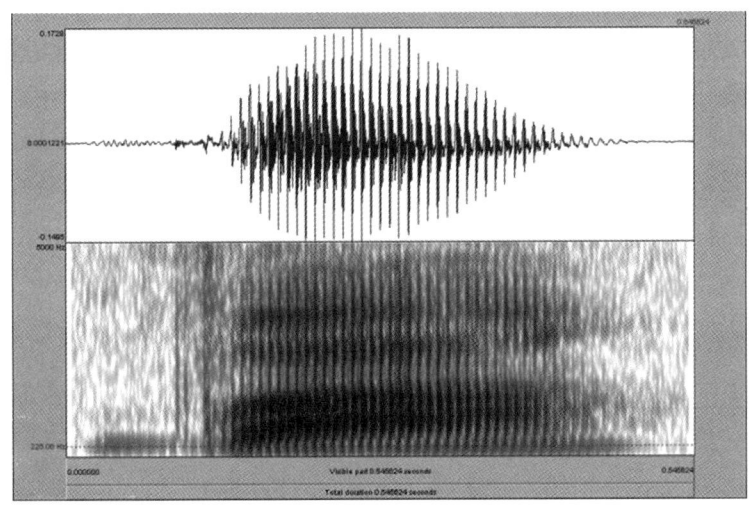

图 5　磨［˻bvua］

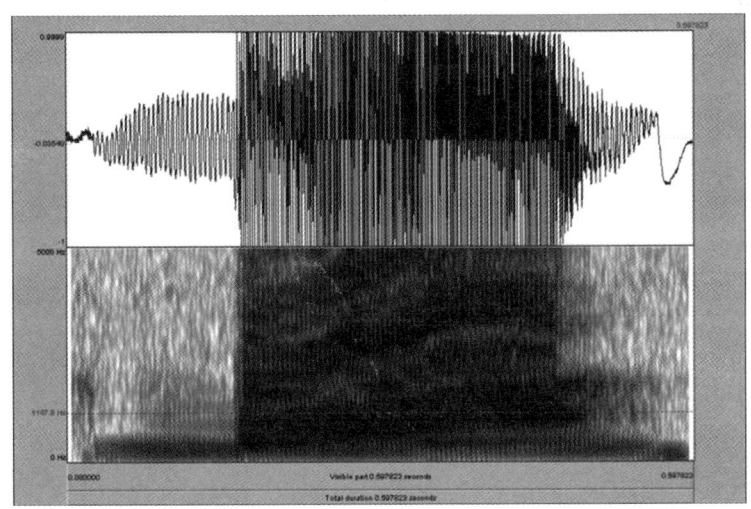

图 6　磨［˻bua］

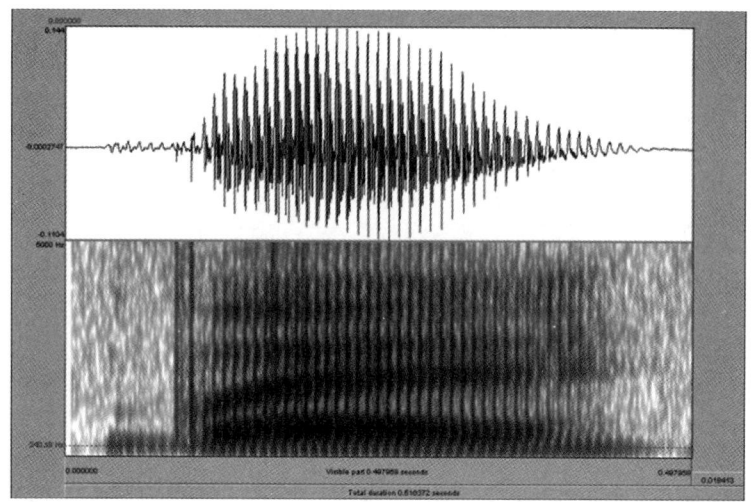

图7 梅 [⊆bvuei]

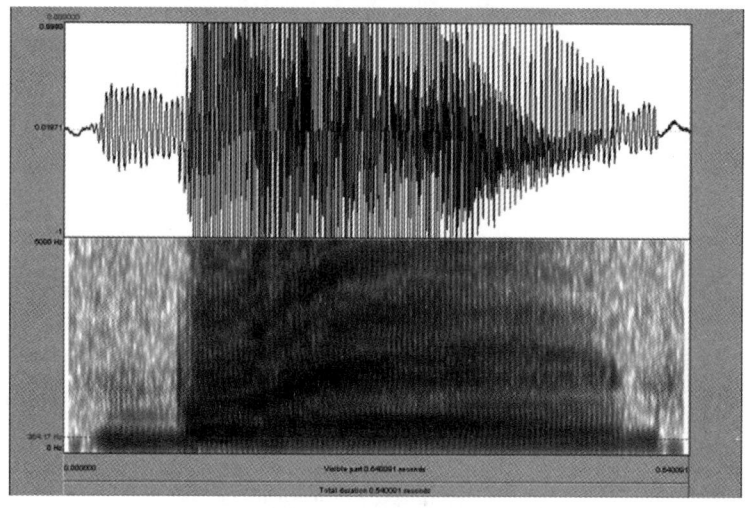

图8 梅 [⊆buei]

图5-8可见,甲子新老派的bv声母和b声母在语图上的差异也是明显的,老派的b声母已经不是常态的浊爆音,它有时表现为长浊爆音,有时表现出明显的内爆音特点,这些都是常态浊爆音[b]的变体。此现象在今粤东闽语较为常见。(朱晓农、刘泽民、徐馥琼 2009)

第六章　陆丰甲子方言重唇合口字的轻唇化 / 339

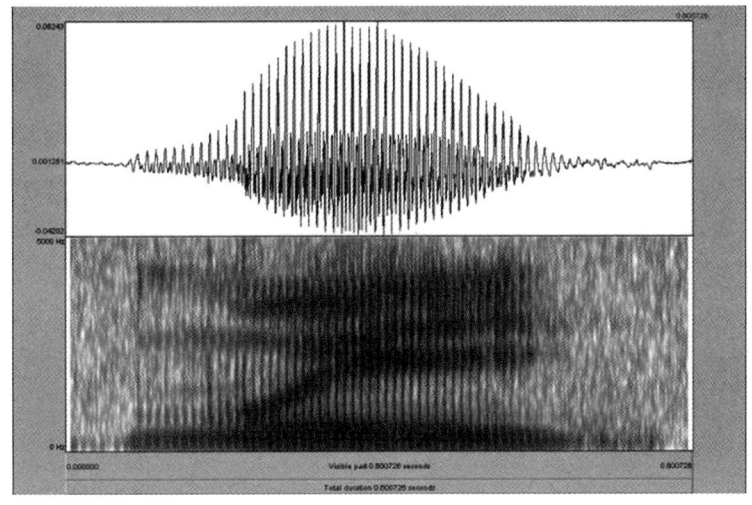

图9　微 [$_\subseteq$m̩ũi]

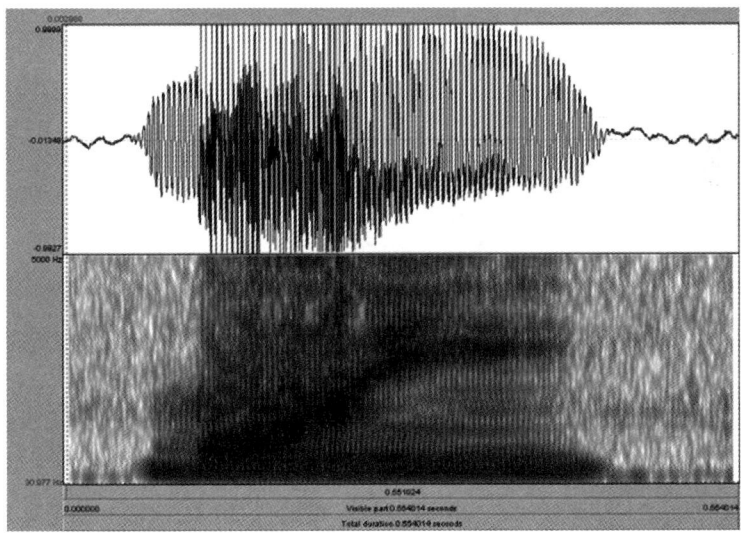

图10　微 [$_\subseteq$m ũi]

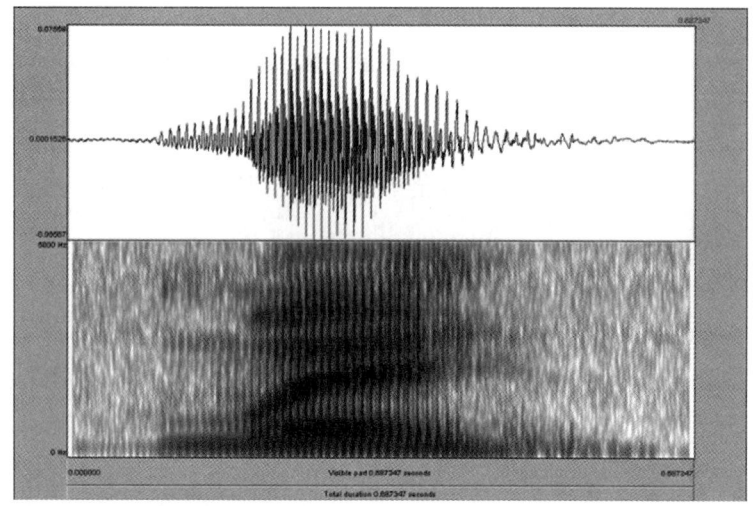

图 11　每 [ᶜm̩uẽi]

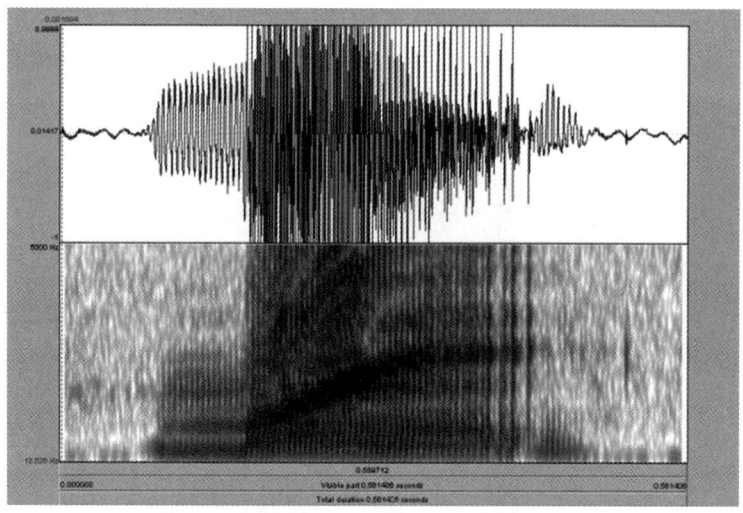

图 12　每 [ᶜmuẽ]

正如上文所说，从语图上可以看到 m 声母在低频区的能量很强、鼻腔共振峰非常明显，而 m̩ - 声母在低频区的能量要弱得多，鼻音共振峰比较弱。

三 重唇合口的轻唇化经由唇齿塞擦音阶段的讨论

清儒钱大昕的"古无轻唇音"早已成为定论。直到《切韵》时代，唇音还只有重唇一套，传统音韵学的轻、重唇之分，是到了宋人三十六字母和等韵图时才出现。保留"古无轻唇音"是闽方言的特点，粤东闽语也不例外，古"非、敷、奉、微"声母字在今粤东闽语口语白读中大部分还读如重唇：p-、pʰ-、m/b-。然而，近些年来，潮普片方言纷纷发现存在一套唇齿音声母：pf、pfʰ、ɱ/bv，这一点张盛裕的《潮阳方言的声母与〈广韵〉声母的比较（一）》（1982）一文还未记录。2003年暑假施其生教授带领笔者及多位同学到粤东地区调查，发现潮阳棉城、海门、汕头达濠、惠来惠城、普宁流沙等地存在唇齿音声母。而潘家懿（2009）报道了粤东闽语的唇齿音，并概括其分布区域为：陆丰东部沿海的甲子等镇、汕头市达濠区（笔者注：今改为濠江区）以及惠来、普宁、潮阳三县的大部或部分乡镇（笔者注：潘文中的"潮阳县"属于旧的行政区划名称，现潮阳已经划分为汕头市的两个区）。潘文所概括的区域跟我们的调查结果大致相同，集中在潮普片方言中。

根据我们的调查，粤东闽语的唇齿音声母全部来自古帮系唇音字，唇音声母变为唇齿音声母的条件是韵母为-u或者带-u-介音（即合口呼韵母），相应地清唇音变成清唇齿音、浊唇音变为浊唇齿音、双唇鼻音变为唇齿鼻音，音变的规律简单、明确。粤东的潮阳棉城、海门、达濠、惠来惠城、流沙等方言点，唇音声母逢合口呼韵母变为唇齿音声母的音变已基本上完成，而甲子方言此音变仍处于词汇扩散过程中，因此口音上存在差异，有的已将近完成音变，有的仍只有少部分字变入唇齿音声母。但不管词汇扩散的程度如何，其音变的方向都是非常明确的。

粤东闽语潮普片方言的唇齿音声母是新近发生音变的结果，其特点是音变产生之后迅速推动词汇扩散，并在短时间内向周边方言扩散、产生区域感染，形成一个片区的语音特点。粤东闽语从双唇音声母中分化出一套唇齿音声母的音变，跟历史上合口三等字的重唇轻化并不完全等同，这一套唇齿音声母是重唇音逢合口韵的条件变体，它的出现有自己特定的音韵条件：（一）声母今读为双唇音；（二）韵母为-u或者带-u-介音。只要符合这两个条件，声母就会演变成（或可能演变成）唇齿音声母。

虽然如此，但今粤东闽语潮普片方言自发新生出一套唇齿音声母的音变事实，仍对我们认识历史上合口重唇轻化是否经过了唇齿音塞擦音阶段有启发作用。从实际的语音条件看来，它们之间存在一致的地方：都由双唇音声母演变而来，且音变的条件都有"合口"这一项。当今的变化与历史的演变具有一致性。从生理发音和音变机制来说，不管历史上还是当今正在发生的语音演变，都会受制于相同的机理。因此，通过现今方言的音变现象，可以回溯历史上曾发生过的音变事实。粤东闽语潮普片方言有条件地从双唇音声母中分化出一套唇齿音声母，证明了这一语音演变的可能性和方向性。因此，本书方言事实的发现，对历史上合口重唇的轻化经由唇齿塞擦音阶段这一观点能够起到旁证作用。

附注：

①详见高本汉（2003）、白涤洲（1954）、R. A. D. Frres（1957）、钱曾怡等（1985，1991）、张盛裕等（1986）、瞿英谊（1989）、张成才（2000）、王临惠（2001，2005）、吴永焕（2005）、王彦（2006）。

②新派发音合作人陈添水，1989年生，甲子镇东方村人，中山大学本科生。上大学前他一直住在甲子镇，调查时他刚到广州一个月，口音基本上没有受到广州话的影响。老派发音合作人江慕文，1946年生，是一名退休教师，一直住在甲子镇上。

第七章

粤东闽语古全浊声母今读塞音、塞擦音分析[①]

古全浊声母"并、定、澄、从、邪、船、禅、崇、群、匣"在现代汉语大多数方言中已经清化,清化之后读塞音、塞擦音的,大都有规律可循,一般按照《切韵》音系的声、韵或调作为分化的条件。但闽语却是例外,中古全浊声母在今闽语中清化之后读塞音、塞擦音时,部分送气,部分不送气,其送气或不送气找不到分化的条件,表现得毫无规律可循。罗杰瑞(1973、1982和1986)、余霭芹(1976、1982)、平田昌司(1982)、李如龙(1985)、张光宇(1996)都曾研究闽语全浊声母清化的现象,并分别得出不同的结论,庄初升(2004)在对前人的研究作述评时将他们归纳为"(一)原始闽语说;(二)语言层次说;(三)移民汇合说。"其中,"语言层次说"是学界公认的比较具有说服力的一种,但其本身也有分歧,按照"层次"这一相同思路,余霭芹和平田昌司的结论是"不送气清音代表较古的一层,送气清音则代表晚近的一层。"李如龙(1985)却得出了跟他们相反的结论,即"闽方言把古全浊声母读为送气清音的词应该是早期定型的方言词,它的送气音应是反映了《广韵》以前的上古音的特点"庄初升(2004)在对比、分析各家的结论之后认为"李如龙(1985)从语言层次的角度论证了中古全浊声母在闽方言的今读'旧层送气,新层不送气'的基本结论是正确的。"

粤东闽语古全浊声母清化之后读送气塞音、塞擦音还是读不送气塞

[①] 本章曾以《粤东闽语古全浊声母今读塞音,塞擦音的情况》为题载于《中国方言学报》2016年第6期,略有改动。

音、塞擦音，也跟其他闽方言一样，看起来杂乱无章、无规律可循。如果沿用"语言层次说"的方法进行分析，结果是令人失望的，它既不符合"不送气清音代表较古的一层，送气清音则代表晚近的一层"的特点，也不能归入"旧层送气，新层不送气"类中。

一　粤东闽语古全浊声母今读塞音、塞擦音的情况

下文分别列出读不送气塞音、塞擦音和读送气塞音、塞擦音的古全浊声母字。因为粤东闽语各点情况基本一致，所以只列出饶平黄岗一个点的读音作为例子说明。例字根据《方言调查字表》，船、邪、禅、匣母中今只读擦音声母的字不在考察范围，所以只列出其中读塞音、塞擦音声母（包括有文白异读但只有其中一个读音为塞音、塞擦音声母）的字，字形相同但分属于不同音韵地位的作为不同字列出。今粤东闽语具有文白异读的字，一个读音计算一次。

並母读送气塞音 p^h- 的字：

婆_{白,老~}婆_{文,~婆}琶把蒲菩脯_{胸脯}裴皮_{文,调~}皮_{白,~肤}疲脾_{文,~气}袍跑刨瞟拌盘_{文,领}贫频盆旁螃庞朋凭彭膨平_{文,和}坪_{白,山~}坪_{地名,黄}评瓶_{文,~子}屏萍篷蓬薄被_{被子}抱鳔伴稗鼻鲍辫傍樸电圃曝_{白,~日}瀑

並母读不送气塞音 $p-$ 的字：

婆_{白,矮~}薄爬鈀耙脯_{杏脯}部步捕埠牌罢排败敝弊币毙培陪赔倍背_{文,违~}背_{文,~部}背_{白,~条}佩背_{背诵}焙脾_{白,~胃}婢陛被_{被迫}避备笸暴范鲍瓢盘_{白,~田}叛爿辨辩便汴便_{文,方~}便_{白,准备}辦拔别_{文,区~}别_{白,~依}别_{离别}笨弼勃泊薄棒平_{白,~头}病棚瓶_{白,油~}并併白帛僕曝_{文,~光}

並母有文白异读的字共 11 个，其中文白读都读送气的为 2 个，文白读都为不送气音的有 3 个，文白读分读送气和不送气的有 6 个，其中"盘、平、脾、瓶"文读送气、白读不送气，"曝"文读不送气、白读送气。"婆"文白共有三读：$_⊂p^hua_{白,老~}/_⊂po_{白,蛤~}/_⊂p^ho_{文,~婆}$，两个白读音分读送气和不送气，如果从韵母分析，"婆"属于果摄歌韵字，读 –ua 为比较早的层次、读 –o 为晚近层次，也即"婆"从早到晚三个读音层次分别为送气、不送气、送气。

奉母读送气塞音 p^h- 的字：

第七章 粤东闽语古全浊声母今读塞音、塞擦音分析 / 345

芙_{芙蓉}浮帆墳縫_{縫衣服}縫_{一条缝}

奉母读不送气塞音 p - 的字：

父肥婦_{白,新~}飯_{白,食~}房縛馮

奉母字有一部分读 h - 声母，h - 跟 p/pʰ - 构成文白对立，"婦"白读 ⊂pu，文读 hu，"飯"白读 puŋ²，文读 ⊂huam。

定母读送气塞音 tʰ - 的字：

駝馱徒途塗_{文,糊~}塗_{白,糜}圖_{文,企}臺苔_{白,青}苔_{文,藓}苔_{~舌}待提啼桃_{文,水蜜~}淘陶萄濤調_{调和}調_{调动}頭潭譚沓談痰疊檀_{文,~香山}彈_{文,~琴}彈_{子弹}填團糰屯臀囤豚堂_{文,兄}棠螳唐_{文,~朝}糖騰疼停廷庭_{文,家}蜓艇挺同_{文,~仁堂}桐_{文,梧}桐_{白,~油}童瞳動_{动词,勿~}讀

定母读不送气塞音 t - 的字：

舵大_{白,~夫}大_{文,伟}大_{白,~侬}惰肚_{猪肚}屠圖_{白,~画}杜肚_{腹肚}度渡鍍怠殆代袋大_{文,~夫}大_{白,~黄}題蹄弟第遞隊兌地桃_{白,杨~}逃道稻盜導條掉調_{音调}投豆逗淡甜碟牒蝶諜檀_{白,~香}壇彈_{白,鸟}誕但蛋達電殿奠佃墊斷_{文,~续续}斷_{白,条索~}去段_{文,姓}段_{~落}緞奪鈍沌盾鈍遁突堂_{白,课}唐_{白,~山,"中国"}塘荡_{文,扫}荡_{白,~喉}宕延宕鐸踱藤鄧特亭庭_{白,灰~}錠_{文,~一}錠_{白,银}定_{地名,永}定_{~稳}笛敵狄糴同_{白,相~}銅筒動_{白,□[tiŋ21]~}動_{文,活~}洞_{文,~察}洞_{白,山~}獨牘犢毒

定母有文白异读的字共 20 个，其中，文白读都送气的 3 个，文白读都不送气的 8 个，文白读分读送气和不送气的共 10 个，"圖、桃、檀、弹、堂、唐、庭、同"文读送气、白读不送气，"桃"在"杨桃"一词中读 ⊂to，声母不送气，在"水蜜桃"一词中读 ⊂tʰo，声母送气，在粤东地区，杨桃多见，水蜜桃则是来自北方的新事物，据此可以认为，"桃"声母不送气为白读，送气为文读。"動"有三个读音，在"活动、动作"等书面词语中读 ⊂toŋ，白读 ⊂taŋ，另外单用时读 ⊂tʰaŋ，如"勿动撮书。(不要动那些书) / 去人许内勿四散动侬个物件。(去别人家里不要乱动人家的东西)"。可见，定母字几乎都是白读不送气、文读送气。

澄母读送气塞音/塞擦音 tʰ/tsʰ - 的字：

轍儲柱滯雉持痔植_{名,木}錘_{名,铁~}籌傳_{传达}陳_{文,~列}懲瞪澄宅呈程蟲杖_{白,哭丧棒}（tʰ）

纏_{文,~绵}馳遲朝_{朝代}陳_{文,~皮}長_{文,~期}腸_{文,衷}場_{文,排~}橙（tsʰ）

澄母读不送气塞音/塞擦音 t/ts－的字：

茶除苧箸厨池治槌动锤动墜潮趙兆召綢紂宙沉蟄綻纏白,~般篆傳白,水浒~傳文,~记陳白,姓塵白,烟塵文,~陣文,列伫秩長白,~短膓白,猪場白,~地丈量詞丈白,~依直值白,~日值文,价擇鄭擲仲逐軸重重复重文,~要重白,轻~（t）

住稚稠站陣白,一~丈文,~夫仗杖文,拐~撞濁澤（ts）

澄母有文白异读的字共13个，其中"傳、塵、丈、值、重轻重"5个文白都不送气，而且，文读除了"丈"为 ts－外，其他都为 t－。"纏、長、膓、場"4个白读不送气 t－，文读送气 tsʰ－。"陳"作为姓氏时白读₋taŋ，声母不送气，在"陈列"等书面词语中读₋tʰiŋ，声母送气，另外还有一个读音₋tsʰiŋ，只用在"老宋陈"一词中。"杖"白读送气 tʰɯŋ²，文读不送气 ₋tsiaŋ。"锤、槌"做动词声母不送气 ₋tui，做名词时送气 ₋tʰui。

从母读送气塞擦音 tsʰ－的字：

才材財裁纔齊文,~国薺疵瓷餐慈磁曹蠶慚潛輯殘全秦存藏隐藏鑿牆匠白,工~賊情文,感~

从母读不送气塞擦音 ts/t－的字：

坐座藉聚在实在齊白,~头臍劑罪自槽皂造樵就文,成~就白,~是雜暫整漸捷集錢践賤餞前截泉絶盡疾藏西藏臟昨匠文,独具~心嚼曾曾经層贈情白,亲~晴静靖净籍藉叢（ts－）

蹲（t－）

从母有文白异读的字只有四个，其中"就"文白读都不送气，"齐、情"文读送气，白读不送气，"匠"文读不送气，白读送气。

邪母读送气塞擦音 tsʰ－的字：

徐囚尋象白,~牙像文,好~橡飼席白,主~蓆

邪母读不送气塞擦音 ts－的字：

謝白,姓巳

邪母字大部分读 s－声母，小部分字读塞擦音声母，"象"有四个读音：₋tsʰiõ~牙，₋siaŋ 气~，₋siaŋ 印~，siõ⁼想~，从"土人感"很难区分孰文孰白，但从词汇本身的色彩以及韵母的文白系统（－iõ 早于－iaŋ）看，"象~牙 ₋tsʰiõ"的时间层次应该比较早。"像"文读送气塞擦音，白

读擦音 s-。"席"相反，白读送气塞擦音，文读擦音 s-。"谢"当姓氏时白读 tsia⁼，在"谢谢，感谢"等书面词语中文读 sia⁼。

船母读不送气塞擦音 ts-的字：

蛇舐舌船實_白，~肉_ 秫食_白，"吃"_

船母读不送气塞音 t-的字：

尤唇

船母大部分字读擦音声母 s-，只有"实"（tsak₂）和"食"（tsiaʔ₂）白读不送气塞擦音，文读擦音。

崇母读送气塞擦音 tsʰ-的字：

查鋤_文，~禾_ 雛豺柴巢愁讒饞牀崇

崇母读不送气塞擦音 ts/t-的字：

乍撰助驟棧鍘狀_文，~态_ 狀_文，~元_ 狀_白，告~_ 閘炸（煠）鐲（ts-）

鋤_白，~头_（t-）

崇母读塞擦音声母的只有 2 个有文白异读，"状"都读不送气 ts-声母，"锄"文读送气塞擦音 tsʰ-，白读不送气塞音 t-。

禅母读送气塞擦音 tsʰ-的字：

仇酬臣樹嗜售芍

禅母读不送气塞擦音 ts-的字：

成_白，~人_ 誠_白，便~_ 上_白，~落_ 薯誓_白，诅~_ 十什折芍又石蜀_"四川"_ 蜀_"一"_

禅母字主要读擦音声母 s-，有文白异读且至少一个为塞擦音声母的，大部分由擦音声母和塞擦音声母形成文白对立，"树"文读 ᶜsu、白读 tsʰiu⁼，"誓、上_上面_、成、诚、石"都是文读 s-声母、白读不送气塞擦音 ts-声母。

群母读送气 kʰ-的字：

瘸渠瞿奇騎岐徛祁其期忌_白，做~_ 祈逵葵_文，向日~_ 葵_白，~扇_ 喬僑蕎求白鉗_文，~工_ 鉗_白，~火_ 儉琴禽擒_文，~拿_ 擒_白，~紧_ 乾虔拳權槭勤芹菌群倔强_强大_ 强_倔强，坚强_ 狂鯨瓊窮_文，无~_

群母读不送气 k-的字：

茄巨拒距具懼技妓鰭棋旗忌_文，禁~_ 跪櫃橋轎球舅咎舊樞妗及件傑鍵腱顴倦掘僅近裙郡掘極擎競劇_剧烈_ 劇_戏剧_ 屐窮_白，贫穷_ 共局健_白，轻~_ 健_文，~康_ 强_勉强_

群母有文白异读字 6 个，其中"健"文白都不送气，"葵、钳、擒"文白都送气，"穷"文读送气、白读不送气，"忌"文读不送气，白读送气。

匣母读送气 k^h- 的字：

溃

匣母读不送气 $k-$ 的字：

下白,"低"或"矮" 繪 畦 侯白,姓 猴 厚 含白,含在嘴里 鹹 峡 衔白,用嘴叼 寒白,~着 汗白,流~ 滑 猾 懸白,"高" 縣 行白 莖 迴 汞

匣母字绝大多数读 h- 声母，部分字读不送气塞音声母 k-，h- 声母多和 k- 声母形成文白对立，例如：下、侯、含、衔、寒、汗、懸、行。

粤东各点匣母字文读 k^h- 声母的例字有较大差别，自东往西呈现逐渐增多的趋势，下表是具体的情况：

三饶、黄冈、海山	溃 $_⊂k^h ui$
湘桥、凤凰、文祠、汕头市区、澄海、云澳	溃 $_⊂k^h ui$ 莖 $_⊂k^h eŋ$
达濠、棉城、海门、惠城、流沙	奚 $_⊂k^h oi$ 溃 $_⊂k^h ui$ 杏 $_⊂k^h eŋ$ 莖 $_⊂k^h eŋ$ 宏 $_⊂k^h ueŋ$
东海、甲子、谭头	奚 $_⊂k^h ei$ 溃 $_⊂k^h ui$ 繪 $_⊂k^h ue$ 宏 $_⊂k^h eŋ$
海城、联安、平东、捷胜	溃 $_⊂k^h ui$ 繪 $_⊂k^h ue$ 畦 $_⊂k^h i$ 混 $_⊂k^h un$ 莖 $_⊂k^h eŋ$ 弘 $_⊂k^h ueŋ$ 宏 $_⊂k^h ueŋ$ 迥 $_⊂k^h eŋ$

注："混"在海城等点读 $[_⊂k^h un]$ 大概是读半边所致，跟"昆"同音。

综上可以得到下表：

表 X-7-1-1　　　　粤东闽语古全浊声母清化之后

分读送气/不送气情况表

古声母 方言点		並	奉	定	澄	从	邪	船	崇	禅	群	匣
饶平	送气	p^h52	p^h6	t^h58	t^h/ts^h29	ts^h27	t^h/ts^h0	0	ts^h11	ts^h7	k^h43	k^h1
黄冈	不送气	p69	p7	t101	t/ts58	ts/t48	ts2	t/ts9	ts12	ts12	k47	k20

二 粤东闽语古全浊声母今读塞音、塞擦音分析

根据上文可知，粤东闽语古全浊声母清化之后读塞音、塞擦音的，有的送气、有的不送气，如果从文白异读的角度分析，既有文白都读送气的、也有文白都读不送气的，既有文读送气、白读不送气，也有文读不送气、白读送气的，但从比例上看，文读送气、白读不送气的类型占优势地位。匣母字是擦音声母和塞音声母形成文白对立，其中白读层都是不送气的塞音 k- 声母。因此，粤东闽语古全浊声母清化之后读塞音、塞擦音的，多数情况是：不送气为比较早的层次、送气为比较晚近的层次。但问题是，相反的情况同样存在。

如果从平仄关系分析，可以发现粤东闽语古全浊声母清化之后读塞音、塞擦音的，不送气部分平声字占的比例低，送气部分平声字占的比例要高得多，以下是我们统计的数字：

表 X-7-2-1　　中古全浊声母清化之后读塞音、塞擦音时
送气与否跟平仄对比表

	饶平黄冈	并	奉	定	澄	从	邪	船	崇	禅	群	匣
不送气	不送气字总数	69	7	101	58	48	2	9	12	12	47	20
不送气 平声	字数	17	3	20	18	13	0	3	0	3	9	9
不送气 平声	所占百分比	24.6%	42.9%	19.8%	31%	27.1%	0	33.3%	0	25%	19.1%	45%
送气	送气字总数	52	6	58	29	27	9	0	11	7	43	1
送气 平声	字数	35	5	49	20	23	3	0	11	5	36	0
送气 平声	所占百分比	67.3%	83.3%	84.5%	69.0%	85.2%	33.3%	0	100%	71.4%	83.7%	0

上表所统计出来的百分比结果有明显的倾向，即古全浊声母清化之后读不送气塞音塞擦音的，其中平声字比率低，而读送气塞音塞擦音的，其中平声字的比率很高。这个倾向为我们指出了一个思考问题的方向。

《切韵》音系全浊声母"并、定、澄、群、从、邪、船、崇、禅"在现代汉语方言中清化之后读塞音、塞擦音的，主要有这么几种送气类型：（1）逢平声读送气，逢仄声读不送气，大多数的北方方言都属于这种类型；（2）不论平、仄一般都读送气，客赣方言、部分关中、豫西南和晋

南方言，部分徽州方言和江淮地区的通泰方言属于这一类型；（3）不论平仄一般都读不送气，新湘语和平话属于这种类型；（4）逢阳平、阳上调读送气，逢阳去、阳入调读不送气，大多数粤方言属于这种类型；（5）不论平、仄，多数字不送气，少数字送气，这是闽方言的表现。粤东闽语古全浊声母清化之后读塞音、塞擦音的，不论平、仄，读不送气的数量比读送气的多；论平、仄的话，平声送气、仄声不送气所占的比例大大高于平声不送气、仄声送气的比例，这是文读层读音受北方官话"平送仄不送"清化类型影响的结果。

我们再看看同为闽南方言的厦门话的情况，下表的统计材料来自张双庆、李如龙主持的"中国六省区及东南亚闽方言调查"合作项目的调查材料，选取自《方言调查字表》的2000多个字条，我们所做的统计结果如下：

表 X - 7 - 2 - 2　　　　厦门中古全浊声母清化之后读塞音、
塞擦音时送气与否跟平仄对比表

厦门		并	定	澄	群	从	邪	船	崇	禅
不送气	不送气字总数	64	108	74	54	69	11	8	12	10
	平声 字数	26	39	32	22	30	0	3	3	2
	平声 占不送气字的百分比	40.6%	36%	43%	40.7%	43.5%	0	37.5%	25%	20%
送气	送气字总数	24	27	12	21	12	0	0	8	4
	平声 字数	14	17	8	13	6	0	0	6	1
	平声 占送气字的百分比	58%	63%	67%	62%	50%	0	0	75%	25%

厦门的情况跟粤东闽语不完全一致，虽然在比率上有相同的倾向，即古全浊声母清化之后读塞音、塞擦音的，不论平、仄，读不送气的数量比读送气的多，论平、仄，平声送气、仄声不送气所占的比例高于平声不送气、仄声送气的比例，但实际上厦门跟粤东闽语有质的差别。观察厦门的读音情况可以发现，中古全浊声母清化之后送气与否找不到明显的分化条件，然而文白读音却非常一致，要不都读送气，要不都读不

送气；粤东闽语则不然。下面看几个例子：

表 X-7-2-3　中古全浊声母字在今厦门和粤东的读音对照

例字		厦门	黄冈	海城	云澳
平	文	꜀piŋ	꜀pʰeŋ	꜀pʰeŋ	꜀pʰeŋ
	白	꜀pĩ	꜀pẽ	꜀pẽ	꜀pẽ
盘	文	꜀puan	꜀pʰuaŋ	꜀pʰuaŋ	꜀pʰuaŋ
	白	puã	puã	puã	puã
谈	文	꜀tam	꜀tʰam	꜀tʰam	꜀tʰam
	白	꜀tã			
童	文	꜀toŋ	꜀tʰoŋ	꜀tʰoŋ	꜀tʰoŋ
	白	꜀taŋ			
穷	文	꜀kioŋ	꜀kʰioŋ	꜀kʰioŋ	꜀kʰioŋ
	白	꜀kiŋ	꜀keŋ	꜀keŋ	꜀keŋ
强	文	kioŋ⁼	꜀kʰiaŋ	꜀kʰiaŋ	꜀kʰiaŋ
	白	kiũ⁼		꜀kiõ	
葵		꜀kui	꜀kʰui	꜀kʰui	꜀kʰui
求		꜀kiu	꜀kʰiu		

从上表可以看到厦门的文白读声母非常一致，而粤东闽语各点则相反，可见它们受不同的规则左右。我们认为，厦门文白读一致的倾向，是由于文读系统受到白读系统的调整所致；粤东闽语的文读层读音明显表现出"平送仄不送"的趋势，这应该不是它本身演变的结果，而是借入了古全浊声母有规则清化（清化规则为"平声送气，仄声不送气"）的文读音系统，并且借入之后文白并存、互不干涉的结果。可以看到，粤东闽语各点的读音情况相当一致，即使是读音比较接近福建本土闽南语的云澳和海城，也是"平送仄不送"的类型，跟厦门相异，说明粤东闽语这一文读层读音的形成时间比较晚，肯定是在现今粤东闽语各片区方言基本定型之后。

这一判断是能够得到材料支持的，下面以泉州和饶平黄冈两个方言点作比较，可以清楚地看到福建本土跟粤东闽语在全浊声母清化之后送气与否上，白读层高度一致，而文读层各不相同，原因在于福建本土的文读层受到白读层调整、因此与白读层高度一致，而粤东闽语则保持借入源方言"平送仄不送"的类型。下表只选泉州或黄冈有异读的例字，其中泉州跟黄冈表现相同的少数异读字不列出来，泉州保留文白异读的例字比黄冈多，黄冈缺失的异读音留空。

表 X-7-2-4 中古全浊声母字在今泉州和粤东的读音对照

文白	例字	泉州	黄冈	例字	泉州	黄冈	例字	泉州	黄冈	例字	泉州	黄冈
文	题	₋te		情	₋tsiŋ	₋tsʰeŋ	惰	₋tɔ		閘	tsap₋	
白		₋tue	₋toi		₋tsiã	₋tsiã		₋tuã	₋tuã		tsaʔ₋	tsaʔ₋
文	蹄	₋te		晴	₋tsiŋ		苧	₋tɯ		捷	tsiap₋	tsiap₋
白		₋tue	₋toi		₋tsĩ	₋tsẽ		₋tue	₋tiu		tsiat₋	
文	逃	₋to	₋to	叢	₋tsɔŋ	₋tsʰoŋ	代	tai⁻		鍘	tsat8	
白		₋to			₋tsaŋ	₋tsaŋ		tə⁻	to⁻		tsaʔ8	tsaʔ8
文	淘	₋tɔ	₋tʰau	崇	₋tsɔŋ	₋tsʰoŋ	弟	₋te	₋ti	賤	tsian⁻	tsiaŋ⁻
白		₋tɔ			₋tsioŋ			₋ti			tsuã⁻	tsuã⁻
文	萄	₋tɔ	₋tʰo	從	₋tsiɔŋ	₋tsʰoŋ	地	te⁻	ti⁻	截	tsiat₋	
白		₋to			₋tsŋ			tue⁻			tsueʔ₋	tsoiʔ₋
文	潮	₋tiau		婆	₋pɔ	₋pʰua	道	₋tɔ	₋tau	狀	tsɔŋ⁻	tsuaŋ⁻
白		₋tio	₋tio		₋po	₋po		₋to			tsioŋ⁻	tsɯŋ⁻
文	沉	₋tim	₋tim	爬	₋pa		趙	₋tiau		靜	₋tsiŋ	
白		₋tiam			₋pe	₋pe		₋tio	₋tio		₋tsĩ	₋tsẽ
文	彈	₋tan	₋tʰaŋ	貧	₋pin	₋pʰiŋ	豆	tio⁻		淨	tsiŋ⁻	tseŋ⁻
白		₋tuã			₋pan			tau⁻	tau⁻		tsiã⁻	
文	檀	₋tan	₋tʰaŋ	房	₋pɔŋ		宙	tiu⁻		籍	tsia⁻	
白		₋tuã	₋tuã		₋paŋ	₋paŋ		₋tiu	₋tiu		tsi⁻	tsia⁻
文	壇	₋tan	₋tʰaŋ	朋	₋pŋ	₋pʰeŋ	淡	₋tam4		耙	pa⁻	
白		₋tuã	₋tuã		₋piŋ			₋tã	₋tã		pe⁻	₋pe
文	纏	₋tian	₋tsʰiaŋ	棚	₋piŋ		碟	tiap⁻		倍	₋pue	
白		₋tĩ	₋tĩ		₋pĩ	₋pẽ		tiʔ⁻	tiʔ⁻		₋pə	₋pue
文	傳	₋tuan	₋tʰuaŋ	平	₋piŋ	₋pʰeŋ	彈	₋tan	₋tʰaŋ	焙	pue⁻	
白		₋tŋ	₋tɯŋ		₋pĩ	₋pẽ		₋tuã	₋tuã		pə⁻	pue⁻
文	陳	₋tin	₋tʰiŋ	坪	₋piŋ	₋pʰeŋ	斷	₋tuan	₋tuaŋ	被	₋pi	₋pi
白		₋tan	₋taŋ		₋pĩ	₋pẽ		₋tŋ	₋tɯŋ		pi⁻	

第七章　粤东闽语古全浊声母今读塞音、塞擦音分析　/　353

续表

文白	例字	泉州	黄冈	例字	泉州	黄冈	例字	泉州	黄冈	例字	泉州	黄冈
文	堂	₋tɔŋ	₋tʰaŋ	瓶	₋piŋ	₋pʰiŋ	段	tuan⁼	₋tuaŋ	拔	puat₌	puak₌
白		₋tŋ	₋tɯŋ		₋pan	₋paŋ		tuã⁼	tɯŋ⁼		pueʔ₌	poiʔ₌
文	塘	₋tɔŋ	₋tʰaŋ	橋	₋kiau	₋kʰiaŋ	奪	tuat₌	tuək₌	別	piat₌	piak₌
白		₋tŋ	₋tɯŋ		₋kio	₋kio		tɔʔ₌	toʔ₌		pat₌	pak₌
文	長	₋tiɔŋ	₋tsʰiaŋ	拳	₋kuan		鈍	tun⁼	₋tuŋ	辦	pian⁼	
白		₋tŋ	₋tɯŋ		₋kun	₋kʰuŋ		₋tun			₋pĩ	₋pĩ
文	腸	₋tiɔŋ	₋tsʰiaŋ	強	₋kiɔŋ	₋kʰiaŋ	丈	₋tiɔŋ	₋tsiaŋ	拌	₋puan	pʰuaŋ⁼
白		₋tŋ	₋tɯŋ		₋ki ũ	₋kiõ		₋ti ũ	₋tɯŋ			₋puã
文	場	₋tiɔŋ	₋tsʰiaŋ	狂	₋kɔŋ	₋kʰuaŋ	著	tiɔk₌	tioʔ₌	薄	pɔk₌	poʔ₌
白		₋ti ũ	₋tiõ		₋kŋ			toʔ₌	toʔ₌		po₌	po⁼
文	亭	₋tiŋ	₋tʰeŋ	窮	₋kiɔŋ	₋kʰuŋ	撞	tɔŋ⁼	₋tsuaŋ	轎	kiau⁼	
白		₋tan	₋teŋ		₋kiŋ	₋keŋ		tŋ⁼	tɯŋ⁼		kio⁼	kio⁼
文	庭	₋tiŋ	₋tʰeŋ	苔	₋tʰai	₋tʰai	值	tit₌	tak₌	厚	⁻kɔ	
白		₋tiã	₋tiã		₋tʰi	₋tʰi		tat₌	tek₌		⁻kau	⁻kau
文	同	₋tɔŋ	₋tʰoŋ	啼	₋tʰe		鄭	tiŋ⁼		臼	⁻kiu	
白		₋taŋ	₋taŋ		₋tʰi	₋tʰi		tĩ⁼	tẽ⁼		⁻ku	⁻kʰu
文	銅	₋tɔŋ		頭	₋tʰio		挺	⁻tiŋ	⁻tʰeŋ	舅	⁻kiu	
白		₋taŋ	₋taŋ		₋tʰau	₋tʰau		⁻tin			⁻ku	⁻ku
文	筒	₋tɔŋ		糖	₋tʰɔŋ		定	tiŋ⁼		舊	kiu⁼	
白		₋taŋ	₋taŋ		₋tʰŋ	₋tʰɯŋ		tiã⁼	tiã⁼		ku⁼	ku⁼
文	桐	₋tɔŋ	₋tʰoŋ	蟲	₋tʰiɔŋ		笛	tiak₌		件	⁻kian	⁻kiaŋ
白		₋taŋ	₋tʰaŋ		₋tʰaŋ	₋tʰaŋ		tat₌	tek₌		⁻kiã	⁻kiã
文	重	₋tiɔŋ	₋teŋ	皮	₋pʰi	₋pʰi	糴	tiak₌		健	kian⁼	⁻kiaŋ
白		₋tiŋ	₋taŋ		₋pʰə	₋pʰue		tiaʔ₌	tiaʔ₌		kiã⁼	kiã⁼
文	齊	₋tse	₋tsʰi	彭	₋pʰŋ		動	⁻tɔŋ	⁻toŋ	屐	kiak₌	
白		₋tsue	₋tsoi		₋pʰĩ	₋pʰẽ		⁻taŋ	⁻taŋ		kiaʔ₌	kiaʔ₌
文	臍	₋tse		瓢	₋pʰiau	₋pʰiau	毒	tɔk₌		共	kiɔŋ⁼	
白		₋tsai	₋tsai		₋pʰio			tak₌	tak₌		kaŋ⁼	kaŋ⁼
文	殘	₋tsan	₋tsʰaŋ	篷	₋pʰoŋ	₋pʰoŋ	逐	tiɔk₌	tok₌	局	kiɔk₌	kek₌
白		₋tsuã	₋tsuã		₋pʰaŋ	₋pʰaŋ		tak₌			kiak₌	

续表

文白	例字	泉州	黄冈	例字	泉州	黄冈	例字	泉州	黄冈	例字	泉州	黄冈
文	錢	₋tsian		柴	₋tsʰai		軸	tiɔk₋	tek₋	抱	⊆pʰau	
白		₋tsĩ	₋tsĩ		₋tsʰa	₋tsʰa		tiak₋			⊆pʰɔ4	⊆pʰo
文	前	₋tsian		墙	₋tsʰiɔŋ		重	⊆tiɔŋ	⊆toŋ	伴	⊆pʰuan	
白		₋tsuĩ	₋tsõi		₋tsʰiaŋ	₋tsʰiõ		⊆taŋ	⊆taŋ		⊆pʰuã	⊆pʰuã
文	全	₋tsuan	₋tsʰuaŋ	床	₋tsʰɔŋ		座	⊆tsɔ		曝	pʰɔk₋	
白		₋tsŋ̍	₋tsɯŋ		₋tsʰŋ̍	₋tsʰɯŋ		⊆tso	tso		pʰak₋	pʰak₋
文	泉	₋tsuan		钳	₋kʰiam	₋kʰiam	罪	tsue⊇	⊆tsue	讀	tʰɔk₋	
白		₋tsuã	₋tsuã		₋kʰĩ	₋kʰĩ		tsə⊇			tʰak₋	tʰak₋
文	層	₋tsŋ̍		大	tai⊃	⊆tai	造	⊆tsɔ	⊆tsau			
白		₋tsan	₋tsaŋ		tua⊃	tua⊃		⊆tso				

第八章

粤东闽语内部分片

一 粤东闽语分片的相关问题

(一) 方言分区标准

方言分区可依据的标准有多种。汉语包括语音、词汇、语法三个方面，在分区的时候这三方面特征都可以作为标准、都应该被考虑到，但正如王福堂（1991：6）所说，语音在区分方言的时候功效性比较高，因为"语音特点具有明显的对应性、系统性，容易掌握"。所以，各家在为汉语方言分区、或者为方言区分片的时候，主要依据的是语音方面的特点。汉语语音本身是一个复杂的系统，可以作为方言区分条件的语音特征也是多方面的，这些特征在具体运用的时候并不完全对等，不同的特征各有不同的作用和适用范围。丁邦新（1982）认为，汉语方言分区"以汉语语音史为根据，用早期历史性的条件区别大方言；用晚期历史性的条件区别次方言；用现在平面性的条件区别小方言。"王福堂（1991）在《汉语方言语音的演变和层次》中沿用丁邦新的观点，并作具体阐释：

(丁邦新）所说早期大致指中古不晚于唐宋的时期，晚期指宋元以后：早期的历史性的语音演变反映方言在中古时已经分化。再经历以后的发展就成为不同的方言。所以可以根据它来区分方言，晚期的历史性的语音演变反映方言近古以后的变化，一般只是方言内部的再分化，只形成方言的内部分歧，所以不能根据它来区分方言，只能区分次方言、土话等。根据早期历史性语音演变情况制定的早期历史性语音标准主要有：

古浊声母的音值

轻唇音的音值

根据晚期历史性语音演变情况制定的晚期历史性语音标准主要有：

照二组照三组声母的音值

见组晓组声母的音值

阴声韵韵尾的演变

阳声韵韵尾的演变

入声韵韵尾的演变

调类的分合

入声调的分派

和历史性语音变化相对，还有一类非历史性的语音变化。其中一类虽然也属于方言自身演变产生的语音特点，但因为是近期发生，零星分布，难以通过比较来确定方言的亲疏关系，如关中地区方言中知照系今合口字声母 pf、pfh 等。另一类则属于方言间的相互影响，所以常常呈跨方言分布，也难以用来区分方言，如 n、l 不分等。根据非历史性的语音变化情况制定的非历史性语音标准主要有：

非敷奉母字和晓匣母字声母的分混

泥来母字声母的分混

（二）粤东闽语分片的观点

粤东闽语属于闽方言闽南次方言的粤东片，无论是早期的历史性语音标准还是晚期的历史性语音标准，都无法用来作为粤东闽语内部分小片的依据，因为这些历史性语音变化在粤东闽语内部表现得非常一致，它们在各方言点的发展方向一致、演变程度也大致相同，不能简单用"有（或无）某一类的演变"来区分；非历史性语音标准在粤东闽语各点的表现也基本相同，只是发展的程度有些差异。我们来看看王文所列各项历史性语音演变在粤东闽语各点中的具体表现情况，下表"－"表示这一语音演变项在该方言中的表现跟第一行的"汕头市区"一致，"＋"后面的内容表示比"汕头市区"多出的情况。

表 X-8-1-1　从历史性语音标准看粤东闽语内部的异同

声类＼方言点	轻唇音的音值	照二组声母的音值	照三组声母的音值	见组声母的音值	晓组声母的音值	阳声韵韵尾的演变	入声韵韵尾的演变	调类的分合
汕头市区	文读层多为 h- 声母，白读层多为 p-、pʰ-、b-、m- 声母	主要读为：s-、ts-、tsʰ-、t-、tʰ- 声母	主要读为：s-、tsʰ-、k-、t- 声母	主要读为：k-、kʰ-、ø-、g-、h- 声母	主要读为：h-、ø-、k-、kʰ- 声母	文读保留 -ŋ、-m 韵尾，白读多为鼻化韵	文读保留 -k、-p 韵尾，白读多为喉塞尾	八个声调，平上去入四声各分阴阳
澄海澄城	—	—	—	—	—	文读保留 -ŋ 韵尾，白读多为鼻化韵	文读保留 -k 韵尾，白读多为喉塞尾	—
南澳云澳	—	—	—	—	—	— +文读层保留少数 -n 韵尾	— +文读层保留少数 -t 韵尾	七个声调，阳上和阳去合并
汕头达濠	— +唇齿音声母和 ɸ 声母	—	—	—	—	—	—	七个声调，阳上和阴去合并
潮阳棉城	— +唇齿音声母和 ɸ 声母	—	—	—	—	—	—	七个声调，阳上和阴去合并
潮阳海门	— +唇齿音声母和 ɸ 声母	—	—	—	—	—	—	—

续表

声类\方言点	轻唇音的音值	照二组声母的音值	照三组声母的音值	见组声母的音值	晓组声母的音值	阳声韵韵尾的演变	入声韵韵尾的演变	调类的分合
潮州湘桥	—	—	—	—	—	—	—	—
潮州凤凰	—	—	—	—	—	—／＋文读层还保留比较完整的－n韵尾	—／＋文读层还保留比较完整－t韵尾	—
潮州文祠	—	—	—	—	—	—／＋文读层还保留部分－n韵尾	—／＋文读层还保留部分－t韵尾	—
饶平三饶	—	—	—	—	—	—／＋文读层还保留部分－n韵尾	—／＋文读层还保留部分－t韵尾	—
饶平海山	—	—	—	—	—	—	—	—
饶平黄冈	—	—	—	—	—	—	—	—
揭阳榕城	—	—	—	—	—	—	—	—
惠来惠城	—／＋唇齿音声母和ɸ声母	—	—	—	—	—	—	七个声调，阴阳去合并
流沙新安	—／＋唇齿音声母和ɸ声母	—	—	—	—	—／＋文读层还保留少数－n韵尾	—／＋文读层还保留少数－t韵尾	—
陆丰东海	—	—	—	—	—	—	—	七个声调，阳上和阳去合并

续表

声类 方言点	轻唇音的音值	照二组声母的音值	照三组声母的音值	见组声母的音值	晓组声母的音值	阳声韵韵尾的演变	入声韵韵尾的演变	调类的分合
陆丰谭头	—	—	—	—	—	—	—	—
陆丰甲子	— +唇齿音声母和 ɸ 声母	—	—	—	—	—	—	—
海丰海城	—	—	—	—	—	— +文读层还保留 -n 韵尾	— +文读层还保留 -t 韵尾	—
海丰联安	—	—	—	—	—	— +文读层还保留 -n 韵尾	— +文读层还保留 -t 韵尾	—
海丰平东	—	—	—	—	—	— +文读层还保留 -n 韵尾	— +文读层还保留 -t 韵尾	七个声调，阳上和阳去合并
汕尾捷胜	—	—	—	—	—	—	—	—

从上表可以看到，各项历史性语音演变在粤东闽语各点的情况基本一致，没有质的差别。上表没有列出的古浊音声母的音值和阴声韵韵尾的演变两项，在粤东闽语各点的情况也大致相同，只有量的差异，而没有质的不同。总的来说，粤东闽语内部各点之间的差异只反映在量上、或者具体音值上，因此，在粤东闽语内部分小片，无法作宏观研究，只能进行微观考察。从粤东闽语语音的实际情况出发，我们着眼于声、韵、调的具体音值差异；同时，选取相关的、适用的语音标准作程度分析，看它们在各方言点的具体表现，由此得出各点之间的亲疏关系，并作为内部分片的依据。

以往的研究已多有涉及粤东闽语的内部分片，大致有两种分法：一是直接把粤东闽语分为东西两片，即包括潮州、汕头、揭阳 3 市及其辖县、辖市的东片，通常称为潮汕话，汕尾市城区及其辖县海丰县、辖市陆丰市，归为西片，称"福佬话"；二是在二分的基础之上，把潮阳、普宁和惠来单独分出来作为一个小片，称为"潮普片"。李永明（1986）将潮汕方言分为三个区"第一区：汕头、澄海、饶平、潮安。第二区：揭阳、揭西、普宁老县城洪阳及其附近、潮阳北部。第三区：潮阳、惠来、普宁。"李文只关注潮州、汕头和揭阳三市，往西的海陆丰不在考察范围，他把粤东闽语的东片一分为三。李新魁（1994）将粤东闽语分为三片：（1）汕头片，包括汕头市、潮州市、揭阳市和澄海、南澳、饶平、揭西诸县；（2）潮普片，包括潮阳、普宁、惠来等县；（3）陆海片，包括汕尾、陆丰和海丰县。并且认为"从接近程度上说，潮普片与陆海片更为接近一些"。①

潘家懿、郑守治（2009）提到粤东闽语内部分片的问题，作者先指出之前的分片工作都有一个共同的缺点，那就是"不能穷尽"，没有把紧邻海丰县的惠东县、以及惠州西部的博罗县纳入分片范围，这两个县分别有 40% 和 10% 的居民讲闽南话，从地理上讲它们都在"粤东"的范围之内，所以也应该计算在内。然后，作者提出可以把粤东闽语划分为 2 个方言大片，即：潮汕话片（东片）和福佬话片（西片），然后，这两个大片再各自划分为两个方言小片，东片包括：1. 汕头小片，具体涵盖了汕头金平区、龙湖区、澄海区、南澳县；潮州市湘桥区、潮安县、饶平县（中南部各乡镇）；揭阳市榕城区、揭东县、揭西县（南部的棉湖、钱坑、凤江等镇）；梅州市丰顺县的汤南、汤坑、3 个闽语镇；2. 潮普小片，包括汕头濠江区、潮阳区、朝南区；揭阳市的普宁市、惠来县以及汕尾市的陆丰市东部沿海的甲子、甲东和甲西 3 个镇。西片包括：1. 陆海小片，涵盖了汕尾市城区、海丰县河陆丰市（甲子等 3 镇除外）；2. 惠博小片，包括惠东县的平山、港口、黄埠、盐洲 4 个纯闽语镇及平海、稔山、吉隆、梁化、白花等闽客双方言镇；博罗县的龙溪、杨村、泰美、观音阁 4 个镇及县城罗阳镇的新角、翠美园等几个居民区。

潘家懿、郑守治的分片跟之前的两分法、三分法本质上都是一致的，

---

① 李新魁：《广东的方言》，广东人民出版社 1994 年版，第 265—266 页。

只是增加了惠东县和惠州博罗县的闽南方言点,他们的工作在之前分片的基础上进一步深入和细化了。潘、郑文还举例说明粤东闽语东西片的差异,包括语音差异和词汇差异,其中,语音的差异包括两个方面:音系结构的差异和方言演变造成的差异。对这两方面差异,作者还分别列出具体的差异项,音系结构的差异包括:1. 东片有 - ɯ、- oi、- õi、- oiʔ 这几个韵母,而西片没有,相对应地西片分别为 - i、- ei、- ãi、- eʔ 韵母;2. 声调方面,东片基本上是八个调,西片则至少有一半是七个调,区别在于阳上和阳去调是否合并。方言演变造成的差异包括:1. 粤东闽语自西往东,鼻/塞音韵尾渐趋减少;2. 粤东东片的潮普小片有唇齿塞擦音声母;3. 粤东闽语西片从海丰县西部往西,都出现了鼻化韵和喉塞入声韵尾逐渐消失的现象。

潘、郑文所列的 5 项差异,既不是早期历史性的语音演变,也不属于晚期历史性的语音演变。其中音系结构的差异第 1 项属于具体音值的不同;方言演变造成的差异第 1、3 条,都是语音发展演变的程度差异,粤东东部的方言点鼻/塞音韵尾演变比较快,- n/t 尾并入 - ŋ/k,- m/p 尾也出现合并的趋势,西部还保留比较完整的鼻/塞音尾韵,相反,在鼻化韵和喉塞入声韵尾方面,西部演变比东部快,已经逐渐消失。

从粤东闽语语音的实际情况看,前人的分片都各有道理,其中,"三分法"比"二分法"详细了,而"二大片四小片"的分法则更为细致和深入、也更加全面,相对于"二分法","二大片四小片"分法在潮汕片内部分出潮普小片,彰显了潮普小片的特殊之处,而相对于"三分法","二大片四小片"的分法将潮普小片放在潮汕片里面,说明了潮普小片虽然在地理上处于中间地带,但从语音面貌分析,它跟潮汕片具有更高的相似度、关系更为亲密。本书基本上赞同前人的分片观点,但在分片的标准方面、以及具体的分析上将对已有的工作进行补充,同时提出本书的分片观点。

二 粤东闽语的分片

汉语方言经过了几千年的分化、接触、演变,每个方言都有自己不同于其它方言的特征,即使是像粤东闽语这样从属于闽南次方言的方言片,其内部各个点之间仍有或多或少、或大或小的语音差异。虽然,从共时平面看，粤东闽语内部大同小异，但我们还是可以从中归纳出地域差异来，并以此来作为内部分片的标准。下面我们就声母、韵母和声调三个方面分别列表进行比较，其中，声调和声母比较简单，韵母相对要繁复许多，但也因此韵母对于粤东闽语内部分片的作用显得尤为重要，可以从中较为清楚地看出粤东闽语内部各点之间的亲疏关系。

（一）声调的比较

表 X-8-2-1　　　　　　　　粤东闽语内部声调的比较

声调类型	八调型			七调型	
	单一前变调型	两种前变调型	曲折调消变中	浊上归去	调型调值相近
方言点	饶平三饶	澄海澄城	汕头市区	南澳云澳	汕头达濠
	饶平黄冈	潮州湘桥	潮州凤凰	陆丰东海	潮阳棉城
	饶平海山	潮州文祠	陆丰南塘	海丰平东	潮阳海门
	普宁流沙	揭阳榕城	陆丰甲子		惠来惠城
	海丰海城				
	海丰联安				
	汕尾捷胜				

（二）声母的比较

表 X-8-2-2　　　　　　　　粤东闽语内部声母的比较

声母特点	产生了唇齿音和 ɸ 声母	无唇齿音声母和 ɸ 声母	
		h- 声母在 u 前有唇齿色彩	
方言点	汕头达濠	陆丰南塘	汕头市区
	潮阳棉城	海丰海城	澄海澄城
	潮阳海门	海丰联安	潮州湘桥
	惠来惠城	海丰平东	潮州文祠
	普宁流沙		饶平黄冈
	陆丰甲子		饶平三饶
			饶平海山
			揭阳榕城
			汕尾捷胜

（三）韵母的比较

下表 X-8-2-3 "同一层次、有相同辖字的读音的音值差异或音类分化"指的是各点有大致相同的例字，这些例字在各点的读音音值不同，但具有比较整齐的对应关系，同时，通过跟其它例字的文白对应关系、或者根据其声韵调系统等各种条件判断，各点音值存在差异的这些读音属于相同的层次。关于"音值差异"，比如遇摄合口三等鱼韵字的主要读音类，在汕头为 -ɯ、在潮阳为 -u，在海丰为 -i，它们虽然音值各不相同，但辖字基本一致，而且跟其它读音有一致的文白对应关系，所以，可以判断 -ɯ/u/i 在汕头、潮阳、海丰属于同一层次的读音，它们之间是具体音值的不同，这就是我们所要探讨的音值差异。关于"音类分化"，比如曾摄合口入声字在汕头（市区）全部读 -ok，但在潮阳棉城则分化为 -ok/uek 两个读音；再如梗摄合口三等阳声韵"荣永泳咏倾顷琼莹颖"等字，在汕头（市区）分化为三个音类：-ioŋ/uaŋ/eŋ，在饶平黄冈分别读为 -ioŋ/eŋ，在陆丰东海也分为两个音类：-eŋ/iŋ，在海丰海城则全部读 -eŋ，这就是我们所说的"音类分化"。值得注意的是，在很多情况下"音值差异"和"音类分化"都只包含某一韵摄的部分字，而不是全部的字。

表中注明所讨论读音的层次，只区分文、白读；其他相关的情况也会注明，比如说明所讨论读音的辖字所分布的声组，或者说明读音的辖字范围，等等。同一音类所分化的音值中，总按照辖字从多到少排放。

表 X-8-2-3　　　　粤东闽语内部韵母的比较（一）

中古韵摄	果合一	遇合三（鱼）	遇合三（虞）	蟹开一（咍）	蟹开二、四	止开三	效开三、四
同一层次、有相同辖字的读音的音值差异或音类分化	文读层主体音类：来母、精组声母字	白/文读层主体音类：音值不同	白/文读层主体音类：部分字音值不同	文读层：端组声母字	白读层主体音类	白/文读层主体音类	文/白读主体音类：部分点音值特殊
	o/e	ɯ/u/i	u/i	o/e	oi/ei	ɯ/u	iau/iɜu, io/ie

续表

中古韵摄	果合一	遇合三（鱼）	遇合三（虞）	蟹开一（哈）	蟹开二、四	止开三	效开三、四
汕头市区	o	ɯ	u	o		ɯ	iau, io
澄海澄城							iɜu, ie
南澳云澳	e	i	u/i（读-i的例字较少）	e			iau, io
汕头达濠	o	ɯ	u	o	oi	u	iau, io
潮阳棉城		u					
潮阳海门							
潮州湘桥		ɯ				ɯ	iɜu, io/ie
潮州凤凰							iau, io
潮州文祠							iɜu, ie
饶平三饶							
饶平海山							
饶平黄冈							
揭阳榕城							
惠来惠城		u					
普宁流沙							
陆丰东海		i	u/i	ei			iau, io
陆丰南塘							
陆丰甲子		u	u	oi		u	
海丰海城	e			e			
海丰联安		i	u/i	ei			
海丰平东							
汕尾捷胜				oi			

表 X-8-2-3　　粤东闽语内部韵母的比较（二）

中古韵摄	咸开三、四	山开二、四	山开三、四	山摄合口	臻开一	臻合一
同一层次、有相同辖字的读音的音值差异或音类分化	文读层主体音类	白读层主体音类	文读层主体音类	文/白层部分读音类	文读层主体音类	文/白读层主体音类

续表

中古韵摄	咸开三、四	山开二、四	山开三、四	山摄合口	臻开一	臻合一
汕头市区	iam/iap	õi/oiʔ			ɯŋ/ɯk	uŋ/ɯŋ
澄海澄城	iaŋ/iak					
南澳云澳		eŋ/õi/oiʔ	iaŋ/iak	uaŋ/ɯŋ/iaŋ	iŋ/ik	uŋ（un）/ɯŋ
汕头达濠	iam/iap					uŋ/ɯŋ
潮阳棉城		ãi/oiʔ				
潮阳海门						
潮州湘桥	iɜm/iɜp		ieŋ/iek	ueŋ/ɯŋ/ieŋ	ɯŋ/ɯk	uŋ/ɯŋ
潮州凤凰	iam/iap		ien/iet	uan/ɯŋ/ien	ɯn/ɯt	un/ɯt
潮州文祠	iɜm/iɜp	õi/oiʔ				
饶平三饶			eŋ/ek		ɯŋ/ɯk	uŋ/ɯŋ
饶平海山						
饶平黄冈						
揭阳榕城		ãi/oiʔ		uaŋ/ɯŋ/iaŋ	eŋ/ek	
惠来惠城			iaŋ/iak		iŋ/ik	un/(uŋ)/ɯŋ
普宁流沙	iam/iap					uŋ/ɯŋ
陆丰东海		eŋ/ãi/eʔ				
陆丰南塘		ãi/eʔ				
陆丰甲子		ãi/oiʔ				
海丰海城				uaŋ/ũi/iaŋ	in/it	un/ũi
海丰联安		ãi/eʔ				
海丰平东			ian/iat	uan/ũi/ian		
汕尾捷胜			iaŋ/iak	uaŋ/ɯŋ/iaŋ	iŋ/ik	uŋ/ɯŋ

表 X-8-2-3　　**粤东闽语内部韵母的比较（三）**

中古韵摄	臻开三	宕合一	宕合三	曾开三	曾摄合口	梗合三
同一层次、有相同辖字的读音的音值差异或音类分化	文读层主体音类	白读层读音类之一	白读层读音类之一	文读层主要读音类分化	主要音类分化	主要音类分化

续表

中古韵摄	臻开三	宕合一	宕合三	曾开三	曾摄合口	梗合三
汕头市区	uŋ/iŋ/ɯŋ				ok	ioŋ/uaŋ/eŋ
澄海澄城	uŋ/iŋ/ɯŋ				ok	ioŋ/uaŋ/eŋ
南澳云澳	uŋ（un）/iŋ					ioŋ/eŋ
汕头达濠	uŋ/iŋ				ok/uek	ueŋ/ioŋ/eŋ
潮阳棉城	uŋ/iŋ				ok/uek	ueŋ/ioŋ/eŋ
潮阳海门	uŋ/iŋ				ok/uek	ueŋ/ioŋ/eŋ
潮州湘桥	uŋ/iŋ/ɯŋ	ɯŋ	eŋ	eŋ		ioŋ/ueŋ/eŋ
潮州凤凰	un/in/ɯn				ok	ioŋ/eŋ
潮州文祠	un/in/ɯn				ok	ioŋ/eŋ
饶平三饶	uŋ/iŋ/ɯŋ				ok	ioŋ/eŋ
饶平海山	uŋ/iŋ/ɯŋ				ok	ioŋ/eŋ
饶平黄冈	uŋ/iŋ/ɯŋ				ok	ioŋ/eŋ
揭阳榕城	uŋ/eŋ				ok/uek	ueŋ/ioŋ/eŋ
惠来惠城	uŋ/iŋ				ok/uek	ueŋ/ioŋ/eŋ
普宁流沙	un/iŋ				ok/uek	ueŋ/ioŋ/eŋ
陆丰东海	uŋ/iŋ		eŋ/oŋ	eŋ/ioŋ	ok/ek	eŋ/iŋ
陆丰南塘	uŋ/iŋ		ioŋ	eŋ/ioŋ	ok/ek	eŋ/ioŋ
陆丰甲子	uŋ/iŋ		eŋ	eŋ/ioŋ	ok/ek	eŋ/ueŋ
海丰海城	un/iŋ	ũi	ioŋ		ok/uek	eŋ
海丰联安	un/iŋ	ũi	ioŋ		ok/uek	eŋ
海丰平东	un/iŋ	ũi	ioŋ		ok/uek	eŋ
汕尾捷胜	uŋ/iŋ	ɯŋ	eŋ/ioŋ			

通摄合口三等字的文读层主要读音类有 -oŋ/ioŋ，两种读音总的辖字大致一样，但例字在 -oŋ/ioŋ 两种读音之间的分配比例，各点却有所不同，大体上自东往西 -ioŋ 读音的例字呈包含式增加，"包含式"指的是东边的点读 -ioŋ 的字，西边一定读 -ioŋ；相反，读 -oŋ 的例字自东往西逐渐减少。下面举最东边的黄冈、潮普片的惠来、陆丰的东海和海丰的海城为例，它们各自代表了一小片的情况，云澳的情况通常比较特殊，也一并列出。只注海城的例字读音。

表 X－8－2－4　粤东闽语各点通合三读 -ioŋ 例字比较

海丰	韵	声	音节	东海	惠城	云澳	黄冈
中中间	東	知	tioŋ	中中间	中中间	中中间	
忠	東	知	tioŋ	忠	忠	忠	
中射中	東	知	tioŋ	中射中	中射中	中射中	
蟲	東	澄	tʰioŋ	蟲			
仲	東	澄	tioŋ	仲	仲	仲	
終	東	章	tsioŋ	終			
衆	東	章	tsioŋ	衆			
充	東	昌	tsʰioŋ	充			
銃	東	昌	tsʰioŋ				
戎	東	日	dzioŋ	戎	戎	戎	
絨	東	日	dzioŋ	絨	絨	絨	
躬	東	見	kioŋ	躬	躬	躬	躬
窮	東	群	kʰioŋ	窮	窮	窮	窮
雄	東	云	hioŋ	雄	雄	雄	雄
融	東	以	ioŋ	融	融	融	融
龍	鍾	來	lioŋ				
隴	鍾	來	lioŋ				
縱	鍾	精	tsʰioŋ	縱			
從	鍾	從	tsʰioŋ	從			
慫	鍾	心	tsʰioŋ	慫			
松	鍾	邪	sioŋ	松	松		
誦	鍾	邪	sioŋ	誦	誦		
頌	鍾	邪	sioŋ	頌	訟		
訟	鍾	邪	sioŋ	訟	茸		
冢	鍾	知	tʰioŋ	重重复	冗		
寵	鍾	徹	tʰioŋ	重重量	恭		
重重复	鍾	澄	tioŋ		拱		
重重量	鍾	澄	tioŋ		鞏		
鐘	鍾	章	tsioŋ		恐		
盅	鍾	章	tsioŋ				
種种子	鍾	章	tsioŋ	種种子			

续表

海丰	韵	声	音节	东海	惠城	云澳	黄冈
腫	鍾	章	tsioŋ				
種种树	鍾	章	tsioŋ	種种树			
衝	鍾	昌	tsʰioŋ	衝			
舂	鍾	書	tsioŋ				
茸	鍾	日	dzioŋ	茸		茸	
冗	鍾	日	dzioŋ	冗		冗	
恭	鍾	見	kioŋ	恭		恭	恭
	鍾	見		供 kioŋ		供	
拱	鍾	見	kioŋ	拱		拱	拱
鞏	鍾	見	kʰioŋ	鞏		鞏	鞏
恐	鍾	溪	kʰioŋ	恐		恐	恐
	鍾	群		共 kioŋ			
胸	鍾	曉	hioŋ	胸			
凶	鍾	曉	hioŋ	凶	凶	凶	凶
兇	鍾	曉	hioŋ	兇	兇	兇	兇
雍	鍾	影	ioŋ	雍	雍	雍	雍
癰	鍾	影	ioŋ		癰		擁
擁	鍾	影	ioŋ	擁	擁	擁	容
壅	鍾	影	ioŋ				蓉
容	鍾	以	ioŋ	容	容	容	鎔
蓉	鍾	以	ioŋ	蓉	蓉	蓉	
鎔	鍾	以	ioŋ	鎔	鎔	鎔	
庸	鍾	以	ioŋ	庸	庸	庸	庸
甬	鍾	以	ioŋ	甬	甬	甬	甬
勇	鍾	以	ioŋ	勇	勇	勇	勇
涌	鍾	以	ioŋ	涌	涌	涌	涌
用	鍾	以	ioŋ	用			

从上表可以看出，-ioŋ 读音字自东往西逐渐增加，所包含的声母也渐次增多，黄冈只出现在见组和晓、影、喻等声母中，往西逐渐扩大到日母、知组，再到来母、章组和精组也包括进来了。

通过上文对声、韵、调特点的比较，基本上可以看出粤东闽语各点之间的亲疏关系。可以看到，声调上的差异不成系统，唯一具有成片特点的就是潮普片方言普遍发生音类的合并，且合并的原因大体上是由于调型调值相近，这是晚近才发生的语音演变，也就是说，粤东闽语的声调系统直到近代还是典型的八调系统。潮普片方言各调类的具体调值也比较特别，跟八调型方言差异明显。声母系统则比声调系统更为稳固，基本上还是十八音系统，唯一有变化的也是潮普片方言，从双唇音声母中分化出一套唇齿音，这也是晚近才发生的语音变化，但变化发生之后就产生了区域性的蔓延，地域上往东包括汕头市的达濠区，往西一直到邻近惠来县的陆丰甲子镇。

粤东闽语各点、各片之间的差异主要体现在韵母上，从比较表可以看到，粤东东部的饶平、潮州的湘桥、凤凰、文祠以及汕头市区、澄海，分享最多的共同点，其中，潮州湘桥、凤凰、澄海在一些韵母的具体音值上表现得较为特殊，但这些特点都不具备层次差异、也不促成音类分化，造成这些特点的音变都是晚近才发生的，所以，它们跟临近的饶平、汕头各点仍然具有最为密切的关系。饶平三饶属于闽语跟客家话交界的地区，在早前曾经属于客闽双方言区，其语音具有明显的特点，但总的语音面貌跟饶平黄冈差异不大。揭阳榕城虽然在某些韵母的具体音值上稍有差异，但整体语音面貌、口音上都跟潮州、汕头比较接近。

汕头往西包括汕头市达濠、潮阳、惠来、以及陆丰东部邻近惠来的甲子镇，传统称为潮普片，大致上东以榕江为界，包括了练江流域、龙江流域，西至甲子港周边区域，拥有一致的语音特点，区域性明显。其语音特点主要表现在声母和声调上，至于韵母，这一区域表现出最多的交叉来，即部分同于东部的潮汕各点，部分同于西部的陆丰（或陆海丰）各点。其中，甲子有些语音特点跟这一区域有别而同于陆丰其他方言点，这是其地理位置所造成的，甲子属于陆丰市，地处陆丰市东部，跟惠来接壤，既受到陆丰其他点的影响，也受到潮普片的影响。

云澳和陆丰东海具有一致的、区别于粤东闽语其他各点的多项语音特点，例如：1. 都属于发生了"浊上归去"音变的七调方言；2. 古次浊声母今读［m n ŋ］和［b l g］的分布规律和辖字范围大致相同；3. "王"作姓氏时都读 -oŋ，既不同于粤东东、中部的 -eŋ，也不同于西部

海丰的 -ioŋ；4. 山摄二、四等白读跟 -õi/ãi 平行的还有 -eŋ 韵，其他点都没有。云澳和陆丰东海地理上相距较远，不存在互相影响的可能性，它们之间表现出多处一致的特点都是早于近代的音变的结果，说明这些语音特点具有同源性，直接承自宋元之后的福建漳州音，这是由两地特殊的历史和政治原因造成的，所以它们口音上更接近福建本土的闽南方言。

海丰地区的闽语也是比较晚时期才从福建本土的闽南方言分离出来，同样表现出跟福建本土闽南方言有较多的相同点，例如：一、果摄合口一等"螺、膈、坐"、遇摄合口一等"蜈"、遇摄合口三等"滤、父"、蟹摄开口一等"胎、苔、代、袋"和合口一等"退"等字韵母为 -e，海、陆丰各点及云澳一致，对应其他点的 -o 韵。二、鱼韵字"鱼虞有别"层读音为 -i，跟陆丰各点（甲子除外）和云澳一致。三、寒韵合口、仙韵合口、魂韵、唐韵合口白读海丰各点为 -ũi，其他各点为 -ɯŋ；不过，海丰各点也有 -ɯŋ 韵，出现在唐韵开口和阳韵开口的白读，这跟整个粤东闽语一致。

以往的研究通常把海陆丰归为一个片，相对于东部的潮州、汕头和揭阳各点，海陆丰拥有较多相同的语音特点。尽管它们之间也存在不少相异之处，不过，相较于东部的潮汕片和潮普片，它们之间的关系的确更为亲近。陆丰甲子方言受到潮普片的区域感染，具有潮普片一些突出的特点，相对来说，它跟潮普片方言分享更多的共同特征，所以将其划入潮普片。汕尾捷胜通常被放到海丰片里面讨论，但它跟海丰各点仍有一些较为明显的差异，例如：蟹摄开口二/四等白读层主体音类为 -oi 而非 -ei、山/臻/宕摄合口白读层音类之一为 -ɯŋ 而非 -ũi，且这些差异都属于白读音层，说明它们在较早前的关系并不如后来这么密切。

下表为韵母比较结果的进一步归纳，分片列出彼此之间的异同，以便更直观地看到粤东闽语各片区之间的亲疏关系。

表 X-8-2-5　　　　　粤东闽语内部各片的异同比较

语音点	潮汕片	潮普片	陆丰片	海丰片	云澳
果合一，文读层音类之一	o	o	e	e	e

续表

语音点	潮汕片	潮普片	陆丰片	海丰片	云澳
鱼韵，白/文读层主体音类	ɯ	u	i	i	i
虞韵，白/文读层主体音类	u	u	u/i	u/i	u/i
咍韵，文读层端组声母字	o	o	e	e	e
蟹开二、四，白读层主体音类	oi	oi	ei	ei（捷胜为 oi）	oi
止开三，白/文读层主体音类	ɯ	u	u	u	u
臻摄开口，文读层主体音类	ɯŋ	iŋ	iŋ	iŋ	iŋ
臻合一，文/白层主体音类	uŋ/ɯŋ	uŋ/ɯŋ	uŋ/ɯŋ	uŋ/ūi（捷胜为 ɯŋ）	uŋ/ɯŋ
山开二，白读层主体音类	õi/oiʔ	ãi/oiʔ	ãi/eʔ（东海为 ãi (eŋ) /eʔ）	ãi/eʔ	õi (eŋ) /oiʔ
山摄合口，白读层音类之一	ɯŋ	ɯŋ	ɯŋ	ūi（捷胜为 ɯŋ）	ɯŋ
宕合一，白读层音类之一	ɯŋ	ɯŋ	ɯŋ	ūi（捷胜为 ɯŋ）	ɯŋ
宕合一，白读层音类之一	eŋ	eŋ	eŋ/ioŋ（东海为 eŋ/oŋ）	ioŋ	eŋ/oŋ

综上，暂不论汕尾市以西的闽南方言点，本书把粤东闽语分为三大片：潮汕片、潮普片和汕尾片。潮汕片主要包括潮州、汕头（不包括汕头的濠江区、潮南区和潮阳区）、以及揭阳市（主要为东北部各点）；潮普片指汕头市区以西的潮阳一带、揭阳市中南部的普宁和惠来各点、以及陆丰的甲子镇；汕尾片主要包括汕尾市各点，下分为陆丰小片和海丰

小片，陆丰小片主要包括陆丰各点（甲子除外），海丰小片包括海丰各点及汕尾市辖区。云澳的语音特点杂糅，无法明确归入到某一片中，暂时根据它跟东海所共享的多个相同点，将其归入汕尾片的陆丰小片中，但可以预见，在未来的发展中，云澳将会越来越趋同于潮汕片。

结　　语

　　本书在田野调查的基础上，描写了粤东闽语的共时语音面貌。在本书的研究过程中，除了传统的描写方法，还运用了音系学、历史语言学、"扩散"理论、实验语音学、叠置式音变理论、历史层次分析法等研究理论和研究方法，试图多角度更加深入、准确地分析粤东闽语的语音现象。同时，本书在研究粤东闽语语音的过程中，根据对语言事实的研究结果，归纳了一些具有一定普遍意义的观点，期望对已有的研究理论有所补充。本书主要在以下几个方面补充或推进了前人的研究：

　　（一）在多点材料的基础上，对粤东闽语片的语音做较为详细的描写、比较和分析，能够更细致地看到粤东闽语的特点及其内部的异同、粤东闽语与其他闽方言、闽南方言的差异。

　　（二）阐明粤东闽语的声母［m n ŋ］和［b l g］之间的互补关系。明确粤东闽语音系处理的相关问题：a. 粤东闽语的声母［m n ŋ］和［b l g］互补，但音系处理时为了韵母系统的简洁，把它们分为两套；b. 只出现在鼻音声母后的鼻化韵全部跟对应的非鼻化韵归为一套；c. 非鼻音声母后的鼻化入声韵作为独立的韵母放入音系。

　　（三）探讨粤东闽语的文白系统：首先，建立文白异读的标准；其次，将文白两个系统之间的界线划定在中唐，文白两个系统下再分小层次，白读系统包括早白读层（魏晋以前）和晚白读层（魏晋到中唐），文读系统包括旧文读层（中唐至宋元）和新文读层（宋元以后）。

　　（四）运用历史层次分析法，对粤东闽语遇、止两摄字的读音作历史层次分析，探讨它们在今粤东闽语各种读音的层次归属。从分析的结果可以看到，粤东闽语至少存在中古前（《切韵》之前，即上古）、中古

(中唐之前) 和近古（中唐之后）三个层次，可以印证上篇对粤东闽语文白系统的分析及所得出的结论。

（五）探讨粤东闽语非鼻音声母古阴声韵字今读鼻化韵现象的发展演变规律，将其演变路径概括为"发音机制的扩散"和"词汇扩散"，在研究方言语音事实的基础上，补充并推进了"扩散"理论。

（六）通过粤东闽语古次浊声母"明（微）泥（娘）疑来日"母今读 m/n/ŋ 和 b/l/g 的语音现象，分析鼻音声母去鼻化与口元音鼻化两种音变模式在粤东闽语历时音变过程中的作用，阐释音变的时效性及鼻音声母去鼻化、口元音鼻化、全浊声母清化、阳声韵韵尾弱化等相关音变在粤东闽语发挥作用的先后时间顺序。

（七）达濠方言古全浊上、浊去字的声调演变模式具有类型意义，在粤东闽语的潮普片方言普遍存在调类合并现象，且合并的原因大都是调型、调值的相近所导致，这是方言自我演变的一种趋势和结果。

（八）包括陆丰甲子镇在内的潮普片方言自发新生出一套唇齿音声母，来自合口呼韵母前的唇音声母，可以作为汉语语音史上重唇合口的轻唇化首先经过了唇齿音这一阶段的旁证。

汉语方言是语言研究的宝藏，经过历代研究者的挖掘，这个宝藏已经大放光彩。但仍有许多方言需要我们去调查和研究，还有丰富的方言事实等待我们去揭示。即使是已经开采出来的宝石，还可以进一步精雕细琢。虽然已经有不少方言学者致力于粤东闽语的研究，但直至目前，调查的范围还仅限于市、镇一些位置比较重要的点，铺及面有限，粤东闽语许多语音现象尚未能详细、深入地进行探讨。本书所做的工作也非常有限，材料所限，对粤东闽语内部的细分语音特点的描写仍显粗糙，很多地方有待改进，对粤东闽语一些语音现象的解释力仍有不足。但即便如此，我们还是坚信，粤东闽语研究乃至汉语方言研究的华美大厦，就需要这么一砖一瓦地垒起来。

参考文献

北京大学中国语言文学系语言学教研室编、王福堂修订：《汉语方音字汇》（第二版重排本），语文出版社 2008 年版。

曹德和：《巴里坤汉话的底层调类及其调值》，《新疆大学学报》（哲学人文社会科学版）1987 年第 1 期。

曹志耘：《汉语方言声调演变的两种类型》，《语言研究》1998 年第 1 期。

陈碧加：《漳州话前后鼻韵尾演变状况及其运用》，《闽南方言 - 漳州话研究》，中国文联出版社 2001 年版。

陈保亚：《论语言接触与语言联盟》，语文出版社 1996 年版。

陈保亚：《20 世纪中国语言学方法论》，山东教育出版社 1999 年版。

陈恩泉：《双语双方言与现代中国》，北京语言文化大学出版社 1999 年版。

陈晓锦：《广东粤语的鼻音韵尾和入声韵尾》，《方言》2001 年第 2 期。

陈泽平：《19 世纪传教士研究福州方言的几种文献资料》，《福建师范大学学报》（哲学社会科学版）2003 年第 3 期。

陈荣泽：《汉语方言中 pf 类声母研究综述》，《西藏民族学院学报》（哲学社会科学版）2007 年第 4 期。

陈章太、李如龙：《闽语研究》，语文出版社 1991 年版。

陈忠敏：《汉语方言连读变调研究综述》，《语文研究》1993 年第 2 - 3 期。

陈忠敏：《文白异读与读音层次》，《语文论丛 5》，上海语文学会 1997 年版。

陈忠敏：《吴语及邻近方言鱼韵的读音层次：兼论"金陵切韵"鱼韵的音

值》,《语言学论丛》第 27 辑,2003 年。

陈忠敏:《重论文白异读与语音层次》,《语言研究》2003 年第 3 期。

陈荣泽:《汉语方言中的 pf 类声母研究综述》,《西藏民族学院学报》(哲学社会科学版) 2007 年第 4 期。

戴黎刚:《闽语的历史层次及其演变》,复旦大学博士学位论文,2005 年。

戴黎刚、张志梅:《唇音声母相关文献》,《遵义师范学院学报》2006 年第 3 期。

邓晓华、王士元:《古闽、客方言的来源以及历史层次问题》,《古汉语研究》2003 年第 2 期。

邓享璋:《闽北、闽中方言语音研究》,厦门大学博士学位论文,2007 年。

丁邦新:《汉语方言区分的条件》,《丁邦新语言学论文集》,商务印书馆 1998 年版。

丁邦新:《汉语声调发展若干问题》,李玉译,《音韵学研究通讯》1983 年第 4 期。

丁邦新:《吴语声调之研究》,《丁邦新语言学论文集》,商务印书馆 1984 年版。

丁邦新:《汉语声调的演变》,《第二届汉学会议论文集》,语言文字组,1989。

丁邦新:《书评:中国语言地图集》,《国际中国语言学评论》1996 年第 1 期。

丁邦新:《丁邦新语言学论文集》,商务印书馆 1998 年版。

丁邦新:《〈苏州同音常用字汇〉之文白异读》,《中国语文》2002 年第 5 期。

丁邦新:《从历史层次论吴闽关系,《方言》2006 年第 1 期。

丁邦新:《历史层次与方言研究》,上海教育出版社 2007 年版。

丁声树:《谈谈语音构造和语音演变的规律》,《中国语文》,创刊号,1952。

丁声树、李荣:《汉语方言调查字表〈现代汉语规范问题学术会议文件汇编〉》,科学出版社 1956 年版。

丁声树、李荣:《汉语音韵讲义》,上海教育出版社 1984 年版。

董同龢:《四个闽南方言》,《中央研究院历史语言研究所集刊》,第 30 本下册，1985。

董同龢：《汉语音韵学》，中华书局2001年版。

董同龢、赵荣琅、蓝亚秀：《记台湾的一种闽南话》，中研院历史语言研究所单刊甲种之二十四，1967。

冯爱珍：《福清方言研究》，社会科学出版社1993年版。

高本汉：《中国音韵学研究》，商务印书馆1994年版。

龚群虎：《粤东闽语山臻摄韵尾在泰语借词中表现的层次》，《语言研究》2000年第4期。

郭锦桴：《近一百年来漳州话语音的变化》，《闽南方言－漳州话研究》，中国文联出版社2001年版。

何大安：《规律与方向》，北京大学出版社2004年版。

侯精一主编：《现代汉语方言概论》，上海教育出版社2002年版。

胡方：《论厦门话[ᵐb ᵑg ⁿd]声母的声学特性及其他》，《方言》2005年第1期。

黄伯荣、廖序东：《现代汉语》第2版，高等教育出版社1997年版。

黄典诚：《闽南方言中的上古音残余》，《语言研究》1980年第2期。

黄典诚、李如龙等：《福建省志－方言志》，方志出版社1998年版。

黄家教：《潮州方音概说》，《兰州大学学报人文科学》1958年第1期。

黄瑞玲：《揭阳闽语日母和以母的语音层次及其混读浊音声母的性质》，《语言与文化论丛》第2辑，2021年。

黄挺：《潮汕文化源流》，广东高等教育出版社2002年版。

黄挺、陈占山：《潮汕史》，广东人民出版社2001年版。

黄金文：《方言接触与闽北方言演变》，国立台湾大学中国文学研究所博士论文，2000年。

李蓝：《方言比较、区域方言史与方言分区》，《方言》2002年第1期。

李荣：《关于汉语方言分区的意见》，《方言》1985年第2－3期。

李荣：《官话方言的分区》，《方言》1985年第1期。

李荣：《汉语方言的分区》，《方言》1989年第4期。

李荣：《中国的语言和方言》，《方言》1989年第3期。

李荣：《我国东南各省梗摄字的元音》，《方言》1996年第1期。

李方桂：《上古音研究》，商务印书馆2001年版。

李如龙：《厦门话的文白异读》，《厦门大学学报》（哲学社会科学版）1963年第2期。

李如龙：《中古全浊声母闽方言今读的分析》，《中国语文》1986年第2期。

李如龙：《方言与文化的宏观研究》，《暨南学报》（哲社版）1994年第4期。

李如龙：《论闽方言的文白异读》，《方言与音韵论集》，香港中文大学中国文化研究所吴多泰中国语文研究中心，1996年。

李如龙：《论汉语方言语音的演变》，《语言研究》1999年第1期。

李如龙：《论汉语方音的区域特征》，《中国语言学报》1999年第9期。

李如龙：《论汉语方音异读》，《语言教学与研究》1999年第1期。

李如龙、辛世彪：《晋南、关中的"全浊送气"与唐宋西北方音》，《中国语文》1999年第3期。

李如龙：《论汉语方言的特征词》，《中国语言学报》2001年第10期。

李如龙：《汉语方言学》，高等教育出版社2001年版。

李如龙、王升魁：《戚林八音校注》，福建教育出版社2001年版。

李如龙：《论汉语方言的语流音变》，《厦门大学学报》（哲学社会科学版）2002年第6期。

李如龙：《汉语方言的比较研究》，商务印书馆2003年版。

李如龙：《从闽语的"汝"和"你"说开去》，《方言》2004年第1期。

李如龙：《关于东南方言的"底层"研究》，《民族语文》2005年第5期。

李如龙、邓享璋：《中古全浊声母字闽方言今读的历史层次》，《暨南学报》（哲学社会科学版）2006年第3期。

李竹青、李如龙：《潮州方言语音的演变》，《潮州学国际研讨会论文集》（上册），暨南大学出版社1994年版。

李小凡：《现代汉语专题教程》，北京大学出版社2003年版。

李小凡：《汉语方言连读变调的层级和类型》，《方言》2004年第1期。

李小凡：《释厦门、苏州、庆元（竹口）方言的声调变异》，《陕西师范大学学报哲社版》2004年第5期。

李新魁、林伦伦：《潮汕方言考释》，广东人民出版社1992年版。

李新魁，黄家教，施其生，麦耘，陈定方：《广州方言研究》，广东人民出版社 1995 年版。

李新魁：《潮州"十五音"源流考略》，《韩山师专学报》1985 年第 1 期。

李新魁：《从潮汕方言古老的语言特点看其分化、发展的历史过程》，《第二届闽方言研讨会论文集》，暨南大学出版社 1992 年版。

李新魁：《广东的方言》，广东人民出版社 1994 年版。

李新魁：《论澄海方言及其研究的重要性》，《韩山师范学院学报》1996 年第 1 期。

李新魁：《广东闽方言形成的历史过程》，《广东社会科学》1987 年第 3 - 4 期。

李新魁：《二百年前的潮州音》，《汕头大学学报（人文社会科学版）》1993 年第 1 期。

李永明：《潮州方言》，中华书局 1959 年版。

李永明：《潮州方言语音的内部差别》，《湘潭大学学报》1986 年第 2 期。

李玉：《平南闽南话的音韵特征及声母的古音痕迹》，《语言研究》1990 年第 1 期。

廖荣蓉：《苏州话单字调、双字调的实验研究》，《语音丛稿》，北京语言学院出版社 1994 年版。

廖荣蓉：《苏州话单字和双字组的音长规律》，《语音丛稿》，北京语言学院出版社 1994 年版。

梁金荣、高然、钟奇：《关于汉语方言分区的几个问题》，《语文研究》1997 年第 2 期。

林华东：《闽南方言的形成及其源与流》，《中国语文》2001 年第 5 期。

林焘、王理嘉：《语音学教程》》，北京大学出版社 1992 年版。

林宝卿：《厦门、泉州、漳州的语音差异》，《厦门大学学报》（哲社版）1993 年第 2 期。

林宝卿：《闽南方言声母白读音的历史语音层次初探》，《古汉语研究》1998 年第 1 期。

林连通：《福建省永春话的鼻化韵》，《语言（一）》，首都师范大学出版社 2000 年版。

林伦伦：《潮汕方言训读字研究——兼谈方言字典对训读字的注音》，《汕头大学学报（人文社会科学版）》1986 年第 3 期。

林伦伦:《从文白异读看潮州方言的历史音变》,《韩山师专学报》1991年第2期。

林伦伦:《汕头话文白异读研究》,《粤东闽语与文化研究》,广东高等教育出版社1991年版。

林伦伦:《潮州方言声母与中古音系的比较研究》,《潮学研究①》,汕头大学出版社1993年版。

林伦伦:《广东澄海方言音系记略》,《汕头大学学报》1994年第1期。

林伦伦:《潮汕方言韵母与中古韵部比较研究》,《潮学研究②》,汕头大学出版社1994年版。

林伦伦:《潮汕方言声调研究》,《语文研究》1995年第1期。

林伦伦:《潮汕方言声调与中古音声调的比较研究》,《潮学研究③》,汕头大学出版社1995年版。

林伦伦、陈小枫:《广东闽方言语音研究》,汕头大学出版社1996年版。

林伦伦:《澄海方言研究》,汕头大学出版社1996年版。

林伦伦、潘家懿:《广东方言与文化论稿》,中国文联出版社2000年版。

林伦伦:《古全浊声母上声、去声字汕头话今读考察》,《汕头大学学报(人文科学版)》2001年第1期。

林伦伦:《从汕头话口语语法基础教程看120年前的潮州话音系》,《语言科学》2005年第2期。

林伦伦:《潮汕方言口语词保留古音撷拾》,《暨南学报》(哲学社会科学版)2005年第2期。

林伦伦、林春雨、许泽敏:《南澳岛闽方言语音纪略》,《汕头大学学报》(人文社会科学版)2005年第2期。

林伦伦、林春雨:《粤东的一个福建闽南方言点:云澳方言语音研究》,《方言》2006年第1期。

林伦伦:《粤西闽语雷州话研究》,中华书局2006年版。

林伦伦、林春雨:《广东南澳岛方言语音词汇研究》,中华书局2007年版。

林伦伦:《潮汕方言历时研究》,暨南大学出版社2015年版。

林亦:《百年来的东南方音史研究》,南京大学出版社2004年版。

刘晓南:《从历史文献的记述看早期闽语》,《语言研究》2003年第1期。

刘晓南：《宋代闽音考》，岳麓书社 1999 年版。

刘俐李：《世纪汉语声调演变研究综述》，《南京师大学报·社科版》2003 年第 3 期。

刘俐李：《汉语声调的曲拱特征和降势音高》，《中国语文》2005 年第 3 期。

刘新中：《广东海南闽语若干问题的比较研究》，中山大学博士后论文，2006 年。

刘新中：《海南闽语的语音研究》，中国文联出版社 2006 年版。

刘新中：《汉语中训读的性质、原因及其影响》，《语言教学与研究》2007 年第 2 期。

刘勋宁：《再论汉语北方话的分区》，《中国语文》1995 年第 6 期。

刘勋宁：《文白异读与语音层次》，《第八届国际粤方言研讨会论文》，2001 年。

刘泽民：《客赣方言历史层次研究》，上海师范大学博士学位论文，2004 年。

罗常培：《厦门音系》，中研院历史语言研究所单刊甲种之四，1930 年。

罗常培：《罗常培文集》，山东教育出版社 1999 年版。

罗常培、王均：《普通语言学纲要》，商务印书馆 2002 年版。

罗杰瑞：《闽语词汇的时代层次》，《方言》1979 年第 1 期。

罗杰瑞、张慧英：《闽语声调的演变》，《中南民族学院学报》1985 年第 4 期。

罗杰瑞：《闽北方言的第三套清塞音和清塞擦音》，《中国语文》1986 年第 2 期。

罗杰瑞：《福建政和话的支脂之三韵》，《中国语文》1988 年第 1 期。

罗杰瑞：《汉语概说》，张慧英译，语文出版社 1995 年版。

罗志海：《海丰方言》，德宏民族出版社 1995 年版。

马重奇：《漳州方言研究》（修订版），纵横出版社 1996 年版。

马重奇：《潮声十五音音系研究》，《福建论坛》2006 年第 12 期。

马重奇：《粤东潮汕五种闽南方言韵书音系比较研究》，《福建师范大学学报》2006 年第 4 期。

麦耘：《切韵知、庄、章组及相关诸声母的拟音》，《语言研究》1991 年第 2 期。

麦耘：《从广州话看中古时期的ɔ类韵母》，《语言研究》增刊，1998 年。

麦耘：《汉语语音史上"中古时期"内部阶段的划分》，《东方语言与文化》，东方出版中心，2002 年。

梅祖麟：《四声别义中的时间层次》，《中国语文》1980 年第 6 期。

梅祖麟：《现代吴语和"支脂鱼虞，共为不韵"》，《中国语文》2001 年第 1 期。

潘家懿：《海丰福佬话文白异读研究》，《山西师大学报》1991 年第 3 期。

潘家懿：《海丰话与粤东闽语的比较研究》，《潮学研究①》，汕头大学出版社 1994 年版。

潘家懿：《海丰方言三十年来的演变》，《方言》1996 年第 4 期。

潘家懿：《海丰话三十年来的语音变化》，《广东方言与文化论稿》，中国文联出版社 2000 年版。

潘家懿：《惠东县方言记略》，《惠州大学学报》2000 年第 1 期。

潘家懿：《粤东闽语存在唇齿音声母》，《中国语文》2009 年第 1 期。

潘家懿、郑守治：《粤东闽语的内部差异与方言片划分的再认识》，《语文研究》2009 年第 3 期。

潘悟云：《关于汉语声调发展的几个问题》，Journal of Chinese Linguistics. 10.2，1982。

潘悟云：《词汇扩散理论评介》，《温州师专学报（社会科学版）》1985 年第 3 期。

潘悟云：《温、处方言和闽语》，《吴语和闽语的比较研究》，上海教育出版社 1995 年版。

潘悟云：《喉音考》，《民族语文》1997 年第 5 期。

潘悟云：《汉语历史音韵学》，上海教育出版社 2000 年版。

潘悟云：《汉语方言的历史层次及其类型》，《乐在其中：王士元先生七十华诞庆祝文集》，南开大学出版社 2004 年版。

潘悟云：《语言接触和汉语南方方言的形成》，《语言接触论集》，邹嘉彦、游汝杰主编，上海教育出版社、上海世纪出版集团 2004 年版。

潘悟云：《历史层次分析的若干理论问题》，《语言研究》2010 年第 2 期。

潘悟云：《从地理视时还原历史真时》，《民族语文》2010 年第 1 期。

裴文：《语言区域划分的时空观设定》，《语言研究》2004 年第 3 期。

平田昌司：《徽州方言古全浊声母的演变》，《均社论丛》，第 12 号，日本，1982。

平山久雄：《厦门话古调值的内部构拟》，Journa of Chinese Linguistics 3 - 1，1975。

平山久雄：《厦门话古调值的内部拟测》，《音韵学通讯研究》1981 年第 1 期。

平山久雄：《江淮方言祖调值构拟和北方方言祖调值初探》，《语言研究》1984 年第 1 期。

平山久雄：《再论厦门话古调值的内部拟测》，《第四届国际闽方言研讨会论文集》，汕头大学出版社 1996 年版。

钱曾怡：《济南话的变调和轻声》，《山东大学学报》1963 年第 1 期。

钱曾怡：《从汉语方言看汉语声调的发展》，《语言教学与研究》2000 年第 2 期。

钱曾怡：《古知庄章声母在山东方言中的分化及其跟精见组的关系》，《中国语文》2004 年第 6 期。

桥本万太郎（日）著、余志鸿译：《语言地理类型学》，北京大学出版社 1985 年版。

乔全生：《晋方言鼻音声母的演变》，《山西大学学报（哲学社会科学版）》2003 年第 4 期。

乔全生：《晋方言清唇音声母的演变》，《语文研究》2005 年第 1 期。

瞿霭堂：《语音演变的理论和类型》，《语言研究》2004 年第 2 期。

施其生：《一项窥探调值混同过程的调查》，《语言研究》1989 年第 2 期。

施其生：《从口音的年龄差异看汕头音系及其形成》，《方言论稿》，广东人民出版社 1996 年版。

施其生：《方言论稿》，广东人民出版社 1996 年版。

施其生：《汕头话音档》，上海教育出版社 1997 年版。

石峰：《天津方言双字组声调分析》，《语音学探微》，北京大学出版社 1990 年版。

石峰：《北京话的声调格局》，《语音丛稿》，北京语言学院出版社 1994 年版。

石峰：《关于分析的几个问题》，《语音丛稿》，北京语言学院出版社 1994 年版。

史存直：《汉语语音史纲要》，商务印书馆 1981 年版。

吴宗济、林茂灿主编：《实验语音学概要》，高等教育出版社 1989 年版。

王力：《中国音韵学》，商务印书馆 1936 年版。

王力：《汉语语音史上的条件音变》，《语言研究》1983 年第 1 期。

王力：《汉语语音史》，中国社会科学出版社 1985 年版。

王力：《王力文集·第十一集》，山东教育出版社 1990 年版。

王福堂：《关于客家话和赣方言的分合问题》，《方言》1998 年第 1 期。

王福堂：《汉语方言语音的演变和层次》，语文出版社 1999 年版。

王福堂：《平话、湘南土话和粤北土话的归属》，《方言》2001 年第 2 期。

王福堂：《汉语语音中的层次》，《语言学论丛》第 27 辑，商务印书馆 2003 年版。

王福堂：《徽州方言的性质和归属》，《中国语文研究》2004 年第 1 期。

王福堂：《原始闽语中的弱化声母和相关的"第九调"》，《中国语文》2004 年第 2 期。

王福堂：《汉语方言语音的演变和层次（修订本）》，语文出版社 2005 年版。

王洪君：《山西闻喜方言的白读层与宋西北方音》，《中国语文》1987 年第 1 期。

王洪君：《文白异读与叠置式音变》，《语言学论丛》第 17 辑，商务印书馆 1992 年版。

王洪君：《汉语非线性音系学》，北京大学出版社 1999 年版。

王洪君：《文白异读、音韵层次与历史语言学》，《北京大学学报》（哲学社会科学版）2006 年第 2 期。

王洪君：《层次与演变阶段——苏州话文白异读析层拟测三例》，《语言暨语言学》第 7 卷，2006 年第 1 期。

王洪君：《中原音韵》知庄章声母的分合及其在山西方言中的演变》，《语文研究》2007 年第 1 期。

王洪君：《层次与断阶——叠置式音变与扩散式音变的交叉与区别》，《中国语文》2010 年第 4 期。

王洪君：《历史语言学方法论与汉语方言音韵史个案研究》，商务印书馆2014年版。

王士元：《语言的探索——王士元语言学论文选译》，石峰等译，北京语言文化大学出版社2000年版。

王士元：《王士元语言学论文集》，商务印书馆2002年版。

王彦：《山东知系合口字读唇齿音现象初探》，《山东大学学报》（哲学社会科学版）2006年第2期。

温端政：《晋语"分立"与汉语方言分区问题》，《语文研究》2000年第1期。

吴安其：《古汉语的韵尾和声调的起源》，《民族语文》2001年第2期。

吴宗济、林茂灿主编：《实验语音学概要》，高等教育出版社1989年版。

吴永焕：《汉语方言中的pf、pf'声母》，《语言文字学》（人大复印资料）》2005年第5期。

向梦冰、曹晖：《汉语方言地理学》，中国文史出版社2005年版。

谢立群：《海丰音字典》，汉学出版社2008年版。

熊子瑜：《praat语音软件使用手册〉》，中国社会科学院现代语音学暑期班讲义，2004。

徐通锵：《音系中的变异和内部拟测法》，《中国语言学报》1988年第3期。

徐通锵：《美国语言学家谈历史语言学》，《语言学论丛》1984年第13辑。

徐通锵：《百年来宁波音系的演变》，《语言学论丛》第16辑，1991年。

徐通锵：《历史语言学》，商务印书馆1991年版。

徐通锵：《徐通锵自选集》，河南教育出版社1993年版。

徐通锵、王洪君：《说变异》，《语言研究》1986年第1期。

徐睿渊：《从三本教会材料看厦门方言语音系统100多年来的演变发展》，《涌泉集——李如龙教授从教五十年纪念文集》（万波主编），厦门大学出版社2008年版。

薛才德：《现代汉语方言分区方法问题初探》，《语言研究》1991年第2期。

严学宭、尉迟治平：《汉语"鼻－塞"复辅音声母的模式及其流变》，

《音韵学研究》第 2 辑，中华书局 1986 年版。

杨必胜、潘家懿、陈建民：《广东海丰方言研究》，语文出版社 1996 年版。

杨秀芳：《论汉语方言中全浊声母的清化》，《汉学研究》第 7 卷，1989 年第 2 期。

杨秀芳：《闽南语文白系统的研究》，国立台湾大学中国文学研究所博士论文，1982 年。

杨秀芳：《论文白异读》，《王叔岷先生八十寿庆论文集》，1989 年。

杨秀芳：《台湾闽南语语法稿》，台北：大安出版社年版 1991 年版。

余霭芹：《遂溪方言里的文白异读》，《史语所集刊》，第五十三本第二分册，1982 年。

袁家骅等：《汉语方言概要》（第二版），语文出版社 2001 年版。

詹伯慧：《潮州方言》，日本名古屋采华书林，日本，1996 年。

詹伯慧：《海南方言中的同义"训读"现象》，《中国语文》，6 月号，1957。

詹伯慧：《广东省饶平方言记音》，《方言》1993 年第 2 期。

詹伯慧：《汉语方言及方言调查》（第二版），湖北教育出版社 2001 年版。

詹伯慧：《方言分区问题再认识》，《方言》2002 年第 4 期。

张成才：《汉语方言中［pf］［pf'］的分布范围》，《语文研究》2004 年第 2 期。

张琨：《汉语方言的分类》，《中国境内语言暨语言学》1992 年第 1 集。

张光宇：《切韵与方言》，台湾商务印书馆 1990 年版。

张光宇：《论闽方言的形成》，《中国语文》1996 年第 1 期。

张光宇：《闽客方言史稿》，语文出版社 1999 年版。

张光宇：《东南方言关系综论》，《方言》1999 年第 1 期。

张嘉星：《闽方言研究专题文献辑目索引》，社会科学文献出版社 2004 年版。

张琨：《论比较闽方言》，《语言研究》1985 年第 1 期。

张琨：《再论比较闽方言》，《语言研究》1991 年第 1 期。

张琨：《闽方言中蟹摄韵的读音》，《中研院史语所集刊 64 (4)》1993 年。

张屏生：《〈潮正两音字集〉音系初探》，潮州学国际研讨会论文集（上册），暨南大学出版社 1994 年版。

张世方：《中原官话知系字的读音和分布》，《语言科学》2000 年第 4 期。

张盛裕：《潮阳方言的文白异读》，《方言》1979 年第 4 期。

张盛裕：《潮阳方言的连读变调（一）》，《方言》1979 年第 2 期。

张盛裕：《潮阳方言的连读变调（二）》，《方言》1980 年第 2 期。

张盛裕：《潮阳方言的语音系统》，《方言》1981 年第 1 期。

张盛裕：《潮阳方言声母和《广韵》声母的比较（一、二、三）》，《方言》1982 年第 3 期。

张盛裕：《潮阳方言的训读字》，《方言》1984 年第 2 期。

张树铮：《语音演变的类型及其规律》，《文史哲》2005 年第 6 期。

张树铮：《山东方言语音特征的扩散方向和历史层次》，《山东大学学报》2007 年第 5 期。

张维佳：《从关中方言看中古轻唇音产生的语音机制》，《陕西教育学院学报》1998 年第 3 期。

张振兴：《台湾闽南方言记略》，福建人民出版社 1983 年版。

张振兴：《闽语的分区（稿）》，《方言》1985 年第 3 期。

张振兴：《漳平（永福）方言的文白异读（一）》，《方言》1989 年第 3 期。

张振兴：《漳平（永福）方言的文白异读（二）》，《方言》1989 年第 4 期。

张振兴：《漳平方言研究》，中国社会科学出版社 1992 年版。

张振兴：《重读《中国语言地图集》，《方言》1997 年第 4 期。

张振兴：《闽语及其周边方言》，《方言》2000 年第 1 期。

张振兴：《著名中青年语言学家自选集－张振兴集》，安徽出版社 2002 年版。

张振兴：《漳平（永福）方言的文白异读》，载《著名中青年语言学家自选集－张振兴卷》，安徽教育出版社 2002 年版。

张慧英：《崇明方言的连读变调》，《方言》1979 年第 4 期。

郑锦全：《官话方言的声调征性跟连调变化》，《大陆杂志》1966 年 33—1。

郑锦全：《汉语方言亲疏关系的计量研究》，《中国语文》1988 年第 2 期。

郑锦全：《汉语方言沟通度的计算》，《中国语文》1994 年第 1 期。

郑张尚芳：《温州方言的连读变调》，《中国语文》1964 年第 1 期。

郑张尚芳：《温州方言歌韵读音的分化和历史层次》，《语言研究》1983 年第 2 期。

郑张尚芳：《浙南和上海方言中的紧喉浊塞音声母 ʔb、ʔd 初探》，《吴语论丛》，上海教育出版社 1988 年版。

郑张尚芳：《方言中的舒声促化》，《语文研究》1990 年第 2 期。

郑张尚芳：《赣、闽、粤语里古全浊声母今读浊音的方言》，收于《吴语和闽语的比较研究》中国东南方言比较研究论丛第一集，上海教育出版社 1995 年版。

郑张尚芳：《浙西南方言的 tɕ 声母脱落现象》，收于《吴语和闽语的比较研究》中国东南方言比较研究论丛第一集，上海教育出版社 1995 年版。

郑张尚芳：《闽语与浙南吴语的深层联系》，《闽语研究及其与周边方言的关系》，香港中文大学出版社 2002 年版。

郑张尚芳：《從〈切韻〉音系到〈蒙古字韻〉音系的演變對應規則》，《中國語文研究》第 1 期，香港中文大学中国文化研究所吴多泰中国语文研究中心，2002 年。

中国社会科学院和澳大利亚人文科学院合编：《中国语言地图集》一九八八年初版，朗文出版（远东）有限公司 1987 年版。

周长楫：《中古全浊声母在厦门话里的读法再证》，《厦门大学学报（哲学社会科学版）》1981 年第 4 期。

周长楫：《厦门话音档》，上海教育出版社 1996 年版。

周长楫：《厦门方言词典》，江苏教育出版社 1998 年版。

周长楫、欧阳忆耘：《厦门方言研究》，福建人民出版社 1998 年版。

周振鹤、游汝杰：《方言与中国文化》，上海人民出版社 1986 年版。

周振鹤、游汝杰：《湖南方言区划及其历史背景》，《方言》1985 年第 4 期。

周祖谟：《唐五代的北方语音》，周祖谟语言学论文集，中华书局 1982 年版。

朱德熙：《在中国语言和方言学术讨论会上的发言》，《中国语文》1986

年第 4 期。

朱晓农：《唇音齿龈化和重纽四等》，《语言研究》2004 年第 3 期。

朱晓农：《元音大转移和元音高化链移》，《民族语文》2005 年第 1 期。

朱晓农：《试论清浊音变圈——兼论吴、闽语内爆音不出于侗台底层》，《民族语文》2006 年第 3 期。

朱晓农、刘泽民、徐馥琼：《自发新生的内爆音——来自赣语、闽语、哈尼语、吴语的第一手材料》，《方言》2009 年第 1 期。

庄初升：《粤北土话音韵研究》，中国社会科学出版社 2004 年版。

庄初升：《韶华集——汉语方言学论稿》，吴多泰中国语文研究中心，香港中文大学中国文化研究所 2004 年版。

庄初升：《关于中古全浊声母闽方言今读研究的述评》，《语文研究》2004 年第 3 期。

庄初升：《粤北土话及其他汉语方言表"孵化"义的词源》，《中国语文研究》2005 年第 2 期。

庄初升：《粤北土话、湘南土话和桂北平话中古全浊唇音、舌音今读的特殊表现》，《东方语言学》2007 年第 1 期。

庄初升、陈晓丹：《19 世纪以来潮汕方言的罗马字拼音方案》，《南方语言学》，创刊号，暨南大学出版社 2009 年版。

J. K. Chambers（钱伯斯）、Peter Trudgill（恰吉尔）：《方言学》，北京大学出版社 2001 年版。

Norman. Jerry：*Tonal development in Min*，Journal of Chinese Linguistics1，（张慧英译 1985〈闽语声调的演变〉，《中南民族学院学报》1973 年第 4 期）。

Norman. Jerry：1982）The Classification of the Shaowu Dialect. 史语所集刊，第五十三本第三分册，1982（张慧英译，《邵武方言的归属》，《方言》1987 年第 2 期）。

Ting，Pang – hsin：A Note on Tone Change in the Ch'ao – chou Dialect，《中研院史语所集刊》，1979.

会议论文：

FangHu：2007）POST – ORALIZED NASAL CONSONATS IN CHINESE DIA-

LECTS—AERODYNMIC AND ACOUSTIC DATA, Saarbrücken, 6 – 10 August 2007.

网址：

http：//www.xzqh.org/quhua/44gd/05shantou.htm

http：//www.xzqh.org/html/gd/52_138.html

后　　记

　　本书是在我博士论文的基础上形成的。虽然距博士论文完成已经十年有加，但自觉在粤东闽语语音的研究上并没有太多推进，甚是惭愧。我博士毕业之后就离开广东，后定居西安，这些年来，对西北方言倒是有比较多的接触和思考，因为每年都指导写西北方言的研究生，同时也参与一些陕西方言的调查和材料整理。这使我获益良多，接触更多差异较大的方言事实，拓宽了眼界，也常常碰撞出火花，引发思考。但因着远离故土，方言调查多有不便，对粤东闽语的探索步伐就有点停滞了下来。

　　本书的修改持续了将近两年时间，再一次校验材料，重新检视此前的思考和观点，又有不少收获，也唤起诸多回忆。在书稿即将付梓之时，最想表达的还是心中的敬意和谢意。2003年从山东大学保送到中山大学，投入施其生教授门下，之后又硕博连读，一直没离开"施门"，施老师把我领进了方言研究的大门。在学期间他每年暑假都带着我们进行田野调查，这才有了本书的大部分方言材料。我博士论文的每一稿，庄初升教授都通读并提出诸多建设性意见，工作这么多年，我写的方言语音方面的文章，都会请他把关，他也每求必应。本书粤东闽语之外的闽方言材料，都来自李如龙教授和张双庆教授主持的"中国六省区及东南亚闽方言调查"项目的成果，他们高屋建瓴，且对后学慷慨、爱护。我一直使用潘悟云教授主持开发的方言数据处理系统TFD来整理和分析方言材料，潘老师帮我解决数据库的问题，不厌其烦地为我解答研究当中碰到的难题，触发我关注方言研究当中的历史层次分析，直到现在，潘老师还关心我的工作和研究，给我提供方言语音材料的分析工具。我的师兄林华勇教授，从我进入师门之后就给予我诸多帮助，学术研究、工作、生活各个方面，我总以他为良师，时常叨扰，请他指点文章，请他提供建议，他也总是倾囊相授。还有很多师友令我铭记在心，广西大学的李龙老师、上海师大的刘泽民老师、香港科技大学的朱晓农老师、广东外语外贸大学的严修鸿老师、暨南大学的刘新中老师，中国社科院的胡方老师，他们在我博士论文研究过程中都给予过我无私的帮助。特别要感谢我的博士论文评审专家及答辩委员会，除了李如龙和庄初升两位老师，还有张振兴、陈泽平、鲍厚星、陈晓锦、邵宜诸位先生，感谢他们提出宝贵的意见和建议。可以说，本书承载了我之前的学术生活，还有诸多师友情谊。

感谢我的工作单位西安外国语大学中文学院，给我施展专业的舞台，为我提供学习的机会，并资助本书出版。中国社会科学出版社的许琳编辑为本书的顺利出版付出不少心血。在此一并致以深深的谢意。